Études de Philosophie Médiévale

Collection fondée par Étienne Gilson

Dirigée par
Joël Biard
Olivier Boulnois
Marta Cristiani
Alain de Libera

PIERRE ABÉLARD
AU TOURNANT MÉDIÉVAL
DES PHILOSOPHIES ANTIQUES ET MODERNES

DANS LA MÊME COLLECTION

SALINAS-LEAL HÉCTOR, *Duns Scot avant l'univocité de l'étant. Études logiques, sémantiques et métaphysiques*, 344 pages, 2022

PICHÉ D., *Épistémologie et psychologie de la foi dans la pensée scolastique (1250-1350)*, 244 pages, 2022.

EHRET Ch., *Agir en vertu d'un autre. Thomas d'Aquin et l'ontologie de l'instrument*, 240 pages, 2021.

FEDERICI VESCOVINI G., *Astrologie et science au Moyen Âge. Une étude doxographique*, 188 pages, 2021.

DECAIX V., *Constituer le réel. Noétique et métaphysique chez Dietrich de Freiberg*, 334 pages, 2021.

BOBILLIER S., *L'éthique de Pierre de Jean Olivi. Liberté, personne et conscience*, 288 pages, 2020.

LEMLER D., *Création du monde et limites du langage. Sur l'art d'écrire des philosophes juifs médiévaux*, 208 pages, 2020.

BONCOUR É., *Maître Eckhart lecteur d'Origène. Sources, exégèse, anthropologie, théogénésie*, 240 pages, 2019.

TREGO K., *L'impuissance du possible. Émergence et développement du possible, d'Aristote à l'aube des temps modernes*, 368 p., 2019.

CALVET A., *L'alchimie au Moyen Âge, XIIe-XVe siècles*, 282 p., 2018.

Miroir de l'amitié. Mélanges offerts à Joël Biard, éd. Ch. GRELLARD, 568 p., 2017.

MANGIN É., *La nuit de l'âme. L'intellect et ses actes chez Maître Eckhart*, 256 p., 2017.

ROQUES M., *L'essentialisme de Guillaume d'Ockham*, 228 p., 2016.

TREGO K., *La liberté en acte. Éthique et métaphysique d'Alexandre d'Aphrodise à Jean Duns Scot*, 384 pages, 2015.

FIELD S. L., LERNER R. E., PIRON S. (dir.), *Marguerite Porete et le* Miroir des simples âmes, 368 pages, 2014.

KALUZA Z., *Études doctrinales sur le XIVe siècle. Théologie, Logique, Philosophie*, 392 pages, 2013.

JOLIVET J., *Medievalia et arabica*, 364 pages, 2012.

BIARD J., *Science et nature. La théorie buridanienne du savoir*, 404 pages, 2012.

STANCATO G., *Le concept de désir dans l'œuvre de Thomas d'Aquin. Analyse lexicographique et conceptuelle du « desiderium »*, 176 pages, 2011.

TREGO K., *L'essence de la liberté. La refondation de l'éthique dans l'œuvre de saint Anselme de Cantorbéry*, 304 pages, 2010.

DI MARTINO C., *Ratio particularis. Doctrines des sens internes d'Avicenne à Thomas d'Aquin*, 192 pages, 2008.

BERMON P., *L'assentiment et son objet chez Grégoire de Rimini*, 432 pages, 2007.

RICKLIN Th. (éd.), *Exempla docent. Les exemples des philosophes de l'Antiquité à la Renaissance*, 432 pages, 2007.

CASTEIGT J., *Connaissance et vérité chez Maître Eckhart. Seul le juste connaît la justice*, 480 pages, 2006.

JOLIVET J., *Perspectives médiévales et arabes*, 320 pages, 2006.

VIAL M., *Jean Gerson, théoricien de la théologie mystique*, 256 pages, 2006.

GRELLARD C., *Croire et savoir. Les principes de la connaissance selon Nicolas d'Autrécourt*, 340 pages, 2005.

KÖNIG-PRALONG C., *Avènement de l'aristotélisme en terre chrétienne*, 288 pages, 2005.

ÉTUDES DE PHILOSOPHIE MÉDIÉVALE
—————— CXVII ——————

PIERRE ABÉLARD
AU TOURNANT MÉDIÉVAL
DES PHILOSOPHIES ANTIQUES ET MODERNES

par

Bruno MICHEL

*Ouvrage publié avec le soutien du
Centre national du livre*

PARIS
LIBRAIRIE PHILOSOPHIQUE J. VRIN
6 place de la Sorbonne, V^e

2024

En application du Code de la Propriété Intellectuelle et notamment de ses articles L. 122-4, L. 122-5 et L. 335-2, toute représentation ou reproduction intégrale ou partielle faite sans le consentement de l'auteur ou de ses ayants droit ou ayants cause est illicite. Une telle représentation ou reproduction constituerait un délit de contrefaçon, puni de deux ans d'emprisonnement et de 150 000 euros d'amende.

Ne sont autorisées que les copies ou reproductions strictement réservées à l'usage privé du copiste et non destinées à une utilisation collective, ainsi que les analyses et courtes citations, sous réserve que soient indiqués clairement le nom de l'auteur et la source.

© Librairie Philosophique J. VRIN, 2024
Imprimé en France

ISSN 0249-7921
ISBN 978-2-7116-3153-7

www.vrin.fr

À Anne, Chantal et Lily

ABRÉVIATIONS

ŒUVRES D'ABÉLARD

LI	*Logica Ingredientibus*
LNPS	*Logica Nostrorum Petitioni Sociorum*
Collationes	*Collationes* ou *Dialogus inter Philosophum, Iudaeum, et Christianum*
Scito te ipsum	*Scito te ipsum* ou *Ethica*

Nous adoptons pour les œuvres d'Abélard la chronologie mise en place par C. Mews et J. Marenbon, avec, pour les œuvres logiques, d'abord la *Dialectica*, puis la *Logica Ingredientibus*, enfin la *Logica nostrorum petitioni sociorum* étroitement liée au *De intellectibus*[1].

---

1. Pour un point récent sur cette question, voir J. Marenbon, *Abelard in Four Dimensions: A twelfth-century Philosopher in his Context and Ours*, Notre Dame (Indiana), University of Notre Dame Press, 2013, p. 39-43. Par contre, nous ne sommes pas convaincus du caractère contraignant des deux arguments avancés par J. Marenbon pour rejeter l'authenticité d'une bonne part de la *Logica Nostrorum Petitioni Sociorum*. En particulier, nous n'avons pu trouver aucune thèse soutenue dans la *Logica Nostrorum Petitioni Sociorum* qui ne soit pas déjà présente dans la *Logica Ingredientibus*. La *Logica Nostrorum Petitioni Sociorum* est constamment fidèle à l'enseignement de la *Logica Ingredientibus*. Aussi nous souhaitons nous en tenir au corpus abélardien généralement admis et comprenant une *Logica Nostrorum Petitioni Sociorum* étroitement liée au *De intellectibus* et approfondissant et éclairant vivement les thèses centrales de la *Logica Ingredientibus*.

INTRODUCTION

L'œuvre de Pierre Abélard est le principal témoin au XIIe siècle d'un renouveau durable et fécond de la philosophie dans la partie latine de l'Europe, après plusieurs siècles de (relatif) effacement. Certes, la pensée philosophique entre Boèce (c. 480-524) et Abélard (1079-1142) n'avait jamais complètement disparu comme en témoigne la période carolingienne (avec, principalement, Jean Scot Erigène) mais il est clair qu'il n'y a guère de comparaison possible entre les travaux épars du haut Moyen-Âge latin et l'activité philosophique intense et continue qui marque le XIIe siècle et qui, de fait, n'a plus jamais cessé depuis. Que s'est-il passé pour qu'au-delà du commentaire des Livres sacrés – la *lectio divina* – l'Europe latine renoue de manière si intense avec la philosophie grecque ? La floraison à côté de l'Europe latine de la civilisation arabo-musulmane est certainement une part de la réponse mais une part seulement puisque ce renouveau commence avant que les traductions de l'Aristote gréco-arabe et des deux grands philosophes arabo-musulmans, Avicenne et Averroès, ne soient entreprises au cours des XIIe et XIIIe siècles. Or, Abélard, plus philosophe que théologien (à la différence d'Anselme de Cantorbéry qui reste, dans la tradition haut-médiévale, plus théologien que philosophe), présente une pensée, de grande ampleur, documentant clairement ce renouveau d'une pensée proprement philosophique au cœur de l'Europe latine. Abélard est bien le témoin principal de cette mutation intellectuelle qui ancre dans le commentaire traditionnel du texte sacré un sens proprement philosophique de la *quaestio* et donne ainsi naissance, progressivement, en étant enrichi de l'Aristote gréco-arabe et de ses commentateurs musulmans, à la scolastique latine et aux universités médiévales. Pour comprendre ce qui se joue au début du XIIe siècle – à la fois en termes de renouveau de la pensée philosophique grecque et d'innovation radicale par rapport à cette tradition – l'étude d'Abélard est cruciale, parce que même s'il n'est pas, bien entendu, le seul ni le premier acteur de cette mutation, il en est indiscutablement, avant Gilbert de la Porrée, l'acteur le plus profond. C'est bien de toute l'Europe latine qu'on venait l'écouter (le suivre ou batailler avec lui, fonder, par après, d'autres écoles, etc.). Abélard synthétise cette mutation dans une œuvre extrêmement originale et forte qu'il faut donc absolument étudier pour comprendre pourquoi l'Europe chrétienne latine s'est convertie de manière aussi profonde et permanente ... à la philosophie.

Dans ce cadre et dans une vision dont les racines remontent au XIXe siècle, Abélard est souvent présenté comme le ou l'un des précurseurs en plein Moyen-Âge d'une culture européenne moderne : celle, scientifique, d'une forme de libre examen (contre un obscurantisme religieux qui le condamne comme hérétique) et celle d'une pensée nominaliste caractérisant la science moderne, contre l'univers magique et réaliste d'une pensée religieuse et pré-scientifique dominant le haut Moyen-Âge latin. Il y a de la vérité dans ce tableau[1] mais aussi, bien sûr, beaucoup d'erreurs et de « raccourcis ». Le tableau que nous venons de tracer remonte au XIXe siècle et aux premiers travaux sur Abélard avec Charles de Rémusat[2] et Victor Cousin[3] et il a largement persisté jusque dans les années soixante du XXe siècle où l'étude des œuvres d'Abélard a été reprise à nouveaux frais d'abord par Jean Jolivet avec la publication en 1969 de *Arts du langage et théologie chez Abélard* (suivie d'un grand nombre d'articles importants)[4], puis, tout aussi décisif et mettant à profit tous les progrès historiographiques accomplis depuis lors, par la publication en 1997 de *The Philosophy of Peter Abelard* de John Marenbon (suivis, là encore, d'un grand nombre de travaux tout aussi importants)[5]. Grâce à ces deux grandes synthèses, la connaissance de la philosophie d'Abélard s'est faite plus précise et plus rigoureuse. Les recherches ont pu dès lors s'appuyer sur cette double base solide. L'un des grands mérites de ces deux travaux à été de replacer les œuvres d'Abélard dans une perspective beaucoup plus large que celle de la seule logique. Abélard n'est pas seulement un logicien important, précurseur éventuel d'une logique proprement nominaliste, mais bien et plus largement un philosophe et un théologien important, comme le démontrent en toute clarté J. Jolivet et J. Marenbon.

---

1. Il est de fait qu'Abélard a été déclaré par deux fois hérétique par l'Église et que, comme nous aurons l'occasion de le vérifier, sa théologie était profondément rationaliste et étrangère à toute forme (qu'on le déplore ou non) de « mysticisme ».

2. Premier ouvrage moderne consacré à Abélard : Ch. de Rémusat, *Abélard*, Paris, Ladrange, 1845.

3. Qui édite certaines œuvres d'Abélard en 1836 : *Ouvrages inédits d'Abélard pour servir à l'histoire de la philosophie scolastique en France*, Paris, Imprimerie Royale, 1836. Dans le contexte « romantique » d'un intérêt inédit pour le Moyen-Âge, Ch. de Rémusat et V. Cousin sont des personnalités représentatives d'une monarchie de Juillet critique d'une Église catholique restée attachée aux idéaux contre-révolutionnaires de la Restauration.

4. J. Jolivet, *Arts du langage et théologie chez Abélard*, Paris, Vrin, 1969. De nombreux articles de Jean Jolivet sur Abélard ont été regroupés dans J. Jolivet, *Aspects de la pensée médiévale : Abélard. Doctrines du langage*, Paris, Vrin, 1987.

5. J. Marenbon, *The Philosophy of Peter Abelard*, Cambridge, CUP, 1997, et également *id.*, *Abelard in Four Dimensions...*, op. cit.

Une difficulté historiographiquement attestée
Le rôle des intensions chez Abélard

Mais il reste clair aussi qu'Abélard, s'il n'était pas seulement logicien, était considéré et se considérait lui-même d'abord comme tel. Or, sur ce terrain, entre 1969, date de la publication du travail de Jean Jolivet et date avec lui du renouveau moderne des études sur Abélard, et 1997, date de la grande synthèse proposée par J. Marenbon, il y a eu, en 1976, le travail de Martin Tweedale sur la théorie des universaux d'Abélard, *Abailard on universals*, un travail dont il faut souligner l'importance[1]. Martin Tweedale a formulé un parallèle entre la logique d'Abélard, dont L. M. De Rijk avait révélé toute l'ampleur en éditant en 1956 la *Dialectica*, et celle, moderne, de Frege, une logique profondément étrangère au nominalisme. Jean Jolivet, de son côté, avait souligné dès 1974 les différences profondes, liées au concept abélardien de *status*, entre la logique d'Abélard et celle, incontestablement nominaliste, d'Ockham, deux siècles plus tard[2]. Aussi bien J. Jolivet que M. Tweedale insistaient, chacun à leur manière, sur l'importance centrale dans la logique d'Abélard, à côté des entités proprement extensionnelles (ces « choses numériquement discrètes » qui sont X), d'entités proprement intensionnelles (les statuts génériques ou spécifiques « être X » qui « sont par œuvre de la nature »), une importance qui semblait particulièrement peu compatible avec le « flying from intension » caractérisant en principe le nominalisme[3]. Et, de fait, nous ne connaissons pas de logiques nominalistes qui admettent l'objectivité d'entités à la fois intensionnelles *et non linguistiques*.

Il y a là un *fait* historiographique étonnant. D'un côté, Alain de Libera, par exemple, souligne qu'Abélard critique la confusion chez les *reales* (et d'abord chez son maître Guillaume de Champeaux) entre les mots et les choses et qu'ainsi « à partir de là, tout coule de source : le "nominalisme" d'Abélard et le rôle qu'il joue dans l'historiographie »[4] ; et de l'autre, nous avons un logicien pré-frégéen, le même Abélard, accordant aux intensions « être-homme », « être-animal » une pleine objectivité et fondant sur le discernement de ces statuts l'essentiel de sa logique au risque de l'inconsistance de celle-ci, une inconsistance démontrée

---

1. M. Tweedale, *Abailard on universals*, Amsterdam, North-Holland Publishing Company, 1976.
2. J. Jolivet, « Comparaison des théories du langage chez Abélard et les nominalistes du XIVᵉ siècle », in *Peter Abelard*, « Mediaevalia Lovaniensa », Louvain, Leuven University-Martinus Nijhoff, 1974, p. 163-178.
3. *Logica Nostrorum Petitioni Sociorum*, in B. Geyer, *Peter Abaelards philosophische Schriften*. « Beiträge zur Geschichte des Philosophie und Theologie des Mittelalters » XXI 1-3, Münster, Aschendorff, 1919, 1927 et 1933, p. 554, 37-39 : « Assurément, par la prédication de l'espèce une pluralité est montrée se tenir sous le même statut spécifique. Ce statut spécifique a d'être par œuvre de la nature (*Siquidem per praedicationem speciei ostenduntur plura contineri sub eodem speciali statu. Quis specialis status habet esse ex operatione naturae*) ».
4. A. de Libera, *L'art des généralités, theories de l'abstraction*, Paris, Aubier, 1999, p. 287.

(en principe) par le plus farouche opposant des *nominales*, le très réaliste Albéric du Mont[1].

Deux hypothèses de lecture

Dans l'historiographie récente, on peut constater deux tendances dans la tentative de résoudre cette contradiction entre un Abélard fondateur du nominalisme médiéval et les tendances pré-frégennes de sa logique :

1) la contradiction est fictive puisqu'Abélard pose que les statuts sont « omnino nihil » et peuvent donc être réduits à autre chose qu'eux : soit aux choses ayant ce statut et dont aucune n'est commune soit à un nom commun (et à son sens : l'intellection qu'il engendre), un nom qui, certes, n'est pas une chose ;

2) Abélard n'est qu'inchoativement nominaliste. Même s'il pose que les universaux ne sont que des noms, il n'a pas pu ou su tirer toutes les conséquences que cette assignation impose en atteignant dès le XIIe siècle la thèse centrale d'Ockham (au XIVe siècle) faisant du concept un signe mental et naturel[2]. Abélard ne parvient pas encore à concevoir ce nominalisme intégral où la « cause d'imposition » du signe linguistique n'est pas un (obscur) « status » – l'être-homme, l'être-animal – mais un signe mental et naturel, parallèle aux signes écrits ou parlés conventionnels et supposant dans le langage mental du locuteur pour les hommes ou les animaux singuliers.

La première tendance nous semble principalement représentée par Peter King : le statut n'est pas une chose, donc il n'est rien et, effectivement, certains textes semblent aller dans ce sens. P. King souligne :

> From a metaphysical point of view they [Socrates and Plato] have the same standing as human beings; this does not involve any metaphysically common shared ingredient, or indeed appeal to any ingredient at all[3].

On retrouve pour le second concept logique introduit par Abélard, celui de *dictum propositionis*, la même position : P. King souligne que pour Abélard le *dictum* est « absolutly nothing »[4]. Mais cette lecture paraît difficile à tenir jusqu'au bout. Comment la référence des mots « status » et « dictum »

---

1. Comme le soutient C. Martin, en posant que la réfutation par Albéric de la théorie des inférences d'Abélard joue au XIIe siècle un rôle comparable à celui de la demonstration d'inconsistance faite par Russell au XXe siècle pour la logique de Frege, voir J. Marenbon (ed.), *The Oxford Handbook of Medieval Philosophy*, Oxford, OUP, 2012, p. 301.

2. Une thèse dont Joël Biard a montré qu'Ockham était l'initiateur au XIVe siècle. Et de fait, pour Abélard ou Roscelin, il n'y a pas de signe *linguistique* qui, loin d'être *ad placitum*, soit *naturale*. Cette thèse du concept comme signe mental et naturel est inconnue au XIIe siècle. Cf. J. Biard, *Logique et théorie du signe au XIVe siècle*, Paris, Vrin, 1989, en particulier p. 59.

3. P. King, « Abelard », *Stanford Encyclopedia of Philosophy*, publié en 2004 et révisé en 2018, en ligne : https://plato.stanford.edu/entries/abelard.

4. *Ibid.*

pourrait-elle être *affirmée* vide[1] sans nous engager aussitôt dans une *reductio ad absurdum* de la logique d'Abélard puisque celui-ci fait dépendre de leur *discernement* rien de moins que la définissabilité du réel (pour le statut) et la vérité de notre savoir (pour le *dictum propositionis*)? Abélard le souligne lui-même :

> Recevoir la convenance entre les choses comme n'étant pas elle-même une chose, comme nous l'admettons ici, semble devoir être repoussé avec horreur : c'est comme si nous unissions ce qui est par rien[2].

Si Socrate et Platon, dans leur absolue singularité, ne conviennent en « rien », il semble difficile d'en conclure qu'ils ont le *même* statut. De même, s'agissant du *dictum*, nous verrons Abélard distinguer la proposition négative (qu'il accepte) : « le *dictum* n'est aucune *essentia* » et la proposition affirmative (qu'il rejette) : « Le *dictum* [n'] est rien »[3]. Le problème paraît donc plus complexe et il nous semble clair qu'une lecture réductionniste de la cause d'imposition des universaux (ou du *dictum propositionis*) n'est pas – sans un très fort paradoxe – pleinement satisfaisante.

La deuxième tendance consiste – en reconnaissant l'impossibilité de retrouver dans les textes d'Abélard la pleine cohérence d'un nominalisme moderne – à souligner la dépendance d'Abélard à l'égard du réalisme boécien. Alain de Libera, en particulier, souligne (bien qu'il reconnaisse le rôle historiographique d'Abélard comme initiateur, avec Roscelin, du nominalisme médiéval, on l'a vu) : « On sait que, partant de positions proches de Roscelin, [Abélard] a beaucoup évolué, aboutissant pour finir à une réponse[4] très raisonnable, boécienne dans son esprit, sinon dans sa lettre »[5]. Quoi qu'il en soit de la fidélité d'Abélard à la philosophie de Boèce (un point que nous contesterons fortement), cette lecture nous semble présenter l'inconvénient d'être finalisée. Abélard est nominaliste, mais ce nominalisme est incomplet par rapport au nominalisme complet que formulera Guillaume d'Ockham deux siècles plus part. Abélard n'a pas pu ou su se libérer complètement du passé réaliste boécien. Là encore, *nous ne nions pas la possibilité de cette lecture*, mais elle nous semble, d'une part, laisser de côté la véritable rupture qu'Abélard opère au sein du commentaire des textes d'Aristote avec le commentaire boécien[6] et, d'autre part, postuler un *a priori* qui voudrait que la modernité scientifique soit représentée à l'issue de la période médiévale par le nominalisme d'Ockham. Cette hypothèse n'est pas absolument évidente.

---

1. Ce qui est le cas, en toute rigueur, si ce que désignent ces deux termes n'est « absolument rien ».
2. *Logica Ingredientibus*, in B. Geyer, *Peter Abaelards philosophische Schriften, op. cit.*, p. 20, 1-3 : « Abhorendum autem videtur, quod convenientiam rerum secundum id accipiamus, quod non est res aliqua, tamquam in nihilo ea quae sunt, uniamus ».
3. *Glossae super Peri hermeneias*, éd. K. Jacobi et C. Strub, « Corpus christianorum » 206, Turnhout, Brepols, 2010, p. 139, 269-271. Nous étudierons ce texte essentiel au chap. VII.
4. Au problème des universaux.
5. A. de Libera, *L'art des généralités…, op. cit.*, p. 287.
6. Comme nous le verrons, Boèce propose à l'aporie des universaux qu'il formule une solution qu'Abélard rejette entièrement.

Il y a au cours du XVIIe siècle, une révolution scientifique, instituant, loin d'Aristote, une physique mathématique, dont les grands initiateurs (Galilée, Newton ou Leibniz) n'étaient guère nominalistes. Le ou les nominalismes éprouvent, comme nous le savons, les plus grandes difficultés à parvenir, sans en sacrifier des pans entiers, à fonder l'essentiel de nos connaissances proprement mathématiques. Or, l'une des originalités les plus profondes de la physique initiée au XVIIe siècle par Galilée est de rompre avec la coupure aristotélicienne entre deux régions de l'univers, l'une, sub-lunaire, marquée par la contingence et seulement qualitativement descriptible, et l'autre supra-lunaire, prévisible dans son cours et, donc, mathématiquement descriptible : il s'agit bien de fonder, contre Aristote, une physique mathématique. Or, c'est précisément dans l'expression même des connaissances proprement mathématiques que le ou les nominalismes rencontrent leurs plus graves difficultés et il y a bien peu de mathématiciens aujourd'hui pour voir par exemple dans la logique de Goodman une logique adaptée à l'expression de leurs connaissances. Le ou les nominalismes sont des conceptions philosophiques de la logique qui ne sont aujourd'hui pas moins controversées qu'elles l'étaient au XIVe siècle.

Il ne nous semble donc nullement évident que la modernité scientifique se confonde avec la reconstruction proprement nominaliste de la science et de la logique aristotéliciennes initiée au XIVe siècle par Guillaume d'Ockham.

Dans l'univers mental proprement médiéval, la matière est posée non comme première – comme c'est le cas de la « chôra » platonicienne ou de la « hylè » aristotélicienne – mais comme elle-même créée *ex nihilo* par le Verbe divin. Dans cet univers mental, c'est le *langage* et non la nature qui vient en premier. Les religions polythéistes sont des religions de la nature, là où les monothéismes juif, chrétien et musulman, ces religions du Livre, postulent la primauté absolue d'un Verbe sur la matière qu'il crée.

La philosophie d'Ockham reste profondément marquée par ce primat proprement *médiéval* des arts du langage sur les arts du réel puisqu'Ockham assimile tous les concepts nécessaires à la science à des signes – énigmatiquement « naturels » – d'un langage mental parallèle mais distinct des langages écrits et parlés (que pratique, ici ou là et concrètement, chaque locuteur). Le postulat d'un langage proprement mental et *naturel*, c'est-à-dire indifférent aux conventions de telle ou telle langue écrite ou parlée, est évidemment un postulat très fort et nullement évident (puisqu'assurément chacun, y compris en son for intérieur, pratique une langue qui reste, de fait, conventionnelle). L'existence d'un langage « mental » proprement naturel et comme tel universel reste, comme nous le savons, à l'état de projet et non de fait *scientifiquement* avéré. Sur le plan scientifique, nous savons – et cela fait l'objet de deux théorèmes particulièrement célèbres, ceux, en 1931, de Gödel – qu'il n'est pas possible d'exprimer formellement toute la puissance du concept intuitif d'entier naturel : aucun langage formel n'est, itérativement, suffisamment puissant pour y parvenir (un point qu'aucun logicien aujourd'hui ne songe sérieusement à réfuter ou, encore moins, à laisser de côté). De là, et cela dès la partie la plus élémentaire de l'arithmétique, celle des entiers positifs, il n'est déjà plus possible, de manière effective, de réduire à l'état de simple élément d'un langage formel le concept engagé, celui d'entier naturel, un concept impliqué en logique dès qu'il est question d'objet extensionnel. Aussi, un modèle strictement linguistique des grands concepts mathématiques, à commencer par celui, particulièrement basique, d'entier naturel, ne semble pas suffisant pour rendre compte de ce qui est en jeu et qui est probablement à la fois plus profond et plus complexe.

Notre hypothèse de lecture

Le point de vue que nous adopterons ici repose ainsi sur deux idées préliminaires.

Le nominalisme ne bénéficie, sur le plan scientifique, d'aucun avantage exclusif. Il n'est pas exact qu'une logique bannissant, du côté des extensions, ensembles (ou classes) et, du côté des intensions, concepts ou donc « statuts » (réduits aux signes qui les désignent) soit parvenue à rendre compte, de manière effective, des fondements logiques de la connaissance humaine et, tout particulièrement, de la connaissance mathématique que suppose l'exercice de la pensée scientifique. De là, la proximité ou l'éloignement d'une philosophie médiévale de la logique par rapport aux logiques nominalistes modernes ne peuvent suffire à eux seuls à témoigner de la plus ou moins grande modernité de cette philosophie. Ainsi, dans l'évaluation de l'éventuelle modernité d'une philosophie médiévale de la logique, nous pouvons nous montrer beaucoup plus *ouverts*, en ne réduisant pas cette modernité scientifique au(x) seul(s) nominalisme(s). L'horizon de la modernité n'est pas, de fait, aussi univoque et l'histoire des sciences tend à dessiner, sur le plan philosophique, une modernité beaucoup plus riche et ouverte.

La philosophie d'Abélard, au XIIe siècle, est profondément nouvelle et est au cœur de ce qu'il est convenu d'appeler la renaissance philosophique du XIIe siècle (latin). S'il y avait, aux yeux de ses contemporains, un philosophe qui ne manquait pas d'audace, c'était bien Abélard. Clairement, et avant Gilbert de la Porrée, Abélard est la figure dominante de cette renaissance. Or, comme nous le verrons, Abélard est, dans sa lecture des textes logiques d'Aristote (et de Porphyre), en rupture profonde avec la lecture qu'en avait proposée Boèce et, d'autre part, sa lecture de la théologie chrétienne, est, elle aussi (et cela n'a pas échappé à l'Église officielle), en rupture profonde avec la patristique latine, et, singulièrement, comme nous essaierons de le démontrer, avec Augustin lui-même. Avant même que l'Europe latine ne s'ouvre à des sources extérieures à sa tradition, il y avait eu l'œuvre d'Abélard, qui avait profondément questionné l'intangibilité de l'enseignement des deux autorités centrales de *nostra latinitas*, Boèce et Augustin. Cette tradition latine, avant même de s'ouvrir à l'extérieur, avait été ainsi profondément questionnée de l'intérieur et cela, d'abord, par Abélard et nous pensons que cette critique interne n'est pas étrangère non seulement à l'acceptation mais aussi à la recherche systématique par les générations postérieures à Abélard d'un renouvellement *extérieur* à cette tradition.

Donc, nous partons du double principe, d'une part, de la modernité radicale de la philosophie et de la théologie d'Abélard par rapport à ses sources boéciennes et augustiniennes et, d'autre part, de la nature non nécessairement « nominaliste » de cette modernité.

Chaque historien a – inévitablement – au point de départ de sa recherche, comme nous venons de le constater dans les deux options historiographiques que nous avons questionnées, une ou deux idées (ou hypothèses de lecture) qu'il va chercher à tester : nous n'échappons pas à cette règle commune. L'hypothèse dont nous partons doit donc être explicitée. Cette hypothèse peut être énoncée sous un double aspect, d'abord négatif, puis positif.

Pour le versant négatif, il s'agit de constater que le débat réalisme/nominalisme s'applique malaisément à la logique d'Abélard. Cette opposition revient à demander, pour chaque auteur, si les catégories organisant la logique aristotélicienne, sont enracinées dans la structure ontologique du réel ou seulement dans le langage mental du locuteur. Le nominaliste Ockham admet, certes, que les différences catégoriales entre substance et qualité ont un corrélat réel : cette substance singulière et ses qualités singulières (Ockham ne nie évidemment pas l'existence de Socrate et de ses propriétés concrètes). Mais les prédicaments « substance » et « qualité » – ces genres généralissimes – ne sont pas pour lui des réalités ontologiques mais seulement et strictement des intentions existant à titre de signes « naturels » dans le langage mental intérieur au locuteur : le genre n'est pas une chose mais un signe signifiant cette chose. Pour les *reales*, les catégories, ces genres généralissimes, sont ancrées (à titre soit actuel, soit potentiel) dans les *res* mêmes. Ce sont les *res* qui sont les « causes » de l'imposition des universaux que nous utilisons pour les signifier : *res significat*, dénoncent les *vocales*.

Or, Abélard ne soutient aucune de ces deux thèses : d'un côté, les statuts génériques ou spécifiques ne sont pas – à la différence de ce qui sera le cas chez Ockham – des signifiants (des entités linguistiques) mais bien des signifiés et, de l'autre, Abélard refuse fermement – contre les dits *reales* – que ces signifiés soient non seulement des *res* universelles mais bien aussi et plus radicalement *res aliqua*[1].

Nous pensons ainsi que ce débat ontologique ne peut pas rendre compte de l'originalité et de la nouveauté de la logique d'Abélard. En effet, le présupposé de ce débat est que la logique se confond avec le ou un langage : soit un langage réduit à lui-même, pour le ou les nominalismes, soit, pour le ou les réalismes, un langage reflétant, en plus, les structures les plus profondes de l'être. Le passage du réalisme au nominalisme est donc la déréalisation des structures logiques de l'aristotélisme, qui cessent de refléter celles de l'être pour devenir – en s'y

---

1. LI, p. 19, 25-26 : « Esse autem hominem non est homo nec res *aliqua*, si diligentius consideremus ».

réduisant – celles du langage mental intérieur au locuteur. Il y a donc ici un présupposé bien précis et, au fond, non questionné : la logique se confond avec une grammaire, que ce soit 1) une grammaire projetée dans l'être même des *res* (les *reales*), 2) celle d'une langue, conventionnelle, écrite ou parlée (Roscelin et peut-être Garland) ou 3) beaucoup plus tard, celle d'un langage mental et naturel, parallèle aux langues conventionnelles concrètement mises en œuvre par les locuteurs (Guillaume d'Ockham). Or, *empiriquement*, ce présupposé – celui d'un parallélisme logico-grammatical – ne fonctionne pas pour les textes d'Abélard. Les deux concepts les plus originaux de la logique d'Abélard échappent, en effet, à cette dichotomie.

Le statut (définitionnel de l'objet) sans être une *essentia* du monde ne se confond pas entièrement avec le nom universel dont il « cause » l'imposition, non plus qu'avec le sens de ce nom (la représentation mentale subjective – l'*intellectus* – que l'audition de ce nom génère). Le statut logique (définissant) de l'objet, sans être lui-même un objet, n'est pas non plus une entité linguistique.

Le *dictum propositionis* sans être, là encore, une *essentia* du monde, ne se confond pas entièrement avec l'énoncé linguistique qui l'exprime et avec l'intellection qu'engendre cet énoncé. En termes modernes, la proposition, sans se confondre avec le ou les objets sur lesquels elle porte, ne se confond pas non plus avec la phrase qui la formule dans telle langue et, ajoutera Abélard, avec le sens même de cette phrase.

Dans les deux cas – l'un concernant le commentaire de l'*Isagogê* et des *Catégories* (pour le *status*) l'autre concernant le commentaire du *Peri ermeneias* (pour le *dictum propositionis*) – nous constatons un décalage entre le logique et le linguistique qui ne parvient pas à se résoudre en un décalage entre l'ontologique et le linguistique, c'est-à-dire, dans une dichotomie simple préfigurant des nominalismes postérieurs, entre les choses et les mots.

Ce modèle médiéval associant la structure *logique* de la science et les structures *grammaticales* d'un langage est commun aux *reales* comme plus tard aux terministes du XIVe siècle, les seconds insistant sur la coupure entre le monde et mon discours sur lui, là où les premiers insistaient sur la parenté profonde entre les deux. C'est ce modèle *commun* que rejette Abélard, puisque, loin de lui, il va distinguer, donc, *trois* niveaux, sans chercher à résorber le second niveau soit dans le premier (comme le font les *reales*), soit dans le troisième (comme le font Roscelin ou, de manière plus consistante, les nominalistes du XIVe siècle). Il y a donc trois niveaux irréductiblement distincts :

- un niveau proprement ontologique : celui des *essentiae* du monde ;
- un niveau proprement logique : celui des statuts définissant ces étants du monde et des *dicta* porteurs d'une valeur de vérité et assertant quelque chose de ces étants ;
- un niveau proprement linguistique : celui des noms universels dont ces statuts « causent » l'imposition avec les significations dont ces statuts fondent la valeur cognitive et celui des phrases exprimant les *dicta* avec les intellections que ces phrases engendrent.

Du coup, l'originalité d'Abélard se fait, à notre sens, plus précise et plus radicale : ce qui préoccuperait Abélard ne serait pas tant de mesurer si les structures logico-grammaticales prévues par le corpus aristotélicien reflètent les structures de l'être ou sont seulement celles du langage mental et intérieur d'un locuteur. Mais il s'agit plutôt – à un niveau qui nous semble plus profond – de questionner l'articulation même entre grammaire et logique, c'est-à-dire entre sens et vérité ou, dans une distinction familière à la logique moderne, entre langage et théorie.

SCIENCES DIVINE ET HUMAINE
THÉMATISER LA NON-RÉDUCTIBILITÉ ABSOLUE DE LA SUBJECTIVITÉ HUMAINE

Nous arrivons au versant positif de notre hypothèse. On remarque que s'agissant d'un locuteur divin, différencier langage et théorie n'a aucun sens. Il n'y a aucune distance entre sens (les phrases avec les intellections qu'elles engendrent : grammaire) et vérité (les propositions : logique), c'est-à-dire entre langage et théorie, puisque, par hypothèse théologique, ce locuteur est le créateur même de l'objet de son discours. Comment cet objet pourrait-il ne pas être conforme à l'intention de ce locuteur puisque celui-ci en est aussi bien le créateur ? Ce Verbe ne peut que signifier le vrai. Mais, assurément, tel n'est pas le cas d'une intelligence non créatrice. Pour elle il ne suffit pas de faire sens – de manière consistante – pour proposer le vrai. Il conviendrait donc que le sujet épistémique soit ... Dieu pour que le « logique » puisse se confondre avec le « grammatical », le sens du Verbe de ce sujet étant suffisant, dans cette hypothèse, à sa véracité. Aussi la question centrale n'est-elle pas celle de savoir si une logique/grammaire reflète les structures profondes de l'être ou constitue seulement le langage intérieur du locuteur mais, *découplant* grammaire (langage) et logique (théorie), de découvrir comment s'articulent ces deux niveaux, étant entendu qu'ils ne peuvent en venir à se confondre que si le locuteur, avec les Idées qui donnent sens à son discours, est aussi bien le créateur de l'objet même de son discours. Abélard souligne ainsi qu'« il est clair que, pour Dieu, penser est – si nous considérons la question avec soin – identique avec savoir »[1]. Aussi, sans être des étants – éminemment contingents et variables – les statuts et les *dicta* ne peuvent en venir à se confondre avec le langage qui les exprime que si ce verbe est divin. Pour une intelligence finie et faillible, il *faut* distinguer grammaire (langage) et logique (théorie). Il convient donc de thématiser la part de convention qui s'attache à mon langage, l'imprécision des intellections toujours abstraites qu'il génère en moi et les modalités sous lesquelles je discerne sa vérité, si je veux que ce langage puisse être source de science.

---

1. *De intellectibus*, éd. et trad. fr. P. Morin, Paris, Vrin, 1994, § 21, p. 40 : « Deo autem clarum est […], si diligentius consideremus, idem est intelligere et scire ».

Ce qui apparaît comme au centre de la pensée d'Abélard est donc, dans le contexte non aristotélicien du créationnisme médiéval, de retrouver le sens de la finitude qu'Aristote opposait à l'idéalisme platonicien. Chez Augustin, c'est l'illumination divine qui fonde la véracité de ma pensée; chez Abélard c'est la thématisation en pleine conscience de la distance infinie entre ma pensée et une pensée proprement toute-puissante (créatrice) qui garantit cette véracité possible. Notre hypothèse est, donc, qu'Abélard est le premier philosophe, dans la lignée proprement latine du créationnisme chrétien, à tenter de penser la connaissance humaine et le sujet qui la produit non dans une continuité ineffective avec la connaissance divine (le Verbe divin) mais dans son contraste même avec elle. Notre science doit sa *réalité* possible à la thématisation réfléchie et consciente de ce qui la différencie d'une science créatrice. C'est la thématisation de la distance entre pensées humaine et divine qui *conditionne* – pour nous – l'accès à la science. C'est si, par mégarde, nous prêtons à notre pensée et à la parole qui l'exprime une toute-puissance et une infaillibilité seules attribuables au Verbe divin que l'accès à la science se ferme devant nous. Entre penser (*intelligere*) et savoir (*scire*), il y a ainsi un *jeu* où s'insère – entre-temps – *nos évaluations en première personne* (*existimare*) de ce que les propositions ont à dire et c'est précisément lorsque, par inadvertance, nous ignorons l'irréductibilité de cette distance où vient s'insérer la subjectivité humaine que s'ouvre le domaine de l'erreur. C'est parce que nous prenons la mesure de ce qui différencie notre verbe d'un Verbe – d'un langage – omniscient et tout-puissant, que ce verbe peut se faire scientifique et c'est à l'inverse en croyant qu'il y a identité entre pensée (sens, langage) et savoir (vérité, théorie) que notre pensée perd toute chance de devenir un savoir. En Dieu seul se confondent non problématiquement « faire sens » (*intelligere*) et « faire science » (*scire*). Pour nous, l'accès à la science suppose, à l'inverse, la thématisation méthodique et réfléchie de la distance entre langage (grammaire) et théorie (logique). Entre nos intellections et la science il y a ainsi un tiers qu'Abélard nomme *existimatio* et dont il pose la synonymie avec croyance (*credulitas*), opinion (*opinio*) et, à ses risques et périls, foi (*fides*)[1].

Aristote plaçait au cœur de sa réflexion la « phusis », les médiévaux placent au commencement (de la leur) le Verbe qui crée cette nature. La réflexion n'est plus centrée sur l'objet pensé mais sur le sujet qui pense (en le créant) l'objet. Aristote contrastait du côté de la nature à connaître, un monde sub-lunaire, livré à la contingence, et un monde supra-lunaire, de cours exact et nécessaire. Abélard, de son côté, contraste, dans le contexte créationniste qui est le sien, du côté du locuteur, producteur d'une connaissance de la nature, un verbe humain, de précision au plus finie, marqué par la part de convention qu'il comporte dans son imposition même et l'incertitude relative du crédit accordé à sa vérité et un Verbe divin d'une précision infinie, pour lequel *intelligere* est immédiatement et en toute nécessité *scire*. On pivote ainsi d'une philosophie centrée sur l'*objet* du savoir – la nature selon qu'elle est sub- ou supra-lunaire – à une philosophie

---

1. *De intellectibus*, op. cit., § 24, p. 42.

centrée sur le *sujet* producteur de savoir, selon qu'il est créé ou créateur. L'originalité d'Abélard, par rapport à ses sources patristiques (augustiniennes en particulier), est de centrer sa réflexion sur ce qui *oppose* ces deux locuteurs (et non sur ce qui les assimile l'un à l'autre dans une théorie de l'âme humaine porteuse d'une image de Dieu).

Le réel, pour Abélard, est, essentiellement, mouvant : le nombre des *essentiae* change sans cesse et la proposition « n = n +/-1 » est nécessairement fausse. Aussi le statut – constant, stable – à même de fonder l'univocité des signes de mon langage, ne peut pas, contre les *reales*, se réduire aux étants signifiés, même et surtout si ces étants sont tous individuels. Nous ne pouvons pas fonder une logique vraie sur une arithmétique fausse.

Maintenant si nous posons, avec Ockham, que le statut, n'étant pas une chose, se confond avec le mot qui le désigne, il partagera alors le caractère conventionnel de ce mot : comment ce signe pourra-t-il, au-delà d'un langage, fonder une *théorie* du réel ? Ou si ce mot est posé comme – énigmatiquement – naturel, il faudra supposer que la relation référentielle entre ce mot et la *res* qu'il désigne ne peut être erronée (puisqu'elle est naturelle), ce qui revient à nous supposer une intellection infaillible du réel : une intuition définitionelle de la réalité dans ses composantes les plus ultimes (une « intuition *intellectuelle* du singulier »). Ockham pose que le langage « naturel » – objectif, c'est-à-dire essentialisé – qu'il postule est, sinon parlé ou écrit, du moins mis en œuvre mentalement par un locuteur humain. Mais, bien entendu, si je pose la « naturalité » de la relation référentielle entre les signes composant mon langage (mental) et la réalité, puisque les signes qui composent ce langage mental sont naturels, qu'est-ce qui pourra encore venir distinguer ma science de celle, infaillible dans sa référence et infinie dans sa résolution, de Dieu ? D'un autre côté, s'il m'est impossible d'user de ce langage, s'agit-il bien encore d'un langage ? Ou si la relation référentielle entre le signe « (être) homme » et la chose signifiée peut être erronée, comment cette relation peut-elle être « naturelle » ? Donc, les signes – les mots – de mon langage (que celui-ci soit mental, écrit ou parlé) restent bien conventionnels (du moins chez Abélard) et le statut « être homme » qui « a d'être par œuvre de la nature » est signifié par un signe avec lequel il ne peut, sans prendre le risque de présupposer l'infaillibilité de mon langage, se confondre, ce qui n'implique pas pour autant qu'il se réduise aux *res* et à leurs propriétés empiriques « inconstantes ».

Les universaux sont donc des noms et des noms conventionnels – des variables linguistiques – où s'articulent dans *mon* langage les objets du monde et les statuts qui fondent leur intelligibilité et c'est cette articulation, par la part de convention et de subjectivité qu'elle comporte inévitablement, qui rend compte de la possibilité de l'erreur, possibilité nécessaire à l'effectivité de la théorie proposée. Le langage (humain) n'est pas un code associant de manière rigide tel symbole à ce qu'il symbolise, mais une combinatoire qui laisse, pour le meilleur et pour le pire, une part d'initiative au locuteur. Cette part de liberté n'est pas absolument réductible, quand bien même ce langage, n'étant ni parlé, ni écrit, serait seulement mental.

Exigence d'économie et exigence d'effectivité

En fait, là où Ockham privilégiera au XIVe siècle les considérations ontologiques dans le contexte, quelque peu « luxuriant », d'un Aristote gréco-arabe proprement métaphysicien, Abélard, privilégie, lui, en lecteur contraint du seul *Organon*, la théorie de la connaissance. Le problème qu'ont à résoudre Abélard et Ockham n'est pas, en réalité, absolument le même.

Là où l'exigence centrale du nominalisme d'Ockham est une exigence *ontologique* d'économie, puisqu'il s'agit de *réduire* les structures conceptuelles de l'aristotélisme aux structures linguistiques d'un locuteur, en limitant au strict minimum ce qui échappe à cette réduction au langage, l'exigence centrale d'Abélard est, différemment, une exigence *épistémologique* d'effectivité. Abélard demande qu'on distingue entre la science d'un locuteur omniscient, et celle d'un locuteur dont la science n'est et ne peut être créatrice. Pour être créateur, il *faut* être omniscient : avoir un discernement suffisamment exhaustif du statut substantiel de l'objet pour créer, au-delà du savoir que j'en ai, l'objet même de ce savoir, abolissant ainsi la distance, pour ma connaissance, entre le conceptuel et le réel. S'il y a quelque chose qu'Abélard refuse à l'être humain, c'est bien la puissance de créer, au-delà des accidents, la substance même de la réalité. Or, Abélard était confronté à une pensée latine haut-médiévale, tant religieuse (Augustin) que profane (Boèce) fondée, comme nous le verrons, sur des idéalisations très fortes. Abélard ne cesse de questionner *l'effectivité* de ces idéalisations, ce qui exclut de leur substituer d'autres idéalisations de sens inverse et anticipant celles d'Ockham. Chez Abélard, la question centrale n'est pas l'économie ontologique, mais *l'effectivité* de la science projetée.

Maintenant, dans le cadre de cette recherche par Abélard d'une science *effective*, il convient, avant d'entrer dans le vif du sujet, de préciser deux points fondamentaux, l'un ontologique et l'autre épistémologique.

« Individu » et « ensemble »

Sur un plan fondamental, nous pensons que les querelles ontologiques sur les « individus » et les « ensembles » ne sont pas absolument inévitables et/ou insurmontables. Il est clair que l'expérience sensible ne nous donne pas accès, chez Aristote, à des entités élémentaires en un sens absolu, mais seulement, comme prend soin de le souligner Abélard, en un sens relatif. Pour notre connaissance (expérimentale) il n'y a pas d'« in-dividus », en un sens propre et absolu, mais des « touts » toujours et encore partitionnables :

> En revanche, je pense que ni l'élémentaire par soi ni sa différence ne peuvent être atteints par un sens quelconque, mais que seuls les composés et leurs accidents peuvent tomber sous les sens [1].

Il est clair d'un autre côté que certains concepts – par exemple le concept « être » – sont, chez Aristote, beaucoup trop universels pour engendrer l'intellection d'une « classe » susceptible de former *un* ensemble (*univoquement* et non-contradictoirement déterminable), ce qui, fort heureusement, n'est pas le cas de tous les concepts généraux.

De là, il n'y a pas, dans une science effective (expérimentale) chez Aristote et, comme nous le vérifierons, chez Abélard, à un extrême, d'entités absolument élémentaires (d'individus en un sens absolu) et, à l'autre extrême, d'ensembles (de *continentiae* plurales univoquement déterminables dans la terminologie d'Abélard) absolument universels. Ces points notés, il nous semble que des points de vue ontologiques parfois revendiqués comme fondamentalement inconciliables peuvent ne pas être aussi incompatibles qu'il semble au premier abord. Aristote d'un côté pose que seul l'individuel est réel et de l'autre il soutient qu'il n'y a de science que de l'universel (et cela tel qu'il n'y a clairement de science que du réel) mais la contradiction entre ces deux assertions n'est qu'apparente : il est clair que, dans la dynamique même d'une connaissance humaine, les individus ne sont jamais absolument individuels, et l'universel, dont il y a science, jamais absolument universel. Donc ce qui paraît dans l'absolu incompatible ne l'est pas nécessairement dans la *pratique* et la dynamique propre d'une science qui n'est jamais – sinon en idée – pleinement achevable. Si une science exige pour être effective d'un côté de parvenir à définir non-contradictoirement (de manière univoque, donc) le contenu de sens non seulement des concepts généraux « homme » ou « entier naturel » mais aussi des concepts universels « être » ou « concevable » et de l'autre de parvenir à discerner l'être dans ses composantes les plus ultimes, alors aucune science ne peut être effective. Si une science pour être possible doit être absolue (dernière), alors assurément aucune science (humaine, c'est-à-dire effective) n'est possible. Il nous faut donc distinguer l'inanalysé, c'est-à-dire l'élémentaire dans l'état actuel de nos connaissances et l'inanalysable, soit l'élémentaire « par soi », une entité que nous ne sommes à même de discerner que si nous sommes capables de déterminer de manière non équivoque et non contradictoire toute l'extension des termes transcendantaux « étant » ou « pensable ». Alors et alors seulement, nous pouvons poser que ce que nous discernons comme élémentaire l'est dans tout l'être « pensable ». Aussi, l'ontologie n'est-elle pas inconditionnelle et première mais bien relative à l'état *présent* de nos connaissances et sa détermination dans l'absolu largement verbale et livrée à la libre croyance des uns et des autres. Or, souligne Abélard, nous ne devons pas confondre *existimare* et *scire*.

---

1. LI, p. 71, 24-26 : « Puto autem nec ipsum elementum per se neque eius differentiam aliquo sensu tractari posse, sed sola composita eorumque accidentia sensibus subiacere ».

Une ontologie réduisant le réel à une série d'entités « absolument » élémentaires et inanalysables plus avant, outrepassant ainsi le caractère « composé » de toute donnée expérimentale, n'est pas moins *métaphysique* qu'une ontologie platonicienne postulant l'objectivité d'entités universelles et seulement intelligibles. Ces deux ontologies – symétriquement opposées – ont, cependant, en commun d'outrepasser, du moins chez Abélard, toute donnée expérimentale possible. Mais, il n'y a pour nous, souligne la LI, de connaissance du réel qu'à travers les sens[1]. Aussi Abélard, évitant (en aristotélicien) ces deux extrêmes, s'en tient-il à ce qui est *effectivement* objet de science. D'un côté, il va poser l'existence des Idées (divines) comme un objet de foi (et non de science), et, de l'autre, il va distinguer l'inanalysé, l'élémentaire pour nous, et l'inanalysable, l'élémentaire *per se*, dans l'historicité d'une science qui tend à résorber toujours plus la distance qui va de l'un à l'autre sans jamais espérer l'abolir définitivement (tout du moins en restant humaine).

RÉALISME DES UNIVERSAUX ET RÉIFICATION DES CONCEPTS
UNE DISTINCTION HISTORIQUEMENT NÉCESSAIRE

Ceci précisé, il convient, sur un plan proprement épistémologique, d'introduire une distinction entre le réalisme des universaux et ce que nous pouvons nommer la « réification » des concepts. En particulier, on trouve, chez un Boèce rejetant tout réalisme des universaux, une telle réification du conceptuel, une réification qu'on retrouve aussi chez ceux des *reales* qu'Abélard entreprend de réfuter dans la LI.

La réification des concepts attribue à des entités physiques, voulues par les *reales* qu'Abélard choisit de critiquer (dans la LI) comme seulement particulières dans leur existence actuelle, des propriétés proprement intensionnelles, c'est-à-dire, contre toute attente, « mentales » et immatérielles donc. Avec les *reales*, les choses « pensent » et produisent, outre des effets matériels, des effets de « sens ». Avec eux, *res* – et non *vox* – *significat*.

Abélard, comme nous le verrons, est partisan de thématiser l'activité *intentionnelle* du sujet de la connaissance en la distinguant des *essentiae* qu'elle vise à rendre intelligibles, un souci nouveau au XIIe siècle. L'*esse hominem* que vise l'*impositor nominis* lorsqu'il cherche à définir Socrate, n'est ni Socrate ni l'une de ses propriétés concrètes, bien qu'il soit irréductible à une libre convention du langage de l'*impositor* ou à une libre construction de son esprit. En termes modernes, un concept, partie prenante d'une théorie – plus qu'une construction linguistique – ne peut pas se confondre avec l'objet qu'il permet de connaître (ou avec l'une des propriétés de cet objet). La distinction *res/status* est irréductible.

---

1. LI, p. 23, 8 : « homines qui per sensus tantum res *cognoscunt* ».

Il faut donc distinguer deux thèses différentes :
– le réalisme des universaux : l'admission au nombre des objets extensionnels d'objets non singuliers (ensembles ou classes) ;
– la réification des concepts : la confusion objet (extensionnel)/concept (intension), soit l'attribution aux objets de caractères conceptuels.

Cette distinction est nécessaire *sur un plan fondamental* parce qu'il est clair qu'une logique mathématique « réaliste », c'est-à-dire admettant au nombre des objets extensionnels des ensembles (par exemple, en arithmétique, l'ensemble des entiers positifs[1]), ne confond pas nécessairement objet extensionnel et concept. S'il y a une distinction que les logiciens réalistes Frege ou Gödel posent comme *irréductible*, c'est bien la distinction entre objet (*Gegenstand*) et concept (*Begriff*). Les extensions et les intensions sont, pour eux, des entités de nature radicalement différente. Très loin de là et à l'exact inverse, nous avons, avec Boèce, la réduction de l'être-homme (Abélard) à « l'humanité » singulière et sensible de Socrate, une propriété « incorporelle » (est-il soutenu) de cet objet physique[2]. Confondre les concepts et les choses, en prêtant aux objets extensionnels des caractères intensionnels, peut se produire dans une ontologie qui, comme c'est le cas de celle de Boèce, est réduite aux entités particulières et les distinguer – « l'être-homme, si nous sommes attentifs, n'est ni un homme, ni *une chose quelconque* », soutient Abélard – n'implique pas nécessairement de réduire ce concept au signe le signifiant.

Sur un plan fondamental, on constate donc qu'avoir une ontologie réduite aux entités individuelles ne garantit nullement de ne pas confondre le conceptuel et le réel et qu'avoir une ontologie étendue aux ensembles (Cantor, Frege, Gödel) n'implique en rien qu'on les confonde. Il est faux que le réalisme des ensembles implique la confusion concept/objet, de même qu'il est faux que la réification des concepts (qu'on trouve chez Boèce) implique un réalisme des universaux. Ces deux concepts sont fondamentalement distincts. Pour le très *réaliste* Frege, rien ne peut faire qu'un concept soit un objet. Pour lui aussi, l'être-homme n'est pas *res aliqua*[3]. Abélard, anticipant Frege en posant une irréductibilité fondamentale entre les intensions et les extensions, a – cette fois à l'opposé d'un Frege – la même ontologie réduite aux individus que Boèce. Et, pourtant, malgré cet accord sur l'ontologie, Abélard dénonce chez Boèce la confusion entre le *nomen*

---

1. L'ensemble *exigé* par le principe d'induction complète, le dernier des cinq axiomes (dits de Peano) de l'arithmétique des entiers naturels. L'axiomatique de Peano est catégorique (et non hypothétique).
2. Propriété, singulière en Socrate, qui « devient » universelle seulement dans l'esprit qui l'abstrait de Socrate, étant ainsi en elle-même indifféremment singulière *in re* et universelle *in intellectu*, comme l'a montré A. de Libera, *L'art des généralités...*, *op. cit.*, p. 215-220.
3. C'est tout l'enjeu de l'article de Frege « Über Begriff und Gegenstand » (1892) : « un tel concept doit *toujours* être distingué de l'objet qu'il subsume », « Concept et objet », trad. fr. Cl. Imbert, *Écrits logiques et philosophiques*, Paris, Seuil, 1971, p. 127-141, ici p. 129 (nous soulignons). Il ne saurait donc, pour lui, être question de confondre un ensemble (un objet extensionnel) et un concept (une entité intensionnelle).

« homo » (et le statut conceptuel « esse hominem » qui cause son imposition) et la *res* nommée. Si nous confondons réalisme des universaux et réification des concepts, ce que reproche Abélard à Boèce (et à certains des *reales* qui le commentent) est *inintelligible* puisqu'Abélard sait bien – il a le texte sous les yeux – qu'il est faux que Boèce admette dans son ontologie des entités non-individuelles. C'est *précisément* Boèce qui prend l'initiative de poser qu'aucune chose une ou multiple ne peut exister à l'état universel. Pour comprendre le propos d'Abélard, le rejet du réalisme des universaux ne suffit donc pas. Pour lui, le fondement *hors du langage* de l'imposition de l'universel « homme » « n'est ni un homme, ni une chose quelconque », même si l'homme en question n'est nul autre que le singulier Socrate. Un concept est tout sauf un objet ou une propriété de cet objet.

La confusion entre ces deux concepts – l'un posant, sur le plan *ontologique*, des objets non-individuels (non-élémentaires) et l'autre réifiant le conceptuel en confondant, sur le plan *logique*, données extensionnelles et intensionnelles – nous semble ainsi obscurcir le débat du XIIe siècle en projetant sur lui les enjeux *seulement ontologiques* des débats des XIVe et XVe siècles. Le débat du XIIe siècle a ceci de particulier qu'il oppose des parties prenantes qui ont, en réalité, *pour certaines d'entre elles*, la même ontologie (celle de Boèce). Nous avons ainsi soutenu que les *reales* qu'Abélard *choisit* de réfuter dans la LI ne posaient pas nécessairement – et cela aux dires mêmes d'Abélard – l'existence *en acte* des universaux hors de l'esprit[1]. Ce point de vue a été pleinement confirmé (et grandement approfondi) pour les *reales* partisans de la théorie de l'universel/*respectus* (la troisième théorie des *reales* d'Abélard) par C. Tarlazzi[2]. Mais nous constaterons que cela s'applique, en réalité, aux trois théories des *reales* critiquées dans la LI, Abélard les rangeant *explicitement* toutes les trois sous la théorie boécienne d'un sujet unique de l'universalité (*in intellectu*) et de la singularité (*in re*).

Le débat du XIIe siècle réclame ainsi des distinctions plus fines que celui du XIVe siècle en nous obligeant à renouveler nos catégories d'observateur moderne : on peut être au nombre des *reales* et pourtant – c'est un fait textuel – s'en tenir à l'ontologie réduite de Boèce et on peut être au nombre des *nominales* et poser l'irréductibilité des concepts définitionnels à des faits de langage. Le point central n'est pas le même dans les deux débats et une analyse plus précise est nécessaire pour éviter de les confondre.

---

1. Dans une thèse soutenue en 2009 à l'Université de Tours sous la direction de J. Biard intitulée « Abélard lecteur de Boèce » et accessible sur le site thèse.fr.
2. *Cf.* C. Tarlazzi, *Individui universali. Il realismo di Gualtiero di Mortagne nel XII secolo*, Turnhout, Brepols, 2018.

Foi et savoir

La nouveauté du propos d'Abélard n'est donc pas *soit* de réduire l'ontologie aux seuls individus (c'est déjà le cas au VIe siècle de l'ontologie boécienne et certains *reales* n'y dérogeaient pas), *soit* de réduire la science aux structures d'un langage (le statut abélardien n'étant pas, à la différence de ce qui sera le cas chez Ockham, un signe mais un signifié). Elle est plutôt et dans un tout autre sens de concevoir la science comme devant sa réalité à la conscience de son éloignement d'avec une science toute-puissante : *créatrice*. Pour une intelligence créatrice, magiquement, « dire, c'est faire ». Aucune distance n'est concevable chez elle entre le conceptuel et le réel. Le réel est ce qu'elle conçoit. Abélard fonde la science sur le renoncement à cette toute-puissance créatrice. Thématiser cette distinction entre la science d'un Dieu créateur et toute science effective (en en mesurant toutes les conséquences), n'était pas la préoccupation principale des philosophies antiques païennes – il n'y avait pas pour elles de Créateur. Et il est clair que, dans le contexte de la ferveur religieuse des Pères de l'Église pour le Dieu créateur de la Bible, le moins qu'on puisse dire est que, durant tout le haut Moyen-Âge, la thématisation de cette distinction était loin d'aller de soi. En fait, nous vérifierons qu'à notre connaissance Abélard est le premier philosophe, tout au moins du côté latin du Moyen-Âge, à problématiser (dans le *De intellectibus* et dans ses deux dernières théologies) une distinction entre foi (*fides* ou *existimatio*), y compris religieuse, et savoir (*scientia*), une distinction que nous croyons moderne [1] et profondément étrangère à un monde antique qui associait très étroitement science et sagesse (ou « spiritualité »).

Pour les philosophes de l'antiquité gréco-latine, même un dieu n'a pas la puissance, magique, de créer par la seule force de sa pensée – de son Verbe – jusqu'à la matérialité même du réel. À lire Abélard, on se rend compte que cette puissance créatrice, cette toute-puissance de la pensée, est précisément le pouvoir dont nous devons reconnaître en nous le manque pour commencer à accéder à une science *effective*, là où, assurément, les Pères de l'Église fondaient, à l'opposé, la science sur la foi en l'existence d'une Intelligence aussi puissante. Chez le croyant Abélard, il n'y a pas l'idée que pour savoir, il faut d'abord croire en un Dieu créateur (le « credo ut intelligam » d'Augustin), mais plutôt l'idée que pour savoir il faut mesurer la distance infranchissable entre la nature divine d'une intelligence créatrice et la nature humaine d'une intelligence non-créatrice. C'est la thématisation de la distance entre ma pensée et cette toute-puissance de la pensée (divine) qui est porteuse de science. Ce qui est nouveau n'est pas, bien sûr, d'opposer homme et Dieu, mais de fonder la *véracité* de mon discours sur son discernement d'avec le Verbe d'un Dieu omniscient et créateur (quelle que soit, par ailleurs, l'état de ma foi).

---

1. Telle qu'il ne s'agit pas du tout de la distinction platonicienne (fort ancienne, donc) entre *doxa* (ou *pistis*) et *noêsis* : l'existence des Idées (divines) est, pour Abélard, on l'a noté, un objet de foi et non de science.

Quand Abélard, dénonçant la réification du conceptuel que nous venons de mentionner, demande aux *reales* de ne pas confondre les *res* d'un côté et les *voces* et leurs causes conceptuelles de l'autre, par exemple en soulignant que, dans une « variation » permettant de dissocier l'essentiel de l'accidentel, les accidents permettent, certes, de penser les différences entre individus de même espèce mais sans pour autant « produire » cette différenciation comme le dit imprudemment Boèce (à plusieurs reprises), il leur demande, au fond et pour ne pas errer, de ne pas confondre « penser » et « faire ». Les accidents « montrent » à ma pensée les différences individuelles mais est-ce suffisant pour en inférer qu'ils « font » cette singularité, c'est-à-dire qu'ils la produisent ? La variation n'a, en effet, chez les *reales*, rien d'imaginaire. Elle est la structure ontologique même du réel. Le conceptuel est « réifié ». Mais la conséquence du connaître à l'être est-elle *simpliciter* nécessaire ? Le statut spécifique, sans être une convention lexicale, est-il non problématiquement l'« essence » même du réel ? Ce statut est-il, dans une science effective, *res aliqua* ? Il faut être créateur pour inférer du concept l'être. Dieu seul « conçoit » en un sens non figuré l'être des choses, puisqu'il le crée à partir du seul matériau de ses Idées. Pour lui « dire (ou penser), c'est faire ». Notre science, elle, est à fois réelle et *relative*. Sans se réduire à une simple construction linguistique ou idéologique, elle n'est jamais suffisante pour produire, grâce au savoir que j'ai acquis de lui, la substance même du réel et c'est la thématisation de cette distance entre ma pensée et l'idée – théologique – d'une toute-puissance de la pensée qui est à la base de la scientificité *possible* de mon discours.

Une science univoque de (tout) l'être n'existe qu'en Idée, et non en acte. Je peux, sans doute, tenter de me placer *idéalement* au lieu qu'occupe, si elle existe, une pensée créatrice mais je ne peux pas le faire *en acte*. Or, la science n'existe qu'en acte. Une science en idée n'est pas du tout une science. La question n'est pas tant de nier l'existence d'entités non-individuelles – négation déjà posée six siècles plus tôt par le réaliste Boèce et acceptée par nombre de *reales* – mais de concevoir une science *effective* par constraste d'une science *seulement* idéelle et capable, métaphysiquement, de concevoir littéralement le réel.

Abélard est sur cette crête où il s'agit de penser – loin du vocalisme de Roscelin – la *réalité* effective de la science mais dans un cadre où il est hors de question d'attribuer à cette science le pouvoir de « faire » et non seulement de « penser » le réel, comme le proposent les *reales*. Le statut qui fonde la scientificité de mon discours (*vox* ou *sermo*) et des représentations (*intellectus* ou *conceptio*) que ce discours génère n'est pas, problématiquement, la *res numero discreta* même (l'objet extensionnel) ou l'*essentia* même (l'étant) dont il fonde l'intelligibilité, non plus, comme nous le vérifierons, que l'une quelconque de leurs propriétés empiriques ; et cela sans qu'il soit pour autant possible – dans un acte (objectif : nécessaire) de science et non (subjectif : libre) de foi – d'y déceler la représentation d'un entendement divin. En toute rigueur et pour notre *science*, le *status*, cause d'imposition de l'universel (tel que nous nous souvenons qu'il n'y a de science que de l'universel), n'est ni la *res* dont il fonde l'intelligibilité, ni la *vox* dont il « cause » l'imposition, ni l'*intellectus* qu'il prive d'arbitraire, ce statut n'étant une Idée divine qu'éventuellement pour ma foi, et non, dans un argument nécessaire, pour ma science.

Aussi, pour penser ce statut épistémique du réel, fondant donc la scientificité de mon discours, la théologie n'est, *de fait*, d'aucun secours puisque l'existence de Dieu et de ses Idées ne repose pas, pour Abélard, sur un « argument nécessaire » et que la science est, précisément, cette « certitude de l'esprit » qui, reposant sur des arguments objectifs et nécessaires, persiste même en l'absence d'une intellection et de l'acte de foi (subjectif) que j'accorde à cette représentation [1]. Abélard écrit ainsi : « La science n'est ni une intellection ni une *existimatio*, mais une certitude même de l'esprit qui persiste y compris en l'absence d'une *existimatio* et d'une intellection »[2]. Reposant sur des arguments nécessaires, la science ne dépend plus d'aucun acte subjectif de représentation (*intellectus*) et/ou de croyance en cette représentation (*existimatio*) : la certitude qui la fonde est acquise de manière permanente. Abélard avait soutenu, peu avant, que le terme « existimatio » – qui désigne, ainsi qu'on l'a noté, l'acte en première personne par lequel j'accorde crédit à ce que la proposition a à dire en fonction de l'intellection que j'en ai – est synonyme de « foi » ou de « croyance ». De son côté, « la foi [religieuse] est une *existimatio* portant sur les choses non apparentes, c'est-à-dire non sujettes aux sens corporels » écrit Abélard dans la *Theologia scholarium*[3]. La foi – au sens théologique – est la croyance en l'existence de quelque chose qui transcende radicalement toute expérience (sensible) possible. Or, comme nous l'avons noté, « les hommes *connaissent* le réel seulement à travers les sens » et, soutient la *Theologia scholarium*, « nous ne pouvons contraindre ceux qui s'obstinent [dans l'incroyance], puisque nous ne leur fermons pas la bouche par des arguments nécessaires »[4]. La science réclame des arguments nécessaires et, en ce sens, objectifs (indifférents à l'état subjectif de mes représentations et au crédit qu'en première personne je crois devoir leur

---

1. Sur le plan proprement théorique, Abélard souligne – et cela dès sa première théologie, la *Theologia summi boni* – le caractère nécessairement hypothétique du discours théologique (du fait de l'impossibilité de prouver l'existence de son objet) et son caractère inévitablement inexact (du fait de l'*absolue* singularité de cet objet et donc de son incomparabilité). Comme nous le verrons au chap. VII, cela n'implique en rien, pour (le croyant) Abélard, de dévaluer cette théologie : bien au contraire, *divinitas* et *ethica* sont, affirment les *Collationes*, de purs synonymes. Or, ne peut avoir une valeur éthique *que* ce qui engage ma liberté. Aussi convient-il que la croyance en l'existence d'un *summum bonum* ne puisse reposer que sur un acte *libre* de foi, effectué en première personne, et non sur les raisons nécessaires – s'imposant à moi *sans choix* – de la science. Les deux domaines, nouvellement distincts, ont ainsi chacun leur valeur, l'une concernant l'intelligibilité théorique (scientifique) du réel et l'autre son intelligibilité pratique (éthique) et spirituelle. Et il est clair, comme nous le vérifierons, que, pour Abélard, la valeur de vérité de chacun des deux domaines vient précisément de sa non-confusion avec l'autre.

2. *De intellectibus, op. cit.*, § 27, p. 44 : « Scientia autem neque intellectus est neque existimatio, sed ipsa animi certitudo que non minus, *absente vel existimatione vel intellectu, permanet* ».

3. *Theologia scholarium*, I, § 1, éd. C. Mews, Turnhout, Brepols, 1987, p. 319, 5-6 : « Est quippe fides *existimatio* rerum non apparentium, hoc est sensibus corporeis non subiacentium ».

4. *Ibid.*, III, § 16, p. 506, 232-233 : « obstinatos cogere non possimus, cum ora eorum non necessariis obstruamus argumentis ».

accorder ou non), là où la foi (religieuse) requiert, elle, un acte *libre* d'adhésion à son contenu, un acte de foi qu'aucun argument nécessaire ne peut (et, comme nous le verrons, ne doit) contraindre. Il y a ainsi une distinction nécessaire à faire entre foi et savoir et il faut donc – inévitablement – une théorie *philosophique* de la science. La lumière spirituelle dont, selon Augustin, Dieu éclaire mon intelligence ne peut plus suffire à la fonder, puisque la science est cette certitude de l'esprit qui doit persister même en l'absence d'un acte de foi. Cette nécessité d'une théorie proprement philosophique de la valeur scientifique de ma pensée et de mon langage est, au XIIe siècle, profondément *nouvelle* – elle est étrangère à toute la tradition patristique – et il est clair qu'elle n'a plus jamais cessé de s'imposer toujours davantage depuis lors.

À nous de tenter, d'abord, d'en éclaircir la genèse (chapitres I à IV), afin, ensuite, d'en mieux cerner le sens et les enjeux sur les plans tant gnoséologique (chapitres V et VI) qu'éthique (chapitres VII et VIII).

Ce livre est le résultat de longues années de recherches sur les œuvres d'Abélard et leur contexte dans l'Europe latine du début du XIIe siècle. Je voudrais à l'orée de ce livre remercier le professeur Y. Iwakuma qui m'a donné généreusement accès aux sources très nombreuses qu'il a rassemblées et retranscrites et sans lesquelles le chapitre premier de ce livre n'aurait pas été possible. Je souhaite aussi remercier J. Brumberg-Chaumont dont les remarques sur ce chapitre premier m'ont été particulièrement précieuses. Le professeur J. Marenbon a accepté de lire ce livre en manuscrit et, là encore, ses remarques et son expertise m'ont été particulièrement précieuses. Qu'il en soit vivement remercié ici. Je voudrais enfin saluer la mémoire de mon maître Jean Jolivet qui, le premier, attira mon attention sur le concept d'*existimatio* chez Abélard, un concept qui joue un rôle central dans ce livre.

CHAPITRE PREMIER

ABÉLARD ET GUILLAUME DE CHAMPEAUX
LES DÉBUTS DE LA QUERELLE LATINE
DES UNIVERSAUX

Beaucoup de progrès ont été fait ces dernières années dans la connaissance de la doctrine de Guillaume de Champeaux sur les universaux[1]. Mais il reste des incertitudes sur le sens exact de la première théorie des universaux soutenue par Guillaume, la théorie dite de l'essence matérielle[2]. En particulier, il y a un doute sur l'attribution à Guillaume de Champeaux du grand commentaire sur l'*Isagogê* dit P3 ou « Pseudo-Raban »[3]. Or, ce texte est capital car il est une source positive (et non pas critique) d'une lecture de l'*Isagogê* de toute évidence antérieure au début de la

---

1. Nous pensons principalement aux études réunies par I. Rosier-Catach dans *Arts du langage et théologie aux confins des XIᵉ-XIIᵉ siècles*, Turnhout, Brepols, 2011, avec en particulier les travaux d'I. Rosier-Catach elle-même, de C. Mews, d'A. Grondeux, de J. Marenbon, de J. Brumberg-Chaumont et de C. Erismann.

2. Désormais abrégée « ThEM ». Nous adoptons pour la théorie de l'essence matérielle soutenue par Guillaume de Champeaux ni plus ni moins que ce qu'en dit Abélard dans l'*Historia calamitatum,* éd. J. Monfrin, Paris, Vrin, 1959, p. 65, 85-88 : « [Guillaume] s'agissant de la communauté des universaux, soutenait cette doctrine : il établissait qu'une chose essentiellement la même était présente toute entière en chacun de ses individus, qui ne différaient entre eux par aucune diversité d'essence, mais seulement par la multitude des accidents ». Cette théorie est reprise dans la LI avec l'analogie matière (essence générique)/formes (différences et accidents) : LI, p. 10, 17-p. 11,9. Il s'agit d'une théorie de l'individuation et de l'individuation par les *seules* formes. La question de savoir si on doit interpréter, dans le texte de l'*Historia calamitatum*, l'adverbe « essentialiter » comme signifiant nécessairement « actualiter » sera discutée plus loin.

3. L'éditeur du texte, Y. Iwakuma, dans « Pseudo-Rabanus super Porphyrium (P 3) » [désormais P3], *Archives d'histoire doctrinale et littéraire du Moyen Âge* 75, 2008, p. 49-52, propose, avec des arguments forts, d'attribuer ce texte à Guillaume de Champeaux. Julie Brumberg-Chaumont conteste cette attribution et John Marenbon, prenant en compte l'étude de J. Brumberg-Chaumont, est revenu à son tour sur cette attribution dans *Arts du langage et théologie aux confins des XIᵉ-XIIᵉ siècles, op. cit.*, p. 181-219 (J. Marenbon) et p. 417-452 (J. Brumberg-Chaumont)). Voir aussi C. Erismann, « *Generalis essentia*. La théorie érigénienne de l'*ousia* et le problème des universaux », *Archives d'histoire doctrinale et littéraire du Moyen Âge* 69, 2002, p. 7-37.

querelle avec Abélard et très proche, comme nous allons le montrer, de la première théorie des universaux réfutée par Abélard dans la *Logica Ingredientibus* et clairement attribuable à Guillaume Champeaux. Sans nous prononcer sur l'identité de l'auteur de P3, nous voudrions montrer ici que la doctrine développée dans P3 tombe directement sous le coup de la critique par Abélard dans la LI de la première théorie des *reales*, et cela même si P3 affirme que « les genres et les espèces, en tant qu'ils sont des universaux, sont dits n'être rien »[1].

Ce que nous voulons démontrer dans ce chapitre initial est que la réfutation de la LI s'applique non seulement à des théories qui affirment la subsistance en acte, en tant que natures communes, des genres et des espèces hors de l'esprit mais aussi à des théories qui n'admettent pas cette subsistance en acte hors de l'esprit mais posent que « rien n'existe quant à l'être sinon les seuls individus » (P3). P3 pose que c'est la même *res* qui, dépouillée des formes qui la singularisent, est universelle en acte *in intellectu* et qui, contractée par ces mêmes formes, est strictement singulière en acte *in re*, un lieu où n'existent (en acte) que des choses individuelles. Abélard refuse, de toutes les manières dont on peut l'entendre, que dans la prédication substantielle (qui exige des prédicats universels) une *res* soit prédiquée, que la chose universelle prédiquée soit telle hors de l'intellection ou seulement dans l'intellection. C'est bien ce refus d'accepter que le prédicat *de subjecto* soit posé « ad denotandum rem » qui selon Jean de Salisbury était la thèse distinctive des partisans d'Abélard, leur refus fondamental : « Qu'une chose soit prédiquée d'une autre, ils en font un monstre », note-t-il[2]. Abélard souligne effectivement dans le *De intellectibus* que le prédicat est là pour dénoter non une chose mais le statut conformément auquel nous examinons la chose nommée par le terme-sujet. Il est posé « ad denotandum status » et non *rem*[3].

Le statut « être X » est chez Abélard une entité proprement intensionnelle et ouvertement posée par Abélard comme ontologiquement aporétique[4]. La *res* par

---

1. « Pseudo-Rabanus super Porphyrium (P3) », art. cit., p. 80.
2. Jean de Salisbury, *Metalogicon*, éd. J. B. Hall, « Corpus Christianorum, Continuatio medievalis » 97, Turnhout, Brepols, 1991, II, 17, p. 81, 26-28 : « Rem de re praedicari monstrum ducunt, licet Aristoteles monstruositatis huius auctor sit, et rem de re saepissime asserat praedicari ». Prédiquer « rem de re » n'implique pas selon Jean, qui se range du côté des *reales*, de poser la subsistance en acte des universaux *in re* (*ibid.*, p. 95, 369-371) : « Ergo dumtaxat intelliguntur secundum Aristotilem universalia, *sed in actu rerum nihil est quod sit universale* ».
3. *Cf.* Abélard, *Tractatus de Intellectibus*, éd. et trad. fr. P. Morin, Paris, Vrin, 1994, p. 64.
4. Différer par le statut, explique Abélard, est différer par la définition par contradistinction de la *differentia numero*, extensionnelle donc. Par exemple : « Et nous, certes, nous avons l'habitude de dire à la place de "identique ou différent par la définition", "le même statut ou des statuts différents" », *Theologia Christiana*, éd. E. M. Buytaert, Turnhout, Brepols, 1969, III, 57, p. 254, 1918-1919. Par ailleurs, il convient de noter que le terme latin « conceptus » ne peut pas chez Abélard être traduit par « concept » (*Begriff*). Abélard écrit dans la LNPS qu'il y a d'innombrables « concepts » (*innumerabiles conceptus*) en lesquels l'être-homme est intelligé. Il ne veut évidemment pas dire qu'il y a d'innombrables concepts ou définitions de l'homme, *cf.* la distinction frégéenne entre « Begriff » et « Vorstellung ». Il n'y a qu'un seul statut « être homme » et d'innombrables manière de se représenter – de concevoir, d'intelliger – ce statut : « homo simpliciter » ou « homo albus » ou « homo cornutus », même s'il n'existe rien de tel, et ainsi de suite, explique Abélard, voir LNPS, p. 531, 15-16.

contre est *numero discreta*. C'est une entité extensionnelle. Le rejet des *reales* n'était pas ainsi seulement ontologique. Entendons-nous bien : nous ne nions assurément pas que de nombreux *reales* posaient l'existence en acte *in re* de « choses » communes mais nous allons démontrer que même s'ils venaient à poser cette communauté comme seulement virtuelle *in re*, ne passant à l'acte que dans le mouvement abstractif de l'intellection, ils tombaient *là aussi* sous le coup de la réfutation d'Abélard. Certains *reales, nous apprennent les textes*, soutenaient la théorie du sujet unique de Boèce et pouvaient s'en tenir par la réductibilité du sujet de l'universalité au sujet de la singularité à une ontologie ne posant la subsistance *in re* d'aucune entité irréductible en acte à l'individuel[1]. Le débat qu'Abélard a avec les *reales* n'était donc pas seulement un débat ontologique (faut-il accroître le nombre des êtres en ajoutant aux individus des entités irréductibles à l'individuel ?) mais aussi et bien différemment un débat proprement logique : dans la prédication définitionnelle l'« être de la chose » – l'*esse rei* selon l'expression de Boèce – noté par le prédicat universel est-il lui-même réductible à une *res*, individuelle ou commune, ou à une propriété de cette chose ? Dans ce second cas, il ne s'agit pas nécessairement de poser l'existence actuelle d'entités universelles hors de l'esprit (ce qu'exclut Boèce) mais plutôt de poser que le fondement extra-linguistique des universaux définitionels est réductible à une *res* y compris au cas où cette chose est seulement individuelle en acte hors de l'esprit. Les deux cas ne sont pas équivalents. Dans un cas les *reales* « péchent » par prolixité ontologique, dans l'autre ils confondent, en affirmant que le prédicat est posé *ad denotandum rem*, « res » et « causa impositionis universalis nominis », soit « ce qui est X » et l'« être X », une confusion entre extension et intension, ou, au sens moderne, entre objet et concept.

LA CONFUSION ENTRE LES CONCEPTS ET LES CHOSES DANS P3 ET LA THEM SELON LA LI

Pour établir cela, nous voudrions nous attacher dans un premier temps à une thèse distinctive de Guillaume de Champeaux selon Abélard. *Noster Magister* posait que les différences substantielles étaient au nombre des accidents. Abélard s'oppose absolument à cette thèse[2]. Pourquoi Guillaume soutenait-il cette thèse ? Celle-ci était évidemment plus forte que le simple constat que les différences tombent sous la catégorie de la qualité et donc ne sont pas des substances. En ce sens, Abélard admet aussi que les différences sont des accidents. D'un autre côté, Guillaume ne soutient évidemment pas que la rationalité est une propriété

---

[1]. C'est Alain de Libera qui a montré l'extrême importance de la théorie du sujet unique de Boèce pour comprendre sa philosophie et, plus tard, les débats entre les *reales* contemporains d'Abélard sur les universaux. *Cf.* A. de Libera, *L'art des généralités...*, *op. cit.*, particulièrement p. 305 *sq.*

[2]. Abélard, *Dialectica*, éd. L. M. De Rijk, Assen, Van Gorcum, 1970, p. 541, 36-37 et p. 543, 31-32 : « Notre maître W. voulait que les différences inhèrent par accident au genre », thèse qu'Abélard refuse : « en aucune façon nous n'admettons les différences au nombre des accidents ».

accidentelle de l'homme. En fait la thèse soutenue est que la différence qui est substantielle à l'espèce dont elle constitue avec le genre la définition est accidentelle au genre qu'elle divise. La thèse est, donc, que les différences en tant qu'elles divisent le même genre sont accidentelles à ce genre, les seules différences qui lui sont substantielles étant celles qui sont constitutives de son *esse* en étant partie de sa définition. Ainsi la sensibilité est substantielle à l'animal, au sens où il est par définition une substance animée douée de sensation, mais la rationalité qui n'appartient pas à l'*esse rei* de l'animal lui est accidentelle. Il peut tout aussi bien être doté de l'irrationalité, ou même n'avoir aucune des deux différences contraires; elles lui sont accidentelles au sens où elles ne font pas partie de sa définition. Cette thèse est-elle aussi soutenue par P3 ? La réponse est positive et c'est même P3 qui explique très clairement pourquoi cette thèse était soutenue et *sur quelle base textuelle elle s'appuyait*. « Puisque les différences sont des accidents, elles ne peuvent être sans fondement (substantiel) »[1] énonce P3. Que les différences soient des accidents suppose alors que leur fondement puisse subsister sans elles (et non elles sans lui) et c'est bien, en effet, ce que soutient P3 en s'appuyant sur Porphyre commenté par Boèce.

Dans l'examen des différences entre le genre et la différence, Porphyre dit que « même si on supprime toutes les différences, on peut encore concevoir (*epinoeîtai*) une substance animée, dotée de sensation, c'est-à-dire [...] l'animal »[2]. Porphyre veut simplement dire que pour concevoir l'animal, je n'ai pas besoin de concevoir le « doué de raison » et le « privé de raison » (même si de fait et *extensionnellement* il n'y a pas d'animal qui ne soit l'un ou l'autre). J'ai besoin seulement de concevoir « une substance animée dotée de sensation », qui est sa définition, une *intension*, donc. Porphyre s'en tient à ce que *je conçois* lorsque je pense « animal ». Si je supprime le rationnel et l'irrationnel, le concept « animal », soit « substance animée dotée de sensation », demeure intact. Boèce *réifie* le concept « animal » et la possibilité conceptuelle notée par Porphyre devient, de manière indiscriminée, une possibilité ontologique. On a :

> Si j'en viens à supprimer l'une et l'autre différences [la rationalité et l'irrationalité] en même temps, le genre pourra-t-il demeurer [*remanere*]? Nous disons : il peut demeurer. Chaque genre, en effet, ne tire pas sa substance de ce dont il est prédiqué mais de ce dont il est fait. [...] puisque les différences « animé » et « sensible » constituent l'animal, si celles-ci demeurent et demeurent jointes, l'animal ne peut périr[3],

---

1. « Pseudo-Rabanus super Porphyrium (P3) », art. cit., p. 153 : « cum differentiae sint accidentia, sine fundamento non possunt esse ».
2. Porphyre, *Isagogê*, VIII, 4, éd. et trad. fr. A. de Libera et A.-Ph. Segonds, Paris, Vrin, 1998, p. 18.
3. Clairement, dans ce texte, la possibilité évoquée n'est pas seulement conceptuelle, mais bien aussi, de manière indiscriminée, ontologique. Le point important n'est pas de savoir où a lieu cette suppression (hors de l'esprit ou seulement dans mon esprit) mais de savoir ce qui est supprimé (l'objet « animal » ou le concept « être animal ») et là, le fait est que le sujet n'est pas seulement l'*esse rei* (l'être animal), mais bien aussi la *res* qui a cet *esse*, soit l'animal. Ce n'est pas l'*esse animal* qui ne « périt » pas mais bien aussi, indistinctement, l'animal lui-même.

bien que périssent ces différences dont animal est prédiqué, le « doué de raison » et le « privé de raison »[1].

P3 cite littéralement ce texte, en ajoutant que c'est seulement pour la raison et non en acte que le genre peut demeurer[2]. La version parisienne (probablement d'un disciple de l'auteur de P3 selon Y. Iwakuma) va jusqu'à ajouter :

> La même chose peut être dite de l'espèce : si tous les individus de l'espèce sont détruits, l'espèce, dans sa nature propre, peut demeurer, comme le dit Boèce[3].

La logique du commentateur est imparable : cela s'applique aussi à l'espèce puisque (ailleurs) Boèce soutient que « la pluralité dont est prédiquée l'espèce n'est pas produite par une pluralité de substances mais par la multitude des accidents »[4]. Ce que veut dire Boèce est clair et l'auteur de P3 l'a parfaitement compris. *Actualiter* il n'y a pas et il n'y aura pas (ajoute, comme on va le voir, P3) d'animal qui ne soit ni doué ni privé de raison, mais *pour être* l'objet n'a besoin, outre son genre, que des formes qui, avec celui-ci, le constituent et dont il est fait. Or, la rationalité n'est pas un constituant de l'objet « animal », qui n'a besoin pour exister que d'être une substance animée dotée de sensation. Bien entendu, l'auteur de P3 souligne que cette possibilité est purement *théorique. In re*, il n'y a pas et il n'y aura pas d'animal qui soit « pur », en étant *seulement* une substance animée sensible, mais cela n'est pas *nécessaire*. L'animal lorsqu'il est « substance animée dotée de sensation » a tout ce qu'il faut pour exister. Sa constitution par genre et différences est complète. On comprend dès lors pourquoi les différences « diviseuses » sont des accidents. Il n'est pas plus essentiel à l'animal d'être doué de raison qu'à l'homme d'être blanc. Bien entendu, en acte et hors intellection, il n'y a pas d'animal « pur », de même qu'on ne peut trouver aucune chose de telle espèce qui soit pure de tout accident mais *naturaliter* c'est-à-dire *potentialiter* ce n'est pas impossible. Et c'est cette potentialité naturelle que fait passer à l'acte la *ratio* en concevant un animal « pur » des différences « diviseuses » ou un homme pur de tout accident. La confusion entre concept (intension) et objet (extension) – soit, chez Abélard, entre *status* et *res* –, est particulièrement massive, ici, et évidente. Boèce confond, dans le texte cité par P3, le concept « être animal » et l'objet « animal » en attribuant à l'objet « animal » une propriété (« être pur de la *rationalitas* et de l'*irrationalitas* ») qui n'est qu'un caractère du concept générique « être animal » (du statut générique qui ne contient pas ces différences dans sa définition, lors même qu'il les contient dans son extension). Les différences sont des accidents du genre qu'elles divisent parce que celui-ci pourrait exister sans elles, même si *en acte* cela n'arrive pas. De même que l'homme X pourrait exister sans aucun des accidents qui lui adviennent, de même pourrait être un animal qui ne soit pas doué de raison, non

---

1. Boèce, *Second commentaire sur l'*Isagogê, éd. S. Brandt, « Corpus scriptorum ecclesiaticorum latinorum » 48, Wien, F. Tempsky, 1906, p. 300.
2. « Pseudo-Rabanus super Porphyrium (P3) », art. cit., p. 176-177.
3. *Ibid.*, p. 177.
4. Boèce, *Second commentaire sur l'*Isagogê, *op. cit.*, p. 214.

pas au sens où extensionnellement il y a aussi l'âne Brunellus, un animal privé de raison, mais au sens où, toutes les différences « diviseuses » supprimées, l'animal pourrait continuer à être, parce que l'*esse rei* de l'animal n'exige pas ces différences. Et c'est ce qu'écrit Boèce.

Donc le caractère accidentel de la différence *divisiva* est une thèse centrale de P3 et cette thèse est essentielle à la résolution de l'aporie de l'universel. Il convient maintenant de citer intégralement le texte de la solution proposée par P3 à cette aporie. Ce texte permet en effet de comprendre comment on peut enraciner *in re* l'universel (être « réaliste », donc) *et* poser que n'existent en acte hors de l'esprit *que* des individus :

> les genres et les espèces ont actuellement leur être individué, cependant la même chose qui est individuée, je peux la discerner par la raison à l'écart des accidents par lesquels elle existe dans cette conjonction-là et examiner cette chose simple et pure, qui, ainsi considérée, est la même que celle qui est dans cet autre individu. Et ainsi je l'intellige comme universelle. En effet, la nature n'interdit pas que cette chose puisse être pure s'il arrivait que puissent être écartés tous ces accidents par lesquels elle a l'être en acte. Mais parce qu'il n'arrivera jamais qu'en acte une chose soit sans ces accidents par lesquels elle existe en un temps donné, pour cette raison cette chose universelle ne sera jamais trouvée en acte à l'état pur. [...] C'est pourquoi les genres et les espèces en tant qu'ils sont des universaux sont dits n'être rien, parce qu'ils ne sont jamais trouvés purs [de tout accident][1].

La thèse s'applique non seulement aux espèces *mais aussi aux genres* et cela au sens où les différences diviseuses doivent être comptées au nombre des accidents. En acte, l'homme ou l'animal sont cet homme au nez camus ou cet autre au nez droit ou encore cet animal doué de raison ou cet autre privé de raison et il n'arrivera pas qu'il en aille autrement, au sens où genre et espèce sont individués par leurs accidents et où, de fait, c'est-à-dire en acte, n'existent que des individus. Mais c'est un fait *accidentel*. Du point de vue de sa définition par genre et différences, rien n'interdit que puisse être un animal ou un homme privé de ces qualités particularisantes. Il y a ici, chez P3, deux thèses croisées :
– l'individuation est une information ;
– *In re*, l'animal et l'homme, ce genre et cette espèce, sont *en acte* des individus ; mais *en puissance* ils sont universels et c'est cette potentialité que fait passer à l'acte le geste abstractif de la *ratio*.

Ces deux thèses sont les deux thèses fondamentales de la théorie de l'universel de P3 et il y a ici le croisement entre deux schèmes conceptuels : l'individuation par les formes (qui sont toutes accidentelles à la matière qu'elle divise) et le couple en acte/en puissance. Or, on retrouve ces deux schèmes chez les partisans de la théorie de l'essence matérielle selon la LI. Pour eux aussi, la communauté de l'universel n'a pas d'existence en acte *in re*. Elle a une existence *virtuelle* enracinée dans la nature substantielle de la chose. Abélard est très clair sur ce point :

---

1. « Pseudo-Rabanus super Porphyrium (P3) », art. cit., p. 79-80.

et, alors qu'il est en soi universel, le même [sujet générique : l'animal], par les formes qui lui adviennent, est singulier, formes sans lesquelles il subsiste naturellement en soi et sans lesquelles il ne demeure en aucune façon en acte, universel dans sa nature, singulier en acte ; et certes le même [animal] qui est intelligé incorporel et non sensible dans la simplicité de son universalité, subsiste en acte, par contre, corporel et sensible et, comme en témoigne Boèce, les mêmes et subsistent singuliers et sont intelligés universels [1].

Le couple *naturaliter/actu* est très clair ici : le genre ne subsiste pas en acte *universaliter*, mais *naturaliter* il est universel au sens où il ne doit pas son *esse* aux accidents qui le particularisent. En droit (*naturaliter*) il pourrait subsister sans eux, même si cela n'arrivera jamais en fait (en acte). De même, on ne trouve pas dans P3 l'idée que la communauté de l'universel existe en acte dans les individus. Cette communauté existe mais seulement à l'état virtuel. Lui faire soutenir autre chose est s'engager dans des difficultés d'interprétation textuelle sans fin. P3, on l'a vu, dit explicitement qu'il n'admet pas qu'*essentialiter* existe une entité non-individuelle au sens où clairement dans le contexte *essentialiter* veut dire *actualiter*. P3 ajoute : « Il *faut* donc dire que les genres et les espèces *subsistent* selon un certain mode en tant qu'ils sont des individus, mais en tant qu'ils sont genres et espèces *sont seulement intelligés* et ne sont pas » [2], texte à comparer avec le texte sur la théorie de l'essence matérielle de la LI : « et les mêmes, comme en témoigne Boèce, et subsistent singuliers et sont intelligés universels ». C'est bien, au mot près, la même théorie et la même référence à Boèce. Si l'on dit que P3 nie simplement l'existence séparée des genres et des espèces mais conserve l'idée que le genre reste hors de l'intellection quelque chose de différent des individus séparément desquels il n'existe pas, P3 précise bien que ce n'est pas sa position :

> Ici Boèce nous fait comprendre que la même chose [eadem res] est individu, espèce et genre et que les universaux ne sont pas dans les individus comme quelque chose de différent [d'eux], comme certains le disent, mais que l'espèce n'est rien d'autre que le genre informé et l'individu rien d'autre que l'espèce informée ; autrement, l'universalité et la singularité ne seraient pas dites advenir au même sujet [3].

P3 est clair : la *species informata* n'est, dans la réalité effective, rien d'autre que l'individu Socrate. En réalité, l'auteur de P3 veut respecter la solution boécienne à l'aporie de l'universel. Est-ce aussi le cas de Guillaume de Champeaux ?

---

1. LI, p. 11, 3-9 : « et cum in se sit universale, idem per advenientes formas singulare sit, sine quibus naturaliter in se subsistit et absque eis nullatenus actualiter permanet, universale quidem in natura, singulare vero actu et incorporeum quidem et insensibile in simplicitate universalitatis suae intelligitur, corporeum vero atque sensibile idem per accidentia in actu subsistit et eadem teste Boethio et subsistunt singularia et intelliguntur universalia ».
2. « Pseudo-Rabanus super Porphyrium (P3) », art. cit., p. 80 : « Dicendum est igitur genera et species quodam modo in hoc quod sunt individua subsistere, in eo vero quod genera et species sunt tantum intelligi et non esse ».
3. *Ibid.*, p. 81.

Guillaume de Champeaux et Anselme de Cantorbéry face à Boèce

Il y a une différence que tous les commentateurs modernes ont notée entre P3 et la théorie de l'essence matérielle telle qu'elle nous est rapportée par Abélard dans l'*Historia calamitatum*. Le même genre ou la même espèce sont *essentialiter* et simultanément en plusieurs. Ils semblent donc subsister *actualiter* en plusieurs. Donc la ThEM soutient l'existence en acte de natures communes *in re*. Et c'est, comme nous le verrons, ce que suggère clairement *Quoniam de generali*[1]. Mais, en fait et d'un autre côté, la LI (c'est-à-dire le même Abélard) reprend la théorie de l'essence matérielle et la range *explicitement* sous la théorie du sujet unique de Boèce. Le pseudo-Joscelin[2] affirme que les partisans de la théorie de l'essence matérielle ne posaient pas que l'universel existe *in re* seulement non-séparé mais différemment de l'individuel. Il y avait bien, pour eux, selon le pseudo-Joscelin, sujet unique : « cum *idem* sit animal universale et ipsum in inferiori ». La LNPS dit bien que les partisans de cette théorie professent qu'il y a des *res universales* mais Abélard précise aussitôt qu'il faut comprendre : « hoc est *naturaliter communicabiles* pluribus (c'est-à-dire naturellement communicables à plusieurs) ». Il ne faut donc pas lire « *actualiter communicata* pluribus (communiquées en acte à plusieurs) », nous ferions un contresens[3] ! Or, ces trois sources, outre la référence (très brève) de l'*Historia calamitatum*, sont, avec *Quoniam de Generali*, les principaux témoins développant la théorie de l'essence matérielle telle qu'elle est engagée dans la controverse initiée par Abélard, et celui-ci affirme avoir eu cette controverse d'abord avec Guillaume de Champeaux. De là, il n'est pas absolument *évident* de poser que Guillaume de Champeaux affirmait la subsistance actuelle de choses communes ou universelles *in re* et était ainsi en rupture avec le second commentaire de Boèce sur l'*Isagogê*. C. Erismann, dans une étude fondamentale sur le réalisme haut-médiéval[4], montre qu'on peut faire remonter les principaux linéaments de la ThEM jusqu'à Grégoire de Nysse, mais ce dernier, Jean Scot Erigène et Anselme de Cantorbéry sont de fait et avant tout des théologiens qui utilisent les arts du *Trivium* à des fins théologiques. Ils ne commentent pas directement les *auctoritates* profanes sur lesquels repose le *Trivium*. Guillaume, lui, le fait systématiquement et, en matière logique, l'autorité aux XIe et XIIe siècles est d'abord et avant tout Boèce. C'est l'*aetas boetiana*.

Pour Anselme, il y a une communauté actuelle de nature entre Pierre et Paul qui est l'Homme commun avec l'idée, clairement formulée par Anselme, que si on ne comprend pas cela, on ne peut comprendre comment, bien plus

---

1. Un texte critique de la ThEM et dont l'auteur est peut-être Gauthier de Mortagne selon J. Dijs qui l'édite : « Two Anonymous 12th-Century Tracts on Universals », *Vivarium* 28, 1990, p. 85-117.
2. Qui, partisan de la théorie de l'universel-*collectio*, est un autre témoin critique de la ThEM, voir V. Cousin, *Ouvrages inédits d'Abélard*, Paris, Imprimerie Royale, 1836, p. 513-514.
3. LNPS, p. 515, 14-17.
4. C. Erismann, *L'Homme commun, la genèse du réalisme ontologique durant le haut Moyen Âge*, Paris, Vrin, 2011, particulièrement p. 381-389.

ineffablement encore, les trois personnes de la Trinité ne constituent qu'un seul Dieu : l'unité divine est, certes, en acte *in re*[1] ! Retrouve-t-on cette analogie trinitaire chez Guillaume de Champeaux ? En réalité, ce dernier, dans les seuls textes théologiques (sur la question trinitaire) que nous lui connaissions, ceux publiés par O. Lottin, réfute explicitement cette analogie anselmienne. Les Personnes divines partagent, pose Guillaume, la même *substantia* (il n'y a pas trois substances divines, trois dieux), mais dans le monde créé

> partout où existent plusieurs personnes, existent aussi plusieurs substances, ou, partout où existe une seule substance, on ne trouvera qu'une seule personne. [...] [S]i nous voulons confesser la vérité, l'humanité de Pierre et celle de Paul ne sont pas identiques, mais semblables, puisqu'ils sont deux hommes[2].

Il s'agit de la théorie boécienne de l'*humanitas/similitudo substantialis* et l'analogie anselmienne est, chez Guillaume de Champeaux, *fausse*. Même si on pose que ce texte théologique est postérieur chez Guillaume à son renoncement à la théorie de l'essence matérielle, il reste que, selon la LI, déjà la première théorie des *reales,* qu'on a toutes les raisons d'identifier avec la première théorie attribuée à Guillaume dans l'*Historia calamitatun*, se revendiquait de la théorie abstractionniste du sujet unique de Boèce. Or, cette théorie est entièrement construite pour éviter de poser l'existence actuelle des universaux hors intellection. Et nous venons de voir comment P3 et la LI posaient que Pierre et Paul ne diffèrent que *formaliter* (sans différer *materialiter*). *In re*, il n'y a *actualiter* que Pierre et Paul, deux individus distincts et numériquement opposés. La thèse est que si ces individus perdaient toutes leurs formes/accidents, ils seraient identiques (et non seulement semblables, comme le soutiendra ensuite Guillaume). La question est : comment le savons-nous puisque, disent P3 et la LI, cela n'a aucune chance d'arriver (P3 : « actualiter numquam futurum est quod res aliqua sine accidentibus [...] existat ») et LI : « (et absque accidentibus nullatenus actualiter [idem] permanet ») ? Nous le savons parce qu'*in intellectu*, Pierre et Paul, lorsqu'ils sont privés de tous leurs accidents respectifs, sont indiscernables. C'est cette indiscernabilité *in intellectu*, c'est-à-dire telle que la révèle l'abstraction, qui m'autorise à dire que Pierre et Paul partagent une nature/matière commune, non que cette communauté existe (nécessairement) *in re* en acte (les accidents sans lesquels aucune *res* n'existe et n'existera en acte, disent P3 et la LI, l'interdisent absolument) mais parce qu'elle existe en puissance, une puissance qui ne s'actualise qu'*in intellectu*. La théorie ne pose donc pas *nécessairement* l'actualité de l'universel *in re*.

Le cœur de la théorie, et c'est sur ce point que tous ses adversaires vont l'attaquer, est l'affirmation que les individus ne diffèrent que *formaliter* (et non l'affirmation que subsistent *en acte in re* des choses universelles, ce que

---

1. Anselme de Cantorbéry, *Epistola de incarnatione verbi*, seconde recension dans *L'œuvre de S. Anselme de Cantorbéry*, t. III, éd. F. S. Schmitt, Paris, Cerf, 1988, p. 210, 4-7.
2. Guillaume de Champeaux, *Sententiae*, dans O. Lottin, *Psychologie et Morale aux XIIe et XIIIe siècles*, Gembloux, Duculot, 1959, p. 192, 109-120.

n'affirment, en réalité, ni P3 ni la LI). Pour être [pour être conçu] l'Homme n'a pas besoin d'être [d'être conçu comme] ce camus ou pour être [pour être conçu] l'Animal n'a pas besoin d'être [d'être conçu comme] cet animal doué de raison ou cet animal privé de raison, même si de fait on ne trouve pas d'Homme ou d'Animal qui ne soit en acte l'un ou l'autre. Tout tient, du point de vue d'Abélard, non pas à la réception d'universaux en acte *in re* (qui est une variable possible mais, en réalité, non nécessaire de la théorie) mais dans la confusion entre le statut spécifique ou générique « être X » (et ce qu'exige ou n'exige pas ce statut définitionnel) et la *res quae est X*, une *essentia*. Il s'agit d'une confusion entre concept (intension) et objet (extension). Guillaume et les *reales* que critique Abélard réalisent ou plus exactement réifient les concepts : l'*esse rei* est une *res*. Ce qui est possible au statut « esse animal » (être conçu sans les différences qui divisent son extension) est *non problématiquement* possible à la *res quae est animal*, à l'étant « *animal* » (être sans être doué de raison ou privé de raison et, donc, être non particularisé et ainsi être commun). Ils confondent, donc, ce que nous avons l'habitude de distinguer aujourd'hui avec Frege sous les noms de concept (« être X ») et d'objet (« ce qui est X »). Abélard réfléchit clairement cette distinction lorsqu'il discerne d'un côté le *status* générique ou spécifique (« être animal », une intension dont le statut ontologique est foncièrement aporétique) et de l'autre la *res* (un objet numériquement déterminable et, donc, extensionnel) et l'*essentia* (un étant situable en un lieu et en un temps du monde).

Faire cette distinction est en soi une sorte de révolution dans le cadre épistémologique disponible pour Abélard. Aristote distingue entre deux types de substance, première (« ousia protê ») et seconde (« ousia deutera »), Platon distingue entre l'apparence (sensible : « topos aisthetos ») et la réalité (Intelligible : « topos noêtos »). Abélard est, à notre connaissance, le premier, en méditant sur la confusion massive entre le réel et le conceptuel faite par Boèce dans la théorie d'un sujet *unique* tout à la fois universel (*in intellectu*) et singulier (*in re*), à distinguer avec cette précision entre *status* et *res* dans des termes qui anticipent réellement la distinction moderne entre les intensions (les concepts) et les extensions (les objets) au sens de la logique actuelle (depuis Frege). La particularité d'Abélard est en effet de concevoir la substance première comme une entité *numériquement* déterminable (et, donc, extensionnellement discernable) : une *res personaliter sive numero discreta*. Cette entité extensionnelle est ainsi conçue par contraste de la substance seconde, l'*esse X*, qui, étant purement prédicative, est bien une entité proprement *intensionnelle*. Abélard thématise ainsi, pour la première fois, la distinction extension/intension. Il n'y a rien de tel – tout au moins sous une forme explicite – chez Aristote.

Il y a donc deux questions distinctes : la confusion entre concept et objet qui est la question centrale, argumentons-nous ici, dans le débat entre Abélard et les *reales* et il y a la question subsidiaire de savoir si tous les *reales* admettent bien au nombre des entités existant en acte hors de l'esprit des entités irréductiblement communes ou universelles.

P3 SOUTIENT-IL LA THÉORIE DE L'ESSENCE MATÉRIELLE ?

On constate que dans la présentation que nous donnons des textes, il n'y a pas d'opposition structurelle (au-delà d'inflexions théoriques certaines et de différences de formulation) entre P3 et la théorie de l'essence matérielle telle qu'on la trouve chez Abélard, *Quoniam de generali*, et le pseudo-Joscelin. On nous opposera aussitôt le travail approfondi et très argumenté de Julie Brumberg-Chaumont sur P3 qui soutient précisément le contraire [1]. Nous voudrions revenir sur les conclusions de cette étude de manière précise pour expliquer pourquoi, malgré sa profondeur, celle-ci ne nous convainc pas de l'existence de différences structurelles entre P3 et la théorie de l'essence matérielle [2]. Julie Brumberg-Chaumont pose une différence doctrinale entre P3 et la ThEM autour de deux points :

1. Guillaume de Champeaux nivelle complètement les différences et les accidents, ce qui n'est pas le cas de P3 [3] ;
2. dans la ThEM, l'universel est en tant qu'universel en acte dans les individus, ce qui n'est pas le cas dans P3 [4].

J. Brumberg-Chaumont réfute ainsi Y. Iwakuma qui attribue P3 à un partisan – possiblement Guillaume de Champeaux – d'une version de la ThEM antérieure au débat avec les *vocales*.

Le premier point nous paraît mal assuré. En effet, Guillaume de Champeaux soutient bien, comme P3, que les différences sont accidentelles au genre mais, comme P3, il ne met pas sur le même plan la division du genre par les différences (« animal, aliud rationale, aliud irrationale ») et la division de l'espèce par les accidents (« homo, alius niger, alius albus »). Selon Guillaume, d'après Abélard, les deux divisions *ne peuvent être confondues*. Comment maintenir la différence entre les deux divisions si Guillaume soutient que « les différences inhèrent au genre par accident » (tout comme P3, qui pose que les différences opposées sont

---

[1] J. Brumberg-Chaumont, « Les universaux dans le commentaire du Pseudo-Raban à l'*Isagogê* (P3) : entre Boèce et la théorie de l'essence matérielle », dans *Arts du langage et théologie aux confins des XIe-XIIe siècles, op. cit.*, p. 417-451. Voir aussi J. Brumberg-Chaumont, « Le problème du substrat des accidents constitutifs dans les commentaires à l'*Isagoge* d'Abélard et du Pseudo-Raban (P3) », dans C. Erismann et A. Schniewind (éd.), *Compléments de substance, études sur les propriétés accidentelles offertes à Alain de Libera*, Paris, Vrin, 2008, p. 67-84.

[2] Nous pensons que le débat autour des arguments de Julie Brumberg-Chaumont visant à opposer, avec des arguments forts, P3 et la ThEM est important parce qu'il permet de mieux comprendre la ThEM.

[3] J. Brumberg-Chaumont, « « Les universaux dans le commentaire… », art. cit., p. 435 : « Cette distinction [que fait P3] entre une information substantielle et une information non substantielle ne peut être, selon nous, le fait des tenants de la TEM, dans laquelle les formes spécifiques et individuelles sont considérées comme accidentelles au même titre, sans distinction ». *Cf.* aussi p. 441-447.

[4] *Ibid.*, p. 449 : « [la ThEM] dit que c'est en tant qu'universelle que l'espèce existe en acte dans l'individu (et non en tant qu'individuée), même si elle ne peut exister en acte en dehors de cet individu ».

accidentelles au genre qu'elles divisent)? Guillaume posait, selon la *Dialectica*[1] que dans la proposition « Animal, aliud est rationale, aliud est irrationale », les adjectifs sont utilisés à la place de noms substantifs d'espèces que nous n'avons pas mais que nous pourrions avoir. En fait, soutient « W. magister noster », dans la division du genre en « doué de raison » et en « privé de raison », ces deux adjectifs sont utilisés comme s'ils étaient des substantifs, soit des noms d'espèces qui n'existent pas et qui désignent l'animal doué de raison, l'animal informé (seulement) par la *rationalitas* et l'animal privé de raison, l'animal informé (seulement) par l'*irrationalitas*. Par contre dans « homo, alius albus, alius niger », les adjectifs le restent au sens où la division est une « diversificatio » purement accidentelle de l'espèce « homme » qui fait « alius » (d'une autre qualité) sans faire « aliud » (d'une autre substance). Cette théorie est référée explicitement par Abélard à « W. magister noster » et on la retrouve au mot près dans D1 où l'on peut lire par ailleurs à plusieurs reprises la thèse de l'identité matérielle des espèces opposées[2]. Donc cette thèse sémantique était soutenue – D1 l'établit – dans le cadre de la ThEM. On ne peut donc pas soutenir que Guillaume mettait sur le même plan la division du genre et la division de l'espèce spécialissime en nivelant complètement les deux divisions. Donc ce que J. Brumberg-Chaumont attribue à juste titre à P3[3], une différenciation des deux niveaux, on doit l'attribuer aussi à « W. magister noster » selon Abélard et D1. D1 est décisif ici parce qu'on y trouve *à la fois* la distinction entre la signification des différences et celle des accidents « purs » qu'Abélard attribue à Guillaume de Champeaux dans la *Dialectica* (et qui est revendiquée en D1 par trois fois par un « nos dicimus ») et l'affirmation de l'*identité* matérielle des espèces de même genre, soit la thèse centrale de la ThEM. La *Dialectica* et D1 prouvent ainsi que Guillaume, soutenant la ThEM, différenciait les différences qui font « aliud » (en ayant dans leur sens « non seulement la signification de la forme, mais aussi celle de la matière » selon la *Dialectica*[4]) et les accidents « purs » (qui font seulement « alius » : d'une qualité autre sans faire « aliud » : d'une substance autre).

J. Brumberg-Chaumont oppose également P3 et la ThEM autour d'une thèse faisant dans cette dernière de l'espèce, la matière des individus, comme le genre l'est des espèces. J. Brumberg-Chaumont s'appuie sur un passage de P3 où il est

---

1. *Dialectica, op. cit.*, p. 541, 32-37. On retrouve exactement la même théorie – annoncée par un « nos dicimus » – dans le grand commentaire sur le *De Divisione* de Boèce [désormais D1], p. 21, p. 79 et p. 105 de l'édition non publiée de Y. Iwakuma.
2. Par exemple, D1, p. 66 : « ut homo et asinus qui conveniunt quidem in materia sed differunt in formali esse, homo scilicet ab asino rationalitate et asinus ab homine irrationalitate ».
3. J. Brumberg-Chaumont, « Les universaux dans le commentaire... », art. cit., p. 447 : « [P3] reste en particulier très fidèle à la théorie de Porphyre sur les différences spécifiques qui rendent « autre » (*aliud*), d'« un autre être », par opposition avec les différences qui rendent simplement d'« une qualité autre » (*alteratum*), ainsi qu'avec les autres traits qui distinguent la division du genre de la multiplication de l'espèce ».
4. Selon « W. notre Maître », « dans les noms des différences, il y a non seulement la signification de la forme, mais aussi celle de la matière » et cela, à la différence des noms d'accidents « purs », *Dialectica, op. cit.*, p. 541, 30-32.

dit que, bien que le genre soit la matière des espèces, l'espèce (spécialissime) n'est pas, à son tour, matière pour les individus[1]. Mais ce texte, issu d'une variante de P3, est un texte que Guillaume de Champeaux pouvait parfaitement accepter sans renoncer à la ThEM. Le couple « matière/forme » est une image que Porphyre utilise pour décrire la structure des définitions. La matière de la définition est le genre et les formes sont les différences qui en advenant à cette matière « accomplissent » la définition. Si maintenant je dis que l'espèce spécialissime est la matière de la définition, cette espèce n'est plus spécialissime et les formes qui individuent cette espèce en ce Socrate au nez camus ou ce Platon au nez droit réalisent des définitions différentes pour Socrate et pour Platon. La « camosité » devient un caractère définitionnel de l'*esse* substantiel de Socrate, ce qu'elle n'est pas. Il paraît, en effet, hautement improbable que la ThEM, là où elle soutient que l'espèce spécialissime est matière pour les individus, ait voulu soutenir que Socrate différait spécifiquement (définitionnellement) de Platon. La ThEM soutient au contraire et bien clairement la thèse porphyrienne (et boécienne) de la différence seulement accidentelle entre les individus d'une même espèce. P3, de son côté, soutient bien que les accidents « naturels » *produisent* quelque chose : l'individuation de l'espèce. Si l'espèce spécialissime n'est pas la matière des individus, au sens où les accidents naturels qui lui adviennent n'accomplissent par de définitions nouvelles (de différenciation spécifique), elle est bien matière pour les individus au sens elle est le *substrat* universel auquel adviennent les formes/accidents qui l'individualisent. On ne peut donc opposer *fondamentalement* P3 et la ThEM sur ce point. La clause de P3 (posée probablement par un disciple de l'auteur de P3) apparaît avant tout comme un *caveat* visant à préserver la ThEM d'une interprétation absurde pour tout le monde et conduisant à soutenir que Socrate et Platon appartiennent à des espèces différentes (diffèrent spécifiquement).

L'idée que la diversité purement numérique (non spécifique, c'est-à-dire non définitionnelle) des individus n'est pas seulement reconnue par la diversité des accidents mais est produite par elle (avec l'idée conjointe que si on supprime cette diversité on supprime aussi les individus), qui est caractéristique de la ThEM, est une idée qui est bien attestée chez Boèce : « Mais la variation des accidents produit (*facit*) la différence en nombre » et : « [Ces trois hommes] sont numériquement différents au sens où leur pluralité est produite par les accidents »[2]. Quand Gilbert de la Porrée commente ce texte du *De Trinitate* d'un Boèce dont il n'hésite pas par ailleurs à renforcer les tendances les plus spéculatives, il écrit, en *corrigeant* le texte de Boèce : « là où il aurait dû dire "montre", Boèce dit "fait" »[3].

---

1. « Pseudo-Rabanus super Porphyrium (P3) », art. cit., p. 171.
2. *De trinitate*, in *Opuscula theologica*, éd. C. Moreschini, Leipzig, Teubner, 2000, p. 108, 55-63 : « Sed numero differentiam accidentium varietas *facit* » et « Atque ideo [tres homines] sunt numero plures, quoniam accidentibus plures *fiunt* ».
3. *Cf.* Gilbert de Poitiers, *Commentaire sur le* De Trinitate *de Boèce*, in *The Commentaries on Boethius*, éd. N. Häring, Toronto, Pontifical institute of mediaeval studies, 1966, § 30, p. 77 : « pro eo quod [Boethius] debuit dicere "probat" dicit "facit" ».

Entre-temps la ThEM a été réfutée à l'initiative d'Abélard. Cette réfutation a eu des conséquences profondes à divers niveaux de la philosophie de l'Europe latine du XIIe siècle. Face à ce principe d'individuation par les accidents, on a cette affirmation d'Abélard (à laquelle se rangera Guillaume après le débat autour de la ThEM) : « et cet homme-ci ne demeurerait pas moins s'il était privé de tous ses accidents »[1]. Ici la césure ne passe pas entre Boèce (ou P3) et la ThEM mais entre les tendances « réifiantes » de Boèce accentuées dans la ThEM et les critiques de la ThEM, avec, à l'origine, Abélard. On a ici encore la projection dans l'être d'un principe gnoséologique. Non seulement la collection d'accidents dite par Boèce « Socratité » permet pour ma connaissance de discerner Socrate des autres individus (de même espèce) mais en plus elle « fait » l'individualité de Socrate. Le propos de Porphyre énonçant que l'individu « consistit » en propriétés accidentelles est pris à la lettre par Boèce et systématisé par la ThEM. La variation des formes ne révèle pas seulement l'individualité de Socrate mais, littéralement, la produit. Ici la variation n'est certes pas « imaginaire » ! Et on retrouve cette idée chez P3 : l'espèce spécialissime est « individuata » *par* les accidents, cette camosité, cette blancheur. La différence *fondamentale* est entre ceux qui posent que la *varietas accidentium* produit la *differentia numero* (Boèce repris par P3 et les autres sources attestant la ThEM) et ceux qui, après Abélard, sont des adversaires de la ThEM, et posent qu'elle ne fait pas mais « probat », « montre » seulement cette *differentia numero*.

Il résulte de ces remarques que le premier point nous paraît mal assuré. P3 et les autres sources de la ThEM ne divergent pas fondamentalement sur le statut des différences qui, en tant que diviseuses, sont accidentelles au genre, et, en tant que *constitutivae*, sont substantielles à l'espèce dont elles contribuent à constituer l'*esse*, et cela à la différence des accidents purs. Pour conclure sur ce point : pour P3 et Guillaume de Champeaux (selon Abélard et D1) la différence entre les *differentiae* et les accidents purs est que la blancheur peut manquer à l'homme sans « egressus a substantia », sans sortie hors de l'être substantiel, là où la suppression de la rationalité ou de l'irrationalité pour l'animal, si elle ne suppose pas *en droit* cet *egressus*, le réalise en fait. En effet, il n'y a pas d'animal qui ne soit singulier et qui n'ait ainsi un *esse rei* spécialissime qui *exige* que cet animal soit ou doué ou privé de raison (mais non qu'il soit de peau blanche). La différence n'est pas ainsi, dans la ThEM comme dans P3, assimilable à un accident « pur » parce qu'elle n'est pas seulement *divisiva*, et, en ce sens, « particularisante » (en restreignant l'extension du genre), mais est aussi *constitutiva* de l'*esse rei* (de la définition) de l'espèce (ce que, jusqu'à plus ample informé, Guillaume n'a jamais nié[2]). Les accidents purs n'ont qu'une fonction particularisante en réduisant

---

1. LI, p. 64, 23-24.
2. Pour établir que la ThEM assimile les différences à des accidents en un sens absolu (et non seulement *relativement* à la division du genre), il faudrait au moins apporter un texte assertant la ThEM et posant que dans la proposition « Homo est rationalis », la prédication est *in subiecto* (accidentelle) et non *de subiecto* (définitionnelle). À notre connaissance et dans l'état actuel des sources connues attestant la ThEM, ce texte n'existe pas. De plus, si Guillaume de Champeaux avait

l'espèce à la singularité mais, bien sûr, ils ne sont pas constitutifs de l'*esse* de Socrate (ce sont de « purs » accidents). Guillaume dit seulement de la *rationalitas* qu'elle n'est pas constitutive de la définition – de l'*esse rei* – de l'animal (ce qui, bien sûr, est vrai) mais il ne nie *nulle part* qu'elle soit constitutive de l'*esse rei* de l'homme.

Le problème est qu'en assimilant les différences, relativement au genre divisé, à des accidents, Guillaume fait de l'*esse rei* (l'être animal) un substrat (un *fundamentum*) en lequel sont fondées des propriétés (accidentelles) au sens où ces propriétés (« être doué de raison », « être privé de raison ») ne peuvent exister sans ce *fundamentum* mais où, lui, pourrait *exister sans elles*. L'*esse rei* devient alors une *res* et une *essentia*. Bien que cette possibilité soit purement théorique, pourrait *exister* un animal qui ne soit ni doué ni privé de raison : un animal « pur » (« simplex »). Et c'est bien parce que cette possibilité est une possibilité ontologique (et non seulement cognitive) que les genres et les espèces sont bien fondés *in re*. Ce qui peut être (conçu) sans les différences, ce n'est pas seulement l'*esse animal* (le statut générique qui ne contient pas ces différences dans sa définition) mais aussi la *res quae est animal*, qui *peut être* sans le « doué de raison » ou le « privé de raison », même si cette potentialité ne passe à l'acte qu'*in intellectu*. La séparabilité conceptuelle genre/différence vaut séparabilité ontologique. Le cœur de la théorie, pleinement attesté dans P3 et sans assimilation des différences à des accidents purs, est fondamentalement une *réification* de ce que Boèce appelle l'*esse rei* et qu'Abélard va nommer *status* générique ou spécifique (« esse X »), par contradistinction des *essentiae* et des *res* qui sont X. Si étrange que cela soit, dans P3 comme dans les autres sources de la ThEM, les concepts et leurs caractères sont, de fait, des étants (*essentiae*) avec leurs propriétés. Les statuts sont des choses. Mais, « si nous examinons la question avec soin, l'être-homme n'est pas un homme, ni une chose quelconque », va soutenir Abélard.

Le deuxième point nous semble beaucoup plus difficile.

J. Brumberg-Chaumont affirme que la ThEM, à la différence de P3, soutient la thèse suivante : (7') « Les genres et les espèces existent *en acte* dans les individus en tant qu'universels, sans pouvoir exister en acte indépendamment des individus »[1]. L'universel existerait *en acte* dans l'individu *en tant qu'universel*. Il y aurait ainsi deux sujets emboîtés l'un en l'autre : l'un singulier en acte et l'autre universel en acte. Si cette thèse est vraie, alors la ThEM est en rupture totale avec la théorie du sujet unique de Boèce qui, d'une part, affirme que l'universel n'existe en acte qu'*in intellectu* et, d'autre part, affirme que le même sujet qui est en acte universel *in intellectu* est en acte singulier *in re*, un lieu extra-mental où il n'est que *potentialiter* universel. Donc la solution à l'aporie de l'universel apportée par Boèce dans le *Second commentaire sur l'Isagogê* est rejetée par la ThEM.

nié que dans « l'homme est doué de raison », la prédication soit *de subjecto* (substantielle), ses adversaires ne l'auraient-ils pas aussitôt noté ?

1. J. Brumberg-Chaumont, « Les universaux dans le commentaire… », art. cit., p. 433.

C'est une version possible de la ThEM et nous ne contestons pas ce point mais le problème est que ce n'est pas du tout ce qu'on peut lire dans la LI. C'est Abélard qui affirme que la ThEM se veut une interprétation de la théorie du sujet unique de Boèce. Il n'y a qu'un seul sujet : « Et, alors qu'il est en soi universel, *le même*, par les formes qui lui adviennent, est *singulier* », suit l'opposition universel *naturaliter*/singulier *actu* puis vient la référence *explicite* à la théorie du sujet unique de Boèce. On peut soutenir, bien sûr, que Guillaume et Abélard ne comprennent pas la théorie du sujet unique de Boèce dont la ThEM ne serait pas une interprétation possible mais on ne peut pas soutenir que la ThEM soutient *nécessairement* que ce n'est pas le *même* sujet, la même *res* qui saisie par l'intellection indépendamment des formes qui l'individuent est universelle en acte et qui, contractée par ces mêmes formes *in re*, est singulière en acte. On ne peut pas le soutenir parce que la LI est notre source principale sur la ThEM et qu'elle exclut de manière littérale qu'il y ait deux sujets, deux *res* emboîtées l'une dans l'autre. C'est aussi ce que dit le pseudo-Joscelin de manière extrêmement claire. La thèse 7' n'est pas énoncée non plus dans la LNPS. J. Brumberg-Chaumont assoit en fait la thèse 7' *uniquement* sur *Quoniam de Generali* et c'est cette source qu'il convient d'examiner avec soin.

Selon les partisans de la ThEM aussi, souligne *Quoniam de Generali*, « *tout* ce qui existe est individuel »[1]. L'Homme ou l'Animal n'existent *in re* qu'individués (et non « purs »). Mais une fois cette thèse soutenue, *Quoniam de Generali* signale un débat *interne* aux partisans de la ThEM. Certains « ne concèdent pas que, dans cette antique doctrine, la même *res* soit *en acte* en Socrate et en Platon »[2], ce que d'autres, donc, concèdent. Pourquoi refusent-ils cette concession ?, « alors que l'homme est une *res naturalis* par soi, une fois reçue la socratité l'homme n'est rien d'autre que Socrate, et une fois reçue la platonité, l'homme n'est rien d'autre que Platon »[3]. Ceux-là soutiennent *aussi* la ThEM, selon notre source. Dans cette lecture de *l'antiqua sententia*, il y a « une opposition entre Socrate et l'homme simple » signale notre texte. L'*homo simplex* est l'homme universel *en acte* (dépouillé en acte de tout ce qui l'individue) et cet universel en acte n'existe pas *comme tel in re*, un lieu où l'homme est fait en acte singulier par la Socratité et « n'est rien d'autre que Socrate » (qui, bien entendu, n'est pas *actualiter* universel). La même *res* ne peut être universelle en acte (« homo simplex ») et non universelle en acte (« Socrates ») *in re*[4]. Ceux-là développent ainsi la même idée que celle qui est posée par Abélard dans la LI lorsqu'il dit que, selon les partisans de la ThEM, le même sujet qui est « universel dans sa nature, est singulier en

1. J. Dijs, « Two Anonymous 12th-Century... », art. cit., p. 100 : « Quicquid enim existit, etiam secundum eorum sententiam, individuum est ».
2. J. Dijs, « Two Anonymous 12th-Century... », art. cit., p. 94.
3. *Ibid.*
4. *Ibid.* : « Cependant tandis qu'ils concèdent la même chose être par nature dans les différents individus, ils ne concèdent pas que la même chose est personnellement en eux ». « Personaliter » signifie ici « actualiter ». Si l'homme-Socrate et l'homme-Platon sont naturellement identiques, ils ne le sont pas « actualiter » : « personaliter ».

acte »[1]. La différence avec la première lecture est que la chose universelle n'a pas seulement l'existence actuelle *dans* la chose individuelle mais *n'est rien d'autre qu'elle* : « suscepta socratitate non est aliud homo quam Socrates »[2]. Du coup, à moins d'une contradiction immédiate, cette *res* ne peut être universelle en acte *in re* mais peut seulement l'être, donc, *naturaliter*. Il s'agit donc d'une variante de la ThEM cherchant à respecter, comme dans la LI, la théorie boécienne du sujet *unique* de l'universalité et de la singularité.

Il y avait donc, selon l'auteur de *Quoniam de Generali*, *deux* lectures attestées de la ThEM : l'une qui accepte la Thèse 7' et qui soutient que « la même *res universalis* est en acte en Socrate et en Platon » (lecture 1 de la ThEM) et l'autre qui rejette cette interprétation tout en maintenant la ThEM (lecture 2 de la ThEM).

Quoniam de Generali cite en premier la lecture de la ThEM avec la thèse 7' pour probablement deux raisons. 1) Il s'agit de la lecture la plus ancienne et donc la plus autorisée, comme le souligne *Quoniam de Generali*, de la ThEM (qu'on peut faire, en effet, remonter à Anselme de Cantorbéry et, comme le montre C. Erismann, beaucoup plus haut encore). 2) Notre source étant, tout en appartenant aux *reales*, une source très hostile à la ThEM (qui n'est qu'une « vieille fable » est-il dit), c'est la version la plus aisée à réfuter[3]. Mais est-ce bien la version qu'on peut lire dans la LI? La réponse est clairement négative, comme pour P3. Dans ces deux sources, il y a sujet unique : l'homme *in re* n'est rien d'autre que Socrate, comme le soutient aussi le Pseudo-Joscelin. Même pour la LNPS, la *res universalis* est *naturaliter communicabilis* et non *actualiter communicata pluribus*. On ne peut donc dire que la thèse 7' était assumée de manière non ambiguë par les partisans de la ThEM. Il y a au contraire une nette convergence dans le rejet de la thèse 7' entre P3 et la LI. On retrouve dans les deux sources la même double thèse : 1- « rien n'existe [dans l'*esse actuale*] sinon les seuls individus »[4] : en acte (dit la LI), il n'y a que des hommes ou des animaux singuliers; 2) ce fait est strictement et purement accidentel : il n'est nullement nécessaire à la « res » homme (de sa « substance », de son « essentia » dit la LI) d'être ce camus et ainsi d'être singulière. P3, et la LI sont parfaitement en accord sur ce point. Il n'y a de désaccord qu'avec la première version de la ThEM selon *Quoniam de Generali* mais la source dit elle-même qu'il y avait débat et désaccord entre deux lectures de l'*antiqua sententia* sur ce point précis parmi ses partisans.

---

1. LI, p. 11, 3-9.
2. J. Dijs, « Two Anonymous 12th-Century... », art. cit., p. 94.
3. Les absurdités empiriques sur lesquelles *Quoniam de Generali* et le pseudo-Joscelin fondent leur rejet de la ThEM sont plus évidentes si l'homme qui est en Socrate (à Paris) et l'homme qui est en Platon (à Rome) sont *in re actualiter* identiques et ne le sont pas seulement *naturaliter* et en puissance (même si cette absurdité est dérivable aussi de la lecture 2). On notera qu'Abélard ne fonde pas sa réfutation de la ThEM sur ces absurdités empiriques dans la LI, un lieu où il pose que cette théorie pouvait se recommander de la théorie du sujet unique de Boèce, une théorie qui ne pose pas d'universel en acte *in re*.
4. « Pseudo-Rabanus super Porphyrium (P3) », art. cit., p. 80.

Certaines sources posent (et *Quoniam de Generali* en témoigne par la version 1 de la ThEM) que cette unité de droit est aussi de fait, c'est-a-dire actuelle, et c'est, bien sûr, le cas d'Anselme de Cantorbéry. Cette lecture 1 assume clairement l'existence actuelle de l'universel *in re* : « Et la même essence existe [*existit*] toute entière et essentiellement en chacune des [choses] rangées sous elle » (là où dans la lecture 2, l'homme, n'étant « rien d'autre que Socrate », n'a pas d'existence en tant qu'universel en acte *in re*)[1]. Cela suppose aussitôt que ce ne soit pas la même *res* qui soit sujet de l'universalité et sujet de la singularité. Ce n'est donc pas ce que dit la LI. Clairement, la même *res* ne peut être en acte à la fois universelle, c'est-à-dire non singulière, et singulière. Nous en concluons que la thèse 7' est *incompatible* avec la présentation de la ThEM dans la LI et n'est donc pas un constituant *nécessaire* de cette théorie. La ThEM n'impliquait pas nécessairement de poser l'existence *en acte* d'une matière commune aux individus. C'est, en effet, incompatible avec la théorie boécienne du sujet unique que certains *reales* (P3 et LI) veulent explicitement respecter.

La première lecture prétend maintenir la compatibilité *in re* de l'universel en acte et du singulier en acte en Socrate. Il faut d'une manière ou d'une autre poser qu'universalité actuelle et singularité actuelle, bien que diverses, ne sont pas opposées. Comment ? On ne sait. Comment la même matière peut-elle être en acte singulière, soit non commune (informée) et demeurer en acte non singulière, soit commune (informe) ? Y a-t-il un autre homme que Socrate et Platon ? Dans la ThEM, l'homme commun, cette *materia*, n'est pas une *propriété* (une « nature ») qui subsiste non-séparée *dans* un *fundamentum* (ou dans une pluralité de *fundamenta*), mais il est ce ou ces substrats mêmes. Il est matière (réceptrice des formes) et non forme et, clairement, il n'y a – soutient la théorie – qu'une seule matière. La première lecture est ainsi irrémédiablement obscure.

Si nous acceptons de prendre du champ et toutes choses égales par ailleurs, nous pouvons nous souvenir que la logique mathématique moderne pose que le concept (mathématique) d'ensemble est un concept *intuitif* et primitif : indéfinissable plus avant. Pour opposer sans ambiguïté des objets (pour les dénombrer : avoir « 2 x 1 »), il faut pouvoir les rassembler en un ensemble. Lorsque les *reales* posent que « la même essence existe [*actualiter* ou *naturaliter*] toute entière et essentiellement en chacune des [choses] rangées sous elle », ils essaient en fin de compte de construire (de définir) quelque chose comme le « two-oneness » (« 2 x *le même* (être tel) ») qui caractérise, selon Brouwer, le concept d'entier naturel, un concept *démonstrativement* intuitif (indérivable plus avant, comme nous le savons aujourd'hui). Les spéculations trinitaires, en particulier, conduisaient à s'interroger sur le « 2 (ou 3) x le même » qui caractérise le concept d'entier naturel, un concept assurément non théologique.

Ce que démontre Abélard est qu'aucun des *reales* ne parvient à *construire* ce concept (qui pose l'unité *dans* la pluralité) que ce soit comme *materia*, comme *collectio*, ou encore comme *respectus*. Mais Abélard ne nie pas que Socrate et

---

1. J. Dijs, « Two Anonymous 12th-Century... », art. cit., § 3, p. 94.

Platon conviennent dans le même statut (générique ou spécifique) d'objet « être X », un statut vrai de chacun des deux comme des deux ensemble et qu'il s'agisse là d'un fait cognitif *objectif* (plus que verbal). Abélard enseigne – et nous aurons l'occasion de revenir sur ce point essentiel – que pour opposer extensionnellement (*numero*) des objets, la diversité d'*essentia* (la diversité d'étants), bien que nécessaire, ne suffit pas. Ainsi, dans le cas qui nous occupe, si nous nous en tenons à de pures singularités (par exemple à « Socrate » et à « Platon »), jamais nous n'aurons « 2 x 1 », soit « 2 x le même ». Pour pouvoir dénombrer la diversité des étants dont atteste notre expérience et obtenir la *differentia numero*, nous avons besoin de pouvoir penser cette diversité *ensemble* de manière à avoir « n x le *même* (*esse tale*) » et pour cela nous avons besoin d'un certain concept (le statut « être X », cause commune du nom universel). Que nous y parvenions en vérité, et non seulement linguistiquement, semble établir le caractère objectif de ce statut (commun) d'objet. Il est « par œuvre de la nature » soutient Abélard. Mais que nous essayons, par suite, de *réduire* ce statut à une ou plusieurs *res* du monde, et nous nous heurtons alors à toutes les difficultés que rencontrent, sans succès, chacune des trois théories des *reales* réfutées dans la LI. L'aporie de l'universel formulée par Boèce est solide (et ni Boèce, ni aucun des *reales* ne l'ont résolue, démontre Abélard). Mais le même Abélard montre aussi, loin de toute « solution » nominaliste, que si Socrate et Platon ne « convenaient » pas ensemble dans le *même* statut définitionnel d'objet, convenance qui est un fait proprement *conceptuel* intuitif qu'Abélard ne songe pas à construire plus avant, ils seraient aussi *extensionnellement indiscernables*, c'est-à-dire impossibles à dénombrer. De là rejeter l'objectivité de l'un (le statut) engage à rejeter l'objectivité de l'autre (l'*essentia* en tant que *res numero discreta*) puisqu'un étant n'est numériquement opposable à un autre étant que si nous pouvons avoir « 2 x 1 (*esse tale*) ». Des étants *absolument* singuliers – impossibles à penser ensemble *avec vérité* – sont impossibles à discerner *numero* (sans ambiguïté) avec vérité. La distinction statut (intension)/*res numero discreta* (extension) est ainsi à la fois irréductible (le statut n'est pas une *res numero discreta*) et complémentaire, le discernement de l'un exigeant le discernement de l'autre.

Sur un tout autre plan, celui de la théologie, Abélard insiste (et on le lui a reproché) sur l'*absolue* singularité du Dieu unique de la Bible, incomparabilité dont résulte *l'impropriété* structurelle de notre discours sur lui. Mais Abélard ne nie pas qu'une connaissance soit possible des étants créés.

Nous contestons donc que, sur le fond, la ThEM ne puisse être interprétée dans le cadre de la théorie boécienne du sujet unique et que la lecture 1 soit la seule lecture possible (et attestée) de la ThEM. Ainsi, dans *Quoniam de Generali*, il n'est jamais dit que « le genre préexiste *en acte* à ce qui lui est subordonné (*genus actualiter praeiacet suis inferioribus*) »[1], mais seulement « naturaliter » (par quatre fois). Le genre antérieurement à son individuation est universel, puisqu'il

---

1. J. Dijs, « Two Anonymous 12th-Century... », art. cit., p. 85-117.

n'est pas encore individué, comme le souligne Alain de Libera[1]. Mais c'est en droit et non en acte que le genre préexiste à son individuation. En soi, le sujet est *naturaliter* universel, dit la ThEM selon la LI. Il n'est pas dit qu'il est en soi *actualiter* universel. Il peut donc suffire à la théorie de poser *in re* l'existence de l'homme commun comme seulement « naturelle », ce que confirme en toutes lettres *Quoniam de generali* en signalant l'existence de la lecture 2 de la ThEM. Dans cette lecture, la même *res* peut – indifféremment – être singulière (en acte *in re* par ses accidents) et être universelle (dans sa nature substantielle, mais en puissance *in re* et seulement en acte *in intellectu*), et la ThEM peut ainsi respecter la théorie du sujet unique, comme l'affirment P3 et la LI. L'homme n'est pas *par définition* singulier (« socratique ») : rien n'interdit qu'il soit singulier mais rien n'interdit non plus qu'il ne le soit pas. Les formes accidentelles actualisent une *materia*, qui libérée, par *denudatio*, de ces formes se révèle identique (et non seulement semblable) à celle qui est singularisée ailleurs par cette autre collection d'accidents mais *in re en acte* « quicquid est, est individuum ». Le problème central est bien la confusion objet/concept (*res/status*) et non la question débattue par les partisans de la ThEM *eux-mêmes* de savoir si les universaux subsistent en tant que tels en acte *in re*, une question qui, en soi, n'altère pas cette confusion.

La version de la ThEM réfutée dans la LI (et, donc, attribuable à Guillaume de Champeaux) est bien la lecture 2 de la ThEM selon *Quoniam de generali*. Il n'y a pas de doute sur ce point. C'est pourquoi nous ne sommes pas pleinement convaincus d'une incompatibilité entre P3 et la ThEM. Il nous semble au contraire que les convergences l'emportent clairement sur les divergences, bien qu'il soit peut-être impossible d'affirmer que Guillaume de Champeaux soit l'auteur de P3, le texte étant anonyme et d'autres hypothèses étant peut-être aussi envisageables.

La seule différence vraiment « solide » entre P3 et la ThEM selon la LI est que P3 n'utilise jamais le terme « essentia » pour qualifier la *materia* générique commune, ce qui est, par contre, le cas dans l'*Historia calamitatum*. Il y a là une différence incontestable entre les deux sources. On peut, nous semble-t-il, formuler l'hypothèse suivante sur cette différence. Le commentaire P3, comme le souligne Y. Iwakuma, ignore complètement l'opposition entre ceux qui lisent la logique *in rebus* et ceux qui la lisent *in vocibus*. L'auteur de D1 qui connaît cette opposition et qui se range du côté de ceux qui lisent la logique *in rebus*, utilise l'adverbe « essentialiter » de la même manière que dans l'*Historia calamitatum* et la LI et reproche, comme nous allons le voir, à ceux qui lisent la logique *in vocibus* de rendre indiscernables les noms univoques et les noms équivoques. Il apparaît, en ce sens, que les *reales* (particulièrement Guillaume) sont amenés, pour *réfuter* les *vocales*, à insister sur la réalité de ce qui fonde l'univocité des universaux. La même matière est, disent-ils, *essentialiter* en plusieurs mais cela signifie-t-il qu'il s'agisse d'un *esse actuale* ? Si c'était le cas il y aurait contradiction entre P3 et les autres sources. Mais on ne peut pas tirer cette conclusion puisque 1) la LI dit

---

1. *L'art des généralités...*, *op. cit.*, p. 494.

explicitement que dans cette théorie le sujet générique n'est universel qu'*in natura* et non *actu* et 2) *Quoniam de Generali* explique que parmi ceux qui affirmaient que la même matière est *essentialiter in individuis* il y avait un *dissensus* entre ceux qui affirmaient que cette subsistance était *actualis* en Socrate et en Platon et ceux qui le *refusaient*. On ne peut, donc, non-problématiquement substituer à la phrase « la même matière est *essentialiter in individuis* », la phrase « la même matière est *actualiter in individuis* », où l'adverbe *essentialiter* ne désignerait que l'*esse actuale*. Cet argument n'est donc pas décisif pour opposer P3 et les autres sources sur la ThEM.

Nous ne nions donc pas qu'il y ait des inflexions théoriques différentes selon les sources, probablement liées à l'acuité croissante du débat avec les *vocales*, et J. Brumberg-Chaumont a certainement raison d'attirer l'attention sur ces différences mais il nous semble que c'est aller trop loin que de dire que P3 est étranger à la ThEM[1]. La thèse centrale de la ThEM qui veut que les individus ne diffèrent que *formaliter*, étant, abstraction faite des formes, identiques (et non seulement semblables) *est pleinement soutenue par P3*. La réification du procès conceptuel de constitution des définitions (par genre/matière et différences/formes) qui est le cœur de la ThEM est clairement attestée dans P3 et vivement éclairée par lui.

On peut donc conclure que P3 soutient une version de la ThEM qui a ceci de particulier qu'elle est voulue comme compatible avec la théorie boécienne du sujet unique *comme c'est aussi le cas dans la LI*. P3 est donc compatible avec la lecture qu'a Abélard de la ThEM dans la LI (et dans la LNPS) et avec la lecture 2 de *Quoniam de Generali*. Il n'y a sur le fond d'incompatibilité pour P3 qu'avec la lecture 1 de la ThEM mais il n'est pas exact que quand on ne soutenait pas la thèse 7', on ne soutenait plus la ThEM et cela du point de vue même de *Quoniam de generali*.

On retrouve ainsi dans P3 et la LI cette même doctrine : l'homme *in re* n'est rien d'autre que Socrate et n'est rien d'autre que Platon. *Il n'y a pas de troisième homme* mais seulement deux hommes différents par le nombre qui sont, cependant, *essentialiter* identiques (et non seulement semblables) non pas dans leur *esse actuale* (les accidents l'interdisent), mais dans leur *esse naturale*. La *denudatio* de formes qui « font » *in re* leur opposition numérique actualise *in intellectu* cette identité potentielle. *Jamais* n'est dit dans la LI que la matière commune à Socrate et à Platon subsiste en tant qu'universelle en acte en eux, probablement parce que, *comme pour P3*, ce serait immédiatement contraire au commentaire boécien de l'*Isagoge*[2]. Les partisans de la ThEM ne dérogeaient donc pas *nécessairement*, selon P3 et la LI, au particularisme ontologique voulu par Boèce (en posant hors de l'esprit des choses *actualiter* communes ou

---

1. J. Brumberg-Chaumont, « « Les universaux dans le commentaire... », art. cit., p. 439 : « Nous pensons que P3 ne soutient [...] aucune des thèses qui font la spécificité de la TEM par rapport à d'autres formes de réalisme ».
2. Ce schéma est, au fond, fidèle à l'analogie porphyrienne matière (genre)/forme (différence) au sens où chez Aristote la forme *actualise* la matière qui, informe, n'a qu'un être en puissance.

universelles). Par contre, il est clair qu'ils confondaient tous, du point de vue d'Abélard, *res* (extensionnelle) et *status* (intensionnel).

Nous ne comprenons pas pourquoi J. Brumberg-Chaumont refuse de prendre au sérieux les textes qui affirment clairement que la théorie professée se réclame de la théorie du sujet unique de Boèce. Peut-être est-ce parce que J. Brumberg-Chaumont veut insister sur le réalisme de la ThEM, réalisme que mettrait en danger une affiliation de cette théorie à la théorie du sujet unique de Boèce? Mais ce danger n'existe pas. D'une part la théorie du sujet unique de Boèce n'est pas du tout une théorie non-réaliste (ou « nominaliste »)[1] et, d'autre part, la ThEM, comme nous le montrons, est une théorie lourdement réaliste au sens où, sans nécessairement poser l'existence d'universaux actuels *in re*, elle *réifie* tout le processus *conceptuel* de constitution des définitions en quoi consiste l'arbre de Porphyre. Cette réification est non seulement possible dans le cadre de la théorie du sujet unique de Boèce, mais est fortement induite par elle. En effet cette théorie en posant un sujet unique pour l'universel et le singulier tend à confondre le conceptuel et le réel en postulant la réductibilité systématique de l'un à l'autre, là où Platon ou Aristote maintenaient avec soin une distinction irréductible entre l'intelligible et le sensible, ou entre la substance seconde et la substance première. La théorie de l'essence matérielle, *même* interprétée dans le cadre de la théorie boécienne du sujet unique (comme la LI l'atteste), est pleinement réaliste au sens où elle réifie les concepts en réduisant l'*esse X* à une *res* (ou à la propriété d'une *res*) et cette réification est clairement le cœur de P3.

Face à une théorie qui confond de manière aussi profonde le conceptuel et le réel naît avec Abélard un souci qui devient central avec lui (un fait nouveau) et qui ne l'était pas dans les sources aristotéliciennes ou platoniciennes : séparer ce qui existe indépendamment de toute activité conceptuelle d'un *sujet* épistémique et l'activité conceptuelle de ce même sujet, sans pour autant réduire cette activité cognitive au seul langage qui l'exprime (aux *voces*) et/ou à de pures représentations « subjectives » ou « privées ». L'être homme que discerne le sujet épistémique lorsqu'il définit Socrate n'est pas *du tout* un homme même comme homme/substance seconde (et non première) ou comme homme intelligible (et non sensible). L'être-homme n'est aucune *essentia* et aucune *res* numériquement discernable (ou une de ses propriétés) : *aucun objet extensionnel*. Ce souci *inédit* est particulièrement net lorsqu'Abélard, dans sa dernière logique, compare l'être-homme au château en or de mon désir qui, comme objet n'existe pas, mais qui, en tant que visé *en intention* par mon désir, existe. Certes, il n'y a pas de château en or, mais, quand je dis : « je veux un château en or », je ne peux dire : « je ne veux

---

1. Mais une théorie « réifiante » qui fait des concepts des propriétés « incorporelles » des *res* matérielles et sensibles.

rien » ! De même, sur le plan cette fois de la connaissance, l'être-homme n'est aucun étant du monde – aucun objet extensionnel – mais quand je dis : « j'intellige l'être-homme », je ne peux dire : « je n'intellige *rien* »[1]. Abélard cherche bien à discerner entre ce qui vient de l'objet et ce qui vient de l'activité *intentionnelle* (c'est-à-dire, conceptuelle) du sujet de la connaissance, distinction qui n'était pas le souci central de ses sources antiques et cela sans réduire cette activité conceptuelle à une simple production linguistique ou à une simple construction psychologique « privée ». Le statut visé « habet esse ex operatione naturae », soutient Abélard dans la même LNPS, ce qui n'est le cas d'aucun nom. Bien que, à l'image de la chimère, il soit irréductible à une ou plusieurs *essentiae* du monde en n'existant pas indépendamment de l'esprit qui l'intellige, il ne comporte, cependant, en lui aucun arbitraire, n'étant pas absolument réductible aux modes, « innumerabiles » dit Abélard, dont chacun se l'approprie dans sa représentation. « Objectif » (« naturel ») peut signifier (A) « irréductible à une libre convention/construction de mon esprit » sans signifier de ce fait (B) « indépendant de l'esprit ». Le statut est objectif au sens (A) mais non au sens (B). Il y a des concepts (des statuts définitionnels) dans la science (aristotélicienne) qui sont tout sauf des *essentiae* du monde et des objets extensionnels (des *res numero discretae*) sans être, pour autant, réductibles à de simples conventions linguistiques et/ou à de libres constructions de mon esprit.

Abélard *conçoit* vraiment la distinction concept (intension)/objet (extension) et il nous semble capital de comprendre qu'il était confronté à des *reales* qui tentaient d'expliciter un texte boécien qui confondait les deux niveaux intensionnel et extensionnel (dans la théorie d'un sujet *unique* de l'universel et du singulier) autrement plus radicalement que tout ce qu'on pouvait lire chez Aristote ou dans le peu de Platon connu. « *Maxime* Boethius in Commentariis hanc confusionem per translationes facit »[2], lequel récuse, pourtant, toute existence actuelle des universaux *in re*, comme, à sa suite, l'auteur de P3 et les partisans de la ThEM visés dans la LI. Le fait est que tous, et Boèce le premier, prêtent aux étants du monde des propriétés *intensionnelles* et c'est bien cela que pointe Abélard.

---

1. LNPS, p. 531, 33-p. 532, 8 et, plus loin, p. 533, 3-9, particulièrement la conclusion : « Cum igitur chimaeram intelligo, etsi nulla res est quam intelligam, *aliquid tamen intelligo* (Donc, lorsque j'intellige une chimère, même s'il n'y a aucune chose que j'intellige, j'intellige quelque chose) ».
2. LI, p. 30, 23-28.

La réduction de la cause d'imposition des universaux à la *res* (ou à une propriété de cet objet)

Ce qui est important est, donc, que *certains* tenants de la théorie de l'essence matérielle (dont Guillaume de Champeaux selon toute vraisemblance) ne soutenaient pas l'existence *en acte* de choses universelles *in re* aux yeux même d'Abélard (selon la LI) *et* que leurs théories n'en restaient pas moins rigoureusement fausses pour lui. Les *reales* posent des choses universelles, même si certains d'entre eux soutiennent fermement que ces choses universelles ne subsistent hors de la pensée qu'actuellement réduites à la singularité par l'information des accidents. *Tous*, aux yeux d'Abélard, confondent la *res quae est animal* et l'*esse animal*, un statut définitionnel de chose. En posant cette clause d'irréductibilité du statut conceptuel de l'objet à l'objet lui-même, Abélard n'adopte pas pour autant la théorie (théologique) des Idées divines[1]. De cette théorie, il dit dans la LNPS qu'elle n'est que *peut-être* vraie. C'est une option laissée à la liberté du croyant et à sa foi, comme nous y insisterons plus loin. L'ontologie des statuts définitionnels est foncièrement, structurellement, aporétique. Soit nous affirmons qu'ils existent et nous tombons dans toutes les difficultés qu'affrontent sans succès les différentes théories des *reales*, soit nous affirmons qu'ils sont *nihil*, et nous devons en conclure que Socrate et Platon qui se rencontrent dans le statut « être homme » se rencontrent en *nihil*, et donc, absurdement, ne se rencontrent pas (ce qui est la conséquence inévitable et absurde d'un vocalisme pur). L'ontologie des concepts définitionnels est *structurellement* aporétique. On ne peut rien en affirmer, ni qu'ils sont des *res* et des *essentiae* ni qu'ils sont *nihil*.

La théorie du statut est essentielle chez Abélard, sinon il tomberait assurément dans cet inconvénient « vocaliste » :

> ceux qui lisent *in vocibus* et disent que seuls les individus sont signifiés, ne peuvent donner aucun fondement à la distinction entre les noms univoques et les noms équivoques et ne peuvent discerner avec vérité entre eux puisqu'ils ne concèdent pas que des choses communes soient signifiées, mais seulement des individus : donc, il n'y aura rien de commun dans les noms univoques sinon le seul nom tout comme dans les noms équivoques. Ils objectent que dans les noms univoques non seulement le nom est commun mais aussi la définition [...]. Mais cela n'est vrai que s'ils transfèrent [*ces orationes que sont les définitions*] à des choses communes qu'explicitent ces définitions [*nisi ad res communes quae definitionibus explicantur se transferant*][2].

---

1. De même que rien n'empêchait les *reales* de soutenir en plus cette thèse théologique en posant la conformité de la structure « métaphysique » des *essentiae* créées aux Idées de leur Créateur, comme le suggère *Quoniam de Generali* avec la référence classique à Priscien, *Inst. Gramm.*, XVII, 44 et comme y insiste I. Rosier-Catach, « Priscian on Divine Ideas and Mental Conceptions : The Discussions in *Glosulae in Priscianum*, the *Notae Dunelmenses*, William of Champeaux and Abélard », *Vivarium* 45, 2007, p. 123-177.
2. D1, p. 48 de l'édition non publiée de Y. Iwakuma.

Ici la question est bien celle de la *cause* de l'univocité du nom universel et la confusion (du point de vue d'Abélard) *status* (*esse X*)/*res* (*quae est X*) est éclatante. Dans ce texte capital et d'une grande limpidité extrait de D1, l'auteur qui par ailleurs soutient la ThEM et des positions nombreuses qu'Abélard attribue à Guillaume de Champeaux, explique qu'il n'y a, pour fonder hors du langage la prédication univoque de l'universel, pas d'autre choix que de poser des *res* communes. Il est *nécessaire* de transférer l'unité de définition qui fonde l'univocité des prédicables à des *res* (universelles). Sinon tous les noms univoques sont en réalité équivoques. Le raisonnement est clair : la *causa* extra-linguistique de l'imposition univoque de ce nom « homme » à tous les hommes individuels ne peut être qu'une *res* et une *res* universelle, sinon cette imposition n'a aucun fondement *réel* hors du langage. Cette unité de signification serait sans « cause », purement arbitraire. Et l'auteur de D1 de dérouler, par la suite, toute la théorie de l'essence matérielle. Ici l'équation « causa impositionis = res » saute aux yeux. Le *fondement* conceptuel (intensionnel) des universaux définitionnels est bien littéralement « transféré » aux *res*, des objets extensionnels. Les *vocales* en refusant d'attribuer l'universalité à la *res* n'ont plus de bonne théorie de la prédication univoque des universaux définitionnels, souligne l'auteur de D1. Ils tombent dans un conventionnalisme absolu ruineux pour la science. Une objection sérieuse. Ainsi les *reales* (ceux qui « legunt in rebus » selon D1) posent bien l'équation « *causa communis impositionis universalis nominis* (soit le fondement extra-linguistique de la prédication univoque du nom universel d'objets différents entre eux par le nombre) = res » même si certains, en développant en ce sens la théorie de l'essence matérielle, maintiennent fermement que la « res » qui fonde l'univocité de l'universel n'est que *naturaliter* et non *actualiter communis in re* au sens de P3 et de la ThEM selon la LI.

Abélard de son côté *objective* l'unité de signification des prédicats définitionnels (le statut qui est « ex operatione naturae ») mais en la *déréifiant* radicalement. Elle est, tout au moins pour les prédicats définitionnels (*de subiecto*), *problématiquement* irréductible pour ma connaissance à une entité extensionnelle (à une *res*) et à un étant du monde (à une *essentia*). Si on franchit un pas de plus, en posant qu'elle n'est alors qu'une libre construction de mon esprit, alors la science s'effondre (l'inconvénient signalé par D1 est inévitable). Les intensions (les définitions nécessaires à la science) ont un statut ontologique *irréductiblement* aporétique. C'est Abélard qui en réfutant la ThEM lance la querelle (latine) des universaux et sa position, qui n'anticipe en rien la solution ockhamiste, est que l'aporie de l'universel est *constitutive* de l'objectivité (pour les concepts définitionnels), là où Ockham n'y verra qu'un faux problème.

LES *REALES* PRÉDIQUENT *REM* DE *RE*
(JEAN DE SALISBURY)

En réalité – et là nous divergeons de la présentation de la théorie de l'essence matérielle que donne Christophe Erismann[1] –, la théorie de l'essence matérielle n'affirmait pas toujours et, donc, nécessairement l'existence en acte *in re* d'une matière commune aux individus. En effet, cette interprétation est trop restrictive et fonctionne mal sur certaines sources attestant la théorie : la LI, la LNPS, P3, *Quoniam de Generali* et le Pseudo-Joscelin. Aucune de ces cinq sources ne pose comme une caractéristique *nécessaire* de la théorie l'existence *en acte* hors de l'esprit d'entités universelles[2]. Deux de ces sources (P3, la LI, confirmées sur le fond par le pseudo-Joscelin et la lecture 2 de *Quoniam de Generali*) rangent explicitement la théorie de l'essence matérielle sous la théorie du sujet unique de Boèce qui, bien entendu, exclut absolument l'existence actuelle de l'universel *in re* (la théorie boécienne ne sert qu'à s'en passer). Même dans les extraits des *Glosulae in Priscianum* étudiés et publiés par Irène Rosier-Catach[3], et que celle-ci rattache avec des arguments forts à Guillaume de Champeaux, il n'est pas absolument sûr que l'on trouve l'idée que les individus partagent *actualiter* la même « substantia » (la même « matière »). Apparemment c'est bien ce qui est affirmé : « Cum enim eadem substantia sit in omnibus hominibus individuis, quia omnis homo est animal rationale et mortale et non differant nisi qualitatibus »[4]. Mais un peu plus loin on apprend : « homo enim ens species *nec* albedinem *nec* aliud huiusmodi *actualiter* suscipit, *immo potentialiter tantum* »[5]. De là, on ne peut inférer de ce texte que la « substantia » qui reçoit les accidents socratiques soit en acte la même que celle qui reçoit les accidents propres à tel autre individu numériquement opposé : *non actualiter, immo potentialiter tantum*, insistent les *Glosulae*. Il n'est donc pas absolument sûr que ce texte soit incompatible avec la

---

1. C. Erismann, bien qu'il cite la LI, ne fait aucune allusion aux passages de ce texte où la théorie des universaux professée (la ThEM) est présentée par Abélard comme compatible avec la théorie boécienne du sujet unique. La question de savoir laquelle des deux lectures de la ThEM distinguées par *Quoniam de Generali* est compatible avec le texte de la LI n'est pas discutée non plus. En fait, Christophe Erismann comprend la théorie de l'essence matérielle comme affirmant nécessairement l'existence actuelle de cette essence, en tant que commune, dans les individus : « L'universel existe donc en acte en tant qu'universel dans chacun de ses individus » écrit C. Erismann à propos de la ThEM selon la LI, *L'Homme commun*, Paris, Vrin, 2011, p. 367. Cette théorie est donc nécessairement incompatible avec un particularisme ontologique.
2. Il faut noter que l'être en acte, chez Aristote, a certainement un poids ontologique plus fort que la simple simultanéité temporelle (l' « actualité » au sens du langage courant moderne). Ainsi, il ne suffit pas de poser que la même *essentia* est simultanément « faite singulière » ici (= Socrate) et « faite singulière » là (= Platon) pour *nécessairement* poser que cette même *essentia* subsiste *en acte* en tant que commune (non individuée) *in re*. « La même *essentia* est simultanément en cet individu et en cet autre implique qu'elle subsiste en acte comme non singulière en eux » est une inférence inexacte.
3. I. Rosier-Catach, « Les *Glosulae in Priscianum* : sémantique et universaux », *Documenti et studi sulla tradizione filosofica medievale* 19, 2008, p. 123-177, ici p. 175, 21-23 et p. 177, 70-71.
4. *Ibid.*
5. *Ibid.*

version de la théorie de l'essence matérielle qu'on trouve de manière remarquablement stable et concordante dans P3 et la LI.

L'*antiqua sententia* telle qu'on la trouve chez Anselme de Cantorbéry et chez de (probablement) nombreux autres *reales* contemporains posait l'existence actuelle de natures communes *in re*. Ce que montrent simplement P3 et la LI est qu'on pouvait soutenir la théorie de l'essence matérielle et s'en tenir à une ontologie réduite aux individus (celle de Boèce) pour ce qui concerne l'existence actuelle : « Rien n'existe [en acte] sinon les seuls individus » et « tout ce qui existe est individuel » est-il affirmé et on a vu comment en effet ils pouvaient *vraiment* soutenir cela. John Marenbon définit les « réalistes » (les *reales* adversaires d'Abélard) comme ceux qui rejettent la thèse suivante :

T1 : « Every thing is particular »[1].

En fait, le rejet de la thèse 1 est, selon nos quatre sources, sans doute trop restrictif pour caractériser tous les *reales*. On pouvait, en adoptant la théorie du sujet unique de l'universalité et de la singularité de Boèce, asserter l'attribution à la *res* de l'universalité tout en maintenant explicitement que « nulla enim essentialiter existunt nisi sola individua »[2]. Nous ne voulons pas soutenir que la théorie de l'essence matérielle était nécessairement une interprétation de la théorie du sujet unique de Boèce. Mais le fait est qu'on pouvait être au nombre des *reales* et, en adoptant la théorie du sujet unique de Boèce, maintenir *effectivement* (et non seulement verbalement) avec ce dernier que « quicquid existit, est individuum », tout au moins *actualiter*. Autrement dit, la thèse *commune* à tous les *reales* n'est probablement pas une thèse purement ontologique posant la subsistance en acte de choses universelles *in re*. Cela cadre mal avec trop de sources attestant incontestablement la théorie de l'essence matérielle. En réalité, cette thèse ontologique faisait elle-même débat en leur sein même. Les faits sont, donc, plus complexes. Nous proposons de nous en tenir à ce que dit Jean de Salisbury. Les *reales* ont en commun, même lorsqu'ils ne rejettent pas formellement la thèse 1, de poser :

T2 : « le prédicat universel (*de subiecto* : définitionnel) est posé pour dénoter une *res* (*ponitur ad denotandum rem*) »[3].

Les *reales* prédiquent « rem de re », dit Jean de Salisbury, et cela même si cette *res* universelle prédiquée est réductible *in re* à une chose singulière (et donc à la *res* nommée par le terme-sujet comme dans « Socrates est homo »). « L'*esse rei* (l'*esse animal*) n'a pas besoin pour être conçu d'être conçu avec les caractères "doué de raison" ou "privé de raison" » = « la *res* "animal" n'a pas besoin pour

---

1. J. Marenbon, « Life, milieu and intellectuel contexts », *in* J. E. Brower et K. Guilfoy (eds), *The Cambridge Companion to Abelard*, Cambridge, CUP, 2004, p. 32. John Marenbon a relativisé cette affirmation depuis, en admettant que l'on peut être au nombre des *reales* et soutenir, dans certains cas, T1 – nous remercions John Marenbon de nous avoir donné cette précision.

2. « Pseudo-Rabanus super Porphyrium (P3) », art. cit., p. 80.

3. Et non, comme chez Abélard, un statut définitionnel qui est tout sauf une *res*.

être d'être douée de raison ou d'être privée de raison » : cette équation est bien la thèse commune aux partisans de la théorie de l'essence matérielle, on l'a constaté. *L'esse rei* est une *res* (ou sa propriété).

Les partisans d'Abélard – les *nominales* – posent (entre autres) que ce qui est prédiqué est un « nomen » ou un « sermo » dont la cause d'imposition hors du langage est tout sauf une *res*. Il n'y a pas de chose commune – de *res universalis* – même réductible *in re* à la singularité par la grâce de Boèce. Le prédicat universel est une convention linguistique – un *sermo* – dont la *causa* extra-linguistique, qui explique son succès en logique et non seulement en grammaire, est, *pour notre connaissance*, irréductible à la *res nominata* en position sujet. Abélard l'explique de manière à la fois simple, constante et rigoureuse : « toute cause d'imposition d'un nom universel est en elle-même infinie et n'est enclose en *aucune* limite de choses [*res*] »[1] et, clairement, comme le reconnaît Boèce lui-même, « la science ne peut être infinie »[2]. Or, *il y a* une science, plus qu'une opinion, une science humaine, celle d'Aristote et il n'y a pas de fait impossible. L'expérience sensible ne nous dit pas que le nombre des individus est infini, c'est *in possibilitate naturae* que ce nombre ne peut sans un arbitraire injustifiable être arrêté à « n » ou « n + 1 ». Or, c'est bien sur la totalité du domaine *in possibilitate naturae*, un domaine absolument inépuisable en termes d'individus, que s'établit le caractère *de subiecto* d'un prédicable (que s'établissent les définitions), par opposition à la prédication accidentelle. De là, la *causa communis impositionis* n'est pas de manière *effective* réductible à une ou plusieurs *res* extensionnellement déterminables et donc à une *essentia* donnée, à un étant du monde. Force est, donc, de discerner *objectivement* entre les *res* et les statuts (qui sont tout sauf des *essentiae*, sans être positivement *nihil*), c'est-à-dire itérativement entre les extensions et les intensions, parce que la réductibilité absolue n'est pas *effective* et que nous nous accordons pour reconnaître que ce qui distingue une théorie philosophique d'une simple construction théorique cohérente est la question critique et centrale de son *effectivité*. L'objectivité du statut ne repose pas sur un argument *ontologique* (intelliger de manière finale et absolue ce qui existe *in re*, soit hors et indépendamment de toutes mes intellections) mais sur un argument gnoséologique et, si l'on veut, transcendantal (au sens kantien) : comment une *scientia* (*humana*) – celle d'Aristote – est-elle simplement possible ?

La vraie erreur des *reales* est donc de confondre *status* (une intension) et *res* (un objet extensionnel) en faisant de la dénotation du prédicat *de subiecto* une *res* et cela même si certains *reales* n'admettent pas la subsistance en acte de *res* universelles. En fin de compte, sur le plan purement ontologique, P3 et la LI montrent une version de la théorie de l'essence matérielle structurellement

---

1. LI, p. 84, 7-9 : « *omnis* causa impositionis universalis nominis in se ipsa infinita est *nec ullo rerum termino inclusa* ».

2. Boèce, *Second commentaire sur l'Isagogê, op. cit*, p. 226, 2-3.

(et volontairement ?) *ambiguë* et instable [1]. En fait, tout dépend du statut ontologique reconnu à l'être en puissance chez Aristote (tel que, par exemple, la matière (physique) non actualisée par la forme n'a qu'un être en puissance dans la *Physique*). Par contre sur le plan logique, ces sources sont claires. Elles prédiquent « rem de re » et, confirmant l'intransitivité de la copule, posent que « *eadem res* et individuum et species et genus est » (P3), que « *idem* sit animal universale et ipsum in inferiori » (Pseudo-Joscelin), que « cum in se sit universale, *idem* per advenientes formas singulare sit » (LI), que « cum homo sit res naturalis per se, suscepta socratitate non est aliud homo quam Socrates » (lecture 2 de la ThEM de *Quoniam de Generali*) et donc, finalement et *vraiment*, que « *quicquid* existit, est individuum » (*Quoniam de generali*) tout cela par la grâce de la théorie du sujet unique de Boèce. On aboutit à la thèse 3 (uniquement applicable à ces quatre sources) :

> T3 : « La chose universelle prédiquée est *réductible* à la chose individuelle nommée par le terme sujet » [2].

La clause est complètement ineffective, et donc purement verbale, parce que la *causa* des prédicables *de subiecto* est, de fait, « in se ipsa infinita » et que « nullus intellectus infinita circumdat » comme le reconnaît Boèce lui-même.

GUILLAUME DE CHAMPEAUX
ET LA THÉORIE DE LA CO-RÉFÉRENCE

Selon *Quoniam de generali*, « Magister W. » soutenait la co-référence du sujet et du prédicat *universel* :

> De plus, il faut noter que dans cette doctrine, on avait coutume autrefois, selon Maître W., de dire que dans cette proposition « Socrate est homme », Socrate est prédiqué de Socrate, et que dans celle-ci : « Platon est homme », Platon est prédiqué de Platon.

Seule diffère la signification des noms, la même *essentia* étant nommée par le sujet et le prédicat :

> Socrate est fait sujet en tant que Socrate et cette [même] essence est prédiquée selon le statut de l'homme [3].

« Notre maître Guillaume » distinguait en effet, selon Abélard, deux sens de la copule – deux « conjonctions de choses » –, l'une logique et l'autre grammaticale.

---

1. Pour obtenir leur position ontologique, il faudrait quelque chose comme T1' : « Toute chose est *actualiter* particulière » avec comme codicille T1'' : « Certaines choses, *actualiter* singulières, sont *naturaliter* ou *potentialiter* universelles ».
2. Ou à une propriété (individuelle) de cette « essentia » (individuelle).
3. J. Dijs, « Two Anonymous 12th-Century... », art. cit., p. 106. L'auteur parle de la théorie des *respectus* mais la même remarque s'applique tout autant à la lecture 2 de la ThEM.

Grammaticalement, dans « Socrate est blanc », le sujet et le prédicat (un universel) sont « nomina eiusdem rei » (la copule est intransitive). Mais, pour la logique, la blancheur « est seulement prédiquée » (et non l'*essentia alba* ou l'*essentia humana*)[1]. La distinction est nécessaire parce que rien n'oppose sur le plan proprement grammatical les phrases « Socrates est homo » et « Socrates est albus », deux propositions vraies qui énoncent que ce qui est nommé par « Socrate » est identique à ce qui est nommé par « homme » ou tout aussi bien par « blanc », les prédicats étant tous deux au même cas *grammatical* : le nominatif. « Quand on propose que quelque chose inhère à quelque chose, il reste la question de savoir s'il inhère ou comme genre ou comme accident »[2] et cela fait, bien sûr, une grande différence sur le plan logique et pour ma science (l'un est un prédicat définitionnel et l'autre un prédicat seulement accidentel) mais :

> les propositions ne doivent être concédées ni être vraies ni être fausses selon leur sens dialectique, mais seulement selon le sens grammatical[3].

Donc, pour savoir si la proposition prédicative en son sens logique est *vraie*, il faut pouvoir la réduire à son sens grammatical (puisque, logiquement, elle n'est en soi ni vraie, ni fausse). Et là, on comprend aussitôt que, dans le cadre philosophique de la théorie de l'essence matérielle, une version de cette *antiqua sententia* la réinterprétant dans le sens de la théorie du sujet unique de l'universalité et de la singularité est plus qu'utile. La réinterprétation est pratiquement nécessaire à l'application de cette théorie dans le cadre sémantique de la théorie de la co-référence. Comment Guillaume pourrait-il soutenir, comme il le fait, que le prédicat (un universel) et le sujet (un nom propre) sont « nomina eiusdem rei » si, dans cette « coniunctio rerum » qu'est la prédication, la chose prédiquée par l'universel était *irréductible* à la chose nommée par le nom propre « Socrate » ? Il a *besoin* de la théorie boécienne (qui pose que l'universel n'est en acte qu'*in abstracto*, étant réductible, *in concreto* et selon des modalités que Boèce laisse largement à ses commentateurs le soin de préciser, à une chose ou à la propriété d'une chose seulement individuelle). Si la copule prédicative ne signifie pas l'*appartenance* de la *res* nommée par le sujet à l'extension (la *continentia*) du statut signifié par le prédicat universel mais pose l'égalité entre deux *res* signifiées, l'une singulière (« Socrate ») et l'autre universelle (« Homme »), il faut bien une théorie montrant qu'elles ne sont pas *oppositae* mais sont, donc, réductibles l'une à l'autre et ainsi accessibles à une relation d'égalité.

Que pense Abélard de cette théorie sémantique de Guillaume ?

> Nous refusons que dans les constructions les dialecticiens [qui posent l'appartenance prédicamentale] visent un sens et les grammairiens [qui posent l'intransitivité de la copule puisque le prédicat est au même cas grammatical que le sujet] en

---

1. Abélard, *Super Topica glossae*, éd. M. Dal Pra, in *Abelardo : Scritti di logica*, Firenze, La nuova Italia, 1969 (2ᵉ éd.), p. 271, 38-p. 272, 35.
2. *Ibid.*, p. 273, 10-14.
3. Abélard, *Super Topica glossae*, *op. cit.*, p. 273, 8-10.

visent un autre. Mais partant d'une même construction, et les dialecticiens et les grammairiens intelligent le même sens[1].

Lequel? La co-référence ou l'appartenance (à l'extension du prédicat conceptuel)? Abélard répond :

> Le fait est que lorsque nous entendons « Socrate est blanc » ou « Socrate blanc », nous lions seulement dans notre esprit à Socrate la blancheur et non [l'] affecté de blancheur[2].

Il ne sera pas dit qu'une *essentia* est prédiquée, même si l'*essentia* prédiquée est réductible (on a vu comment : elle est universelle mais seulement *naturaliter*) à l'identité avec l'*essentia* nommée par le terme-sujet. Après avoir hésité dans la *Dialectica*, Abélard est ici clair (dans la LI) et plus encore dans le *De Intellectibus*. Le prédicat universel est posé pour dénoter non une *res*, même réductible à la singularité, mais le statut conformément auquel nous voulons examiner la chose. La clause de réductibilité à l'identité des référents du sujet et du prédicat est tout simplement ineffective et si une *essentia* était prédiquée il lui faudrait être *irréductiblement* universelle.

Dans « Socrate est homme », j'apprends seulement que l'objet particulier « Socrate » appartient nécessairement à la « contenance » (très vaste) du statut « être homme ». Je n'apprends pas quelle *res*, contenue dans cette extension, est Socrate. Que Socrate *appartienne* à la contenance de ce statut est *nécessaire* mais que Socrate soit *égal* à cet item plutôt qu'à cet autre est, pour ma connaissance, parfaitement *contingent*. La *nominatio* de l'universel « blanc » ou de l'universel « homme » est *indiscreta* (quelconque), enseigne constamment Abélard. La proposition prédicative ne signifie pas que « Socrate est *cette* chose qui a la blancheur » mais seulement qu'il a la propriété d'être blanc, c'est-à-dire – si l'on donne à la copule prédicative la valeur du signe « = » – qu'il est (« = ») l'un quelconque des objets dont *esse album* est vrai. Non pas cet objet (a) blanc à l'exclusion *nécessaire* de tous les autres (le prédicat n'est pas un nom propre) mais « ou l'objet (a) blanc ou l'objet (b) blanc ou … ». Pour examiner lequel il est à l'exclusion des autres (lequel il est nécessairement) et poser le signe « = » en posant cette égalité comme exclusive[3], il me faut les examiner tous sans en oublier aucun. La liste est trop longue pour notre connaissance. C'est pourquoi nous avons *besoin* des universaux (c'est-a-dire de variables générales). La réductibilité de cette variable générale à une liste de noms propres n'est pas toujours *effective* pour notre connaissance, particulièrement pour les prédicables *de subiecto* (où la variable couvre tout le domaine *in possibilitate naturae*, un domaine irréductiblement infini, toutes les sources d'Abélard en conviennent). Dans la proposition prédicative « Socrate est doué de raison », l'appartenance de

---

1. *Ibid.*, 37-40.
2. *Ibid.*, p. 275, 16-18.
3. Ce qui est absolument nécessaire quand on pose le caractère *de subjecto* (définitionnel) de la prédication. De même que la relation d'appartenance est nécessaire dans ce cas, il faut que l'égalité avec tel item le soit aussi. Si c'est impossible, alors la *scientia* s'effondre.

Socrate à la contenance de *esse rationale* est nécessaire, parce que « doué de raison » est prédiqué définitionnellement, mais si je veux traduire l'appartenance à l'extension (à la *continentia* dit Abélard) du prédicat définitionnel en une égalité avec une *res* affectée de *telle* rationalité en maintenant pour l'égalité la nécessité qui caractérisait l'appartenance, il me faudra examiner la liste de tous les objets dont *esse rationale* est susceptible d'être vrai pour découvrir l'objet doué de raison que Socrate ne peut qu'être à l'exclusion nécessaire, donc, de *tous* les autres. Cette liste est infinie et la procédure est, en réalité, impossible à mener à bien. Le caractère « indiscret » de la *nominatio* du prédicat définitionnel est, dans ce cas, impossible à lever[1]. De là si le prédicat est posé *ad denotandum rem*, cette *res* ne pourrait *en pratique* qu'être *indiscreta* (quelconque), c'est-à-dire universelle (quelque chose comme une variable générale), mais, pour Abélard, il n'y a pas d'étant « quelconque ». Abélard le dit clairement :

> Comme, en effet, il n'y a aucune chose « animal » sinon celle-ci ou celle-là, mais que [par le nom universel « animal »] nous n'intelligeons pas celle-ci ou celle-là, nous sommes dans l'incapacité totale de prédiquer par le nom « animal » la moindre chose[2].

Il n'y a pas de *res indiscreta* (d'étant « quelconque ») qui soit *indifferenter haec vel illa* à la manière dont l'est la variable générale « x » pour ses valeurs particulières (« a v b v c … »), nomination qu'accomplit « indiscrete » le *nomen universale*.

Le détour par le conceptuel est donc *irréductible*. Ainsi, la différence substantielle « doué de raison » est un caractère universel du statut de l'homme mais je ne peux traduire la phrase où cet universel est présent (« Socrates est affectus rationalitate ») dans d'autres où il a été effacé au profit d'un ou plusieurs noms propres de différences substantielles (« Socrates est affectus hac (vel illa) rationalitate ») et maintenir le caractère définitionnel du terme. Abélard, comme nous le verrons, est formel dans ses deux logiques sur ce point. Il ne s'agit pas d'une question ontologique, mais d'une question d'effectivité : « nullus intellectus infinita circumdat »[3], écrit Boèce lui-même. On est ici aux origines de la distinction entre les intensions et les extensions (et non de la distinction entre sens et dénotation qui est tout autre chose).

Mais voilà : Guillaume a une théorie qui lui permet de poser que « la même *res* est et individu et espèce » et que « le même, alors qu'il est en soi universel, est singulier par les formes qui lui adviennent »[4]. De là, Guillaume peut soutenir que le prédicat est posé « ad denotandum rem » (soit la thèse 2) et poser la co-référence du sujet et du prédicat universel.

---

1. Et nous ne voulons pas renoncer à la prédication définitionnelle.
2. LI, p. 61, l. 1-7 : « Cum enim res animalis nulla sit, nisi haec vel illa, hanc autem vel illam non intelligamus, *nullam rem* penitus praedicare per nomen "animal" possumus ».
3. Boèce, *Second commentaire sur l'Isagogê, op. cit*, p. 226, 2-3.
4. LI, p. 11, 3-9.

En fait, et dans les cas les plus intéressants pour la connaissance (ceux des définitions, c'est-à-dire de la prédication *de subiecto*), la variable – cette convention linguistique («x») qui s'attache au statut (quelque chose comme F()), et est toute entière en chacune de ses valeurs particulières – n'est pas aussi aisément éliminable au profit d'une simple concaténation de noms propres. De là, le statut «être X» «a d'être [irréductiblement] par œuvre de la nature». Force est de lui reconnaître une certaine objectivité en reconnaissant son irréductibilité à une ou plusieurs *res*, et donc d'admettre une distinction *objective* entre la *res* et la *causa impositionis*. Notre théorie doit être effective, sinon quel est son intérêt?

Donc la thèse 2, même réduite à la thèse 3, est fausse. Le prédicat n'est pas du tout posé pour dénoter une *res* et une *essentia* du monde, que celle-ci soit universelle ou particulière, mais bien pour dénoter un *status* «esse X», à la *continentia* duquel appartient l'objet examiné et nommé par le terme-sujet.

Donc, tous les *reales* (critiqués par Abélard) acceptent la thèse 2, même si certains, interprétant la thèse 2 comme équivalente à la thèse 3, ne rejettent par formellement la thèse 1. Tous confondent *res* et *status*. Ce faisant ils sont conduits à poser (selon Abélard) que «vox *gratia rei* habet significationem»[1] et ainsi à confondre les noms et leurs causes extra-linguistiques, d'un côté, et, de l'autre, les choses.

LA RÉFUTATION DE
LA THÉORIE DE L'ESSENCE MATÉRIELLE

Les partisans de la théorie de l'essence matérielle confondent donc, même lorsqu'ils ne rejettent pas formellement la thèse 1, les concepts et les choses, c'est-à-dire les intensions et les extensions. Ce faisant – comme veut le montrer leur réfutation par Abélard, réfutation à laquelle nous venons pour conclure –, ils ruinent dans le cadre logique aristotélicien toute application possible d'un principe d'extensionnalité consistant. L'enjeu de la réfutation de la théorie de l'essence matérielle n'est donc pas seulement ontologique. La théorie est intenable sur le plan *logique*. Abélard va montrer que, dans le cadre fixé par Porphyre, elle ruine *in intellectu* (avant même de décider ce qui existe *in re*) le principe logique d'extensionnalité tel que fondé sur l'opposition *numérique* des objets extensionnels. Abélard démontre qu'on peut dériver de la ThEM, dans le cadre fixé par l'*Isagoge*, l'équation suivante: «Socrate, cet individu = Brunellus, cet autre individu», quelque chose, donc, comme la proposition arithmétique «1 = 0». Avec cette théorie on ne peut plus compter les objets.

La démonstration d'Abélard procède comme suit:

Abélard montre d'abord que si la *materia* reste la même dans différents individus, bien qu'elle soit «affectée de formes diverses» en l'un ou l'autre, il convient, puisque cette «matière» est le seul substrat des formes qui lui

---

1. LI, p. 32, 10: «C'est grâce à la chose que le mot signifie».

adviennent, que le même substrat qui est affecté par le « doué de raison » soit aussi affecté par le « privé de raison » et qu'ainsi deux contraires soient dans le même sujet, ce que la logique d'Aristote proscrit. On retrouve sous une forme faible le même argument dans *Quoniam de Generali* (et chez le pseudo-Joscelin) : l'homme – ce substrat/matière des formes accidentelles – qui est affecté de l'accident loco-temporel « être à t1 à Paris » est *idem* que l'homme affecté de l'accident loco-temporel contraire « être à t1 à Rome », une conséquence *physicaliter* absurde. L'argument d'Abélard est plus fort parce qu'il s'en tient à la logique aristotélicienne qui, interdit simplement, quoiqu'il en soit *physicaliter* (quoi qu'il en soit des évidences empiriques), que deux contraires appartiennent ensemble au même sujet. Or dans cette théorie, explique Abélard, on peut poser que « l'animal informé par la rationalité est l'animal informé par l'irrationalité [...] et qu'ainsi deux contraires se tiennent ensemble dans le même sujet »[1]. On peut aussi décider que finalement la rationalité et l'irrationalité ne sont pas des contraires mais bien clairement, dans ce cas, l'information de cette matière générique par ces différences n'a plus aucun sens *extensionnel*. Le genre n'est pas *vraiment* divisé en ces animaux doués de raison et ces animaux privés de raison et les différences lorsqu'elles adviennent au genre ne sont pas *divisivae*, ce qui va contre Porphyre et ruine toute interprétation extensionnelle consistante de l'arbre de Porphyre.

Que répondent les partisans de la ThEM et, d'abord, concernant l'absurdité empirique signalée par *Quoniam de Generali* ?

> Ils disent que ni la matière de Socrate, ni la matière de Socrate et Socrate ne reçoivent les accidents [locaux] mais seulement Socrate[2].

C'est ce que pourrait répondre aussi P3 pour les accidents loco-temporels : seuls les accidents natifs (comme la couleur de la peau ou la forme du nez) adviennent à la substance seconde, les autres (dont les accidents de lieu et de temps) n'adviennent qu'à la substance première[3]. Donc la conséquence physiquement absurde, qui veut que le même homme qui est ici soit – tel Dieu – au même moment ailleurs, n'est pas dérivable. La *materia* en tant qu'informe n'est ni ici ni ailleurs puisque, précisément, elle n'est pas (encore) *informata*, et c'est en tant qu'informe qu'elle est identique en Socrate et en Platon. Individuée, elle n'est pas commune – elle n'est plus seconde, mais première – et c'est à celle-ci qu'adviennent les accidents non « natifs ». Les accidents contraires (être ici/être ailleurs au même instant), selon P3, n'adhèrent pas à la substance seconde, mais seulement à cette substance première (= Socrate) et à cette autre (= Platon). Donc l'*oppositio numero* est encore possible. On retrouve dans la LI une objection semblable mais à un niveau plus général et plus fondamental :

> Mais peut-être dira-t-on en suivant cette doctrine que la rationalité et l'irrationalité ne sont pas moins contraires [c'est-à-dire interprétables extensionnellement] du

---

1. LI, p. 11, 14.
2. J. Dijs, « Two Anonymous 12th-Century... », art. cit., p. 98, § 13.
3. « Pseudo-Rabanus super Porphyrium (P3) », art. cit., p. 171.

fait qu'elles sont trouvées dans le même [sujet], à savoir dans le même genre ou dans la même espèce, à moins qu'elles ne soient fondées dans le même individu [1].

C'est la même objection : le même animal peut être à la fois « doué de raison » et « privé de raison » en tant que genre (le genre animal contient en effet en puissance les différences diviseuses, selon Porphyre et Boèce), mais non en tant qu'individu. Le même Animal générique, individué ici en Socrate, est « doué de raison » et, individué là en Brunellus, est « privé de raison » mais clairement tout le monde reconnaît que le même animal individuel ne peut être à la fois doué et privé de raison. Que répond *Quoniam de Generali* ?

> Mais en invoquant cela, ils n'échappent pas [à l'objection qui veut que Socrate qui est à Paris soit au même moment à Rome] : en effet tout ce que Socrate supporte, l'homme qui est en Socrate et qui est sa matière, le supporte identiquement, et, comme on l'a déjà dit, l'homme, matière de Platon, soutient ces mêmes [accidents], puisqu'il n'y a qu'une seule et même essence [2].

La réponse est claire. Il n'y a pas dans la ThEM deux « essences » matérielles, l'une *informis* (seconde) et l'autre *informata* (première). Si c'était le cas, Socrate et Platon ne différeraient pas seulement dans leur *esse formale* mais aussi dans leur *esse materiale*. Or, toute la théorie repose sur l'idée que l'individuation est *seulement* une information. Si on distingue entre *deux* matières, celle qui est informe et celle qui est informée, telle que l'une ne supporte pas toutes les propriétés (par exemple : être à Paris à t1) que supporte l'autre, alors l'information de la première produit des différences matérielles – de substrats – entre l'espèce et l'individu. Si c'est le cas, alors la théorie doit admettre que Socrate et Platon ne diffèrent pas seulement *formaliter* et, admettant cela, elle admet, donc, finalement la contradictoire de son principe de départ. Si la ThEM veut éviter cette contradiction, alors elle doit admettre qu'il y a identité matérielle – identité de substrats – entre l'homme et Socrate : ce qui arrive à l'un arrive aussi à l'autre et on doit ainsi dériver la conséquence empiriquement absurde (et sacrilège) que Socrate qui est à Paris est aussi au même moment à Rome.

Abélard avait fait dans la LI (clairement antérieure à *Quoniam de Generali*) la même démonstration mais à un niveau d'abstraction tel que la théorie n'apparaît possible que non seulement en ruinant les apparences empiriques mais aussi en ruinant *in intellectu* la possibilité même de dénombrer des objets et donc d'asseoir dans l'interprétation de l'*Isagogê* un principe d'extensionnalité viable. Il s'agit de démontrer que, si l'on admet la ThEM, les contraires ne sont pas seulement ensemble dans le même genre (ou la même espèce) mais aussi dans le même individu, ce qui est inadmissible pour tout le monde.

> On montre cela de la façon suivante : la rationalité et l'irrationalité sont dans le même individu, parce qu'elles sont en Socrate. Elles sont en même temps dans Socrate, parce qu'elles sont en même temps dans Socrate et dans Brunellus et que

---

1. LI, p. 11, l. 25-28.
2. J. Dijs, « Two Anonymous 12th-Century… », art. cit., p. 98, § 13.

Socrate et Brunellus sont Socrate. Pourquoi? [...] [P]arce que Socrate est Socrate et Socrate est Brunellus[1].

La ThEM soutient explicitement que la rationalité et l'irrationalité qui adviennent au genre sont en même temps l'une en l'homme Socrate et l'autre en l'âne Brunellus, cette proposition ne fait pas problème. Abélard montre que la ThEM ne peut empêcher la conclusion qu'elles sont aussi en même temps en Socrate, ce qui, bien sûr, est inadmissible. En effet, dans la ThEM, la proposition « Socrate et Brunellus sont Socrate » est dérivable. Cette proposition est vraie parce que ses parties sont vraies. « Socrate est Socrate » est vrai, ce qu'on ne prouve pas, et « Socrate est Brunellus » est vrai aussi, proposition « fatale » (« 0 = 1 ») qu'Abélard prouve ainsi :

(1) Tout ce qui dans Socrate n'est pas les formes de Socrate est (*eadem materia*) ce qui dans Brunellus n'est pas les formes de Brunellus ;
(2) Tout ce qui n'est pas dans Brunellus les formes de Brunellus est Brunellus ;
(3) Tout ce qui n'est pas dans Socrate les formes de Socrate est Socrate.

Si, ces trois propositions sont vraies, alors suit *inevitabiliter* :
(4) Socrate est Brunellus.

Si (4) est vraie, comme (5) « Socrate est Socrate » est vraie, alors cette proposition est vraie aussi :
(6) Socrate est Socrate et Brunellus.

Et la vérité de (6) implique, par définition, la vérité de cette proposition, qui était la proposition à démontrer :
(7) Socrate est doué et privé de raison.

La proposition (1) est la proposition de base de la ThEM. Elle est donc, dans ce cadre, admise. Les propositions sensibles et décisives sont les propositions (2) et (3). Mais elles sont nécessairement vraies pour tout lecteur de Porphyre parce que les propositions alternatives à (2) :

(2') « Brunellus est (seulement) les formes de Brunellus » ;
(2'') « Brunellus est l'ensemble formé par la matière et les formes de Brunellus (et non la seule *materia Brunelli* ou les seules *formae Brunelli*) ».

sont toutes deux – au regard de l'*Isagoge* – nécessairement fausses. (2') est fausse parce qu'il faudrait sinon que la substance (première) soit les accidents, ce qui, Aristote oblige, est faux. (2'') est faux « parce qu'on serait forcé d'admettre que ce qui est corps et non corps est corps », ce qui, Porphyre cette fois oblige, est impossible également[2]. Le raisonnement est contraignant dans le cadre du commentaire de l'*Isagoge* et est incompréhensible en dehors de ce cadre.

1. LI, p. 11.
2. LI, p. 12, 11-14.

« Corps » est une espèce qui tombe sous le généralissime « substance » que divisent les différences « corporel » et « incorporel », d'après Porphyre. Abélard distingue un nom privatif comme « incorporel » qui, comme « irrationnel », désigne une propriété positive de certaines substances et l'expression indéfinie et purement négative « non-corps » qui contient, outre les substances incorporelles, *tous les accidents*. Chez Porphyre, « corps » n'est pas un terme transcendantal qui traverse la barrière des catégories : le corps est une espèce de la substance. De là les accidents, sans être des substances incorporelles, appartiennent à l'extension de « non-corps ». Le prédicat générique « corps » est vrai *définitionnellement* de Brunellus : Brunellus, cet âne, est un corps animé sensible privé de raison et mortel. Si je peux remplacer « Brunellus » par « l'ensemble formé par la matière et les formes de Brunellus », alors on doit admettre la vérité de la proposition absurde « ce qui est corps (l'âne Brunellus) et non corps (la collection des accidents de Brunellus) est un corps (espèce de la *substance*) ». En effet « cet âne Brunellus est un corps » est vrai par définition. Mais « la collection des accidents de Brunellus (ce que Boèce nomme la *socratitas* ou la *platonitas* pour Socrate ou Platon) est un corps », c'est-à-dire tombe sous le genre « substance » par le genre intermédiaire « corps » est assurément faux et faux par définition. Donc (2''), à moins d'une subversion complète de l'arbre de Porphyre, est nécessairement fausse, tout comme (2').

Or, si (2') et (2'') sont nécessairement fausses, (2) et (3) sont nécessairement vraies, ce qui implique que, recevant (1), on doit admettre, par (2) et (3), comme vrai (4) « Socrate est Brunellus », dont suit, par (5) et (6), (7) : « Socrate est doué et privé de raison », qui était la proposition à démontrer. L'interprétation extensionnelle de l'arbre de Porphyre n'est plus possible. Elle devient démonstrativement inconsistante. La ThEM n'est donc pas compatible avec une interprétation consistante de l'*Isagogê* de Porphyre, le texte introductif de tout le corpus logique constitué par Boèce.

CONCLUSION : UNE DISTINCTION NON-LINGUISTIQUE
ENTRE LES INTENSIONS ET LES EXTENSIONS

En fait la confusion principielle et systématique entre la *res* (l'objet extensionnel, numériquement assignable, nommé par le terme sujet) et ce qui fonde l'unité de définition des prédicables universels (le statut intensionnel de chose dénoté par le prédicat), condamne la théorie de l'essence matérielle à une interprétation inconsistante du corpus logique disponible. Et cela, on peut dire qu'Abélard l'a, dans les strictes limites de l'*Isagogê*, effectivement *démontré* et, de fait, nous ne voyons pas *qui*, passés les débats du XIIe siècle, a professé encore la ThEM.

Mais ce qui est en cause dans cette réfutation – sur le fond et en réalité – c'est d'établir une distinction claire entre les objets (extensionnels) et les concepts (les intensions), deux entités de nature radicalement différente, et non, comme c'est le cas dans un débat ontologique moderne, *la distinction entre les extensions et les intensions étant déjà conçue en toute clarté et admise par toutes les parties*, de décider si on admet au nombre des objets extensionnels des ensembles ou des classes [1]. Que ce débat ontologique ne soit pas le point décisif est prouvé par le fait, documenté par les textes, que tous les partisans de la ThEM ne rejetaient pas (en respectant la théorie boécienne du sujet unique) le particularisme ontologique et que *même* dans ce cas, envisagé par Abélard lui-même dans la LI, la ThEM n'en restait pas moins fausse à ses yeux. Elle est inconsistante non pas parce qu'elle admettrait nécessairement au nombre des objets quelque chose comme un ensemble ou une classe mais parce qu'elle confond systématiquement l'intensionnel et l'extensionnel.

En faisant du fondement de l'univocité de l'universel une *res*, elle sauve cette univocité, mais elle perd la pluralité *numero* : « 1 = 0 » devient vrai. À l'inverse exact, la théorie de l'universel-*collectio* sauve la pluralité extensionnelle, mais en réduisant l'universel (définitionnel) à une pure collection numérique (telle que rien ne peut faire que la collection de « n » membres puisse être égale à la collection de « n + 1 » membres), cette théorie, montre Abélard, ne parvient plus à fonder l'univocité de l'universel. Il y aura autant de genres que de collections numériquement irréductibles les unes aux autres nommées. Pour compter, il faut et l'unité et la pluralité : il faut les deux. L'universel définitionnel est l'unité *dans* la pluralité, soit : « n x le même (être tel) ». La ThEM perd la pluralité (« n ») et la théorie de l'indifférence (dans sa première version, mais c'est aussi vrai de la deuxième) perd l'unité (« 1 »). L'aporie est solide.

Nous pouvons, pour finir, constater que le débat, s'agissant des universaux, entre les *reales* et les *nominales* ne recoupe pas efficacement un débat moderne entre réalisme – ceux qui, rejetant un particularisme ontologique, admettent au nombre des objets des ensembles ou des classes – et nominalisme – ceux qui posent que les concepts sont des signes ou des symboles éliminables en contexte au profit des objets individuels signifiés [2]. Cette lecture fonctionne trop mal et trop partiellement sur les textes. Les *reales* ne sont pas tous réalistes (au sens moderne d'un rejet du particularisme ontologique) [3] et les *nominales* ne sont pas nominalistes (au sens moderne de la réductibilité du concept à un symbole éliminable en contexte).

---

1. De ce point de vue, la réfutation de la ThEM apparaît en fin de compte moins comme relevant du débat ontologique moderne que comme une pré-condition de ce débat. Abélard met en place une distinction extension/intension que les débats postérieurs considèrent comme acquise. La ThEM montre que cette distinction était loin, avant les débats initiés par Abélard, d'aller de soi. Faire cette distinction, quelle qu'en soit l'interprétation métaphysique qu'on en donne par après, est un progrès *scientifique* (modeste, mais *réel*).
2. Le particularisme ontologique ne suffit évidemment pas à caractériser le nominalisme. Si c'était le cas, il faudrait qualifier Boèce de nominaliste. Il faut, en plus, l'assimilation du concept à un nom (à un signe ou un symbole éliminable en contexte).
3. Mais ils le sont au sens d'une réification des concepts (de la confusion concept/objet).

L'opposition historique (pour le XIIe siècle) *reales/nominales* est ainsi plus complexe et ambiguë que ce que peut donner l'opposition moderne entre réalisme et nominalisme s'agissant des universaux. Montrer que le concept – le statut (intensionnnel) d'objet – n'est pas du tout réductible à une *res* ou à la propriété d'une *res* (extensionnelle), *même* (et surtout) strictement singulières, non plus qu'à un étant du monde, est une chose ; réduire, cette distinction faite, tous les concepts (y compris les concepts définitionnels) à des faits de langage, c'est-à-dire à des signes supposant – très idéalement – pour les seules données singulières de l'expérience, en est une autre. Le débat du XIIe siècle est bien distinct de celui des XIVe et XVe siècles et ne l'anticipe pas. Abélard met en place, contre Boèce, une distinction extension/intension qu'Ockham réinterprétera dans un sens *réductionniste* profondément étranger à Abélard.

D'un autre côté, on a noté qu'on peut avoir une ontologie étendue à des entités non individuelles (des ensembles) et distinguer irréductiblement objet extensionnel et intension. Or, la ThEM, telle que la présente la LI, ne pose pas *nécessairement* l'existence actuelle de quelque chose comme un ensemble ou une classe : elle n'est pas nécessairement « réaliste » en ce sens-là ; par contre, elle repose sur une confusion entre la *res* et son statut conceptuel en faisant de la matière des définitions un substrat en attente d'information. Or il est important de noter que, sur un plan fondamental, c'est cette réification qui est *logiquement* inconsistante et non un réalisme des ensembles qui, comme en attestent nos connaissances mathématiques actuelles, n'est nullement nécessairement inconsistant[1].

Abélard pose que le statut « être homme » (ou « être cheval ») est une *intension*, qui, en tant que telle, *n'a, par soi, aucune extension propre*. Le statut « être homme » n'est pas du tout, découvre Abélard, une entité extensionnelle (singulière ou non). Ce faisant, le même statut « esse hominem » ne répugne pas à être prédiqué avec vérité de chaque homme *en particulier* comme de tous *en général*. Mais, clairement, le statut abélardien n'est lui-même réductible de manière *effective* ni à une chose et/ou à ses propriétés (extensionnelles et éventuellement sensibles) ni à un signe, même « naturel » (étant le signifié du terme-prédicat et non ce signe même). Incompatible avec la théorie boécienne des universaux, celle d'Abélard l'est tout autant avec celle d'Ockham, qu'elle n'anticipe pas. Par contre, elle ne nous paraît pas l'être autant avec celle, quasi

---

1. Les théoriciens modernes de la théorie des ensembles (Cantor, Frege, Gödel) s'intéressent, plutôt qu'à l'ensemble des hommes, à ces ensembles infinis de points que sont, chez Cantor, les figures *continues* de la géométrie, figures qui font la consistance spatiale des objets physiques concrets. De son côté, Abélard s'en tient assurément à l'ontologie réduite de Boèce – il n'y a pas *in re* un ensemble « homme » – mais, ceci posé, nous le verrons, au chap. III, admettre, sur le plan géométrique, qu'un segment de droite est *réellement* (*essentialiter*) un ensemble infini de points et cela en contradiction *consciente* avec l'*auctoritas* (boécienne et, sur ce point, aristotélicienne). La différence vient *essentiellement* ici des domaines privilégiés d'application d'une théorie logique (dans le cas des médiévaux le domaine entièrement général couvert par le langage ordinaire et dans le cas des modernes celui couvert par une science *constituable*, soit, d'abord, depuis le XVIIe siècle, les mathématiques, une science « dure »).

contemporaine mais encore inaccessible, de l'Avicenne de la « caballéité même ».

Sous la contrainte de la démonstration d'Abélard, Guillaume de Champeaux, le premier, a abandonné la théorie de l'essence matérielle. Il admet désormais que les objets diffèrent non seulement *formaliter* mais aussi *materialiter*. La *varietas formarum* ne « fait » pas la *differentia numero* mais, comme le dit Gilbert de la Porrée corrigeant Boèce, la « montre » seulement : « probat, non facit » note-t-il. La variation des accidents est « approbativa », avait écrit, auparavant, Abélard[1]. Elle confirme pour ma connaissance une différence que, désormais, elle ne fait plus. La variation des formes qui, pour ma connaissance, permet de dissocier dans l'objet l'essentiel de l'accidentel ne « fait » rien. Penser n'est pas faire. Il n'y a qu'en magie que la pensée « fait ».

Une différence est faite problématiquement entre les *essentiae* du monde et le processus gnoséologique de reconnaissance de leur diversité et de leur unité, soit le travail de conceptualisation de ces mêmes *essentiae*. C'est ce « décollement » entre chose et concept qu'a initié, sur un plan fondamental, Abélard en démontrant l'inconsistance, dans le cadre épistémologique disponible, d'une théorie de l'essence matérielle assimilant matière des définitions et substrat de formes/accidents. Ce faisant et loin de tout nominalisme, Abélard pose que nous n'avons pas d'autre choix que d'accorder – au-delà de l'« instabilité » des données empiriques et de leur « inconstance » (ces données variant par le nombre sans cesse) – une certaine objectivité aux statuts rendant possible l'intelligence de ces données, même si cela requiert la contribution *active* d'un esprit rationnel humain indépendamment duquel ces statuts sont indiscernables. *Le fait de la connaissance humaine est lui-même un fait objectif, et, donc, naturel.*

Abélard a sans doute compris que s'il réduisait la distinction entre *res* et *status* à une distinction seulement *linguistique*[2] l'objection faite par l'auteur de D1 à ceux qui lisent les universaux seulement *in vocibus* était *inévitable*. Le statut n'est pas un simple fait de langage. Abélard n'a pas seulement appris de Roscelin, il a *aussi* appris de Guillaume de Champeaux, *magister noster*.

Quoi qu'il en soit et en fin de compte, on peut voir qu'avec Abélard la « phénoménologie » naïve[3] des Anciens (de l'*antiqua sententia*), où la variation imaginaire des formes, qui permet de séparer l'essentiel de l'accidentel, est projetée *in re* comme la structure ontologique même du réel, prend problématiquement fin. Une distinction est à faire entre la *res* et son statut conceptuel et la réalité de la connaissance humaine est ainsi à penser à nouveaux frais.

---

1. LNPS, p. 556, 8.
2. Par exemple, en termes modernes, en allant jusqu'à faire basculer entièrement la distinction entre l'intensionnel (*Begriff*) et l'extensionnel (*Gegenstand*) du côté d'une simple distinction entre sens et dénotation (*Sinn* et *Bedeutung*, au sens de Frege). C'est, nous semble-t-il, ce que tentera de faire Ockham en s'appuyant sur la distinction (postérieure à Abélard) entre *significatio* et *suppositio*.
3. C'est-à-dire non thématisée, cette thématisation étant certainement un caractère modeste mais important de la « modernité » en philosophie (en un sens très large et par opposition aux philosophies proprement antiques).

Nous pouvons donc conclure que ce souci nouveau, consistant à distinguer *rigoureusement* le conceptuel et le réel, est au moins aussi important pour comprendre la philosophie d'Abélard qu'un principe ontologique réduisant les entités réelles aux seules entités individuelles, un principe dont on voit ici que, remontant au *Second commentaire sur l'*Isagoge de Boèce, il n'est ni particulièrement nouveau au XIIe siècle ni particulièrement spécifique à Abélard. Par contre le souci de distinguer de manière tranchée et rigoureuse entre le réel (l'extensionnel : la *res* numériquement assignable qui est homme ou animal) et le conceptuel (l'intensionnel : non pas l'homme/substance seconde mais, *prédicativement*, l'être-homme), sans nécessairement réduire cette distinction à une opposition simple entre la chose et le signe qui la désigne, est un souci particulièrement prégnant et neuf au début du XIIe siècle. Nous voudrions à présent tenter de retracer l'histoire de ce souci dans les générations précédant immédiatement, dans la seconde moitié du XIe siècle, celle d'Abélard et ceci dans le but d'en mieux cerner l'enjeu et l'origine.

CHAPITRE II

BÉRENGER DE TOURS ET ABÉLARD
LA MISE EN QUESTION DE LA PENSÉE MAGIQUE

Lorsque nous essayons de remonter aux origines de la querelle des universaux qu'initia Abélard en réfutant les thèses réalistes de Guillaume de Champeaux, on rencontre le premier maître d'Abélard, Roscelin de Compiègne et son contradicteur Anselme de Cantorbéry. Leur querelle autour du dogme trinitaire est célèbre et bien connue. Roscelin enseigne à Abélard à Loches où il est sous le patronage des comtes d'Anjou. Les rivaux politiques directs de ces derniers sont les ducs de Normandie, sous le patronage desquels se trouve Anselme, abbé du Bec, puis le primat d'Angleterre. On insiste moins sur la génération précédente et une autre querelle fameuse, cette fois autour du dogme eucharistique qui oppose là encore un protégé des comtes d'Anjou, Bérenger de Tours et le prédécesseur d'Anselme sur les trônes abbatial du Bec et primatial de Cantorbéry, Lanfranc de Pavie. La dernière moitié du XIe siècle est marquée, en effet, par deux grandes querelles théologiques qui ont comme premier point commun d'opposer des clercs protégés par deux grands féodaux directement concurrents, le comte d'Anjou et le duc de Normandie. Ce qui va nous intéresser ici, ce ne sont pas les aspects théologiques de ces deux querelles mais leurs présupposés proprement philosophiques.

Que la seconde querelle ait sa place dans l'histoire des *vocales* ne fait pas problème. Il ne fait pas de doute que Roscelin professait que les universaux génériques et spécifiques étaient des *voces* – de purs *flatus vocis* dénonce Anselme – et non des *res*. Mais qu'en est-il de Bérenger? Rien dans les textes connus ne permet d'affirmer qu'il partageait le vocalisme des universaux professé un peu plus tard dans le siècle par Roscelin. Et pourtant nous pensons que le débat autour du sacrement eucharistique entre les prédécesseurs de Roscelin en Anjou et d'Anselme en Normandie est essentiel pour comprendre l'origine du débat entre Abélard et ses adversaires « réalistes ».

Distinguer le réalisme des universaux et la réification des concepts

Nous avons noté que les *reales* qu'Abélard choisit de réfuter dans la LI placent *tous* leurs thèses sous le patronage de la théorie du sujet unique de l'universalité et de la singularité de Boèce. Abélard distingue en effet dans la LI deux groupes de *reales*, ceux qui soutiennent la théorie de l'essence matérielle et ceux qui soutiennent, sous deux formes distinctes, la théorie de l'indifférence. Les premiers soutiennent, on l'a vu, que « le *même* [animal], alors qu'il est en soi universel, est singulier du fait de l'advenue des accidents, universel, certes, dans sa nature mais singulier en acte »[1]. Les partisans de la seconde théorie des universaux de Guillaume de Champeaux, la théorie de l'indifférence, revendiquent aussi, sous une forme nouvelle, l'identité des deux sujets :

> ils disent que les hommes singuliers, en eux-mêmes numériquement séparés, sont identiques dans l'homme, c'est-à-dire ne diffèrent pas dans la nature de leur humanité et ainsi les mêmes qu'ils disent singuliers selon leur discrétion numérique, ils les disent universels selon l'indifférence et la convenance de leur ressemblance mutuelle[2].

Certains *reales*, au premier rang desquels Anselme, soutenaient l'existence en acte hors de l'esprit d'entités communes ou universelles, mais ce n'était pas le cas des *reales* que la LI entreprend de réfuter. Que leur reproche alors Abelard ? Pour lui, la théorie du sujet unique de Boèce et les interprétations qu'en proposent les *reales* réfutés dans la LI sont fausses parce qu'elles attribuent aux étants du monde, des entités singulières et sensibles pour Abélard comme pour Boèce, et aux objets extensionnels (les *res numero discretae* d'Abélard) des propriétés, en réalité, intensionnelles, proprement conceptuelles, et donc, finalement, mentales. Clairement, l'être-homme n'est pas un homme ou une propriété (incorporelle) de cet homme.

Or nous voudrions montrer ici que ce souci de différencier entre ce que conçoit l'esprit en le visant – le conceptuel – et la *res* telle qu'elle existe hors de l'esprit est une question particulièrement sensible et débattue dans la seconde moitié du XIe siècle mais dans un cadre qui n'est pas encore directement philosophique et reste proprement religieux. C'est, en effet, nous allons le vérifier, tout l'enjeu de la querelle eucharistique qui marque la seconde moitié du XIe siècle (Abélard déclenchant, en réfutant Guillaume de Champeaux, la querelle des universaux dans les premières années du XIIe siècle).

---

1. LI, p. 11, 3-9.
2. *Ibid.*, p. 14, 2-6 : « singulos homines in se ipsis discretos idem esse in homine dicunt, id est non differe in natura humanitatis, et *eosdem* quos singulares dicunt secundum discretionem, universales dicunt secundum indifferentiam et similitudinis convenentiam ».

Bernard d'Angers
et la statue de sainte Foy

Le XIᵉ siècle est marqué sur le plan religieux par un incroyable développement des images « saintes ». Par exemple, se développe un véritable culte des statues-reliquaires, images sculptées à l'intérieur desquelles sont conservées des ossements de saints qui « communiquent » à ces images matérielles une part du pouvoir spirituel du saint intercesseur dont elles renferment les restes. Ici, on attribue à des objets matériels une « aura » et des pouvoirs proprement spirituels. Les clercs du XIᵉ siècle sont pleinement conscients des risques d'une résurgence de la pensée idolâtrique propre au paganisme antique. Par exemple, Bernard d'Angers, un clerc formé à Chartres par le même maître que Bérenger de Tours, Fulbert de Chartres, se donne beaucoup de mal pour montrer que la statue-reliquaire de sainte Foy à Conques qui, par les miracles qui l'accompagnent, est devenue, dit-il, célèbre « dans presque toute l'Europe (*paene per universam Europam*) » n'est pas une idole antique. Ce n'est pas l'image qui a des pouvoirs spirituels mais la sainte elle-même, dont le corps est contenu dans l'image. À Chartres, les récits de ces miracles « étaient, écrit Bernard d'Angers, rejetés hors de la foi comme n'étant rien d'autre que les inventions d'une fable sans fondement »[1]. Or, même si cela doit scandaliser certains lettrés, ils doivent être pris au sérieux, souligne Bernard qui, après s'être rendu sur place à plusieurs reprises, entreprend d'écrire le *Livre des miracles de sainte Foy* où il rassemble les témoignages prouvant la réalité de ces miracles. Cette profusion d'images saintes – bien différente de l'extrême sobriété en la matière de l'époque carolingienne – est un fait général dans l'Occident latin à partir de la fin du Xᵉ siècle. Il est clair que ces images ne se réduisaient pas à la fonction didactique à laquelle les *Livres Carolins* (IXᵉ siècle) réduisaient leur rôle dans les églises ni à la qualité d'œuvres d'art que nous leur reconnaissons aujourd'hui. D'un autre côté, il y a chez certains clercs une hostilité à l'égard du culte des reliques et plus généralement des images saintes. Ainsi les nouveaux ordres religieux, chartreux, prémontrés, cisterciens bannissent de leurs églises les images et se refusent à abriter le culte de telle ou telle relique. Abélard partage cette méfiance à l'égard des images saintes. Autrement dit, la question de la sacralité – de la valeur spirituelle – de certains objets matériels (reliques, statues, images peintes ou sculptées) était l'objet d'un vif débat aux XIᵉ et XIIᵉ siècles. Au cœur de ce débat, il y a d'un côté une pratique religieuse qui attribue à des objets matériels des pouvoirs spirituels et de l'autre des clercs qui dénoncent la confusion entre le spirituel et le matériel, dans la lignée judaïque de la dénonciation des idoles païennes. C'est dans ce contexte plus large qu'on peut situer la controverse eucharistique initiée par Bérenger de Tours.

---

1. *Liber de miraculis sanctae Fidis*, in *Patrologia latina*, t. 141, éd. J.P. Migne, Paris, s.m.é., 1853, col. 131A.

LE SACRAMENTALISME DE BÉRENGER DE TOURS

Le texte le plus ancien qu'on ait de Bérenger et qui expose sa théorie du sacrement de l'eucharistie est une lettre à Adelman de Liège éditée par J. de Montclos en 1971[1]. Cette lettre est particulièrement intéressante parce qu'elle explicite les fondements philosophiques de sa conception des sacrements là où, dans les écrits postérieurs, les aspects théologiques l'emporteront. Dans cette lettre, Bérenger insiste sur une définition du sacrement qu'il trouve au livre X du *De civitate Dei* d'Augustin : « Sacramentum, id est sacrum *signum* ». Bérenger se demande alors ce qu'est un signe et en trouve la définition (fameuse) dans le *De doctrina christiana* (II, I, 1) du même Augustin : « le signe est une chose qui, au-delà de son apparence visible par laquelle elle accède aux sens, fait venir à la pensée à partir d'elle quelque chose d'autre qu'elle »[2]. Toute la controverse est, déjà, dans l'application au sacrement de l'eucharistie de ces deux définitions. Il faut distinguer, demande le *grammaticus* (le lettré) Bérenger, le signe et la *res* signifiée, soit ici le *sacramentum* – le pain et le vin – et la *res sacramenti* – le corps et le sang du Christ. Le sacrement est « visible » et, par-delà cette apparence visible, il fait venir *in cogitationem* la *res sacramenti*, soit le corps et le sang du Christ, c'est-à-dire, selon la définition d'Augustin, quelque chose d'*autre* que le signe lui-même : Augustin « n'a pas dit "dans la main, à la bouche, sous la dent, dans le ventre" mais bien "à la pensée" »[3].

Bérenger soulignera alors dans le *Rescriptum contra Lanfrannum* qu'« il est clair que la chair et le sang du Christ sont appelés "pain" et "vin" dans un discours figuré »[4]. Il y a transfert sémantique et langage figuré. Par contre :

> La raison universelle, l'autorité universelle exige que, s'il se trouve que quelqu'un dit : « Ce pain est mon corps » ou « le pain que nous fractionnons est le corps du

---

1. J. de Montclos, *Lanfranc et Bérenger, la controverse eucharistique du XIe siècle*, Louvain, Spicilegium sacrum Lovaniense, 1971. Le premier texte de Bérenger, exposant sa théorie des sacrements – un libelle contre le pape Léon IX datant de 1050 ou 1051 et réagissant probablement à la décision du concile de Vercelli de condamner le traité carolingien de Ratramme de Corbie sur l'eucharistie –, n'a malheureusement pas été conservé. Jean de Montclos date la lettre à Aldeman de 1053. La (longue) réponse de Bérenger à la réfutation de ses thèses par Lanfranc (peu après 1059, dans son *De corpore et sanguini domini*), le *Rescriptum contra Lanfrannum*, a été fort heureusement conservée (dans un unique manuscrit découvert par l'écrivain et philosophe Lessing en 1770 à l'abbaye de Wolfenbüttel) : elle est aujourd'hui éditée par R. B. C. Huygens, « Corpus christianorum » 84, Turnhout, Brepols, 1988. Les positions de Bérenger sont condamnées dans de multiples conciles (depuis celui de Rome en 1050 jusqu'à celui de Bordeaux en 1080) et cela bien que certains prélats tentent de les défendre (par exemple au concile de Rome de 1079 où « une minorité, note J. de Montclos, défend avec vigueur le sacramentalisme radical du maître tourangeau » (*Lanfranc et Bérenger...*, *op. cit.*, p. 230)). Il n'y a pas eu seulement une hérésie, isolée et vite éteinte, mais une controverse qui près de trente ans après son déclenchement suscitait encore de « vigoureux » débats.

2. Augustin d'Hippone, *De doctrina christiana*, II, I, 1, éd. R. P. H. Green, Oxford, Clarendon, 1995, p. 57.

3. J. de Montclos, *Lanfranc et Bérenger...*, *op. cit.*, p. 532, 22-27.

4. *Rescriptum contra Lanfrannum*, *op. cit.*, p. 97 « carnem Christi et sanguinem tropica locutione panem et vinum constet appellari ».

Christ », il soit fermement établi de toutes les manières possibles que ce pain continue à exister et que sa substance ne disparaît pas [1].

En ce sens les paroles du prêtre provoque bien une transformation « réelle » du pain et du vin en corps et sang du Christ mais « non sensualiter ». Sur le plan matériel, le pain et le vin restent tels après la consécration. Cette transformation a lieu « intellectualiter » : c'est *in fidelis cogitatione*, que le pain et le vin cessent d'être pain et vin pour devenir le corps et le sang même du Christ. Pour résumer, nous avons donc trois thèses sur le sacrement de l'eucharistie :

Le pain et le vin, ces *res* matérielles, conservent leurs substances après la consécration. Il est faux que ne demeurent que les accidents du pain et du vin (couleur, saveur, etc.) après cette consécration. Il n'y a pas ce qu'on appellera plus tard « transsubtantiation ».

Les paroles sacramentelles du prêtre – la consécration – ne provoquent donc pas la disparition de la nature substantielle des espèces. Elles font (seulement) accéder ces *res* au statut sémantique de *signes*. Le sacrement est un symbole.

Le propre du signe est d'être quelque chose de visible (et/ou d'audible) qui fait venir à la *pensée* de celui qui le voit (ou l'entend) quelque chose d'*autre* que lui. Le signe (le pain) n'est identique à la chose qu'il signifie (le corps du Christ) que *figuraliter* (*intellectualiter* : pour la pensée) et non *proprie* (*sensualiter* : *in re* où il reste distinct de lui). Le sacrement ne provoque de changement que dans l' « homme intérieur » et non dans les « res exteriores ».

En somme, Bérenger demande qu'on thématise la transformation du pain et du vin en corps et sang du Christ comme un procès de symbolisation. Rien de « magique » ne se produit. Il n'y a pas de « mystère ». Les paroles sacramentelles « agissent », certes, mais seulement sur un plan proprement spirituel, le pain et le vin conservant leur substance de pain et de vin *après la consécration*. En ce sens, il n'y a donc pas de transsubstantiation.

Sacrement et pensée magique.

Le principe de la pensée magique est d'attribuer à la pensée et aux paroles qui expriment cette pensée une action en dehors de leurs sphères propres : la pensée « agit ». Ici les paroles du prêtre provoquent un changement dans la réalité extra-mentale et extra-linguistique. Même s'ils conservent cette apparence sur le plan sensible, ce n'est pas seulement dans la pensée du fidèle que pain et vin cessent de l'être mais bien *indépendamment* de cette pensée. Il y a changement dans la substance même de l'objet. Et c'est ainsi l'objectivité du pouvoir sacramentel du prêtre que Bérenger met en question en postulant que la transformation des

---

1. J. de Montclos, *Lanfranc et Bérenger...*, *op. cit.*, p. 533, 53-56 : « universaque ratio, universa auctoritas exigit, si constat quod dixerit aliquis : "Hic panis est meum corpus" vel : "Panis quem frangimus est Christi corpus", eum constituisse modis omnibus panis superesse, non absumptam esse substantiam ».

espèces en corps et sang du Christ ne se produit que dans l'esprit du fidèle, pain et vin conservant leurs substances hors de cette pensée. Si pain et vin ne cessent de l'être que dans la pensée du fidèle, leur conversion en corps et sang du Christ est-elle *réelle*? Les paroles du prêtre ne perdent-elles pas, dans cette lecture, en efficacité réelle? Le sacrement a-t-il encore une efficace salvatrice réelle? Du point de vue de ses détracteurs, Bérenger oublie ainsi dans la définition du sacrement le caractère «sacré» du signe. Le prêtre n'est pas un simple pasteur qui, par sa connaissance des Ecritures, est à même de mettre son troupeau sur le chemin du salut en provoquant sa conversion spirituelle. Il a un *pouvoir* proprement sacramentel. Ce que fait le prêtre selon Bérenger ne relève d'aucun pouvoir dérogeant à l'ordre naturel: transformer pain et vin en corps et sang du Christ «intellectualiter» et «spiritualiter» et non «sensualiter»[1], c'est-à-dire sans changer leurs natures substantielles, n'implique aucun pouvoir particulier, dérogeant à l'ordre naturel des choses. Il n'y a là aucun mystère puisque les paroles sacramentelles du prêtre n'ont pas d'efficace en dehors de la sphère de la pensée. On comprend qu'en ce sens les interlocuteurs institutionnels de Bérenger se soient inquiétés du maintien d'une croyance en l'efficacité réelle des sacrements en termes de salut dans le cas où cette lecture serait admise comme licite. Ce qui distingue l'ordre sacerdotal du reste des hommes est précisément l'efficacité «théurgique» des sacrements.

On peut parler, en ce sens, de «réalisme sacramentel» et c'est bien ce réalisme que nie Bérenger. La *res* qui a valeur de signe – le pain – n'est que *figuraliter* et *intellectualiter* (dans la pensée du croyant) la *res* dont elle est signe (le corps du Christ) et non *proprie* (hors de cette pensée où elle est et reste du pain). Le signe («le pain») n'est pas *proprie* la chose qu'il signifie («mon corps»). Cette négation du réalisme sacramentel n'est pas un pur vocalisme. Le sacrement n'est pas un pur *flatus vocis*. Le Christ (et, par lui, le prêtre) lorsqu'il prononce les mots: «ceci est mon corps» «non simulat», insiste Bérenger. «Ceci est mon corps» ne sont pas de simples paroles, mais une proposition *vraie*: «Si le Christ trompe les hommes, le Christ n'est pas [comme le dit l'Évangile de Jean] la vérité», souligne Bérenger[2]. Il y a conversion réelle du pain et du vin en corps et sang du Christ *mais* pour l'«homme intérieur» et non dans les «res exteriores».

C'est l'idée même de pensée (ou de parole) magique que Bérenger veut dénoncer. Les paroles (et la pensée) du prêtre n'agissent pas dans la réalité extra-mentale. La pensée et la parole qui l'expriment ne produisent *rien* (en dehors de l'esprit). Penser n'est pas faire. Bérenger dans le *Rescriptum contra Lanfrannum* explique que «être consacré et être supprimé selon la corruption du sujet ne sont pas la même chose (*non esse idem consecrari et secundum subiecti corruptionem absumi*)»[3]. Le pain reste, en étant consacré, du pain, mais il devient en plus au

---

1. J. de Montclos, *Lanfranc et Bérenger...*, op. cit., p. 534, 76-80: «panem et vinum mensae dominicae non sensualiter, sed intellectualiter […] in totum converti Christi corpus et sanguinem».
2. *Rescriptum contra Lanfrannum*, op. cit., p. 211, 758-759: «Si fallit homines Christus, non est veritas Christus».
3. *Ibid.*, p. 120, 694-695.

sens propre le « signe » du corps du Christ et « figuraliter » et « spiritualiter » la *res signi*, soit le corps même du Christ. Ainsi la consécration du pain n'implique pas la transsubstantiation, en un sens propre, du pain en corps du Christ. C'est bien le « mystère » de l'eucharistie qui est né.

Ce qui doit nous étonner n'est pas tant que cette conception de l'eucharistie ait été considérée comme hérétique par l'Église officielle mais plutôt que celle-ci ne se soit pas contentée de mettre à l'index les propos et la personne de Bérenger mais ait investi un clerc, aussi lettré que Bérenger, Lanfranc de Pavie, de la tâche de le réfuter sur le terrain rationnel et dialectique où s'était placé Bérenger. Le dogme de ce qu'on nommera plus tard « transsubstantiation » est un article de foi : un mystère et il paraît bien difficile de justifier sur une base purement rationnelle ce dogme.

En réalité, cette controverse touche directement la question du *pouvoir* sacramentel du clergé séculier et cela à un moment où l'Église choisit d'imposer en droit et dans les faits l'exclusion des prêtres des liens familiaux (de la possibilité d'une transmission de leur fonction et du patrimoine qui s'y attache à un descendant biologique). Que l'Église, avec Grégoire VII, ait décidé, d'une part, d'exclure les prêtres des liens familiaux (dans une société où les échanges de patrimoines ne se font pas sur une base marchande mais par le biais des mariages et des héritages) et, d'autre part, de répondre sur le plan non seulement de la condamnation pour hérésie mais aussi d'un débat argumenté au questionnement de Bérenger sur la nature même du pouvoir sacramentel du clergé séculier, témoigne d'un même trouble à l'intérieur de l'Église latine sur le statut des prêtres (et des sacrements qu'ils sont seuls à pouvoir délivrer).

L'ÉGLISE GRÉGORIENNE COMME AUTORITÉ POLITIQUE ET NON SEULEMENT RELIGIEUSE

Nombre d'historiens de la société médiévale note que l'Église chrétienne latine du XIe siècle est plus qu'une autorité morale et religieuse, autorité morale assise sur sa puissance économique, comme c'est le cas à Byzance, de l'Église grecque. Le Patriarche de Constantinople conforte de toute son autorité morale et religieuse la sacralité d'un pouvoir impérial dont nul n'ignore que l'origine n'est pas chrétienne. Le pouvoir et la personne de l'empereur étaient sacrés bien avant la christianisation de l'Empire. Dans l'Europe latine, ce pouvoir sacré d'essence antique et païenne s'est effondré : la « pax » n'est plus « romana », impériale, ou même royale, mais bien « Dei ». Et, Grégoire VII, revendique hautement et directement, en plus de son autorité morale et religieuse, une autorité proprement politique [1]. En particulier, l'autorité religieuse grégorienne tend à désacraliser les lois antiques, fondées sur la tradition et donc adossées à la succession biologique des

---

1. Les historiens parlent de « théocratie pontificale ». *Cf.* M. Pacaut, *La théocratie : l'Église et le pouvoir au Moyen Âge*, Paris, Desclée, 1989, en part. chap. III, « La doctrine grégorienne », p. 55-90.

générations, succession naturelle dont elles tirent toute leur autorité et une forme de sacralité. Cette autorité « coutumière » – loin d'être sacralisée par l'Église grégorienne – devient toute relative et foncièrement *profane*. L'Église grégorienne le proclame hautement : « Le Christ n'a pas dit : "Je suis la coutume" mais "Je suis la vérité" ». La seule loi susceptible d'être sacrée est celle qu'édicte l'Église. Et les chartes ecclésiastiques sont pleines de la dénonciation des « malae consuetudines »[1]. C'est ce qui différencie profondément l'Église latine du XIe siècle de sa voisine grecque. Le pouvoir religieux ne vient plus conforter la sacralité d'un pouvoir politique qui lui préexiste, en se fondant sur une tradition antique et immémoriale qui l'enracine dans la continuité biologique et, donc, dans la nature. Mais il se veut aussi, directement et ouvertement, une autorité politique, transcendante à l'ordre coutumier (à la loi ancestrale) et exerçant un pouvoir propre d'arbitrage de la circulation du pouvoir et de la richesse dans la société[2]. C'est aussi bien sûr ce qui distingue l'Église latine grégorienne de sa très lointaine héritière, l'Église catholique contemporaine. Clairement celle-ci, malgré l'existence symbolique de l'État du Vatican, ne revendique qu'une autorité morale et religieuse. Au XIe siècle, la situation, très particulière, est tout autre : les échanges matrimoniaux et la guerre privée sont les seuls moyens de s'enrichir. Les échanges marchands et/ou l'attribution par une autorité publique (royale ou impériale) de biens « fiscaux » sont marginaux. L'Église grégorienne en édictant des interdits matrimoniaux extrêmement étendus (jusqu'au 7e degré de parenté!), en interdisant la guerre privée au nom de la paix de Dieu et finalement en extrayant le clergé séculier des liens familiaux se donne le moyen – par un système de pénitence tarifée en faveur de l'Église et des pauvres à l'égard de ceux qui s'enrichissent par des infractions aux mariages incestueux comme à la paix – de réguler l'accumulation des richesses par la classe dirigeante.

Par exemple, au moment même où le roi de France Henri 1er respecte pleinement les interdits ecclésiastiques en épousant (en 1051) la très lointaine Anne de Kiev, le duc de Normandie, Guillaume, épouse (en 1053) la fille de son voisin immédiat du nord, le comte de Flandre ; aussitôt excommunié pour « inceste », c'est-à-dire privé d'accès à l'eucharistie, il charge Lanfranc, abbé du Bec (et contradicteur de Bérenger), de négocier son rachat auprès du

---

1. Cette désacralisation de la loi coutumière (de la conception antique de la loi qui enracine cette loi et l'ordre social qu'elle fonde dans la nature : dans la succession biologique des générations) a probablement été extrêmement importante pour tous ceux qui étaient affectés *par leur naissance* d'un statut personnel (d'une macule servile). Le maintien de ce statut personnel dans les sociétés chrétiennes antiques (y compris dans la société carolingienne) est bien documenté.
2. Grégoire VII écrit dans sa seconde lettre à Hermann de Metz en 1081, *Registrum Gregorii*, VIII, 21, éd. P. Ewald et L. Hartmann, Berlin, Weidmannos, 1887, p. 547-562, trad. fr. M. Pacaut, *La théocratie...*, *op. cit.*, p. 70-73 : « serait-il possible qu'une dignité *inventée par les hommes du siècle*, même par des hommes ignorant Dieu, ne fût pas soumise à cette dignité que la providence de Dieu tout-puissant a instituée ». La dévaluation (« dénaturalisation » ou « désacralisation ») d'un pouvoir fondé sur une coutume qui, si vénérable soit-elle (antérieure même à la révélation chrétienne), est une « invention humaine », au profit d'un pouvoir institué par Dieu est idéologiquement constitutive de la théocratie pontificale voulue par Grégoire VII.

Pape. Lanfranc se rend deux fois à Rome, une fois pour traiter de l'hérésie bérengarienne, et une seconde fois pour obtenir la levée de l'excommunication du duc de Normandie. Cette dernière négociation est un succès : Guillaume rachète son salut en fondant, outre quatre hôpitaux, l'abbaye-aux-hommes de Caen (dont Lanfranc devient abbé) et Mathilde de Flandre rachète le sien en fondant l'abbaye-aux-dames de la même cité, cité ainsi créée autour de ces deux fondations. Les deux abbayes sont ainsi les gages dans ce monde du salut dans l'autre monde de ces deux pécheurs, Guillaume et Mathilde, et tous deux choisissent d'y situer leurs sépultures. Mais Guillaume et Mathilde *restent* époux[1]. Le cas, bien sûr, est loin d'être isolé et cette tarification posait évidemment question pour ceux qui n'avait pas les moyens politiques et économiques de l'obtenir et ainsi de « légitimer » par après des stratégies d'accroissement du patrimoine – politique et économique – avantageuses (par le mariage et/ou la guerre privée) et en principe illicites. On peut comprendre aussi que certains clercs aient demandé une conception plus « intérieure » et « spirituelle » de la pénitence et des possibilités de « rachat » de ses fautes. D'un autre côté, il n'y a pas de raison de douter du rôle social de l'Église médiévale, en particulier auprès des plus pauvres, et des effets en partie redistributifs des dons aux Églises, ces dons qui permettent, donc, aux puissants de « racheter » les péchés que leur *cupiditas* les conduit à commettre (et cela sans renoncer aux gains – indissociablement politiques et économiques – que violences ou unions illicites leur ont permis d'obtenir). Et on comprend également qu'il est capital que le clergé qui reçoit ces dons – après l'An Mil, la chrétienté se « couvre d'un blanc manteau d'églises » note le chroniqueur Raoul Glaber – n'apparaisse pas comme patrimonialisant les richesses ainsi transférées. Il est important en ce sens que le clergé soit extrait des liens familiaux qui fondent la patrimonialité « privée » et « mondaine ».

En ce sens l'Église exerce directement un pouvoir de nature politique : elle régule, en la rendant socialement viable, l'accumulation du pouvoir et de la richesse entre les mains des membres de la classe dirigeante et Grégoire VII revendique ouvertement et institutionnalise la nature proprement politique du pouvoir de l'Église.

Or, le fait est que le débat entre Bérenger et Lanfranc a ceci de particulier qu'il mobilise en plus des autorités religieuses attendues – bibliques et patristiques (Augustin, Ambroise) –, des autorités profanes : celles du *Trivium* et spécialement de la *dialectica* (Aristote, Porphyre, Boèce). Pour Lanfranc, il ne suffit pas de réfuter sur le terrain des seules autorités patristiques l'hérésie de Bérenger. Il faut aussi la combattre sur le terrain profane de la dialectique où Bérenger s'est lui-même en partie placé. Les enjeux institutionnels du débat ne sont pas purement religieux : le pouvoir que confèrent les sacrements au clergé séculier (celui, en particulier, d'autoriser ou d'interdire l'accès aux sacrements, et,

---

1. *Cf.* vers 1073-1074, le récit de Guillaume de Poitiers, *Gesta Willemi Conquestoris*, éd. F. Guizot, Paris, Mancel, 1826, p. 363-364 et la *Vita beati Lanfranci* de Milon Crispin, III, 8, *Patrologia latina*, t. 150, éd. J. P. Migne, Paris, s.m.é., 1854, col. 37.

singulièrement, à la communion) n'est pas, comme c'est une évidence pour nous aujourd'hui, un pouvoir dont les enjeux sont seulement religieux. Il est difficile de jouir durablement d'un bien (ou d'un pouvoir) – de s'en voir reconnaître la jouissance paisible – si celle-ci est déclarée par l'autorité « publique » (celle dont tous reconnaissent la valeur normative) comme foncièrement illicite. Lorsque l'Église grégorienne dévalue la « coutume » en niant sa valeur au regard de la norme voulue par l'Église, elle donne inévitablement à cette norme une valeur plus que seulement religieuse et morale [1].

L'IMMIXTION DE LA DIALECTIQUE PROFANE DANS LE DOMAINE DU SACRÉ

L'influence des arts profanes du Trivium est particulièrement nette lorsque Bérenger, pour nier la transsubstantiation, invoque la nature même de l'acte prédicatif : « ceci est mon corps » est un jugement prédicatif où le sujet (« ceci ») désigne le pain et où le prédicat (« mon corps ») désigne le corps du Christ. Si ce que désigne le sujet – le pain – cesse d'exister au moment où « mon corps » en est prédiqué alors la proposition qui prédique l'un de l'autre ne peut sur le plan *logique* qu'être fausse. Bérenger souligne :

> Par exemple, si tu énonces : « Socrate est », tu poses que Socrate existe ; si tu énonces : « Socrate est juste », tu établis qu'il est quelque chose, et Socrate ne peut être juste [c'est-à-dire être quelque chose] s'il se trouve que Socrate n'est pas [2].

C'est le même fait logique pour la proposition du Christ – réitérée par le prêtre – « ce pain est mon corps » :

> quelque chose ne peut être quelque chose s'il se trouve que lui-même n'est pas : de ce fait, tandis qu'il est dit que le pain consacré sur l'autel est le corps du Christ, on concède selon toute vérité que le pain demeure [3].

La proposition prédicative « ce pain est mon corps » ne peut qu'être fausse si la proposition « le pain est » se trouve être fausse. Comment la parole du Christ « ce pain est mon corps » pourrait-elle être vraie, si, au moment où le Christ affirme que ce pain est quelque chose (« mon corps »), il affirme aussi que ce pain n'est pas ? Or, assurément, le Christ – qui est la Vérité – ne peut mentir ! Tout le corpus logique boécien pose que la vérité d'une proposition catégorique (à la différence d'une proposition hypothétique) *implique* l'existence du sujet d'inhérence de la proposition. Donc, quand le prêtre consacre sur l'autel le pain

---

1. On peut penser que ce changement est à la fois provisoire – dès le XIIe siècle débute la construction d'un État féodal, distinct de l'Église – et extrêmement profond, au sens où le droit qui garantit cet État n'est plus du tout fondé sur des statuts personnels (sur l'opposition libre/esclave). En ce sens, l'État féodal se distingue de tous les États antiques, y compris chrétiens.
2. *Rescriptum contra Lanfrannum, op. cit.*, p. 66, 1075-1078.
3. *Ibid.*, p. 65, 107-p. 66, 1075.

en proposant « Ce pain est le corps du Christ », le pain ne cesse pas d'exister : il ne pourrait cesser d'exister qu'au prix de la fausseté du jugement. Donc, puisque la Parole du Christ est la Vérité, le pain « demeure » et dire le contraire est assurément une impiété. CQFD. L'argument est strictement logique : les termes « omni veritate [panis superesse] conceditur » indiquent nettement la nature logique (« *omni* veritate ») – et non autoritaire – et proprement dialectique (« conceditur ») de l'argument. Il n'y a pas ici de référence particulière à une autorité scripturaire ou patristique mais seulement à un argument avancé par l'un des partenaires de la joute dialectique qui (con)vainc l'autre partenaire du débat, en le forçant à concéder l'argument, si tant est qu'il souhaite maintenir les exigences propres au concept de vérité logique et d'abord au principe de contradiction. Dans la lettre à Adelman de Liège, Bérenger pose que c'est la « raison universelle » et l'« autorité universelle » (« universa ratio, universa auctoritas ») qui « exige » de faire cette concession[1]. Pierre Damien invoque – à la même époque – la toute-puissance divine pour maintenir que la vérité divine ne peut être soumise aux règles, profanes, de la vérité logique (dialectique). Mais ce n'est pas le cas de Lanfranc, abbé du Bec, et maître du premier théologien important de la période, Anselme de Cantorbéry.

Lanfranc s'efforce de répondre *aussi* sur ce terrain proprement logique à Bérenger. Si l'autorité de l'Église (du pape, des évêques, de l'ordre sacerdotal en général) n'est pas seulement une autorité religieuse – s'il y a paix (civile) de Dieu en lieu et place d'une paix royale ou impériale défaillante – est-ce complètement évitable ? La position purement « mystique » de Pierre Damien peut-elle suffire ? Peut-elle suffire en particulier pour tous ceux, simples *milites*, qui ne sont pas en situation de « racheter », par des fondations et de larges donations en faveur de l'Église et des pauvres, des infractions aux règles de la paix de Dieu comme à celles interdisant les mariages « incestueux », c'est-à-dire territorialement vicinaux ? Ces simples *milites*, étroitement dépendants – pour la reproduction de leur patrimoine – de leur fidélité à l'égard du seigneur qu'ils servent, ne sont-ils pas amenés à *discuter* le sens de l'autorité sacerdotale qui, dans certains cas (par exemple le leur), interdit et dans d'autres (par exemple dans le cas du duc Guillaume et cela par l'intermédiaire de Lanfranc), *pardonne* (grâce à des compensations matérielles pour le désordre social généré par ces infractions). Exercer le « pouvoir des clefs » devient ainsi et de fait un acte hautement *conflictuel* et ce pouvoir consiste à conditionner l'accès à l'église et au sacrement de la communion qui y est délivré. Abélard dans l'une de ses dernières œuvres – le *Scito te ipsum* – nie, comme nous allons le voir, que ce que lie et délie l'évêque sur terre, en autorisant ou en interdisant l'accès à la communion, soit lié ou délié au ciel. Il n'est pas sûr que, pour Guillaume, se réconcilier avec l'évêque, fût-ce celui de Rome, suffise pour se réconcilier avec Dieu. Dieu est éventuellement plus exigeant : moins « politique » et plus « moral ». « Connais-toi toi-même » demande Abélard !

---

1. J. de Montclos, *Lanfranc et Bérenger...*, *op. cit.*, p. 533, 53.

Lanfranc veut maintenir que ce qui se joue dans l'eucharistie excède – « transcende » – l'ordre naturel. Mais il accepte le débat rationnel. Ce qui différencie de ses sources patristiques la théologie scolastique, telle qu'elle commence à se construire au XIe siècle, est l'élément proprement *dialectique* qu'elle incorpore. La nouveauté n'est pas d'utiliser la raison pour (se) rendre intelligible la croyance religieuse – les Pères de l'Église l'avaient déjà largement fait – mais d'utiliser, pour ce faire, la dialectique qui, sur le plan herméneutique, est un outil (pacifique) de résolution d'un *conflit* entre les interprétations d'une même croyance. Il ne s'agit pas seulement d'interpréter (d'« intelliger ») le contenu de la foi chrétienne mais d'arbitrer d'une manière communément acceptable (précisément non arbitraire) entre des interprétations éventuellement opposées (et, donc, conflictuelles) de ce contenu religieux. Les Pères de l'Église invitent à l'intelligence de la foi, la scolastique élabore, elle, une méthode rationnelle pour arbitrer entre des intelligences conflictuelles de la foi. Les textes sacrés sont notoirement ambigus, les autorités patristiques le sont à peine moins (et se contredisent entre elles parfois) : comment trancher *pacifiquement*? Ce souci – résoudre un conflit dans l'intelligence d'une croyance religieuse par la mise en dialogue des différentes interprétations possibles de cette croyance *sous l'arbitrage de la raison* – ne vient pas des sources patristiques. La *dialectica*, cet art logique du dialogue, est l'un des arts (profanes) du *Trivium* et ses sources (Platon, Aristote, Porphyre, Boèce) ne sont pas religieuses. L'utilisation systématique de la dialectique pour résoudre les conflits d'interprétation religieuse est une nouveauté propre aux XIe et XIIe siècles et Abélard avec son *Sic et Non* y joue – comme inspirateur des *Sentences* de Pierre Lombard – un rôle particulièrement important. Or, le premier conflit théologique qui marque le XIe siècle est bien le conflit sur le sens de l'eucharistie et le fait est que l'originalité de la réponse de Lanfranc à Bérenger est d'accepter, au-delà de la condamnation pour hérésie, le débat dialectique, c'est-à-dire l'arbitrage de la raison.

LE SACRAMENTALISME DE LANFRANC

La position de Lanfranc – par contraste de celle de Pierre Damien – est bien pré-scolastique. Invoquer, dans le cas de l'eucharistie, la toute-puissance divine et la foi qu'un chrétien doit avoir en elle ne suffit pas ou ne suffit plus. Le conflit sur le sens de l'eucharistie ne peut être résolu par un simple acte d'autorité. Lanfranc jette ainsi les bases d'une « théologie » du sacrement de l'eucharistie qui, comme le note le théologien J. de Montclos, reste très confuse dans un premier temps. J. de Montclos, tout en étant très sévère pour le « sacramentalisme vide » de Bérenger, pose que la théorie du sacrement de Lanfranc « est, en tous cas, très déficiente et appelle de sévères critiques »[1]. Cette théorie, telle qu'il

---

1. J. de Montclos, *Lanfranc et Bérenger...*, *op. cit.*, p. 456.

l'expose dans son *De corpore et sanguine domini*[1], consiste à admettre avec Bérenger que l'eucharistie est bien, Saint Augustin oblige, un « signe sacré ». Il pose, toutefois, que ce n'est pas le pain qui est signe du corps du Christ mais la « chair » en laquelle le pain est *substantialiter* converti, une chair qui, présente sur l'autel, est le signe sacré de la personne du Christ (personne qui est au ciel à la droite du Père et que la « manducation eucharistique » laisse intacte). Il y a ainsi, d'un côté, la « chair » eucharistique qui est présente sur l'autel, bien qu'invisible, étant cachée sous les accidents visibles d'un pain dont la substance a disparu, et, de l'autre, le Christ lui-même qui est à la droite du Père au ciel, l'un étant le « signe sacré » de l'autre. On retrouve ainsi la distinction entre le « signe » et le « signatum » introduite par Bérenger, mais cette distinction n'oppose plus le pain au corps (incorruptible) du Christ, mais la « chair » réellement présente sur l'autel au « Christ lui-même ». Mais, de ce fait, on ne sait plus où est *réellement* le corps du Christ (sur l'autel ou à la droite du Père ?). J. de Montclos remarque ainsi :

> En distinguant la *caro* présente sur l'autel et le *Christus ipse*, Lanfranc explique à sa manière les rapports du corps eucharistique du Christ et de son corps historique, mais c'est au prix d'un matérialisme très choquant et d'un découpage fort déconcertant dans la réalité d'une personne vivante[2].

En fait, la question nécessitera les efforts de plusieurs générations de théologiens pour parvenir avec Thomas d'Aquin au XIIIe siècle à une formulation pertinente et stable sur ce double plan (religieux et logique). Retracer le cours et les étapes de cet effort relève d'une histoire de la théologie. Ce qui nous retient ici, sur le plan philosophique, c'est la lettre (l'utilisation du *Trivium* dans le domaine du sacré) et l'esprit (séparer le symbolique et le réel : le *signum* et le *signatum* est-il dit) qui anime l'entreprise bérengarienne.

EUCHARISTIE ET ONTOLOGIE ARISTOTÉLICIENNE

Le cœur du propos de Bérenger est bien de dénoncer la présence d'une pensée *magique* dans une Église construite, en principe, sur le rejet des idoles païennes et, donc, de la confusion entre le matériel et le spirituel qui en est le ressort profond.

S'y ajoute un argument purement aristotélicien (qu'on retrouvera chez Abélard) : Bérenger note qu'il est contre toute raison (aristotélicienne) de poser que la substance du pain puisse disparaître et les accidents sensibles de ce pain (sa couleur, sa saveur, etc.) perdurer, comme le soutient Lanfranc. Dans l'ontologie aristotélicienne, les accidents sont, par définition, hétéronomes et ne peuvent donc exister en dehors de telle substance singulière qui est leur seul *fundamentum* – leur seul *substrat* – dans l'être. Ils n'ont, par leur définition même d'accidents, aucune autonomie ontologique :

---

1. Cf. *Patrologia latina*, t. 150, *op. cit.*, col. 407-442.
2. J. de Montclos, *Lanfranc et Bérenger…, op. cit.*, p. 456.

Par la disparition du sujet, il est contraire à toute raison que, le pain supprimé, les accidents du pain pourront ne pas l'être aussi [1].

C'est ici l'ontologie aristotélicienne qui est convoquée et ce pour en revenir toujours à la même doctrine : la consécration des espèces n'implique pas « la corruption du pain et du vin et la génération du corps et du sang du Christ »[2]. Il n'y a pas de magie, même « blanche ». Par contre, il y a transformation réelle dans l'« homme intérieur » : le Christ (comme le prêtre par lui), insiste Bérenger pour conclure, « non simulat »[3]. Il s'agit bien de différencier ce que l'esprit conçoit et la réalité extra-mentale – les *res exteriores* – et cela sans nécessairement réduire cette « interiorité » conceptuelle aux signes qui l'expriment (en faisant de cette intériorité un simple *flatus vocis*). C'est bien cette préoccupation qu'on retrouve sur un terrain purement et strictement philosophique au cœur de la critique des *reales* par Abélard dans la LI, un point que nous souhaitons mettre en évidence ici.

ABÉLARD ET LA CRITIQUE DE LA PENSÉE « MAGIQUE » DANS LE CORPUS BOÉCIEN ET CHEZ GUILLAUME DE CHAMPEAUX

Abélard partage avec Bérenger le souci de ne pas attribuer à des objets matériels des propriétés « spirituelles », mais, il exerce ce souci, de manière beaucoup plus prudente et contrôlable, dans le champ purement philosophique du commentaire du corpus logique réuni, traduit et commenté par Boèce. Au cœur de ce corpus, Abélard trouve une théorie qui, si elle est vraie, permet de résoudre « omnis quaestio » s'agissant du fondement ontologique des concepts définitionnels. Elle soutient qu'il n'y a qu'un seul sujet qui « *sensible* et singulier » hors de l'esprit est aussi « *intelligible* et universel » *in intellectu*. Ce sujet, ici, substance première est, là, substance seconde. Il y a transsubstantiation : ce qui est sensible et singulier (soit la substance première d'Aristote) *devient* (« fit ») intelligible et universel (soit la substance seconde d'Aristote) et conversement[4]. Ce sujet unique – l'humanité de Socrate – est une *res incorporea* qui subsiste *in re* dans les réalités sensibles et matérielles de manière analogue à la ligne géométrique qui, n'ayant qu'une dimension, est « incorporelle » tout en subsistant seulement dans le corps qu'elle limite. Cette humanité est reconnue dans son immatérialité par la *ratio* qui la considère séparément des réalités sensibles et physiques sans lesquelles elle n'existe pas hors de l'esprit. Ainsi les corps ont-ils, contre toute attente, des propriétés immatérielles, proprement spirituelles :

---

1. *Rescriptum contra Lanfrannum*, *op. cit.*, p. 159, 2118-2119 : « per subjecti absumptionem, ablato [pane] nulla ratione non sublata [panis accidentia] esse poterunt ».
2. *Ibid.*, p. 143, 1550-1553.
3. *Ibid.*, p. 211, 761-762.
4. Boèce, *Second commentaire sur l'Isagogê*, éd. G. Shepps et S. Brandt, « Corpus scriptorum ecclesiastocorum latinorum », Wien-Leipzig, F. Tempsky, 1906, p. 106, 18-21.

En effet, toutes les choses incorporelles de ce genre, qui ont leur être dans les corps, la sensation nous les communique avec les corps eux-mêmes, mais l'esprit les distingue en sorte qu'il contemple et voit leur nature incorporelle, par soi et sans les corps en lesquels elles ont d'être concrètes [1].

De plus, il est confronté à des *reales* qui professent de percer le mystère de cette « solution » qui permet – comme par magie – de fonder hors de l'esprit les universaux sans rien supposer hors de l'esprit qui soit (« actualiter ») universel en transformant, littéralement, ce qui est sensible et singulier en ce qui est intelligible et universel. On a vu que la première théorie de ces *reales* – la théorie de l'essence matérielle de Guillaume de Champeaux – interprète la théorie du sujet unique en extrapolant à tous les universaux définitionnels un principe d'individuation par les accidents que Boèce n'appliquait explicitement qu'aux espèces spécialissimes. Boèce répète à plusieurs reprises, que « la pluralité des accidents fait [*facit*] la différence numérique [des individus de même espèce] »[2]. Ce sont les accidents qui « font » de l'homme (substance seconde) cet homme-là (substance première). Dans la ThEM la *variatio formarum* « fait » et non seulement « montre » la pluralité des individus. Abélard, en distinguant, d'un côté, le statut « être homme » (et ses caractères différentiels) et, de l'autre, la chose « homme » (et ses propriétés concrètes) met fin à cette réification des concepts – à cette « phénoménologie » *naïve* – en thématisant une différence entre le conceptuel (l'intensionnel) et le réel (l'extensionnel) qui était complètement oblitérée dans la théorie boécienne d'un sujet *unique* pour l'universalité et la singularité. Ce n'est pas parce que je ne peux pas concevoir un homme en tant que singulier (en tant qu'il diffère des autres hommes) lorsque je prive cet homme de tous ses accidents, qu'il doit son existence comme chose singulière à ces accidents, comme le soutient explicitement Boèce (et la ThEM) et comme Abélard se refuse tout aussi explicitement à l'admettre. Du connaître à l'être la conséquence ne serait bonne que si ma pensée était créatrice. Mais ma pensée en adjoignant à l'essentiel l'accidentel ne produit *rien* (hors de ma pensée); de même ma pensée en disjoignant l'accidentel de l'essentiel, ne supprime *rien* (hors de l'esprit). Ma pensée n'a pas de pouvoir « magique ». Penser ne crée ou ne supprime rien.

Bien sûr, Aristote ne confondait pas le conceptuel – les substances secondes – et le réel – les substances premières – et la thèse distinguant statut définitionnel de chose et chose est compatible avec son enseignement mais elle n'était pas au centre de ses préoccupations, déplacement qui est un fait *nouveau* et, nous semble-t-il, de portée durable et profonde. La querelle entre Bérenger et Lanfranc peut aider à comprendre pourquoi certains étaient particulièrement attentifs à

---

1. *Ibid.*, p. 65, 1-7 : « Omnes enim huiusmodi res incorporeas, in corporibus esse suum habentes, sensus cum ipsis nobis corporibus tradit, at vero animus [...] ita distinguit ut incorpoream naturam per se ac sine corporibus in quibus est concreta, speculetur et videat ».
2. Boèce, *De trinitate*, in *Opuscula theologica*, éd. C. Moreschini, Leipzig, Teubner, 2000, p. 108, 55-63.

distinguer, en maintenant problématiquement la permanence de cette distinction, entre l'*homo interior* (et ce qui se produit en lui) et les *res exteriores* (et ce qui se produit en elles) même si l'investissement (du fait d'Abélard) de cette distinction dans le domaine de la connaissance est un fait d'une ampleur toute différente de son investissement dans la dogmatique proprement religieuse de la théorie des sacrements. Là où cette distinction permet à Bérenger de réfuter le réalisme sacramentel, elle permet à Abélard, dans un cadre purement profane, de réfuter la « réification » des concepts qu'il trouve chez les *reales* et, au-delà d'eux, chez Boèce.

Toute la critique par Abélard de la théorie de l'essence matérielle revient à dénoncer la projection dans la réalité extra-mentale de l'activité cognitive de l'esprit (qui, par une variation imaginaire, dissocie l'essentiel de l'accidentel). Chez Guillaume de Champeaux l'activité mentale qui fait varier les formes accidentelles en dégageant la substance (l'essence) des objets (c'est-à-dire qui dégage leur essence spécifique commune en supprimant les différences seulement « accidentelles » qui les opposent) n'est pas seulement « mentale » : elle est constitutive de la réalité même. Du « connaître » se déduit l'être et ainsi l'un en vient à se confondre avec l'autre. Cette « réification » d'une activité proprement conceptuelle est bien le cœur de cette théorie et non le réalisme des universaux (puisque ni Boèce, ni les *reales* visés dans la LI ne soutenaient l'existence effective *in re* d'entités universelles). Mais, la pensée, à moins d'être divine en étant créatrice, « montre » mais ne « fait » rien.

ABÉLARD ET LE POUVOIR DES CLÉS

Comment Abélard qui est formé à quelques lieues de Tours par un Roscelin particulièrement attaché à la distinction entre les signes et les choses signifiées, aurait-il pu ignorer les enjeux de la querelle entre Bérenger de Tours et Lanfranc ? Et c'est bien Abélard qui, dans l'une de ses dernières œuvres – le *Scito te ipsum* – va jusqu'à nier que les évêques aient le pouvoir, « comme si le Ciel eut été mis entre leurs mains »[1], de lier ou délier au ciel ce qu'ils lient ou délient sur terre[2]. Ce que fait l'évêque – un être humain – n'engage pas nécessairement ce que Dieu fait. La justice qu'exerce *par fonction* le successeur de Pierre (et tous les autres évêques) est humaine et faillible : elle s'attache aux œuvres (extérieures) et non au cœur du pécheur[3]. Elle ne peut prétendre valoir pour l'autre monde.

---

1. *Scito te ipsum*, 73, 6, éd. R. M. Ilgner, Turnhout, Brepols, 2001, p. 302 : « sicut licere sibi profitentur, et a Domino concessum esse, sicut manibus eorum caelos esse positos ».
2. *Ibid.*, 75, 3-6, p. 308.
3. *Ibid.*, 26, 5-27, 1, p. 206.

Dans l'anonyme *Capitula haeresum Petri Abelardi*, la thèse d'Abélard, qui veut que les évêques n'aient le pouvoir de lier ou de délier que dans l'Église terrestre et présente, est l'hérésie XII :

> XII. Du pouvoir de lier et de délier.
> Pierre : Ce qu'on lit dans Matthieu : « Tout ce que vous lierez sur la terre, etc. », doit être compris ainsi : « Tout ce que vous lierez sur terre, c'est-à-dire dans la vie présente, sera lié aux cieux, c'est-à-dire dans la présente Église »[1].

Et un peu plus loin :

> À cette doctrine par laquelle nous disons que Dieu seul remet les péchés, l'évangile semble opposé. En effet, le Christ dit à ses disciples : « Recevez l'esprit saint. Les péchés que vous remettrez, leur seront remis » [Jean, 20, 22-23]. Mais nous disons que cela est dit des seuls apôtres, et non aussi de leurs successeurs[2].

Il va sans dire qu'Abélard a été condamné (et les clés de saint Pierre sont au blason même des papes). Abélard s'est bien gardé de développer une théorie du sacrement de l'eucharistie niant la transsubstantiation[3] mais comme Bérenger, il est très soucieux de ne pas confondre ce que peuvent la pensée et la parole humaines et ce que peut une pensée proprement omnisciente et *toute puissante* (pour laquelle « dire est faire »). Pour une pensée humaine, non créatrice, respecter l'irréductibilité de cette distinction entre le conceptuel et le réel (extra-mental) est bien une ligne commune qui de Bérenger en passant par Roscelin va jusqu'à Abélard, l'évènement philosophique majeur étant que ce dernier ait investi – dans toute sa profondeur – cette distinction dans le commentaire même du corpus logique boécien, c'est-à-dire dans le commentaire même d'Aristote et, donc, *indépendamment de toute considération religieuse*.

L'important n'est pas de savoir si Abélard reprend ou non la négation par Bérenger du pouvoir des paroles sacramentelles de changer la substance du pain et du vin, ce qui 1) est non attesté par les textes (Abélard s'est bien gardé de nier le mystère de la transsubstantiation) et 2) est une question d'intérêt seulement religieux. L'important est, différemment, qu'Abélard ait investi dans le domaine du savoir *profane* le type même de critique – la pensée n'agit pas dans le monde extra-mental mais le « signifie » – que Bérenger avait mobilisé contre le réalisme sacramentel. Abélard n'anticipe pas en ce sens les débats proprement religieux qui marqueront la Réforme au XVIe siècle.

---

1. *Capitula haeresum Petri Abaelardi*, XII, éd. E. M. Buytaert, « Corpus christianorum, continuatio medievalis » 12, Turnhout, Brepols, 1969, p. 480, 234-244.
2. *Ibid*.
3. Mais on voit ici que ce que font *par fonction* prêtres, évêques et pape ne saurait, selon Abélard, garantir le salut (ou, au contraire, provoquer la damnation) du pécheur.

LA THÉORIE EUCHARISTIQUE ATTRIBUÉE À ABÉLARD PAR SES ADVERSAIRES ET SA CONFRONTATION À LA THÉORIE ABÉLARDIENNE DES ACCIDENTS

Dans l'anonyme *Capitula haeresum Petri Abaelardi*, il y a, cependant, la neuvième hérésie, par laquelle Abélard aurait prétendu, à propos des espèces eucharistiques, que lorsqu'un prêtre maladroit laisse tomber ces espèces à terre, le corps du Christ ne tombe pas à terre («corpus domini non cadit in terram») et que, de même, ce corps ne peut «moisir» par la faute de prêtres négligents (ou «être ingéré par des souris»)[1]. Cette hérésie est aussi la neuvième hérésie qui lui est reprochée par Guillaume de Saint-Thierry dans sa lettre de dénonciation de ses erreurs[2]. Prenons un instant pour l'examiner.

Il semble qu'Abélard refusait comme peu vraisemblable qu'après la consécration, les accidents sensibles et corruptibles du pain et du vin puissent être fondés dans la substance divine, une substance proprement incorruptible. Il aurait soutenu, selon ces deux sources, que ces accidents demeurent seulement «in aere», dans l'air, et non proprement dans le corps du Christ, une thèse que Guillaume de Saint-Thierry juge hérétique. Abélard, dans la LI, pose qu'un accident ne peut pas «transiter» d'une substance à une autre : on retrouve l'affirmation bérengarienne que les accidents n'ont aucune autonomie par rapport à leur sujet substantiel et ne peuvent, donc, que disparaître si leur sujet d'inhérence disparaît. Or, Abélard, différemment de Bérenger, ne nierait pas qu'il y ait passage d'une substance à une autre, mais il aurait affirmé que «ces espèces du pain et du vin se produisent dans l'air, de même que la saveur du pain et du vin se produit dans la bouche pour cacher et recouvrir le corps du Christ»[3], les espèces étant, donc, «dans l'air *plutôt que dans le corps du Christ*»[4]. Les accidents sensibles du pain et du vin, s'il y a transsubstantiation, ne peuvent que disparaître. La disparition de la première substance implique la disparition de ses accidents. Aussi, la forme visible du pain ne peut pas se produire dans le corps du Christ qui n'est pas du pain mais seulement dans l'air qui rend visible cette eucharistie sous la forme du pain, de même que la saveur du pain ne se produit pas dans la substance de l'eucharistie, qui n'est plus du pain, mais dans la bouche du fidèle. Le fondement substantiel de ces accidents *n'est pas l'eucharistie* qui, croit le chrétien, n'est plus du pain, mais l'air que voit le fidèle ou la bouche qui reçoit la saveur. Abélard chercherait à éviter, le dogme religieux de la transsubstantiation étant admis, une infraction majeure à l'ontologie aristotélicienne : poser la possible autonomie d'un accident par rapport à la substance qui le fonde, seule,

---

1. *Capitula haeresum Petri Abaelardi*, éd. E. M. Buytaert, Turnhout, Brepols, 1969, p. 478, 183-202.
2. Guillaume de Saint-Thierry, *Disputatio adversus Abaelardum*, dans *Patrologia latina*, t. 180, éd. J. P. Migne, Paris, s.m.é., 1855, col. 280C-281A.
3. *Capitula haeresum Petri Abaelardi, op. cit.*, p. 478, 189-191.
4. *Ibid.*, 186-188 : «Sed verisimilius est quod [species panis et vini] sint in aere potius quam sint in corpore Christi».

dans l'être, en lui permettant de passer d'une substance (le pain) à une autre (le corps du Christ).

Pour comprendre cette position, il faut analyser la compréhension qu'a Abélard de la relation substance/accident. En effet, exactement comme Bérenger, Abélard nie absolument, dans la LI[1], qu'un accident, une fois fondé dans une substance, puisse ne pas disparaître avec elle, quand bien même il admet que cet accident aurait pu être dans une autre substance que celle où il est, puisqu'il n'en est qu'un accident. Abélard soutient – contre Boèce – qu'un même accident (l'odeur de la pomme) ne peut passer d'un sujet (la pomme) à un autre (la main de celui qui la cueille). Si Aristote dit que l'accident ne peut être sans sujet (substantiel), Abélard refuse qu'on en infère que l'accident ne puisse être sans *cette* substance – il aurait aussi bien pu advenir à une autre –. En revanche, il soutient que l'accident ne peut pas, une fois fondé dans l'être par cette substance, cesser de lui appartenir en passant à une autre. Il s'agit de concilier à la fois l'absence de toute autonomie ontologique de l'accident et le caractère accidentel de l'appartenance de cette propriété à son sujet d'inhérence. Ainsi Abélard affirme :

> Il aurait pu peut-être arriver que, alors que cet accident est advenu à ce sujet, il soit advenu à un autre, et qu'ainsi il ait toujours été dans cet autre en sorte qu'il ne soit jamais advenu au premier sujet.

Il s'agit ici d'une possibilité contrefactuelle et *synchronique*. Mais, *diachroniquement*, l'accident ne peut advenir à un autre sujet :

> La nature ne peut pas tolérer qu'une fois que cet accident appartient à un sujet, il puisse appartenir à tel autre, c'est-à-dire qu'il puisse changer de sujet en passant de l'un à l'autre[2].

Or, en principe, c'est le cas des espèces eucharistiques.

La thèse boécienne – qui pose que l'accident a nécessairement un sujet substantiel (actuel), peu importe lequel (celui-ci d'instant en instant pouvant changer) – n'est logiquement soutenable, que si, au-delà de chaque substance particulière, existe, en réalité et contre Boèce lui-même, un sujet substantiel *quelconque*, c'est-à-dire universel. Comme l'accident peut survivre à la disparition de chaque substance particulière, c'est uniquement sans ce sujet quelconque qu'il ne peut subsister. L'accident peut être sans chaque substance particulière (puisqu'il peut cesser de lui appartenir et passer dans une autre), mais non sans une substance au sens généralissime de ce terme. Or, c'est Boèce lui-même qui a soutenu qu'aucune *res una sive multiplex* universelle ne pouvait exister. Donc il se contredit. Aussi, contre Boèce, et en accord avec Bérenger, Abélard pose qu'un accident ne peut changer de sujet substantiel : la suppression de telle substance première implique celle de ses accidents, à moins d'admettre l'objectivité d'une substance *quelconque*.

---

1. Nous résumons : LI, p. 130, 30-p. 131, 9.
2. *Ibid.*, p. 130.

Ouvrons une parenthèse sur les interprétations modernes qui ont été proposées de ce texte par C. Martin et J. Marenbon : elles permettent d'en mieux comprendre la portée.

ABÉLARD ET LA THÉORIE DES TROPES

C. Martin sur la base de ce texte attribue à Abélard une théorie des « tropes » (au sens moderne de D. C. Williams dans son article de 1953, « On the Elements of Being »). Il n'y a pas de propriétés universelles réelles mais seulement des propriétés particulières et distinctes de leur sujet d'inhérence : des « particuliers abstraits », donc, ou « tropes » (cette blancheur singulière, cette camosité particulière, distinctes de Socrate). Abélard est « a transferable trope anti-realist » (C. Martin)[1]. En fait, c'est d'abord à Boèce qu'il faut attribuer le rejet de l'existence (en acte) de propriétés universelles : c'est d'abord pour lui qu'il n'y a pas du tout hors de l'esprit d'entité (substantielle ou accidentelle) effectivement universelle. Il n'y a pas, par exemple, d'odeur *commune* à la pomme et à la main qui la cueille, mais une odeur *particulière* qui « transite » de la pomme où elle était dans la main où elle est maintenant. Si, pour Boèce, l'odeur tout en passant dans la main restait dans la pomme, comment pourrait-il dire que cette odeur peut être sans le sujet – la pomme – dans lequel elle était ? Boèce est donc bien l'initiateur de l'ontologie particulariste des formes accidentelles que note C. Martin chez Abélard. Ce que démontre Abélard est que la théorie boécienne des accidents, qui pose 1) qu'il n'y a que des accidents particuliers et 2) qu'un accident particulier peut changer de sujet, pourvu qu'il ait un sujet (peu importe lequel), est contradictoire avec le rejet par Boèce d'une *res universalis* subsistante *in re*. En effet, l'exigence aristotélicienne de la dépendance ontologique de l'accident à l'égard de la substance (qu'il est évidemment hors de question d'abandonner tout en restant aristotélicien) est fausse de chaque substance particulière et, donc, vraie seulement de la substance en tant que quelconque : en tant que cette variable générale « substance ». Il devient, dans la théorie boécienne des accidents, impossible de nier l'existence ontologique de cette variable générale, puisqu'ontologiquement indépendant de chaque substance particulière (à laquelle il peut « survivre »), l'accident ne doit d'être qu'à cette substance quelconque. Si cette substance quelconque n'est rigoureusement rien d'autre que telle ou telle substance particulière alors il est faux que cet accident puisse cesser d'être dans cette pomme particulière (pour passer dans cette main particulière). Avec les « tropes » boéciens, le sujet substantiel sans lequel l'accident *ne peut* exister est *seulement* quelconque, c'est-à-dire universel, puisque chaque accident peut survivre à la disparition de chaque sujet (particulier) d'inhérence. Boèce se contredit donc clairement puisqu'il avait nié en commentant l'*Isagogê*

---

1. C. Martin, « The Logic of the *Nominales*, or The Rise and Fall of Impossible *Positio* », *Vivarium* 30, 1992, p. 110-126, ici p. 112.

l'existence hors de l'esprit d'une chose universelle. La théorie abélardienne des accidents évite cette inconsistance en distinguant *necessitas absoluta* et *necessitas determinata*. Il n'est pas *absolument* nécessaire que l'accident soit dans cette substance (il aurait pu advenir à une autre substance), mais il est nécessaire qu'il y soit sous cette *détermination* où, une fois fondé en elle, il ne peut advenir à une autre, en passant de ce premier *fundamentum* à un autre.

L'ontologie particulariste d'Abélard est donc une donnée boécienne : c'est Boèce qui nie qu'une *res universalis* (*una sive multiplex*) puisse exister hors de l'esprit. Il n'y a rien là de nouveau, de ce point de vue, chez Abélard. Celui-ci se contente de donner une formulation consistante au particularisme des accidents voulu par Boèce mais il n'introduit pas ce particularisme. Ceci posé, il retrouve l'axiome de Bérenger qui veut que la disparition d'une substance particulière *implique* la disparition de ses propriétés accidentelles.

Par ailleurs et par contre, cette théorie des « tropes » n'est applicable chez Abélard qu'aux accidents. La question des différences est, en effet, radicalement différente, puisque si on pose qu'une différence est une propriété à la fois particulière et substantielle, il faut poser que cette rationalité particulière n'appartient pas à Socrate de manière nécessaire au sens où une fois en lui elle ne peut plus être en un autre (au sens de la *necessitas determinata*, donc) mais au sens *absolu* où Socrate ne peut pas du tout exister sans elle. Il faut que cette propriété particulière appartienne à l'objet par une nécessité non pas déterminée mais absolue. Or, Abélard montre qu'au moins pour notre connaissance (qui n'est pas infinie) il est impossible d'affirmer cette appartenance nécessaire pour aucune différence particulière, réelle ou possible («Socrate lui-même, de même qu'il est cet homme-ci par cette rationalité, pourrait l'être par une autre, soit qui existe, soit qui n'existe jamais »[1]). Il faudrait, en effet, parcourir la totalité des rationalités possibles pour déterminer quelle rationalité particulière est *seule* possible pour Socrate et cela à l'exclusion de *toutes* les autres, ce qui est strictement impossible puisque ces rationalités sont en nombre infini. En effet, à la différence de l'extension des rationalités existantes, l'extension des rationalités possibles – toutes les autorités en conviennent – est infinie[2]. Or, pour ces mêmes autorités, « scientia infinita esse non potest : nullus intellectus infinita circumdat » (Boèce à la suite de Platon, Aristote et Porphyre). Donc, en l'attente d'une science actuellement infinie, je ne peux pas affirmer de cette différence particulière (ou de cette autre) qu'elle est substantielle à Socrate (c'est-à-dire que Socrate ne peut exister sans elle). Si on se contente de dire que, pour être (homme), Socrate doit avoir une capacité rationnelle particulière, *peu importe laquelle et telle qu'il soit strictement impossible de déterminer laquelle*, alors, Aristote, bien clairement, n'avait pas tort de poser que seuls les universaux – ces variables générales – sont

---

1. LI, p. 84, 19-21 : « Ipse quoque Socrates, sicut hic homo est per eam [rationalitatem], ita etiam posset esse per illam, sive quae sit, sive numquam sit ».
2. *Ibid.*, p. 85, 15-16 : « De même, en effet, que "doué de raison" a une cause d'imposition naturellement infinie, de même l'ont aussi "rationalité" et n'importe quel universel ».

dans une science effective (réelle) prédicables *de subiecto*. Clairement, dans ce cas, la variable ne peut être supprimée sans supprimer le caractère *de subiecto* de la prédication et c'est bien ce que dit Abélard aussi bien dans la LI que dans la LNPS. La LI énonce :

> Il n'y a rien d'étonnant si, lorsque « ce doué de raison » est prédiqué de « cet homme », il ne soit prédiqué de lui ni selon la substance ni selon l'accident [1].

La LNPS énonce, de son côté :

> Ainsi nous disons donc que la rationalité est substantielle à l'homme, c'est-à-dire lui appartient de telle sorte qu'il ne peut en aucune façon [par nécessité absolue donc] demeurer sans rationalité. Mais nous disons que ni cette rationalité-ci ni cette rationalité-là ne sont substantielles à l'homme, mais plutôt accidentelles et, certes, ne peut supprimer l'homme que ce qui le constitue comme commun [2].

Abélard dit ici « *plutôt* accidentelles » là où, dans la LI, il disait : « ni substantiel, ni accidentel ». Mais, en réalité, et au-delà de cette nuance, Abélard ne fait ici que répéter ce qu'il avait affirmé dans la LI : « Mais cette rationalité-ci, énonce la LI, n'inhère pas en plusieurs et ce n'est pas à cause d'elle que l'homme périrait » [3], condition qui serait pourtant requise si cette rationalité particulière était substantielle. Si cette rationalité particulière n'est pas, par sa disparition, « ce pour quoi l'homme périrait » (LI), il semble bien qu'elle soit « plutôt accidentelle » (LNPS), selon la définition même de l'accident donnée par Porphyre : « L'accident est ce qui arrive et s'en va sans provoquer la perte du sujet » [4]. Abélard est très clair *dans la LI* :

> Si quelqu'un veut que ce doué de raison soit substantiel à cet homme, comme l'est le doué de raison à l'homme, et soit dit de lui comme de son sujet, c'est-à-dire soit prédiqué selon la substance, comme Aristote dit que « doué de raison » est prédiqué comme de son sujet de « homme », cela ne peut pas tenir (*non potest hoc stare*) [5].

Abélard donne comme principal argument qu'« un terme ne peut être substantiel à un autre à moins que l'indication de son sens ne soit comprise dans le sens de l'autre » mais « cet homme-ci n'indique pas cette rationalité-ci mais contient simplement "doué de raison" » [6]. Et Abélard de rappeler qu'Aristote rejette la possibilité qu'un prédicat individuel puisse être prédiqué *de subiecto* et conclut :

---

1. LI, p. 86, 29-31.
2. LNPS, p. 570, 10-15.
3. LI, p. 84, 18-19 : « At vero haec rationalitas pluribus non inest neque propter eam homo periret ».
4. Porphyre, *Isagoge, op. cit.*, p. 15 : « Accidens vero est quod adest et abest praeter subiecti corruptionem ».
5. LI, p. 86, 5-9.
6. *Ibid.*, 12-28.

De là, en aucun cas nous ne concédons que ce doué de raison soit substantiel à cet homme et soit une différence substantielle, différence substantielle ainsi décrite par l'autorité [1] : « ce par quoi les espèces abondent sur le genre » [2].

En réalité, la relation entre telle rationalité et Socrate est contingente : il est seulement nécessaire que Socrate en ait une (possible et non nécessairement existante [3]) et pour exprimer cette nécessité nous avons absolument besoin d'une variable *générale*. Il n'y a donc, en réalité, rien de nouveau dans la LNPS par rapport à la LI. C'est Ockham et non Abélard qui posera que nous pouvons avoir une intuition *intellectuelle* (définitionnelle) du singulier : il n'y a rien de tel chez Abélard. Par ailleurs, Abélard ne dit pas dans la LNPS qu'existe *en soi* une rationalité universelle mais que, pour la science de l'*impositor* (humain) qui n'est pas infinie, l'universel (la variable) ne peut être supprimé en maintenant le caractère définitionnel de la prédication et il dit exactement la même chose dans la LI : « que la chose de l'espèce ne puisse être sans la différence, cela doit être reçu selon la cause *commune* de l'imposition du nom universel » [4] et non selon la *res* nommée qui, d'une part, n'est pas commune et qui, d'autre part, dans une science *effective*, peut exister sans cette rationalité-ci (existante), ou sans cette autre, ou même, précise Abélard, sans aucune rationalité particulière existante. Le possible, en effet, excède l'existant, à moins de ruiner la contingence en posant que seul l'existant est possible [5]. Le détour par le discernement du statut « être homme », « cause *commune* de l'imposition de ce nom universel "homme" » avec les caractères différentiels qui le constituent conceptuellement est donc irréductible.

L'assimilation de l'objet à « un pur faisceau de propriétés particulières » pose la question de l'unité de l'objet (de l'unité de ce « faisceau »). Si ce qui fonde cette unité est elle-même une propriété particulière (l'*humanitas* de ce blanc, ce camus, etc.), nous avons une régression infinie, comme le note Abélard dans la LI lorsqu'il critique l'assimilation boécienne de l'humanité de Socrate à une *forma substantialis* ou à une *qualitas substantiae*, c'est-à-dire à une *propriété* substantielle [6]. Plus largement, il nous semble clair que la théorie aristotélicienne (et abélardienne) de la prédication *substantielle* est profondément étrangère à la théorie moderne des tropes avec, en particulier, les problèmes familiers et non résolus que cette théorie rencontre pour penser l'unité de l'objet. Chez Abélard, cette théorie ne pourrait être effective pour les *differentiae* que si le locuteur avait un pouvoir de discernement *infini* : il faudrait qu'il puisse parcourir toute l'extension possible de l'universel « rationnel » de manière à identifier la

---

1. Porphyre.
2. LI, p. 86, 16-18 : « Unde hoc rationale *nullo modo* huic homini substantiale concedimus nec substantialem differentiam, quod auctoritas superius descripsit dicens : qua abundant species a genere ».
3. Un homme dément reste un homme, c'est-à-dire un « animal *doué de raison* et mortel » (selon Boèce), de même qu'un homme amputé de ses jambes reste un homme, c'est-à-dire un « animal bipède capable de marcher » (selon Aristote).
4. LI, p. 84, 23-25.
5. *Ibid.,* 30-33.
6. *Ibid.,* p. 42, 14-p. 43, 4.

rationalité qui, à l'exclusion de *toutes* les autres, est seule possible pour Socrate. La théorie des tropes abélardienne s'arrête donc dès qu'il est question de prédication *substantielle*. Et de cela, Abélard a pleinement conscience puisqu'il nie, aussi bien dans la LI que dans la LNPS, que dans la proposition définitionelle «Socrates est rationalis» l'universel «rationalis» puisse être remplacé par le particulier «hoc rationale» en sorte que la prédication conserve son caractère *de subiecto*. Les arguments avancés par J. Marenbon pour étendre aux différences la théorie des tropes risquent en réalité (à notre sens) de ne pas préserver la possibilité *effective* d'une prédication substantielle (évidemment essentielle à l'aristotélisme)[1]. On est ici à l'un des points où il apparaît clairement qu'Abélard est plus sensible aux exigences d'effectivité qu'aux exigences «proto-ockhamistes» d'économie qu'une lecture nominaliste tend à lui prêter. La théorie des tropes ne fonctionne de manière effective que pour ces «particuliers abstraits» que sont les accidents. La prédication substantielle, en l'absence d'une intuition arbitrairement infinie, exige le recours aux universaux (eux-mêmes fondés sur les statuts) et c'est bien ce que ne cesse de répéter Abélard et cela de manière claire et constante. Il n'est pas ainsi sûr qu'Abélard anticipe sur le programme réductionniste d'Ockham.

LA THÉORIE EUCHARISTIQUE ATTRIBUÉÉE À ABÉLARD (SUITE ET FIN)

Donc, soutient Abélard dans la LI, la disparition d'une substance entraîne *nécessairement* la disparition de ses propriétés accidentelles, des propriétés qui ne peuvent être privées de ce fondement sans disparaître. Il n'est pas possible qu'un accident «survive» à la disparition de son fondement substantiel en passant de cette substance à une autre.

Pour ce qui est de la conception de l'eucharistie que nos deux sources attribuent à Abélard, il apparaît que si le sujet d'inhérence des accidents sensibles (les espèces) n'est pas le corps et le sang du Christ, mais l'air ou la bouche, il y a, maintien, côte à côte, de deux substances, le corps du Christ qui, n'étant pas du pain, n'en a pas la saveur et la bouche (ou l'air), seuls sujets possibles de cette saveur (ou de cette forme visible) puisqu'il n'y a plus de pain. Il n'y a pas de sujet unique. Le pain – substance et accidents – disparaît totalement; lui succèdent *deux* sujets: d'un côté, le corps du Christ qui ne conserve pas les accidents du pain, et, de l'autre, des accidents sensibles semblables à ceux du pain mais qui ne sont substantiellement fondés que dans l'air ou dans la bouche et non dans le corps du Christ. Il n'est donc pas question de poser 1) qu'un accident (couleur ou saveur) puisse transiter d'une substance (le pain) à une autre (le corps du Christ), et ainsi puisse «survivre» à la disparition de son fondement ontologique

---

1. J. Marenbon, *Abelard in Four Dimensions...*, *op. cit.*, p. 175: «Following Martin, I drew a parallel between forms and tropes, but I extended it to differential as well as accidental forms».

d'origine et 2) que, quand l'hostie chute ou moisit, *ipso facto* le corps du Christ chute ou moisit aussi. L'affirmation du Christ : « ceci est mon corps » n'empêcherait donc pas de maintenir une dualité entre le substrat des espèces et le corps même du Christ. Il y a ainsi « transsubstantiation » en un sens bien particulier.

Qu'en est-il des textes d'Abélard lui-même ? Dans le *Sic et non*, Abélard cite longuement d'un côté les autorités patristiques qui vont dans le sens d'un réalisme sacramentel et de l'autre celles qui soulignent – il s'agit souvent des mêmes Pères dans d'autres textes – le caractère de « signes » des espèces eucharistiques[1]. Dans le court chapitre des *Sententiae magistri Petri Abelardi* consacré à l'eucharistie, Abélard mentionne, en effet, l'hypothèse que les espèces soient seulement dans l'air mais la question de décider si les espèces sont dans le corps du Christ ou, donc, « dans l'air » est laissée au choix du croyant[2]. Abélard soutient aussi, non sans humour, « qu'on a coutume de s'interroger sur la négligence des ministres du culte comme, par exemple, lorsqu'on voit roder des souris et porter à leur bouche [l'hostie] »[3]. Abélard refuse d'envisager que « Dieu permette que [le corps du Christ] soit ingéré par un si vil animal » et soutient que, seule, demeure la « forma » (les espèces) et non le corps du Christ[4]. C'est une remarque qu'on retrouve dans les *Capitula heresum Petri Abelardi*. De même dans les textes qu'affirme citer l'auteur anonyme des *Capitula heresum Petri Abelardi* la thèse d'une subsistance des espèces dans l'air est donnée comme seulement « plus vraisemblable » que celle affirmant qu'elles subsistent dans le corps du Christ. Plus important, en fin de compte, nous semble l'analyse dans les *Sententiae magistri Petri Abelardi* du sens et de l'origine de ce sacrement. Abélard souligne que le but du sacrement de l'eucharistie est d'augmenter chez le croyant l'amour du Christ en faisant mémoire de sa passion :

> La cause de ce sacrement est la mémoire de la mort et de la passion du Christ [...]. En effet en faisant mémoire de nos amis, notre affection pour eux augmente grandement. De même, le Christ a institué ce sacrement en mémoire de lui pour augmenter notre amour pour lui[5].

Ce qui sauve est ainsi l'amour que le fidèle porte au Christ et non, directement, les espèces. On comprend que si le sacrement n'a pas d'efficace spirituelle, en accroissant la dévotion du fidèle (l'amour pour le Christ) par un acte psychologique *réel* de remémoration de la passion, il ne peut pas suffire à sauver. La question de savoir si le substrat des espèces est le corps même du Christ ou « l'air ou la bouche » est, en ce sens, secondaire. Ce qu'Abélard place au centre de son analyse du sacrement de l'eucharistie est plutôt la dévotion intérieure du

---

1. Abélard, *Sic et non*, chap. 117, éd. B. Boyer et R. McKeon, Chicago, University of Chicago press, 1976, p. 379-411.
2. *Sententiae magistri Petri Abelardi*, éd. S. Buzzetti, Firenze, La Nuova Italia Editrice, 1983, p. 130, 149-153.
3. *Ibid.*, p. 130, 153-p. 131, 158.
4. *Ibid.*
5. *Ibid.*, p. 125, 1-8.

fidèle – l'amour pour le Christ – que fait grandir la célébration de l'eucharistie en rappelant psychologiquement à la mémoire du croyant le souvenir de la passion. Il est, en ce sens, proche de Bérenger de Tours, lorsque celui-ci insiste sur le caractère purement intérieur et spirituel de l'efficace du sacrement de l'eucharistie. Mais, à la différence de Bérenger, il se garde de nier la transsubstantiation[1].

Quoi qu'il en soit donc du bien-fondé chez Abélard de la théorie de l'eucharistie que lui attribuent ses adversaires, l'important n'est pas de savoir si Abélard, comme Bérenger, a une conception hérétique du sacrement de la communion, mais de constater qu'il investit le refus bérengarien de la pensée magique et de la confusion entre le spirituel et le matériel qui l'accompagne dans l'analyse du corpus *philosophique* boécien, un corpus purement profane.

Conclusion : Abélard et le désenchantement de la parole (humaine)

Il y a, chez Abélard, un souci de marquer tout à la fois la réalité et la relativité de la connaissance humaine, en problématisant une distinction entre la réalité extra-mentale et des *statuts* permettant de la connaître, et qui, problématiquement, ne sont pas réductibles à cette réalité, qui est nouveau. Le « réalisme » que rejette Abélard est ainsi moins un réalisme des universaux – que ne professait pas Boèce – qu'une réification des concepts. Les choses ne pensent pas – elles ne se définissent pas elles-mêmes – et il faut *réfléchir* en le thématisant l'apport du sujet pensant à cette connaissance, en n'oubliant pas que cette pensée, n'étant pas celle de Dieu, n'est ni toute puissante, ni omnisciente. Bien sûr, le statut qui fonde l'intelligibilité du réel n'est pas une construction linguistique ou psychologique du sujet de la connaissance, mais il n'est en aucun cas réductible à une *essentia* susceptible d'être donnée à la sensation et ainsi susceptible d'être posée comme existante de manière indépendante de la pensée du sujet épistémique. Le statut n'est pas construit par le sujet de la connaissance, mais, requérant l'activité du sujet épistémique pour être discerné, il n'est pas – problématiquement – réductible à un étant ou à telle de ses propriétés.

Anselme de Cantorbéry pose dans le *Proslogion* que l'analyse du *concept* de Dieu – « ce qui est tel que rien de plus grand ne peut être pensé » – peut (et même doit) révéler l'existence de son *objet* à celui qui en fait sincèrement l'expérience rationnelle : « Ainsi ce qui est tel que plus grand ne peut être pensé est si vraiment qu'on *ne peut pas penser qu'il ne soit pas* »[2]. Il y a, donc, un chemin de preuve

---

1. C'est ce que remarque aussi C. Mews, « The *Sententie* of Peter Abelard », *Recherches de Théologie ancienne et médiévale* 53, 1986, p. 130-184, ici p. 152 : « Its inner purpose, to nurture man in the love of God through being a memorial of Christ's passion, was ultimately more important than its external form, as its efficacy lay in the devotion with which it was received ».

2. *Proslogion*, III, in *L'œuvre de S. Anselme de Cantorbéry*, t. I, éd. F. S. Schmidt, Paris, Cerf, 1986, p. 103, 1-2 : « Sic ergo vere est aliquid quo maius cogitari non potest, ut nec cogitari possit non esse ».

possible et, ici, de ce que je conçois à l'être la conséquence est bonne. Abélard - écrit au contraire, on l'a vu, que la bouche des incroyants ne peut pas être fermée par « des arguments nécessaires »[1]. Abélard explique que « des raisons morales plutôt que nécessaires »[2] nous poussent à croire qu'il y a un *summum bonum* plutôt qu'une gradation infinie de perfections. Nous reviendrons sur ces affirmations, mais nous pouvons déjà noter qu'Abélard pose ici qu'il n'est pas possible de déduire du *concept* de Dieu – « ce qui est tel que rien de plus grand ne peut être conçu », un concept qui, en tant que tel, existe même chez l'incroyant – l'existence de l'*objet*, de l'étant « Dieu ». L'existence d'un concept n'implique pas l'existence de l'objet qui lui correspond. La distinction concept/objet (*status/res*) n'est pas absolument réductible au sens où nous ne pouvons pas déduire du conceptuel le réel. Nous ne pouvons « concevoir » le réel qu'en un sens figuré puisque notre pensée, n'étant ni omnisciente, ni (surtout) toute puissante, n'est pas créatrice. Il faut donc distinguer problématiquement la visée de notre pensée, l'être X – Abélard la compare à celle de mon désir, de mon intention, donc –, et la chose qui existe indépendamment de ma pensée, la *res* qui est X, et cela même dans le cas du *summum bonum*, c'est-à-dire dans le cas de ce qui est tel que rien de plus grand ou de meilleur (et donc de plus désirable) ne peut être pensé.

Il est à noter que, avant Abélard, celui qui en fit la remarque (à Anselme, vers 1080) fut Gaunilon, un moine de l'abbaye de Marmoutier, la grande abbaye toute proche de Tours. Lorsque (le croyant) Gaunilon écrivit, en réponse au *Proslogion*, son *Livre en défense de l'incroyant* (*Liber pro insipiente*)[3], Bérenger vivait encore à Tours et ses positions étaient encore vivement débattues, à Rome, où elles furent une dernière fois condamnée en 1079. Bérenger, Gaunilon, Roscelin, Abélard ont en commun la Touraine des comtes d'Anjou – les principaux rivaux des ducs de Normandie, protecteurs de l'abbaye du Bec de Lanfranc et d'Anselme – et un souci commun : ne pas prêter, par mégarde, à la pensée humaine et aux mots qui l'expriment une puissance qui, par hypothèse, ne peut appartenir qu'à la pensée divine, celle de concevoir le réel au sens propre, de le « faire » et non seulement de le « montrer », en fin de compte de le créer. Ils conçoivent tous la pensée humaine non comme investie au plus profond d'elle-même par une pensée proprement divine (au sens augustinien où celle-ci m'est plus intérieure que tout ce qui m'est intérieur) mais, au contraire, en contraste de l'idée même d'une pensée toute puissante et créatrice. La pensée humaine et le verbe qui l'exprime doivent se comprendre *par contraste* avec le Verbe créateur.

---

1. *Theologia scholarium*, III, 16, éd. C. Mews, « Corpus christianorum » 13, Turnhout, Brepols, 1987, p. 506, 232-233.
2. *Ibid.*, 217-218 : « Magis autem honestis quam necessariis rationibus nitimur ».
3. Gaunilon, *Liber pro insipiente*, dans *L'œuvre de S. Anselme de Cantorbéry*, t. I, *op. cit.*, p. 288-297.

« Connais-toi toi-même : sache que tu n'es pas un dieu », disait déjà l'adage delphique revendiqué par Socrate. Cette maxime de tempérance va tout à l'inverse de l'idéalisme – avec l'exaltation et la ferveur qui l'accompagnent – propre à Augustin. Chez ce dernier, c'est au plus profond de mon interiorité que se decouvre ma parenté avec le divin. Dieu est le Maître *intérieur*. Bien sûr, Augustin ne confond pas l'homme et Dieu. Dieu n'est pas moi mais, à travers la lumière spitituelle dont il m'éclaire, il est en moi « plus intérieur que tout ce qui m'est intérieur (*interior intimi meo*) »[1]. Toute ma science repose sur cette lumière. Augustin ne cesse ainsi d'insister sur la parenté profonde entre Dieu et un homme porteur, spirituellement, d'une « image » de Dieu, là où Bérenger, Gaunilon ou Roscelin conçoivent, bien différemment, les conditions de véracité possible d'une pensée et d'une parole humaines *par contraste* de celles d'une pensée toute-puissante et créatrice. Chez Augustin, la subjectivité est le lieu intérieur d'une découverte de Dieu (de ses traces trinitaires dans la vie même de mon esprit). Chez Bérenger, Gaunilon ou Roscelin, la subjectivité qui marque ma pensée et mon langage est au contraire le lieu où s'enracinent la finitude et l'inachèvement – la non-divinité – de mon savoir par *opposition* à la science toute-puissante, infaillible et infinie de Dieu. La vérité du langage humain repose, dans un cas, sur l'enseignement d'un Maître à la fois divin et intérieur et, dans l'autre, sur la thématisation même de la distance (infinie) entre Verbes divin et humain. Dans un cas, l'intériorité subjective est le point de départ d'une ascension vers le divin, dans l'autre elle est la marque de la relativité de mon savoir et, donc, de son éloignement d'avec la science infaillible de Dieu. À la continuité entre les deux sujets privilégiée par les Pères de l'Église s'oppose ainsi le sens très vif d'un décentrement du locuteur humain par rapport au Verbe divin.

C'est ce décentrement anthropologique qui caractérise – de manière commune – Bérenger, Gaunilon, Roscelin ou Abélard et c'est ce décentrement qui nous semble important dans l'histoire d'une renaissance de la pensée scientifique aux XIe et XIIe siècles. C'est lui, en particulier, qui permet à Abélard, de thématiser problématiquement la contribution de l'esprit humain au dégagement, par la variation des formes accidentelles, de l'« essence » (du statut définitionnel) des *res* et de mettre ainsi fin à la « phénoménologie » naïve des Anciens. Abélard thématise ainsi une distinction entre les étants et l'activité conceptuelle et *intentionnelle* qui vise à rendre intelligible ces étants. Il y a bien un souci commun à Bérenger, Gaunilon, Roscelin et Abélard – penser la parole humaine par contraste d'un Verbe tout-puissant et créateur – qui est étranger aux sources patristiques et qui a pour effet de « désenchanter » cette parole humaine. L'essentiel n'est plus de dépister dans la pensée et le verbe humains les traces du Verbe créateur, mais, loin de toute exaltation, de thématiser ce qui les différencie l'un de l'autre *irréductiblement*. Une fois cette différence thématisée, il apparaît qu'une intelligence humaine ne peut *concevoir* le réel que de manière impropre et figurée : les

---

1. Augustin d'Hippone, *Les confessions*, III, 6, 11, éd. P. de Labriolle, Paris, Les Belles Lettres, 1969, p. 54.

accidents qui font mon discernement de la singularité de Socrate ne font plus cette singularité même. La particularité d'Abélard, dans cette lignée, est de dépister cette pensée magique – cette toute-puissance de la pensée – non dans un domaine proprement religieux mais dans le domaine purement profane du corpus boécien, avec la théorie du sujet unique de Boèce et, particulièrement, avec la version qu'en propose la ThEM. Boèce et Guillaume de Champeaux ne sont pas réalistes au sens où nous employons aujourd'hui ce terme (au sens d'une théorie des ensembles ou des classes : il n'y a rien de tel chez eux) ; par contre, ils confondent gravement le conceptuel et le réel au sens où, littéralement, ils réifient le conceptuel. C'est *in re* (hors de mon esprit) que la variation des accidents « fait » de la substance seconde une substance première (numériquement discrète). Mais « penser n'est pas faire » et cette variation « montre » mais ne « fait » *rien*. C'est ce désenchantement de la pensée humaine qui nous semble important pour comprendre le renouveau proprement philosophique, et, pour partie, scientifique des XIe et XIIe siècles.

Il est clair que, quoi qu'il en soit de mes convictions religieuses, le renoncement à l'idée même de pensée magique – de toute puissance de la pensée – est un préalable indispensable à l'exercice effectif d'une pensée proprement scientifique. Or, les textes de Bérenger sont bien les premiers témoignages où s'articule en toute clarté ce souci de désenchantement de la parole humaine, même s'il revient en propre à Abélard d'avoir dégagé ce souci de son contexte religieux pour le situer sur les terrains proprement philosophique et, finalement, scientifique où ce souci peut être fécond et prendre tout son sens (indépendamment de contenus de foi proprement religieux et autoritairement définis). C'est bien, indépendamment des querelles théologiques, sur le terrain profane d'Aristote, de Porphyre et de Boèce et de leurs lectures par les *reales* que ce désenchantement s'est montré, avec Abélard, riche et fécond. Mais au départ, il y a bien Bérenger.

Chapitre III

ABÉLARD ET ROSCELIN : LE REJET PAR ABÉLARD DE L'ONTOLOGIE ET DE LA SÉMANTIQUE DE ROSCELIN

La première querelle théologique qui marqua, au XIe siècle, l'investissement de la *dialectica* dans le domaine du sacré, fut, donc, la querelle initiée par Bérenger de Tours sur le sacrement de l'eucharistie, suscitant la réplique de Lanfranc, abbé du Bec, puis le primat d'Angleterre. La seconde querelle théologique qui marqua la fin du XIe et le début du XIIe siècle est celle qui se noua autour des thèses trinitaires de Roscelin que dénonce Anselme de Cantorbéry dans son *De Incarnatione Verbi*. Roscelin né vers 1050 à Compiègne et chanoine de la cathédrale de Besançon, enseigne à Tours et à Loches (où, nous dit-il, il eut comme élève Abélard), dans le même comté d'Anjou, donc, que Bérenger.

L'origine de la théorie controversée de Roscelin est ainsi présentée dans le *De Incarnatione Verbi* :

> Si, dit [un certain clerc français], trois personnes sont une chose seulement, et ne sont pas trois choses, chacune par soi séparément, comme trois anges ou trois âmes, de telle sorte qu'elles soient, cependant, entièrement identiques par la volonté et la puissance, alors le Père et l'Esprit Saint se sont incarnés avec le Fils [1].

Et, note Anselme, si cette conséquence devait être admise, l'hérésie de Sabellius qui réduit les personnes trinitaires à de simples modalités (du même Dieu) serait vraie. Cette présentation par Anselme de la pensée de Roscelin est confirmée par la lettre de Roscelin à Abélard. Cette lettre permet, cependant, de mieux comprendre l'origine du problème.

---

1. Anselme de Cantorbéry, *De incarnatione Verbi*, première recension, éd. F. S. Schmitt, trad. fr. A. Galonnier, dans *L'œuvre de S. Anselme de Cantorbéry*, t. III, *op. cit.*, p. 282, 5-8.

Roscelin et la question de la signification du nom « Dieu »

La question est : que signifie le nom « Dieu » ? Le grammairien Priscien pose que « le propre du nom est de signifier la substance et la qualité ». Le nom « Dieu » ne peut signifier aucune qualité, parce que, selon Aristote, une qualité est un accident et qu'aucun accident ne peut advenir à la substance divine qui, étant *immutabilis*, n'est pas modifiable par des accidents. Donc, le nom « Dieu » signifie seulement la substance. Selon le symbole *latin* d'Athanase (VIe siècle), Dieu est une seule substance en trois Personnes : il n'y a pas trois substances divines, trois dieux. Donc, lorsque je dis « Dieu s'est fait Homme », une proposition vraie, « Dieu » signifie, comme nom substantif, la substance, en l'occurrence la substance divine, laquelle est – dit-on – identiquement le Père, le Fils et l'Esprit. D'où il résulte que la proposition « Dieu s'est fait Homme », une proposition vraie, *implique* que la proposition « le Père s'est incarné et est mort sur la croix » soit vraie aussi, *quod dicere nefas est*. Comment en sortir ? Selon Roscelin, en faisant la part de ce qui revient aux usages linguistiques et à leur arbitraire et de ce qui revient à la foi elle-même. D'après le *De Trinitate* d'Augustin là où nous, Latins, disons *una substantia vel essentia*, *tres personae*, les Grecs, qui sont aussi des chrétiens, disent *una essentia* (*ousia*), *tres substantiae* (*hypostaseis*). Donc, la formulation latine n'est pas la seule possible et la *substance* – la *res* – signifiée par le nom Dieu n'est pas nécessairement une substance commune aux trois personnes. En effet, ce qui est une Personne dans notre usage linguistique est une « hypo-stase » (littéralement : « sub-stance ») dans l'usage grec[1]. La clef du problème est donc selon Roscelin de distinguer entre la foi et la manière d'exprimer cette foi. Il est faux que l'affirmation que le mot « substantia », appliqué à Dieu, désigne une essence commune (aux Personnes trinitaires) soit un constituant de la foi chrétienne. La preuve en est que les Grecs, qui ont la même foi, exprime cette foi différemment en donnant au mot « substance » le sens du mot « personne » : « In locutione enim tantum est diversitas, in fide unitas »[2] !

Mais, ce faisant, Roscelin semble encourir un danger plus grave encore, celui de ruiner le principe même du monothéisme. En effet si dans « Dieu s'est incarné », la *substantia nominis* est le Fils, une substance numériquement opposée à celle du Père, alors le Dieu qui est désigné dans « Deus incarnatus est » n'est pas le même Dieu que celui qui est désigné dans des propositions où ce nom fait référence au Père et ainsi il y a plusieurs dieux : au moins trois. Roscelin répond à cela que, même s'il maintient l'opposition numérique entre les Personnes, il y a entre ces trois *res* une parfaite égalité. Roscelin note que dans les choses créées la ressemblance n'est jamais absolue, ce qui est le cas entre les

---

1. *Cf.* Roscelin, *Lettre à Abélard*, in J. Reiners, *Der Nominalismus in der Frühscholastik*, Münster, Aschendorff, 1910, p. 72, 20-23.
2. *Ibid.*, 23-25 : « En effet, il y a diversité seulement dans le langage, mais unité dans la foi, sans quoi il n'y aurait pas d'Église chez les Grecs ».

Personnes, puisqu'aucun accident ne vient les rendre dissemblables. Dans la sémantique boécienne, les individus sont semblables par l'espèce (leur humanité) et dissemblables par la collection des accidents – la Socratité et la Platonité – qui différencie cet homme Platon de cet homme Socrate. Par contre, la substance divine n'étant pas « mutabilis », aucun accident ne peut venir la modifier[1]. Donc avec la Trinité, nous avons une ressemblance – et non une identité – absolue entre les Personnes[2]. Cette ressemblance générique n'est altérée d'aucune dissemblance et donc les Personnes sont vraiment « 3 x le même » : *tri-unitas*, trois fois le même Dieu. Ainsi Roscelin comprend-t-il la parole du Christ : « Celui qui m'a vu a vu le Père » : 2 x *le même*[3]. « Dit mieux qui le peut », conclut Roscelin. Mais on comprend bien que réduire le Dieu unique de la Bible à une ressemblance, même parfaite, entre trois substances différentes ne pouvait qu'être problématique : il y a un Dieu unique, et non trois dieux (absolument) semblables entre eux ! Le problème de la *substantia nominis* du nom « Dieu » dans la proposition « Dieu s'est fait homme » est un problème solide mais Roscelin ne le résout que très partiellement et au prix d'inconvénients majeurs. La résolution est, en fin de compte, fictive et le problème, si toutefois on juge utile de le résoudre, reste ainsi entier.

La croyance en un Dieu trinitaire
Un essai d'interprétation philosophique

La question trinitaire est une question qui occupe beaucoup les philosophes médiévaux (particulièrement ceux des débuts de la scolastique latine, y compris, donc, Abélard). Ils tentent de fonder rationnellement le dogme trinitaire tel qu'il est formulé au IVe siècle au concile de Nicée. On peut s'étonner aujourd'hui de les voir consacrer tant d'efforts à clarifier rationnellement une croyance purement religieuse et s'engager ainsi dans des querelles qui nous paraissent aujourd'hui bien byzantines. On comprend la querelle autour du sacrement de l'eucharistie. La nature du pouvoir sacramentel des prêtres est évidemment une question centrale dans une société où la sanction des infractions à la paix (de Dieu) est la privation de ce sacrement (l'excommunication). Mais les querelles autour d'une formulation non contradictoire (rationnelle, donc) du Symbole de Nicée ? Nous pensons qu'on peut, peut-être, proposer la réponse suivante[4].

---

1. *Ibid.*, p. 73, 12 : « *In Deo nulla prorsus qualitas est* » (En Dieu, il n'y a absolument aucune qualité).
2. Il y a une absolue égalité entre les Personnes, mais l'égalité suppose la pluralité. *Ibid.*, p. 75, 12-13 : « Si les Personnes sont co-égales, elles sont égales ; or, l'égalité suppose la pluralité : rien en effet ne peut être égal avec soi-même ».
3. *Ibid.*, p. 71, 21-24.
4. Cette réponse est une proposition et ne prétend en aucun cas cerner tout le sens de la croyance religieuse en un Dieu trinitaire. Dans un cadre philosophique, il ne peut être question de traiter de cette croyance dans son sens théologique – un sens qui est l'affaire des théologiens – mais seulement en un sens anthropologique et sociologique, au sens où l'Église chrétienne médiévale est une institution sociale humaine fondée sur certains idéaux qui lui donne sens et légitimité. Le propos qui suit peut

Les religions monothéistes reposent sur une opposition entre le spirituel et le matériel là où les paganismes antiques considéraient ces deux dimensions comme des modes inséparables et complémentaires d'une même réalité, sous un aspect, spirituelle (tel dieu) et, sous cet autre, matérielle (telle force naturelle). Le monothéisme juif – celui de Moïse – se construit sur la dénonciation des idoles, c'est-à-dire de l'attribution à des objets matériels de pouvoirs spirituels. Cette séparation entre le spirituel et le matériel se réalise en particulier dans la substitution au père biologique d'un Père non biologique, à même d'associer comme frères des individus n'ayant pas le même père (biologique) et de créer ainsi une communauté de filiation plus large que la famille biologique : le peuple de l'Alliance avec Yahvé. Dans le christianisme, on n'oppose pas au père biologique un Père proprement spirituel et transcendant à toute paternité biologique, mais, différemment, on oppose à la relation même de parenté biologique père-fils, une autre relation Père-Fils proprement spirituelle (les trois personnes trinitaires, le Père, le Fils et l'Esprit qui procède, seul, de la relation du Père et du Fils), relation de parenté purement spirituelle qui s'incarne dans l'Église, cité de Dieu, rivale de la cité profane des hommes. Dans le monde gréco-romain, la cité est toute entière fondée sur le lien de filiation en ligne paternelle. C'est ce lien qui seul fonde la citoyenneté (l'appartenance à l'*ekklesia* des citoyens) et le statut d'homme libre qui en résulte. Un esclave est d'abord un être humain dont la cité a été détruite [1] telle que l'appartenance à cette cité est fondée sur la filiation paternelle. Un esclave est, d'abord, un homme dont la filiation est déniée, qui n'a plus, donc, de père et est ainsi appropriable par un autre *familia* où il est appelé « enfant » (« puer ») et portera, s'il est affranchi, le nom de son maître, père de la *familia* dont il est issu. On comprend combien une société travaillée par les conflits nés d'une utilisation systématique et sur une très vaste échelle de l'esclavage a pu atténuer ceux-ci en professant que les liens biologiques de parenté qui définissent le statut personnel (libre/esclave) des individus dans la vie civile n'avaient plus lieu d'être dans cette société concurrente à laquelle le chrétien, libre ou esclave, appartient lorsqu'il franchit le seuil de l'église. Il y a bien deux cités, souligne au IVe siècle Augustin, mais le remplacement de l'une, la cité profane (avec la distinction libre/esclave), par l'autre, la cité de Dieu (où cette distinction n'a plus de sens), est une perspective *seulement* eschatologique et, de fait, l'esclavage s'est maintenue dans les sociétés chrétiennes du haut moyen-âge. Il s'agit bien, cependant, d'opposer, et cela dès maintenant, une parenté « mondaine » et une parenté spirituelle et d'appliquer à la relation père-fils comme relation structurant la reproduction de la société ce que le judaïsme appliquait à la seule figure du père. La société chrétienne est ainsi duale, fondée sur une opposition entre la parenté naturelle et

---

sembler « spéculatif » dans sa grande généralité, mais nous pensons qu'il peut réellement éclairer certains aspects de l'origine (proprement médiévale) du nominalisme.

1. Comme on sait, l'esclavage des temps modernes a un fondement « raciste » qui est complètement étranger à la conception antique de l'esclavage.

l'ordre social qu'elle transmet et une parenté transcendante à cet ordre naturel et proprement spirituelle (qui, comme telle, est le seul fondement de l'Église).

Il n'y a, donc, pas lieu de vouer aux ancêtres à qui l'on doit l'appartenance à la cité et donc la liberté un culte. Seule est sacrée la parenté spirituelle que réalise par le baptême l'Église, une parenté spirituelle transcendante aux parentés biologiques et aux statuts sociaux qui s'y enracinent. Au culte traditionnel des ancêtres se substitue donc le culte des saints (ceux, déjà élus, dont le patronage peut procurer l'accès à la cité de Dieu). On peut comprendre en ce sens que le dogme trinitaire comme fondement de cette parenté immatérielle que réalise l'Église en soit venu à définir, à partir du IVe siècle, le sacré lui-même. La parenté biologique reste au fondement de l'appartenance à la communauté juive (qui n'est pas une communauté de conversion). Le christianisme fonde la reproduction de la communauté chrétienne sur la parenté spirituelle qui est seule divine (sacrée). Dieu – le sacré – n'est pas le Père (immatériel), mais les personnes mêmes du Père et du Fils dans la parenté immatérielle et la relation d'engendrement spirituel qui les lie. L'Esprit est la colombe qui inspire aux apôtres la fondation de l'Église et la sacralité de cette communauté ecclésiale vient précisément de son caractère purement spirituel, par *opposition* aux liens « mondains » du sang :

> Ne croyez pas que je sois venu mettre la paix sur la terre ; je ne suis pas venu mettre la paix, mais le sabre. Car je suis venu diviser l'homme d'avec son père, la fille d'avec sa mère, la bru d'avec sa belle-mère et faire que l'homme ait pour ennemi les gens de sa maison. Qui aime père et mère plus que moi n'est pas digne de moi [1].

Bien entendu, ces propos de l'Évangile de Matthieu prennent une ampleur toute différente lorsque le christianisme, loin de la communauté des premiers disciples du Christ, devient au IVe siècle la religion officielle de l'Empire romain [2].

Au XIe siècle, tout l'ordre social voulu par l'Église grégorienne est fondé *idéologiquement* sur l'opposition de la parenté spirituelle qui structure l'Église comme institution sociale et d'une parenté « mondaine » (biologique) profondément désacralisée [3]. Les sociétés antiques étaient largement fondées – à l'opposé – sur l'imbrication de la parenté biologique (des modes biologiques de

---

1. *Évangile de Matthieu*, X, 34-37 et XII, 46-49, dans *Nouveau Testament*, trad. fr. J. Grosjean et M. Léturmy, « Bibliothèque de la Pléiade », Paris, Gallimard, 1971, p. 35 et p. 42.

2. Sur le statut de la famille et son évolution dans l'Europe chrétienne, voir J. Goody, *The European family : an historico-anthropological essay*, Oxford, Blackwell, 2000.

3. Les pouvoirs de l'Église (avec le patrimoine matériel qui s'y attache) étant exercés par un clergé dégagé des liens matrimoniaux, et donc de la filiation biologique qui en découle, dans une société où les échanges de patrimoine ne se font que très marginalement sur la base des échanges marchands. Si les clercs pouvaient contracter mariage et avoir des héritiers – ne vivaient pas en moines, donc – cette dichotomie voulue par Hugues de Saint-Victor au XIIe siècle n'aurait, du fait de l'importance du patrimoine matériel de l'Église, aucune vraisemblance : « L'univers comprend deux classes : les laïcs et les clercs [...]. Aux fidèles chrétiens laïcs, il est donné de *posséder les choses terrestres*. Aux clercs seulement sont confiées les choses spirituelles (*Universitas autem haec duo ordines complectitur, laicos et clericos [...]. Laicis ergo christianis fidelibus terrena possidere conceditur, clericis vero spiritualia tantum comittuntur*) », *De sacramentis christiane fidei*, Liber II, pars II, chap. III, dans *Patrologia latina*, t. 176, *op. cit.*, col. 417.

reproduction de la société humaine) et de la parenté « spirituelle » (des modes non biologiques de reproduction de la société humaine) au sens où, pour Aristote par exemple, il n'y a aucune solution de continuité entre la nature biologique du *zoon politikon* et telle cité instituée ici ou là. La seconde accomplit la première, en l'actualisant. La cité et ses lois s'enracinent dans la nature.

La société voulue par l'Église grégorienne est fondée au contraire sur la « désintrication » de ces deux types de reproduction et sur la prééminence idéologique de la parenté spirituelle sur la parenté charnelle. L'Église grégorienne désacralise l'ordre coutumier en insistant sur le caractère *profane* et relatif de la coutume, là où les sociétés antiques fondaient largement le caractère sacré et intangible d'une norme sur l'enracinement de cette norme (sociale : conventionnelle) dans la succession naturelle des générations. Une bonne loi est une loi qui résiste au passage des générations. La tradition « naturalise » l'ordre social. Par contraste, l'Église médiévale sépare la reproduction biologique de la société humaine et sa reproduction proprement « civilisationnelle », une reproduction dont elle tend comme institution cléricale dégagée des liens de parenté « mondains » à s'assurer le monopole.

L'idée que Dieu – le sacré – est une relation de génération et de parenté purement *spirituelle* est donc une idée centrale dans la représentation de l'Église comme une communauté transcendant les liens naturels de la parenté. Tout l'ordre coutumier – loi des Pères, des Anciens ou des Ancêtres – est *désacralisé* : sécularisé. Cet ordre n'a plus aucune valeur absolue. La société post-grégorienne n'appartient plus ainsi au nombre des sociétés antiques, c'est-à-dire des sociétés fondées sur la sacralité d'un ordre ancestral. Pour Grégoire VII, on l'a vu, l'autorité n'émane pas d'un odre ancestral (dont il n'est plus question de renforcer la sacralité en le christianisant) mais d'une Église *transcendant* les liens du sang et l'héritage de traditions qui s'y adosse. Et on peut penser que dans un Occident latin profondément marqué par les vagues d'invasion de peuples dits « barbares » dotés, chacun, de leurs lois (de leurs coutumes), cette désacralisation des coutumes ancestrales présentait une importance qu'elle n'avait pas dans la partie grecque de l'ancien empire romain. L'empire que restaurent au IXe siècle les carolingiens s'appuie encore sur une *tradition* antique proprement romaine (et d'origine pré-chrétienne), la paix de Dieu s'appuie, elle, à partir de l'An Mil, sur une institution qui se veut transcendante à tout ordre traditionnel, c'est-à-dire fondée sur l'exemple des Anciens. Tout se passe comme si certains, dans le contexte millénariste entourant l'année 1033 (l'année du millénaire de la résurrection du Christ), avaient voulu inscrire la Cité de Dieu d'Augustin non comme une perspective inactuelle et eschatologique mais comme un *fait* politique et social : on parle de « paix *de Dieu* ».

Et il apparaît que, dans ce cadre, cette paix de Dieu ne peut être effective que si l'autorité – ecclésiale – qui garantit son application (avec tous les compromis que cela suppose) est la *seule* autorité légitime. Il convient, pour cela, d'une part, de séparer les fonctions cléricales de toute fonction « lignagère » et, d'autre part, de désacraliser toute source d'autorité alternative et fondée sur un héritage ancestral. La Vérité – et l'ordre social qui s'appuie sur elle, un ordre dont l'Église se veut désormais le seul arbitre légitime – ne saurait se réduire à la Coutume – à l'ordre ancestral. Cette désacralisation – cette sécularisation – de l'ordre coutumier et ancestral dans l'Europe latine post-grégorienne est, nous semble-t-il, un fait anthropologique de première importance. Le *mos maiorum* se voit privé de son antique sacralité et c'est là la vraie nouveauté.

On voit, de son côté, Roscelin pousser à son maximum cette désacralisation de l'ordre coutumier. Le problème qu'il a soulevé (quelle est la *substantia nominis* du substantif « Dieu » dans la proposition « Dieu s'est fait homme »?) se résout, pense-t-il, en distinguant la foi et son expression *usuelle* dans l'Église latine. Ce n'est pas parce que l'usage de génération en génération a « consacré » la formule « une substance, trois personnes » que nous devons sacraliser cette formule, c'est-à-dire en faire un article de foi. Il s'agit de ne pas confondre la *res* – une foi qui demeure la même qu'on parle grec ou latin – et l'*usus loquendi*. Cette *consuetudo* partage l'arbitraire des langues et l'usage ne « consacre » rien. Donc rien – sinon la coutume latine – n'interdit de poser que la *substantia* ou la *res* nommées dans la proposition vraie « Deus incarnatus est » n'est pas une substance commune aux personnes, mais uniquement le Fils. C'est seulement l'usage latin, et non la foi, qui trompe. À la base du raisonnement de Roscelin, il y a bien ainsi l'idée que la coutume – la *consuetudo* (*loquendi*) –, même si elle est « consacrée » par son imbrication dans la succession naturelle des générations, n'a rien ni de naturel, ni encore moins de sacré : seule la *res*, c'est-à-dire la Foi, l'est. Cette désacralisation de la *consuetudo* est importante pour comprendre une philosophie qui dénonce la confusion entre les *res* et des mots dont seule la *consuetudo loquendi* nous fait oublier qu'ils sont purement conventionnels, imposés comme il a plu à leur *impositor* originel, un souci assurément commun à tous les programmes nominalistes postérieurs. La langue que chaque locuteur apprend le précède. Elle est pour lui un donné qui a ainsi toutes les apparences d'un donné naturel, s'imposant à lui *sans choix*. Tous les usages, toutes les coutumes, toutes les traditions s'enracinent dans l'*usus* proprement linguistique qui en est le vecteur et le modèle mais, clairement, chez Roscelin, il n'y a pas de langue « naturelle » et encore moins de langue « sacrée »[1]. Toute la *consuetudo loquendi* est ramenée à l'acte d'imposition *conventionnel* qui en est l'origine[2].

---

1. Une assertion plus difficile à soutenir du côté musulman du monde médiéval (la langue du Prophète étant partie-prenante de la révélation coranique, ce qui en sacralise l'usage). Le clergé latin monopolise le savoir et donc l'interprétation de la Vérité et de la Loi qui en résulte (grâce à son expression dans une langue morte différente des langues parlées) mais aucun clerc ne prétend que le latin (ou le grec) soit la langue du Christ et de cela Roscelin tire ici parti.

2. Ainsi le locuteur latin impose le nom *substantia* à la divinité commune aux Personnes là où le locuteur grec impose le mot *hypostasis* à la Personne elle-même, deux termes dont la signification étymologique est pourtant strictement identique, note Roscelin.

Une fois l'*usus loquendi* radicalement « dénaturalisé » et « désacralisé, ramené à son caractère purement conventionnel et purement humain, on comprend que sur le plan philosophique on va rapidement parvenir à certains résultats fondamentaux.

L'ONTOLOGIE DE ROSCELIN SELON SES ADVERSAIRES
LES DEUX SORTES DE TOUT

Sur le plan proprement philosophique, le « vocalisme » de Roscelin est défini par ses adversaires de deux côtés.

1. Du côté d'Anselme[1] : les genres et les espèces – les universaux définitionnels – sont des *flatus vocis*. Ils n'ont pas plus de réalité hors du langage que le souffle de voix qui porte les noms qui les désignent. Seuls existent hors du langage les individus Socrate ou Platon, leur humanité commune n'ayant de réalité en tant que commune que dans le langage.

2. Du côté d'Abélard[2] : les parties d'un tout matériel (cette maison individuelle) n'ont d'existence *comme parties* que dans l'abstraction linguistique (qui sépare linguistiquement fondations, murs et toit, là où *in re* ils ne constituent qu'un seul tout).

Comme l'a établi Jean Jolivet[3], Roscelin aboutit ainsi à une double décision ontologique sur les deux sortes de touts que distingue Boèce. Dans le cas du tout universel, on a : tout *in voce* et parties *in re* et dans le cas du tout individuel on a : tout *in re* et parties *in voce*.

On obtient ainsi une ontologie simple où n'existent hors du langage que ces totalités indivises que sont les individus concrets. Tout le reste résulte de l'activité linguistique des locuteurs et des découpages ou des rassemblements que ceux-ci introduisent conventionnellement dans la réalité naturelle, objet de leur discours.

Le principe ontologique retenu est clair : n'existe que ce qui est *séparé*. Or, tous les partenaires du débat dialectique (y compris les *reales*) s'accordent pour admettre que l'espèce « homme » ne peut exister séparée des individus

---

1. Roscelin fait partie de ces « dialecticiens de notre temps, mieux : ces hérétiques de la dialectique qui pensent que les substances universelles ne sont rien d'autre qu'un souffle de voix (*dialecticae haeretici, qui non nisi flatum vocis putant universales esse substantias*) », *De incarnatione Verbi*, éd. F. S. Schmitt, p. 9, 21-22, trad. fr. A. Galonnier, *L'œuvre de S. Anselme de Cantorbéry*, t. III, *op. cit.*, p. 208.

2. Abélard, *Dialectica, op. cit.*, p. 554, 37-p. 555, 2-9 : « En revanche, fut – je m'en souviens – une théorie de notre maître Roscelin si folle [*insana*] qu'il voulait qu'aucune chose ne consiste en parties, mais, de même qu'il attribuait aux seules *voces* l'espèce, de même il attribuait aux seules *voces* les parties [d'un tout individuel] ».

3. Dans un article capital pour la compréhension des théories de la signification au début du XIIe siècle : « Trois variations médiévales sur l'universel et l'individu : Roscelin, Abélard, Gilbert de la Porrée », *Revue de Métaphysique et de Morale*, 1992/1, p. 111-155, ici p. 114-128. *Cf.* également C. Mews, *Reason and Belief in the Age of Roscelin and Abelard*, Brookfield (Vt.), Ashgate, 2002.

humains qu'*in voce* (et in *intellectu*) et qu'il en va de même des parties intégrantes de ce tout concret et singulier, qui, comme telles, n'existent séparément du tout qu'*in voce* (et *in intellectu*). Donc – puisque n'existe que ce qui est séparé, pose Roscelin – parties du tout individuel et touts universels n'existent que dans le langage et dans l'abstraction qu'il opère. *Sur le fond*, la véritable question que pose la théorie de Roscelin est donc de savoir s'il est vrai que n'existe que ce qui existe *séparément* et c'est bien cette thèse ontologique qu'Abélard va questionner.

Il faut, donc, bien comprendre qu'il y a une cohérence profonde entre ces deux thèses. Au rejet absolu de l'existence *in re* de quoi que ce soit qui ne soit pas individuel – qui soit commun, donc – *doit* répondre le caractère *absolu* des individus concrets. Roscelin sait, bien sûr, que ce qui distingue la substance créée (les entités physiques) de la substance incréée (une entité immatérielle) est la composition de l'une et la simplicité (l'absence de toute partie) de l'autre. Il ne nie évidemment pas cette différence. Il veut dire qu'un individu (physique) n'est pas décomposable en parties au sens où il ne peut l'être qu'en cessant d'être *cet* individu. C'est comme corrélat d'un acte de déixis – en quoi se résorbe toute la signification du nom propre – que l'objet désigné est indécomposable (et donc simple). Je ne peux partitionner cet individu et produire ainsi en lui des parties qu'en le faisant disparaître. La référence d'un nom propre est absolument singulière. Par exemple, Roscelin pose que la référence du nom propre « Pierre » a disparu lorsque, de cet individu concret qu'est Pierre (Abélard), a été retranché « cette partie qui fait l'homme » : « n = n-1 » est assurément faux et, donc, que « Pierre », qui désignait Abélard avant la castration continue à désigner l'individu qui résulte de cette castration est faux. À individu nouveau (« n-1 ») convient l'imposition d'un nom propre nouveau et Roscelin propose « Pierre incomplet »[1].

Au-delà de l'injure[2], il y a bien l'idée qu'un tout individuel n'est pas divisible (sans disparaître). Il s'agit d'un véritable atomisme logique. À chaque acte de désignation correspond une réalité individuelle et indécomposable en tant que pointée par cet acte de nomination, qui ne peut que devenir faux si quoi que ce soit est retranché de cet individu.

On sait qu'Abélard juge cette théorie sur les touts matériels « insana », littéralement folle. Elle reviendrait à dire que lorsque le Christ est dit avoir mangé une partie de ce poisson, il ne se soit nourri que de mots[3] ! Pour Abélard, les parties d'un tout physique sont assurément réelles et cela avant même qu'on entreprenne de retrancher de ce tout quoi que ce soit. D'un autre côté, le concept d'objet exten-

---

1. Roscelin, *Lettre à Abélard*, in *Der Nominalismus in der Frühscholastik, op. cit.*, p. 80, 15-19.

2. On sait, par ailleurs, que Roscelin était un défenseur agressif du célibat des prêtres imposé par la réforme grégorienne : Thibaut d'Etampes, le premier écolâtre d'Oxford, lui reproche, dans une lettre qu'il lui adresse, de ne cesser de dire du mal des « fils de prêtres » (ce que Thibaut, chanoine fils de chanoine, était lui-même). *Cf.* « Epistola Theobaldi Stampensis ad Roscelinum Compendiensem clericum », dans F. Picavet, *Roscelin, philosophe et théologien*, Paris, Alcan, 1911, p. 115-117.

3. *Cf.* la lettre à l'évêque de Paris d'Abélard sur Roscelin, *Epistola 14*, dans *Patrologia latina*, éd. J. P. Migne, t. 178, Paris, s.m.é., 1855, col. 355D-357A.

sionnel exige qu'on puisse déterminer de manière univoque – non ambiguë – cet objet par rapport aux autres objets pris en compte. Il faut donc qu'il soit *numériquement* opposable à d'autres *essentiae* de même espèce ou de même genre. Or, il est évidemment faux que tous les étants – les *essentiae* – de la réalité physique qui peuvent être pointés par mon doigt comme différents entre eux soient numériquement opposables et ainsi extensionnellement discernables. La partie (ce doigt : 1) n'est évidemment pas co-numérable avec le tout (la main : 5) qu'elle intègre. Nous aurions « 5 + 1 = 5 » : le vrai. Mon doigt n'est co-numérable avec ma main que s'il cesse de lui appartenir et qu'on l'ajoute de l'extérieur à ce tout *incompletus*. De là, il est faux qu'à deux actes déictiques – ce doigt, cette main – correspondent nécessairement des *essentiae* numériquement discrètes (extensionnellement opposables), et cela à moins de nier la *réalité* des parties par rapport au tout qu'elles intègrent. Et c'est bien, effectivement, ce que finissait par soutenir Roscelin : la partition est seulement « mentale » ou « vocale ».

LE REFUS PAR ABÉLARD DU PRINCIPE ONTOLOGIQUE « N'EXISTE QUE CE QUI EST SÉPARÉ »

À l'inverse, pour Abélard, le propre des objets physiques – de toutes les entités matérielles – est d'avoir des parties qui sont indissociablement et *réelles* et *non séparées* (du tout qu'elles constituent). Il est donc faux que toutes les entités composant le monde – toutes les *essentiae* – soient numériquement discrètes (co-numérables entre elles). Cela ne pourrait être le cas qu'au prix, insane, de la destruction de leur réalité matérielle. On comprend que sur un plan fondamental on ne peut nier l'altérité entre les parties et le tout – « dissoudre » le second dans les premières – que si on peut de manière effective dénombrer *toutes* les parties constitutives, en un sens élémentaire, du tout. Mais Aristote pose précisément que ce qui fait la *matérialité* de l'objet c'est sa divisibilité *continua* (ne serait-ce que parce que tout objet matériel existe localement et temporellement). De son côté, Roscelin pose : la partie (le mur) n'a pas une *essentia* différente de celle du tout parce que le tout (la maison) n'a pas d'autre *essentia* (matérielle) que celles de ses parties (toit, murs et soubassement). Abélard répond, dans la *Dialectica*, que c'est autre chose de considérer les parties une à une et de les considérer *ensemble* (« simul accepta et coniunctim »). Le problème est le suivant : Abélard soutient que chaque partie diffère *essentialiter* du tout *et* que ces mêmes parties ensemble sont *essentialiter* le tout lui-même. Comment, demande Roscelin, ce qui est vrai de toutes les parties à part – qu'elles différent *essentialiter* du tout – peut-il cesser de l'être de ces *mêmes* parties *ensemble* ? Toute la question porte sur le caractère *continu* du tout matériel considéré (une question hautement complexe qui est au cœur de la physique d'Aristote et qu'une simple décision sémantique ne peut, malgré l'inaccessibilité de la *Physica* au début du XIIe siècle, effacer d'un trait de plume). Pour Abélard, *discretus* n'est que la négation de *continuus* et il n'est pas question de faire l'économie dans la *physica* d'une relation tout/partie. Pour notre connaissance (physique) le tout matériel n'est pas seulement l'accumulation *finie* de ses parties, non parce qu'il incorpore une sorte de lien « spirituel » ou « immatériel » irréductible à la somme de ses parties matérielles, mais parce que sa divisibilité matérielle est continue au sens où je ne peux introduire une séparation – une « discrétion » – qu'en détruisant sa *continuité*.

Bien sûr, ce tout (artificiel) qu'est la maison est un tout composé d'un nombre fini de parties (soubassement, murs et toit) mais ces matériaux (naturels) ne sont eux-mêmes rien d'autre que leurs parties ensemble, des parties dont l'énumération est, cette fois, bien difficile à effectuer de manière exhaustive ! Abélard ne peut pas lire la *Physique* mais il sait, par le chapitre des *Catégories* sur la quantité et son commentaire par Boèce, que dire d'une ligne, d'une surface, d'un volume qu'ils sont continus, c'est constater qu'« alors que la ligne peut être coupée partout, partout le long de cette ligne se trouve des points »[1]. Comme le dit un mathématicien moderne[2], « if we make an arbitrary cut of the segment into two parts, the cut must hit a point which is between the two parts; we must never encounter a gap which would break the continuity »[3]. C'est le concept intuitif du continu et Abélard va jusqu'à soutenir – contre Boèce, et cela consciemment[4] – que le point n'est pas limite mais *partie* de la ligne, celle-ci n'étant que la « collection des points » qui la constituent, un ensemble de points tel qu'entre deux points, il y en a un troisième, etc. Ces points sont de l'*essentia* de la ligne. Ils sont *tous* réels, affirme Abélard. Ce réalisme géométrique est important parce que, pour Abélard comme nous allons le voir, le continu est la caractéristique ontologique des réalités naturelles par contraste avec les réalités artificielles que l'homme obtient par transformation de ces réalités naturelles.

« Omnia itaque ex punctis nascuntur et constituuntur »[5], pose Abélard: « ligne, surface, corps [...] paraissent naître et être constitués du point, bien que l'autorité ne l'affirme pas »[6]. En effet: « si les points sont insérés dans les parties de la ligne en sorte qu'ils ne soient pas de l'être de la ligne, comment lui permettent-ils d'être continue ? »[7]. Dire de la ligne qu'elle est continue, c'est dire

---

1. LI, *Gloses sur les catégories, op. cit.*, p. 180, 2-3: « Cum itaque linea ubique possit incidi, ubique per lineam puncti sunt ».

2. H. Wang, *From Mathematics to Philosophy*, New York, Routledge and Kegan Paul, 1974, p. 72.

3. *Ibid.*

4. Boèce, *In Categorias Aristoteles*, dans *Patrologia latina*, éd. J. P. Migne, t. 64, Paris, s.m.é., 1847, col. 205A-B, repris au mot près dans Abélard, *Dialectica, op. cit.*, p. 58, 5-8: « Maintenant, on ne dit pas que la ligne est constituée de points, ou que la superficie est constituée de lignes, ou que le corps solide est constitué de superficies, mais que les points sont les limites de la ligne, ou les lignes les limites de la superficie, ou les superficies les limites du corps solide et qu'aucune chose n'est constituée par ses limites. *C'est pourquoi le point ne sera pas partie de la ligne*, mais la limite commune des parties ».

5. LI, *Gloses sur les Catégories*, p. 180, 18: « C'est pourquoi toute chose naît des points et est constituée par eux ».

6. *Ibid.*, p. 179, 27-29: « Ac primum lineae, superficiei et corporis, quae tria ex puncto nasci ac constitui videntur, *licet id auctoritas non habeat* ».

7. *Ibid.*, p. 180, 7-8: « Praeterea si [puncta] inserta lineae partibus ita sunt, ut non sit de essentia lineae, quomodo permittent eam esse continuam ? ».

que *partout* où elle coupée, on rencontre un point. « Cette raison semble contraindre à ce que la ligne soit constituée de points »[1], conclut Abélard. On est loin ici d'une théorie purement abstractionniste des idéalités mathématiques, réduisant celles-ci à de simples abstractions, et Abélard professe ici ce qu'on qualifierait aujourd'hui de « réalisme mathématique ». Un segment de ligne est un ensemble infini de points. Abélard ne soutient pas que cette unité indivisible qu'est le point soit une entité accessible à la sensation. Il le nie : « la vision ne perçoit pas les corps indivisibles »[2]. Mais même si le point n'est accessible qu'à la *ratio* (et non à la sensation ou à l'imagination), il n'est pas pour autant *nihil* et cela en pleine contradiction avec ce que dit Boèce dans une *Arithmétique* que cite Abélard : « Si tu ajoutes le point au point, tu ne fais rien : c'est comme si tu ajoutais rien à rien »[3]. À l'exact inverse, Abélard, qui a bien compris que le point est de dimension 0, affirme, cependant, que le point est de l'*essentia* de la ligne. Le point est réel, *parce que le continu est réel*, ce qu'il ne pourrait être si une coupure du continu ne rencontrait pas, toujours et partout, un point. Abélard mentionne une théorie avancée par certains qui « adhèrent aux autorités » et posent « pour éviter l'infinité » (*ut infinitatem devitent*) que la ligne n'est pas composée de points mais d'un nombre fini de « très petites lignes indivisibles », une quantité, précise Abélard, qui ne serait, donc, ni discrète (comme le point) ni continue (c'est-à-dire divisible comme les lignes « normales »)[4]. Abélard rejette complètement cette théorie. Et, en effet, on ne voit pas comment nous pourrions *concevoir* dans l'espace, autrement que de manière strictement arbitraire, une ligne, même « très petite », qui, sans se réduire à un point, soit, comme lui, indivisible. Comment concevoir dans l'espace une ligne qu'on ne peut couper en aucun point ? Cela paraît bien difficile s'il est vrai qu'il s'agit d'une ligne et non d'un point : « De là, nous ne confirmons pas cette doctrine qui nie que le point soit partie de la ligne »[5]. Un segment de ligne est bien un ensemble infini de points (et non un ensemble fini de « très petites lignes »). Il n'y a aucun moyen d'éviter le caractère ininterrompu de la divisibilité de la ligne sans nier en même temps la réalité même de cette ligne, de cette surface, de ce volume comme grandeurs continues.

Dans la *Dialectica* Abélard attribue cette doctrine (qui fait de tel segment de ligne un ensemble infini de points) à « magister noster ». Il s'agit, selon toute probabilité (comme le suggère l'éditeur du texte, L. M. De Rijk) du très réaliste Guillaume de Champeaux et non de Roscelin[6]. Enfin, ce qu'il pose pour le point

---

1. LI, *Gloses sur les Catégories*, p. 180, 14-15 : « Haec itaque ratio videtur cogere lineam ex punctis constare ».
2. *Ibid.*, p. 174, 19-20 : « visus indivisibilia corpora non percipit ».
3. *Ibid.*, p. 181, 2-3.
4. *Ibid.*, p. 180, 33-p. 181, 14, spécialement p. 181, 5-7 : « His itaque auctoritatibus quidam adhaerentes negant omnino lineam ex punctis, sed omnem compositam lineam ex minoribus lineis constare volunt, ut infinitatem devitent ».
5. *Ibid.*, p. 181, 13-14 : « Unde ex hoc quoque hanc sententiam non comprobamus, quae scilicet negat punctum esse partem linae ».
6. *Dialectica, op. cit.*, p. 59, 6-7. Cette thèse est également soutenue dans le grand commentaire anonyme sur les *Catégories* « C8 », un commentaire dont les thèses sont très proches de celles

spatial, il le répète pour l'instant temporel. Au XVIIIe siècle, le nominaliste David Hume va jusqu'à affirmer que le concept (mathématique) de « continu » (spatial ou temporel, donc) est une invention – non, comme c'est historiquement le cas, d'Aristote cherchant à répondre aux apories de Zénon d'Elée sur le mouvement – mais « des prêtres » : « No *priestly dogmas* invented on purpose to tame and subdue the rebellious reason of mankind ever shocked common sense more than the infinite divisibility of extension »[1]. Hume invoque le « bon sens ». Comment la longueur finie de ce bâton ou la durée finie de ma vie pourrait-elle être composée d'un nombre infini de parties? On peut sans doute penser que le bon sens de Hume ne rend pas justice, sinon à la théologie de son temps, du moins à la science grecque, celle d'Euclide. Au début du XIIe siècle, les *Eléments* d'Euclide sont inaccessibles à l'Europe latine et on voit ici que Roscelin (pourtant chanoine!) partageait le scepticisme de Hume sur le continu, et posait, déjà, que n'existe que ce qui est séparé. Il est de même frappant de voir Roscelin attribuer nos idées générales à la coutume et à l'habitude (à la *consuetudo* ou à l'*usus loquendi*), anticipant là encore un Hume. Pour ce dernier, le seul fondement effectif de nos idées générales est la coutume et l'habitude. D'un autre côté dire que la matière est continument divisible n'implique pas de poser que le tout (le *totum integrum*) soit plus que la somme de ses parties (matérielles) et Abélard ne dit jamais cela.

Pour Abélard la *discrétion* est la négation de la continuité[2] et celle-ci est, pour lui comme pour Aristote, première et on comprend que la discrétion numérique entre deux objets séparés ne pourrait supprimer leur continuité interne qu'en supprimant leur matérialité. La *séparation* est itérative (pour notre connaissance) et la matière est, en doctrine aristotélicienne constante, un « sunechês ». La consistance matérielle de l'objet tient ainsi à l'existence en lui de parties à la fois *réelles* et *non séparées*. Le continu est réel.

Abélard a un sens si vif de la réalité du continu que celui-ci en vient à caractériser, pour lui, la réalité *naturelle* par opposition à ce que peut produire *artificiellement* l'être humain :

> J'estime, en effet, que des corps ne peuvent être joints les uns aux autres par une opération humaine en sorte qu'il n'y ait aucune distance entre eux. De là, ni la longueur continue de la ligne, ni la largeur de la surface, ni l'épaisseur du corps ne sont subordonnées à notre action, mais peut-être seulement la multiplication du nombre selon l'agrégation en un même lieu, comme lorsque nous agrégeons à ce

---

qu'Abélard attribue à Guillaume de Champeaux, comme le remarque Y. Iwakuma, « Pierre Abélard et Guillaume de Champeaux dans les premières années du XIIe siècle : une étude préliminaire », *dans* J. Biard (éd.), *Langage, sciences, philosophie au XIIe siècle*, Paris, Vrin, 1999, p. 93-123, ici p. 105.

1. D. Hume, *An inquiry concerning human understanding*, chap. XII, 2, Indianapolis, The Library of Liberal Arts, 1977, p. 164.

2. LI, p. 169, 26-28 : « Toute chose est continue dont les parties adhèrent les unes aux autres en sorte qu'il n'y ait aucune distance entre elles, "discret" se dit du contraire (*omnia sunt continua quorum partes ita sibi adhaerent ut nulla sit inter eas distantia, discretus vero ex contrario dicitur*) ».

monceau de pierre l'une d'entre elles [...]. Ces choses, nous les unissons par notre œuvre et non par création de la nature [1].

On comprend – par ce texte extraordinaire, confirmé par de nombreux autres – que le propre des réalités naturelles est précisément la continuité des parties qui les composent et que, pour que nous puissions être créateurs de réalités (artificielles) en tout point analogues à celles que la nature produit, il faudrait que notre esprit puisse faire « naître », par agrégation des points, la ligne, la surface ou le volume qui font la consistance naturelle (géométrique et physique) des *essentiae* du monde. Mais, lors même que « tout naît du point », nous n'arrivons pas à engendrer, par multiplication de ce point, suffisamment de points pour obtenir la continuité même de la ligne (ou suffisamment d'instants pour obtenir la continuité même de l'écoulement du temps). Le nombre de points suffisant pour éviter toute rupture de la continuité de cette ligne, de cette surface, de ce volume dépasse le dénombrable (pour nous). Ainsi, par ce que peut notre intelligence (finie), nous pouvons transformer des réalités préexistantes mais non, au sens propre, les créer. Notre intelligence n'a pas cette toute-puissance. Nous pouvons modifier la réalité, mais, faute de parvenir à décomposer par notre intelligence la réalité naturelle en ses composants ultimes, nous ne pouvons pas la (re-) créer et ainsi être créateurs au sens théologique du terme.

Il est donc hors de question pour Abélard de nier la réalité du continu. Il y a, au contraire, chez lui, l'idée que la nature (objective) est précisément ce qui résiste à l'activité constructrice de notre intelligence. Or, ce que celle-ci ne parvient pas à construire est, par excellence, le continu spatial et temporel. Abélard ne nie pas, on l'a vu, qu'une ligne continue soit un ensemble de points – au contraire, il l'affirme – mais il nie que *notre* intelligence puisse décomposer et recomposer le continu à partir des entités indivisibles qui le composent. D'un autre côté déduire du fait que *je* ne peux construire le continu son caractère fictif serait imprudent. Nous nous heurterions aux apories de Zénon sur la possibilité même du mouvement (de la course d'Achille rattrapant la tortue ou de celle de la flèche joignant sa cible). Mais, indépendamment de ces apories qui supposent la lecture d'une *Physica* encore inaccessible en ce début du XIIe siècle, on comprend que, pour Abélard, si la nature était composée d'entités intégralement discernables par mon intelligence comme « discrètes » – si le continu n'avait aucune forme de réalité pour ma science – il n'y aurait plus d'obstacle théorique à ce que nous puissions créer la réalité *ex nihilo*, c'est-à-dire produire une réalité artificielle en tout point analogue à la réalité naturelle (et non, comme c'est le cas, modifier artificiellement une réalité naturelle préexistante). On voit ici que c'est précisément l'objectivité du continu qui interdit, selon Abélard, que notre intelligence soit créatrice (au sens absolu et théologique du terme). Là encore, Abélard pense

---

1. *Dialectica, op. cit.*, p. 431, 13-17 : « Neque enim aestimo hominum operatione ulla ita coniungi corpora ut nulla sit inter ea distantia. Unde nec lineae longitudo continua vel superficiei latitudo vel corporis spissitudo nostrae subiacent actioni, sed fortasse numeri multiplicatio secundum aggregationem ad eundem locum [...]. Haec itaque nostra uniuntur operatione, non naturae creatione ».

l'intelligence humaine par contraste avec une intelligence infinie – omnisciente – et proprement créatrice.

Abélard retrouve la thématique aristotélicienne du continu mais au lieu de tenter de résoudre la question par un contraste, du côté de l'objet connu, entre l'être en puissance et l'être en acte, il articule le problème, du côté du *sujet connaissant*, par un contraste entre une intelligence infinie et omnisciente susceptible de construire le continu à partir des quantités discrètes dont il est fait et une intelligence finie, la nôtre, qui en est complètement incapable. C'est cette différence très profonde entre Abélard et ses sources aristotéliciennes qui explique à notre sens pourquoi Abélard conçoit le point non, itérativement, comme une limite séparant en acte deux segments de ligne dont chacun est à son tour potentiellement divisible en une nouvelle limite actuelle et ainsi sans fin, mais comme une *partie* constitutive d'une ligne qui n'est *essentialiter* qu'un ensemble infini de points.

L'idée même d'une intelligence infinie et créatrice – une idée telle qu'affirmer qu'un objet réel lui correspond est impossible à établir, soutient Abélard – implique qu'il n'y ait pas pour elle de fond « obscur » de la matière, un fond qui résisterait à son discernement rationnel. Même si dans nos mesures, et cela quelle qu'en soit la précision, il arrive toujours et encore que trois quantités contiguës (par exemples trois points) soient telles qu'on parvienne à discerner le point A du point C, mais sans parvenir à discerner le point A d'un point B et ce point B du point C, aboutissant ainsi à la contradiction « A = C : le Faux » et « A = B et B = C et, donc, A = C : le Vrai », cette contradiction ne peut pas se produire pour une intelligence (d'une précision) infinie. La ligne est bien, pour elle, composée de points dont aucun n'est l'autre, c'est-à-dire de points tous « discernés » en acte les uns des autres et, donc, tous discrets. Comme cette intelligence, si elle existe, est rationnelle, elle ne peut créer une matière autorisant la vérité concomitante de deux jugements contradictoires entre eux. La matière est foncièrement *intelligible* et la contradiction est dans ma mesure et non dans la chose. Mais il y aurait « folie » à croire que nous puissions être cette intelligence et la réalité naturelle est, pour Abélard, assurément plus résistante à l'analyse que l'univers idéalement *discret* (toujours déjà « discerné ») que décrit Roscelin. Même si le principe de contradiction semble exiger qu'une ligne soit constituée de points dont aucun n'est l'autre, affirmer que mon intelligence peut résoudre la ligne en ces points qui la constitue semble déraisonnable. D'un côté, nous admettons que partout où la ligne peut être coupée, il y a des points et qu'ainsi elle n'est que l'ensemble de ces points et, de l'autre, nous devons reconnaître qu'aussi loin qu'aille *notre* discernement de ces points nous n'obtenons jamais qu'un canevas bien insuffisant pour assurer la continuité de cette ligne. Le continu est ainsi précisément ce que mon esprit ne peut construire, finalement, inventer. Il est ainsi pour Abélard l'étoffe même d'une réalité non factice, c'est-à-dire d'un *donné* naturel, qui, dans la facticité (temporelle et spatiale) de son *existence*, échappe au pouvoir de construction de mon intelligence. Et, effectivement, ce que remarque Abélard à propos des quantités continues de l'espace et du temps, il le transfère dans ce texte aux corps que ces quantités mesurent.

Le point important est qu'avec Abélard les limites de l'intelligibilité de la matière ne sont plus, comme pour les Anciens, *objectives* – la matière n'est qu'un ensemble non-contradictoire d'éléments tous « discrets » – mais bien seulement *subjectives*. La matière (différemment du néo-platonisme, par exemple) ne recèle, en son fond, aucune obscurité, aucune ambiguïté ou contradiction possible. Mais, pour parvenir à épuiser en acte l'intelligibilité du réel, il faudrait, du côté du sujet de la connaissance, que, par *excessus mentis*, ma science se divinise. Les limites de la science ne sont plus enracinées dans un fond obcur de la réalité matérielle elle-même, mais seulement dans la finitude de la science dont un sujet humain de la connaissance est, au plus, capable.

Il est clair en effet qu'affirmer que les corps sont composés de parties élémentaires *in fine* indivisibles n'implique pas que nous puissions, de manière raisonnable, affirmer que notre science soit actuellement – maintenant ou plus tard – parvenue à résoudre les réalités physiques en ces éléments derniers. Dire qu'il n'y a rien d'inintelligible dans la matière est une chose, dire que notre science est parvenue à épuiser tout progrès dans cette intelligibilité de la matière en est assurément une autre. Et, de fait, on comprend bien que, même (et surtout) aujourd'hui, *aucun* physicien – soucieux de méthodologie scientifique – n'est prêt à affirmer qu'il est parvenu à résoudre la réalité matérielle en des éléments absolument et définitivement derniers. Tout physicien moderne, est, comme déjà Abélard au XIIe siècle, soucieux de distinguer ce que peut une science humaine de ce que peut une science absolue et définitive (divine). Pour *notre science*, l'analyse actuelle ne peut pas être déclarée être toute l'analyse possible. Si nous devons avoir la prudence de ne pas confondre l'inanalysé et l'inanalysable, alors il en résulte que, pour notre connaissance, nous ne pouvons pas faire entièrement l'économie de la relation du tout (composé) aux parties qui le compose (contrairement à ce que prétend Roscelin).

Pour Aristote, le point ne peut pas être une *essentia* partie du continu parce que cela supposerait la réalité d'un infini actuel. Mais ce qui semble inconcevable pour un esprit aristotélicien ne peut plus l'être autant dans un cadre théologique proprement créationniste. On postule alors, outre l'existence de notre intelligence (créée), l'existence d'une intelligence proprement créatrice. Or, il est évidemment exclu que cet esprit, s'il est vrai qu'il a le pouvoir de créer la matière et, donc, le continu à partir de ses *seules* Idées, n'en ait pas une connaissance effective (actuelle). La matière est *conçue*. Au-delà d'Aristote, et plus près de ce modèle créationniste, même le dieu artisan de Platon n'avait pas un tel pouvoir. La « chôra » du *Timée* est toujours déjà-là. Le Dieu monothéiste – dont rien ne précède le pouvoir de « conception » – se révèle ainsi infiniment plus puissant. La durée de ma vie n'est pas infinie, elle ne le devient que si j'entreprends de l'*engendrer* à partir des instants que je distingue en elle, une entreprise inachevable et donc inactuelle pour Aristote. S'il y a une intelligence créatrice, alors cette entreprise devient, par hypothèse, *actuelle*. Elle peut être accomplie.

Bien sûr, l'existence d'une telle intelligence est hypothétique mais cette seule hypothèse fait que l'impossibilité d'engendrer rationnellement le continu à partir des éléments discernés en lui devient une impossibilité relative et non (nécessairement) absolue : *pour nous* et non pour Dieu. Et c'est ce que dit Abélard. Nous ne pouvons pas engendrer le continu mais la « nature », elle, le peut.

Donc, pose Abélard, sur un plan proprement logique et dans un état humain de la connaissance, il n'est pas possible de faire l'économie de la relation tout/partie. Tout ce qui existe n'existe pas séparé et il est ainsi faux que la différence d'*essentiae* – de déixis – implique la *differentia numero*. Le concept grammatical d'objet déictique – cet étant qui tombe sous mon doigt – ne suffit pas à fonder le concept logique d'objet extensionnel (« numériquement discret »), *découvre* Abélard[1].

On a, en effet, ce double constat :

> C'est pourquoi certaines [entités] sont ontologiquement [essentialiter] diverses qui ne sont pas différentes par le nombre, ainsi une maison et son mur et n'importe quel tout concret et sa partie intégrante[2].

Et :

> En revanche, sont différentes par le nombre ces entités qui sont discrètes par toute la quantité de leur essence en sorte qu'on puisse les associer dans le calcul, comme lorsque l'on dit : un, deux, trois, etc.[3]

Le concept d'objet extensionnel est défini par la co-numérabilité (« associer dans le calcul ») et le fait est que la matérialité des objets physiques se traduit en particulier par le constat qu'ils ont des parties qui sans être l'objet total – *diversitas essentiae* – n'existent pas *séparément* (« discrètement ») de lui et, donc, ne sont pas co-numérables avec lui. Sur le plan quantitatif la matérialité de l'objet se traduit par sa continuité. Poser – comme Roscelin – que cette distinction entre *diversitas essentiae* et *differentia numero* est inutile revient, en pratique, à substituer pour les besoins de la logique à la réalité *matérielle* telle que nous la connaissons une *idéalisation* radicale (et, selon Abélard, « déraisonnable ») de cette même réalité où il arrive toujours qu'à deux actes déictiques correspondent des étants matériels « discrets » et séparés. Pour Dieu peut-être, mais pour nous ? *En fait*, deux actes déictiques peuvent avoir comme corrélats *ontologiques*, physiquement bien fondés, des étants qui ne sont pas, sans contradiction logique,

---

1. Boèce ne fait pas la distinction entre *essentia* visée par une déixis et *res personaliter sive numero discreta* : « ces choses sont surtout des individus qui tombent, ostensiblement, sous l'indication du doigt (*ea que maxime sunt individua quae sub ostensionem et indicationem digiti cadunt*) », dit-il simplement. Il ne voit pas le problème que discerne Abélard en discutant les positions de Roscelin, voir *Second commentaire sur l'*Isagoge, *op. cit.*, chap. III, p. 233-234.

2. *Theologia Summi Boni*, éd. C. J. Mews, « Corpus Christianorum, continuatio medievalis », t. XIII, Turnhout, Brepols, 1987, p. 146, 863-p. 147, 865 : « Sunt itaque quedam essentialiter diversa que non sunt numero differentia, utpote domus et paries et quodlibet integrum totum cum parte sua ».

3. *Theologia Scholarium*, t. XIII, *op. cit.*, p. 455, 1434-1436 : « Tunc vero etiam numero sint diversa, cum ita tota quantitate suae essentiae sunt discreta, ut in computatione sibi queant admisceri, cum videlicet dicitur unus, duo, tres, etc. ».

co-numérables entre eux, l'un étant partie de l'autre, et la déixis ne peut suffire, donc, à fonder le concept logique d'objet extensionnel. Tout objet « déictique » n'est pas un objet extensionnel (une *res numero* discreta) et l'inférence de la *diversitas essentiae* à la *differentia numero* est *fausse*. Les faits sont donc plus complexes et notre théorie ne peut être pertinente, au-delà de sa nécessaire cohérence interne, que si elle respecte de manière *effective* cette complexité. Abélard pense ainsi que la double décision ontologique de Roscelin l'oblige à sortir, dans une théorie *insana*, du monde réel, un monde matériel où les objets ont *tous* des parties réelles *et* non séparées.

L'INTERDÉPENDANCE DES DEUX DÉCISIONS ONTOLOGIQUES DE ROSCELIN

Ce qu'ont en commun les deux thèses ontologiques attribuées à Roscelin par ses adversaires est ainsi le rejet du bien-fondé dans l'ontologie de quoi que ce soit qui ressemble de près ou de loin au concept d'*ensemble* :

a) au sens où tel objet matériel peut être conçu comme l'ensemble des parties qui le constituent

et

b) au sens où cet objet matériel-là est, à son tour, co-numérable avec les autres objets appartenant à l'ensemble X que définit leur co-numérabilité mutuelle (au sens où pour dénombrer des objets, il faut avoir « n x 1 », soit « n x le même »).

Il y a ainsi une solidarité conceptuelle profonde entre les deux thèses de Roscelin, solidarité définie par une ontologie excluant systématiquement le concept d'ensemble au profit de celui d'individu. Le tout concret n'est un ensemble de parties qu'*in voce* et l'identité de statut qui permet de co-numérer ce tout avec tel autre n'est à son tour que « vocale ».

En fait, Roscelin peut s'en tenir au caractère purement conventionnel des espèces et des genres *parce qu*'il n'a pas besoin d'eux pour fonder le discernement numérique des individus. Celui-ci va de soi (une idée qu'on retrouve, au XIVe siècle, chez Guillaume d'Ockham). Pour Abélard, les choses sont plus complexes. « Individuum » (c'est-à-dire *personaliter discretus*) est un terme purement *négatif*[1].

La proposition « l'unité est une » est vraie, mais si cette proposition implique d'attribuer à l'unité la propriété « être une », comme cette propriété est elle-même à son tour une, nous aurons une régression à l'infini, note Abélard. Ainsi, si ce qui est un, pour l'être, doit avoir la propriété « être un », comme cette propriété (réelle) est elle-même une, elle devra d'être une à une troisième propriété et ainsi

---

1. Nous analysons : LI, *Gloses sur les Catégories*, p. 124, 21-29.

sans fin. Il en résulte que l'unité n'est pas du tout une propriété de la chose. Il en va de même pour « discret », « individu » ou « singulier ».

Dire de cet étant qu'il est singulier n'est donc pas lui attribuer une forme (positive) mais seulement nier que cet étant soit l'un quelconque des autres étants considérés. « Individu » est ainsi un terme purement négatif. Être individuel, c'est être numériquement *discretus*, c'est-à-dire numériquement « discerné » des autres étants examinés. Ce n'est pas être quelque chose mais *ne pas être quelque chose*, soit l'un des autres étants pris en compte, souligne Abélard. Pour que ce discernement numérique soit possible il faut que l'objet soit co-numérable avec les autres objets considérés, qu'il soit par conséquent de même genre ou de même espèce qu'eux[1]. Je ne peux pas co-numérer (« associer dans le calcul ») n'importe quel étant avec n'importe quel autre étant, par exemple co-numérer un doigt et une main ou, tout aussi bien, un homme et un animal. Pour compter il faut « n x *le même* ». Et il est faux que le discernement numérique des étants soit non-problématiquement donné à ma connaissance. *Tous* les objets physiques – les objets donnés à mon expérience – ont des parties, tels que 1) la partie n'est pas le tout et tels que 2) la partie n'est pas co-numérable avec le tout qu'elle intègre. Cette non-co-numérabilité n'est pas un cas particulier de mon expérience mais bien le cas général puisque tout ce qui est donné à l'expérience sensible est, encore et toujours, composé. L'expérience ne révèle donc pas d'individu en un sens absolu (d'individu *simplex*), mais seulement en un sens relatif. Si la *differentia numero* n'est pas une donnée *immédiate* de notre expérience du réel, il va bien falloir, malgré Roscelin, que nous *thématisions* l'activité conceptuelle (classificatrice) qui permet, seule, de rendre les données des sens dénombrables. Et il va bien falloir aussi que j'accorde une certaine objectivité aux statuts définitionnels qui en ramenant à l'unité une diversité d'*essentiae* me rendent capable de dénombrer univoquement cette diversité, en sorte que je n'ai plus seulement devant moi une pure diversité d'*essentiae* mais bien, de manière ordonnée, « n x 1 être tel ». Si le statut est arbitraire, le discernement numérique qu'il rend possible l'est tout autant. C'est toute la connaissance humaine qui se trouve alors réduite à une simple *opinio*.

La sémantique de Roscelin ne fonctionne pas parce qu'en réduisant le statut à une convention lexicale elle se retire le moyen de fonder de manière non-arbitraire le discernement *extensionnel* (numérique) des *essentiae* du monde. Il est faux que ce discernement soit immédiatement et non problématiquement donné à la science. Cet étant (Socrate) et cet autre (Platon) ne sont discernables sans ambiguïté – *numero* – que si j'ai « 2 x 1 (*esse tale*) » et cela *en vérité* (et non seulement en français ou dans telle autre langue), c'est-à-dire, chez Abélard, s'ils appartiennent tous deux à l'extension du même statut définitionnel d'objet. C'est

---

1. Comprenons bien : je n'ai pas besoin pour discerner un objet d'un autre d'attribuer à ces deux objets le même statut, mais j'en ai besoin pour les discerner *numériquement* – hors toute ambiguïté – l'un de l'autre. Il n'y a évidemment pas de dénombrement possible sans un classement préalable. Si le second est arbitraire, alors le premier, en toute rigueur, l'est aussi.

pourquoi il faut bien comprendre que les deux thèses ontologiques de Roscelin sont profondément liées et qu'Abélard, en soulignant l'absurdité « physique » de la seconde thèse, renverse en réalité tout l'édifice, et cela bien plus radicalement que l'argument purement « trinitaire » d'Anselme (qui, bien entendu, ne peut convaincre que le croyant). En réalité dès qu'on définit le terme (notoirement vague) d'individu[1] par le concept – scientifique – de nombre, comme le fait Abélard, il n'est plus possible de faire absolument l'économie du concept d'ensemble.

Les concepts d'individu et d'ensemble, loin d'être indépendants, s'appellent en réalité l'un l'autre : ils sont corrélatifs (comme le sont, en géométrie, les concepts de point et de continu). Un étant n'est numériquement discernable (à titre de substance première) d'un autre que s'ils appartiennent tous deux à un même ensemble, celui que définit le statut générique ou spécifique de substance (seconde) en lequel ils « se rencontrent ». Substances première et seconde sont ainsi des « quasi-relatifs ». Être reconnu comme numériquement « discret » *suppose* d'appartenir à un ensemble. Pour que nous puissions poser des individus « absolument » discrets, et non relativement à l'appartenance à l'extension de tel statut spécifique, il faudrait que nous puissions analyser la réalité de manière finale, jusqu'à atteindre, donc, des entités dénuées de parties. Il faudrait pour cela que nous obtenions un savoir où la différence de déixis implique la différence numérique. Mais, dans une science *expérimentale* (la seule possible pour nous) cette inférence est, constate Abélard, toujours et encore fausse. Ainsi, rejeter la seconde thèse ontologique de Roscelin *implique* de rejeter aussi la première. Ceci posé, Abélard refuse d'interpréter cette corrélation épistémique comme une corrélation ontologique : l'existence de substances premières n'implique pas – en soi – l'existence de la substance seconde, mais, pour notre science, discerner un étant comme numériquement séparé (de tel autre) implique que le statut commun qui, seul, rend cette assignation numérique possible soit plus qu'une convention de langage.

Abélard ne rejette donc pas seulement la thèse de Roscelin sur les touts particuliers mais aussi sa thèse sur les touts universels. Certes les universaux sont des noms – il n'y a pas de chose *indiscreta* qui à la manière d'une variable soit *indifferenter* ceci (Socrate) et/ou cela (Platon) – mais ce qui cause le succès de l'imposition de cette « variable » n'est pas purement conventionnel. La seconde thèse (celle sur les universaux) est fausse aussi. L'absurdité « physique » de la première thèse entraîne le rejet de la seconde. Jean de Salisbury, qui est le témoin de toutes ces joutes fondatrices de la scolastique latine, ne mentionne qu'en passant Roscelin, en remarquant qu'au moment où il écrit, plus personne, en

---

1. On remarque que, par exemple, Ockham (XIVe siècle), Hume (XVIIIe siècle) ou Goodman (XXe siècle), au-delà de leur nominalisme incontestablement commun, divergent très profondément sur ce que recouvre le terme « individu » : « *substance* et qualité » pour l'un, « sense data » pour l'autre, ce qui peut être obtenu par l'opérateur « overlap » pour le troisième. Le signifié du mot « individu » est ainsi tout sauf stable (à comparer avec l'exceptionnelle stabilité du concept axiomatique d'entier naturel que tous les logiciens s'accordent à considérer comme catégorique).

pratique, ne soutient son vocalisme[1]. Or, Roscelin, en refusant de donner à la communauté de l'universel un fondement extra-linguistique – *res* (les dits *reales*) ou *status* (Abélard) – anticipait bien sur des nominalismes plus modernes. Il y a, donc, bien eu un départ du nominalisme au XIe siècle mais ce départ s'est rapidement éteint sous l'action non pas tant d'Anselme (où il faut croire pour être convaincu) que d'Abélard lui-même, maître des *nominales*. En réalité, le plus radical opposant à cette forme primitive d'atomisme logique que constitue la double thèse sur les touts de Roscelin est Abélard lui-même (et non seulement les *reales*). C'est lui – malheur à ses maîtres ! – qui démolit le nominalisme embryonnaire construit par Roscelin. Pour retrouver, après la double thèse sur les touts de Roscelin, un véritable nominalisme, il faudra attendre le XIVe siècle. À la différence d'Abélard, Ockham récuse, comme Roscelin, tout fondement extra-linguistique à la communauté de l'universel et, cela en assimilant les statuts (conceptuels) à des signes, mais il prend soin de souligner :

> Mais on remarque quelques différences entre ces signes. La première est que le concept, ou l'impression psychique, signifie naturellement tout ce qu'il signifie, tandis que le signe parlé ou écrit ne signifie que selon une institution volontaire. Il en résulte une autre différence : le terme parlé ou écrit peut changer arbitrairement de signifié mais le terme conçu ne change pas de signifié suivant l'arbitraire de quiconque[2].

En réalité, il n'est jamais question ni chez Roscelin ni chez Abélard de ce langage mental naturel que postule Ockham. Roscelin en fondant la communauté de l'universel sur la seule *consuetudo* (*loquendi*) anticipe plus sur le nominalisme (sceptique) de Hume que sur le terminisme d'Ockham. Pour ce qui est d'Abélard, il est simplement faux que le statut générique ou spécifique qui fonde l'univocité des universaux soit lui-même un signe (ou un terme, ou un nom), conventionnel ou non, et cela même si, contre les *reales*, il n'est pas non plus une *res*. Comme le remarquait J. Jolivet dès 1992, tout laisse à penser que, malgré la proximité entre les mots *nominales* (XIIe siècle) et *nominalistae* (XVe siècle) « c'est un anachronisme de vouloir qualifier de réalistes ou de nominalistes des philosophes qui ont travaillé deux cents ans avant les mises en place doctrinales du XIVe siècle »[3]. Pour qu'il y ait véritablement nominalisme il faut la thèse ockhamiste du concept comme « signe mental », une thèse qu'on ne trouve pas (et, comme nous le verrons, pour des raisons fondamentales) chez Abélard, que, seul, Roscelin a peut-être approché, mais sans distinguer signe conventionnel et signe naturel et dont Ockham est, en réalité et à bonne distance du XIIe siècle, le véritable concepteur. L'utilisation du terme « nominalisme » pour qualifier Abélard (et les dits *nominales*) conduit inévitablement à dénier au statut la place centrale que ce concept occupe dans la logique et la théorie de la connaissance d'Abélard.

---

1. John of Salisbury, *Metalogicon*, *op. cit.*, II, 17, p. 81 : « Alius ergo consistit in vocibus, licet haec opinio cum Roscelino suo, fere omnino iam evanuerit ».
2. Guillaume d'Ockham, *Somme de logique*, I, 1, trad. fr. J. Biard, Paris, Mauvezin, 1988, p. 6.
3. J. Jolivet, « Trois variations médiévales... », art. cit., p. 111.

On prend alors le risque de réduire ce statut à « rien » ... d'autre qu'un nom et l'intellection engendrée par ce nom (sa signification), en identifiant ainsi la cause (d'imposition) et son effet (le nom imposé et la représentation qu'il engendre). Or, le concept de statut est, avec celui de *dictum*, le concept certainement le plus original, le plus profondément inédit du corpus abélardien. Le « réduire » risque ainsi de « normaliser » le texte abélardien en laissant de côté la nouveauté de la pensée logique d'Abélard et en passant outre à ce qu'elle a de plus original au XIIe siècle par rapport à la fois à ce qui la précède dans ses sources (Boèce) et à ce qui la suit lointainement (Ockham qui réduit le concept à un signe), pour s'en tenir à des philosophies partageant avec celle d'Abélard une ontologie réduite aux entités particulières. Il nous semble au contraire que c'est précisément ce qui fait l'originalité de la pensée logique d'Abélard qu'il convient prioritairement de dégager.

Dans un contexte épistémologique assurément très différent, l'idée d'un atomisme « logique » a retrouvé au XXe siècle une certaine faveur sous l'influence (en particulier sur Russell) du *Tractatus logico-philosophicus* de Wittgenstein, un texte remarquable par sa clarté et son élégante simplicité. Hao Wang remarque, cependant, que Wittgenstein lui-même en avait rapidement perçu les limites :

> In his lectures of 1930-1933, Wittgenstein came to appreciate the two basic mistakes in the Tractatus, probably under the impact of Brouwer. The first of these concerned atomic propositions. « He said that both he and Russell had the idea that non atomic propositions could be "analyzed" into atomic ones, but that we did not yet know what the analysis was. His present view was that it was senseless to talk of "final analysis". He was willing to take in any context unanalyzed (rather than unanalyzable) propositions as atomic ». The second important mistake was his analysis of general propositions as conjunctions. « He said he had been misled by the fact that (x)Fx can be replaced by Fa & Fb & Fc & ... having failed to see that the latter expression is not always a logical product, that it is only a logical product if the dots are what he called "the dots of laziness" »[1].

Si l'on accepte de transposer, on peut voir que la première erreur ressemble de près à celle de Roscelin sur les touts individuels, posant que la *res* en tant que signifiée par son nom propre est un individu en un sens non pas relatif (inanalysé)

---

1. H. Wang, « Russell's Logic and Some General Issues », in *From Mathematics to Philosophy*, New York, Routledge-Kegan Paul, 1974, p. 103-129, ici p. 118 : « Dans ses conférences de 1930-1933, Wittgenstein en vint à mesurer les deux erreurs fondamentales présentes dans le *Tractatus*, et cela probablement sous l'influence de Brouwer. La première de ces erreurs concernait les propositions atomiques. "Il dit que lui et Russell avaient l'idée que les propositions non atomiques pouvaient être 'analysées' en propositions atomiques, mais que nous ne savions pas encore ce que donnait cette analyse". Sa position actuelle était qu'il était dénué de sens de parler d' "analyse finale". Il souhaitait, en tout contexte, prendre comme atomiques des propositions inanalysées (plutôt qu'inanalysables). La seconde erreur importante était son analyse des propositions générales comme des conjonctions. "Il dit qu'il avait été trompé par le fait que (x)Fx pouvait être remplacée par Fa & Fb & Fc & ... n'ayant pas vu que cette dernière expression n'est pas toujours un produit logique, qu'elle est seulement un produit logique si les points de suspension sont ce qu'il nommait 'les points de suspension de la paresse' " » (notre traduction).

mais absolu (inanalysable). On peut constater aussi que la deuxième erreur ressemble à celle de Roscelin sur les touts universels, réduisant le statut, fondement logique du prédicat universel (définitionnel), à une simple convention de mon langage (au sens où toute proposition universelle est traductible en une concaténation de propositions particulières équivalentes, du moins en théorie). Il est frappant de constater qu'Abélard rejette chacune de ces deux thèses de Roscelin et ne fait ainsi – toujours si nous acceptons de transposer – aucune des deux erreurs que Wittgenstein admet, avec une grande honnêteté, avoir faites dans son *Tractatus*. On comprend qu'entre une « subtilité » excessive et une simplification tout aussi excessive (avec les deux erreurs « de base » que Wittgenstein discerne lui-même dans son propre *Tractatus*), une troisième voie est possible. La théorie sur les deux genres de tout de Roscelin était bien une forme, peu sophistiquée mais cohérente, d'atomisme « logique » et Abélard est beaucoup plus violent dans ses propos sur les thèses de Roscelin (théorie « insana », « pseudo-dialecticus », « pseudo-christianus », etc.) que dans sa critique d'un Guillaume de Champeaux qu'il nomme toujours avec respect « noster magister W. » (*Dialectica*) ou « noster praeceptor Willelmus » (LI), malgré les désaccords très profonds qu'il a avec lui et les « calamités » que les partisans de ce dernier lui ont occasionnées.

Conclusion : trois conceptions de la communauté de l'espèce « homme »

On peut tenter de résumer le débat Roscelin / Guillaume de Champeaux / Abélard sur la nature de l'universel « homme » à ces trois thèses :

H(R) : l'homme doit d'être commun à une convention linguistique des locuteurs communiquant entre eux au sujet des hommes individuels.

H(GdeC selon Abélard) : l'homme doit d'être commun à l'acte d'abstraction du sujet connaissant qui actualise, soit par *denudatio* soit par indifférenciation, une communauté que l'homme individuel contient en puissance.

H(Ab) : l'homme doit d'être commun au statut intensionnel « être homme » qui, sans être un étant du monde et un objet extensionnel, fonde hors du langage la prédicabilité avec vérité du nom « homme » de chaque homme individuel, un à un et ensemble.

Les trois thèses partagent une ontologie réduite aux individus, puisque même pour la ThEM dans la version qu'en donne Abélard, il n'est pas question de poser hors de la pensée une entité effectivement (*actualiter*) universelle. La question n'est donc pas fondamentalement ontologique. Pour Abélard, H(R) est insuffisant, parce que pour discerner *scientifiquement* – objectivement – des individus, dans un univers matériel où il est faux que tout ce qui existe existe séparément, j'ai besoin de ramener les étants discernés à un même statut d'objet. Si ce statut est aussi *ad placitum* que le nom qui dans telle ou telle langue le désigne, c'est ce discernement des individus entre eux qui perdra, aussi, tout caractère scientifique, ce qu'Abélard, bien sûr, n'est pas prêt à admettre. H(GdeC) garantit le caractère objectif de mon savoir mais en attribuant à la *res* qu'est Socrate une communauté virtuelle, cette thèse confond le statut (commun) « être homme » et ses caractères constitutifs et la *res* qui est homme et ses propriétés concrètes : les choses ne sont pas des concepts. H(Ab) résulte donc clairement d'une tentative pour concilier les deux premières thèses en éliminant leurs impasses respectives : l'impossibilité de fonder la science pour la première thèse et la confusion entre le réel et le conceptuel pour la seconde. Et finalement on constate qu'Abélard aboutit, par ce processus d'équilibration, à dégager le concept de statut définitionnel d'objet en le distinguant radicalement, d'un côté – contre Guillaume de Champeaux –, des concepts ontologique d'étant (*essentia*) et logique d'objet extensionnel (*res numero discreta*) et, de l'autre côté – contre Roscelin –, des concepts linguistiques de convention lexicale (*vox ut vox* ou *sermo*) et psychologique de représentation mentale (*conceptio* ou *intellectus*). Il découvre ainsi un objet dont le seul équivalent moderne disponible nous paraît être le *Begriff* frégéen.

Chapitre IV

LA THÉORIE DE LA SIGNIFICATION D'ABÉLARD

La sémantique d'Abélard et ses interprétations modernes entre Kripke et Frege

La théorie de la « cause d'imposition » d'Abélard et la théorie causale des noms propres de Kripke

Jean Jolivet avait montré que la sémantique qui se dégage de la double décision ontologique de Roscelin revenait à privilégier la référence sur la signification en faisant dépendre la seconde de la première[1]. Si la chose nommée change, la signification du nom qui la désigne change aussi. Cette sémantique pose la question des noms dont la référence est vide. S'il est vrai qu'un nom signifie ce qu'il nomme, faut-il en conclure que « chimère » qui ne nomme rien ne signifie rien non plus ? D'après Garland, auteur d'une *Dialectica* « vocaliste », c'est bien le cas : « Signifier ce qui n'est pas, qu'est-ce dire ? Rien ! Aucune *vox* ne peut être imposée à une chose à moins que celle-ci n'existe, n'ait existé ou ne soit future »[2] : « Car "chimère" est une *vox* qu'on dit avoir été significative autrefois et qui n'est plus significative aujourd'hui »[3]. Un nom qui ne nomme, n'a nommé ou ne nommera rien ne signifie rien non plus. Le présupposé de cette conception est bien que la signification que le nom doit à son imposition est entièrement dérivée de la chose que ce nom désigne et de ses propriétés. Il y a donc cohérence sur ce point entre Roscelin et Garland. Les caractérise tout deux l'affirmation que quand

---

1. J. Jolivet, « Trois variations médiévales… », art. cit., p. 127 : « Si les choses sont bien ainsi qu'il nous a semblé, la référence serait au centre de la dialectique de Roscelin », et J. Jolivet de conclure (p. 128) : « restons-en à l'image d'un Roscelin qui inaugure […] une sémantique de la référence ».

2. Garland, *Dialectica*, éd. L. M. De Rijk, 1959, Assen, Van Gorcum, p. 62, 34-p. 63, 1 : « ea enim significare quae non sunt, quid est dicere ? Nihil ! Quia nulla vox potest imponi alicui rei nisi sit vel fuerit, vel futura sit ».

3. *Ibid.,* p. 70, 33-34 : « Nam "chimera" est vox quae quondam dicitur fuisse significativa et modo non est significativa ».

la chose change ou disparaît, la signification du nom qui la nomme change ou disparaît aussi.

Les réalités du monde sont, pour Abélard, essentiellement contingentes. En ce sens, leur composition matérielle et leurs propriétés sont changeantes. Une théorie de la signification du nom propre qui ferait changer celle-ci en même temps que l'*essentia* désignée par ce nom propre priverait ce nom de toute signification « stable » :

> Remarque que « Socrate » signifie cette substance, parce que [ce nom signifie] cet homme, et, cependant, il ne signifie pas cette substance qui varie sans cesse par influx et reflux, parce que s'il signifiait cette substance qui, maintenant, est Socrate et cet étant qui, demain, sera Socrate, comme cet étant n'est pas identique aujourd'hui et demain, la signification du nom « Socrate » changerait souvent, ce qui ne peut convenir [1].

On a ici l'origine quasi « phénoménologique » du mot « statut ». Ce que signifie le nom propre « Socrate » ne peut être dérivé de ce à quoi il réfère *actualiter*, parce que l'objet référé change sans cesse dans ses propriétés accidentelles comme dans sa composition matérielle. Abélard refuse que le nom propre soit significatif d'accidents : « Socrate » signifie seulement *in hac arte* (la logique) « la substance dans sa discrétion personnelle »[2]. Ceux qui posent que le nom propre « Socrate » signifie la collection des accidents qui différencie Socrate de Platon « concèdent que la signification de "Socrate" varie fréquemment du fait de la variation des accidents »[3], ne serait-ce que parce que la Socratité d'aujourd'hui n'est pas celle d'hier ni celle de demain. Le temps est un accident (réel) et ainsi chaque instant nouveau de la vie de Socrate retire un accident à la Socratité de Socrate et lui en ajoute un nouveau. Comme une collection n'est rien d'autre que la somme de ses éléments et que « $n = n+/-1$ » est assurément faux, il y aura autant de Socratités différentes que d'instants successifs dans la vie de Socrate, soit une infinité ! On voit qu'Abélard pose ici un type de problème analogue à celui que pose – dans un contexte épistémologique complètement différent – Saul Kripke lorsqu'il critique la théorie des noms propres de Russell [4]. Kripke pose que le lien entre le nom propre et son référent doit être « rigide », c'est-à-dire indépendant de l'état provisoire et incomplet de notre connaissance de l'objet nommé. Le nom propre doit continuer à référer à l'objet non pas dans la description actuelle que nous sommes capables d'en faire mais dans tous les mondes possibles. C'est bien un problème analogue qui est ici posé par Abélard – comme l'a montré Peter King qui a introduit ce parallèle [5] – mais il le résout dans le cadre ontologique

---

1. LNPS, p. 548, 4-10 « Nota, quod Socrates significat hanc substantiam, quia hunc hominem, nec tamen significat hanc substantiam quae assidue variatur per influxum et effluxum, quia si significaret hanc substantiam quae modo est Socrates et cras esssentiam quae cras erit Socrates, cum non eadem essentia hodie et cras sit Socrates, saepe mutaret significationem, quod est inconveniens ».
2. LI, p. 65, 5-9.
3. *Ibid.*, p. 64, 33-37.
4. S. Kripke, *Naming and Necessity*, Cambridge (Mass.), Harvard UP, 1980.
5. P. King, « Abelard », art. cit. *Cf.* J. Marenbon, *Abelard in Four Dimensions...*, *op. cit.*, p. 149-152.

aristotélicien de l'opposition substance/accident, un cadre complètement étranger à Kripke comme à Russell. Pour que le lien référentiel entre le nom propre et l'objet qu'il désigne soit constant – nécessaire – il faut, souligne Abélard, que ce nom désigne seulement cet homme-ci, indépendamment de toutes les propriétés *accidentelles* qui affectent cette substance individuelle.

Abélard est parfaitement conscient, on l'a vu, que les substances individuelles ne se discernent pas comme telles « spontanément »[1]. Dénombrer des substances, c'est-à-dire les reconnaître comme « personnellement discrètes » les unes des autres, suppose, soutient Abélard, de pouvoir les co-numérer sous un statut *commun* d'objet. Et, effectivement, les sciences cognitives nous apprennent qu'il est strictement impossible de dénombrer sans un classement préalable. Abélard souligne, dans la LNPS, que

> alors que les autres formes sont quelque peu discernées par la sensation, comme la blancheur par la vision ou la phrase par l'audition, l'humanité seule ne tombe pas sous la sensation, mais est discernée par la seule raison[2].

Abélard dit encore, dans la LI, que, seuls, les accidents en un sens propre viennent à la sensation[3], et que la substance est « en quelque façon » devinée « comme derrière une vitre » au fondement des accidents[4]. La visée du statut *anticipe* et conditionne la perception à travers la vitre des données sensorielles immédiates de leur fondement substantiel. Poser que la perception de la substance première conditionne le discernement de son statut spécifique serait une erreur dans l'interprétation des textes d'Abélard. C'est si j'intellige *déjà* la nature du chien, qu'au-delà de son aboiement je peux « percevoir » sa colère et non l'inverse. De même la vitre – ce son de voix, cette couleur de peau, cette petite taille – me montre une substance première (cet homme « Socrate »), parce que je fais l'hypothèse qu'il est dans la nature de toute propriété sensible d'appartenir à une substance fondant dans l'être ce faisceau de propriétés en les ramenant à

---

1. Lorsque P. King écrit, dans « Abelard », art. cit., que, chez Abélard, « proper names are semantically singular referring expressions, closely allied to indexicals, demonstratives, and singular descriptions (or descriptive terms) », il reste le risque d'une confusion entre *déixis* et *discretio* numérique, une confusion, comme nous l'avons vérifié, très soigneusement évitée par Abélard, grâce à sa critique de la sémantique de Roscelin.

2. LNPS, p. 542, 6-8 : « Cum aliae formae aliquantulum distinguantur per sensum, ut albedo per visum, oratio per auditum, sola humanitas non venit ad sensum, sed sola ratione distinguitur ».

3. LI, p. 95, 20-23 : « C'est pourquoi nous disons que ne viennent en un sens propre à la sensation que ce dont les sens jugent immédiatement – sans l'intervention d'aucune autre connaissance – comme la couleur, le son, la douceur ou l'odeur : ces propriétés semblent être seulement des accidents, ce que confirment tant la raison que l'expérience ».

4. *Ibid.*, 28-38 : « Nam et per vitrum suppositum corpus cognoscimus ». Ce qui est perçu, ce sont « statim » (directement) seulement des qualités sensibles et indirectement – le discernement d'un certain statut de substance « intervenant en tiers » (*intercedente*) – les *qualia*. Abélard « ne nie pas » (dit-il) que le sujet des propriétés accidentelles soit objet de sensation (comment saurions-nous sinon que l'objet existe en dehors de notre pensée ?), mais indirectement (par la médiation du discernement *sola ratione* d'un certain statut définitionnel de chose). De même, explique-t-il (*ibid.*, 13-19), si je ne connaissais pas *déjà* la « nature » du chien, je ne pourrais, au-delà du son de son aboiement, percevoir sa colère.

l'unité d'un seul et même objet, hypothèse que (selon Aristote) confirme l'expérience sans pouvoir en être inféré en un sens propre. Abélard pose, dans la *Dialectica*, que nous raisonnons par des hypothétiques de type « Si (x) est Socrate, (x) est homme », hypothétique que la réalité vient, par après, confirmer (ou infirmer) : « or, (x) est Socrate » ; d'où nous concluons « (x) est homme ». La réalité et la catégorique qui l'exprime ratifient une hypothétique qui vient *inévitablement* en premier.

Donc, nous constatons trois points :
1) il est faux que tous les étants susceptibles d'être nommés comme différents soient co-numérables : la *differentia numero* n'est pas non problématiquement donnée à l'indication de mon doigt ;
2) il est indispensable pour discerner un objet comme *numériquement* discret, de pouvoir l'associer dans le calcul à au moins un autre objet de manière à ce qu'on ait : « 2 X 1 » ; il faut, donc, pouvoir ramener une diversité d'*essentiae* à un même statut de chose ;
3) il est faux, malgré Boèce, que l'humanité de Socrate par le fait de laquelle celui-ci est co-numérable avec Platon soit donnée à la sensation.

Le statut substantiel est-il un objet de perception sensible ?

Ce troisième point mérite qu'on s'y arrête un instant, puisqu'il peut faire débat. J. Marenbon souligne :

> As Martin makes clear when he discusses attentio, Abelard believes *our sense perception* of natural thing, direct or through an imagination of it, does contain, though confusedly, an account of its natures and properties [1].

Ceci ne se vérifie que pour les propriétés accidentelles. Abélard ne dit, en effet, jamais que les différences substantielles qui structurent de manière interne le statut substantiel (spécifique ou générique) de la chose sont perçues par les sens, même confusément. Abélard insiste au contraire dans la LI sur le fait que « le doué de raison et la mortalité », ces formes spécifiques, sont « des formes intrinsèques qui ne viennent pas aux sens »[2]. Les formes « extrinsèques » sont les propriétés sensibles de l'objet : elles sont toutes accidentelles et ne structurent pas de manière *interne* le statut substantiel de l'objet. Autrement dit, Abélard a conscience que pour expliquer causalement les données de la perception il faut outrepasser le pur donné sensoriel. Outre la LI où Abélard pose que, seuls, les accidents « viennent en un sens propre à la sensation », nous avons ainsi dans la LNPS :

> Intelligent [discretus] est celui qui est capable de saisir et d'examiner les causes cachées des choses et le fait est que ces causes cachées du fait desquelles les choses se produisent doivent être recherchées plus par la raison que par l'expérience des

---

1. J. Marenbon, *Abelard in Four Dimensions...*, *op. cit.*, p. 165 (nous soulignons).
2. LI, p. 23, 18-19 : « de intrinsecis formis *quae ad sensus non veniunt* qualis est rationalitas et mortalitas ».

sens [...]. Nous disons que la physique est la science des natures, c'est-à-dire concerne l'examen des causes internes à la nature des choses[1].

Il ne serait donc pas exact de soutenir, y compris et déjà pour le « physicien », que le statut substantiel de la chose soit originairement « perçu par les sens ». On comprend que si c'était le cas, Abélard n'aurait aucun besoin de contraster la chose (et ses propriétés empiriques) et le statut (substantiel) de la chose, puisque la perception par les sens des étants du monde suffirait à déterminer leur statut définitionnel. Quel besoin aurait-il, dans ces conditions, de poser que les prédicats définitionnels ont une « cause d'imposition » – l'être-homme, l'être-animal – qui n'est « aucune chose »[2] ? Il s'agit d'un point important.

Même si nous admettions qu'Abélard se contredit et admet (mais où?) que la perception sensible de Socrate contient les formes substantielles sans lesquelles il ne peut exister (comme substance), il resterait à expliquer comment Socrate peut avoir des propriétés universelles. Abélard nie, en effet, comme on l'a noté, qu'aucune différence particulière puisse, au moins pour une science humaine, impliquer la disparition de Socrate comme substance première et ainsi lui être consubstantielle. Peut-on poser que je puisse percevoir par les sens des différences qui, pour être substantielles (dans ma science), doivent être universelles[3] ? Comme le donné sensible ne donne accès qu'à des entités particulières, il est clair qu'il n'est pas possible, si l'on s'en tient à ces seules données, de déterminer le statut substantiel de ces réalités.

En fait, l'idée que le donné sensible suffit à déterminer le statut définitionnel de l'objet est une idée dont nous verrons plus loin qu'elle est défendue avec force par les *Montani* qui, loin d'être des *nominales*, partisans d'Abélard, sont au contraire des *reales* (niant, comme tels, donc, la distinction *causa impositionis/res nominata*) et des *reales* partisans du « plus farouche opposant des *nominales* », Albéric du Mont. La croyance que le statut substantiel de la chose est inférable des données de la perception sensible est, en réalité, une thèse caractéristique des *reales* partisans de la théorie du sujet *unique* de Boèce. Pour Abélard, au contraire, le statut, cause de l'intelligibilité de la *res*, n'est pas du tout une *res* – l'homme Socrate – ou, ce qui revient au même, l'une de ses propriétés empiriques, toutes particulières. Cette *causa*, en réalité, *précède* la perception elle-même en « causant », c'est-à-dire en rendant possible, le discernement à travers « la vitre » des sensations d'un homme, d'un animal. Sans le statut « être homme », la vitre – cette blancheur, cette camosité, etc. – devient opaque en ne me permettant plus de discerner au-delà de cet « amas » contingent de sensations

---

1. LNPS, p. 506, 9-21.
2. On a noté qu'Abélard ne nie pas seulement que le statut soit une *res* universelle, mais plus largement qu'il soit « res aliqua ».
3. Abélard est, en effet, constant et formel. Aucun nom particulier ne peut être prédiqué définitionnellement de Socrate : « Même si ces termes singuliers "cet animal", "ce corps", "cette substance" sont ainsi prédiqués de cet homme-ci qu'ils semblent être inclus dans son sens, ils ne peuvent pas, cependant, être prédiqués définitionnellement [*de subiecto*] de lui, *puisque ce ne sont pas des universaux* », LI, *Gloses sur les Catégories*, p. 129, 7-11.

particulières, une substance les fondant dans l'être. Pour trouver une substance, il faut la chercher.

En fait, la théorie de l'*attentio* proposée par C. Martin qui énonce la seule diversité des *attentiones* et l'identité du sujet de ces actes psychologiques d'attention, risque d'avoir pour résultat de faire simplement retour à la théorie du sujet unique de Boèce. Mais chez Abélard il n'est pas possible de réduire le statut, comme cause naturelle de l'imposition de l'universel, à une pure modalité psychologique d'un acte rationnel d'*attentio*. Il faudrait pour y parvenir établir que lorsque l'*impositor* vise l'être-homme (ce qu'il fait lorsqu'il impose à cette chose le nom « homme »), le sujet visé n'est en réalité (*in re*) rien d'autre que la chose particulière et sensible qui est homme. Mais Abélard ne soutient nulle part une telle réduction. Ce qu'il *découvre* est précisément et au contraire que la réduction de la visée du statut (l'être-homme) à la la visée de la res qui a ce statut (cet homme-ci ou indifféremment cet homme-là) a pour effet soit de rendre l'universel équivoque (« n = n +/-1 » étant, certes, faux), soit de ne pouvoir être obtenue qu'au terme exhaustif d'une régression infinie. Comment puis-je réduire cette *causa* à l'identité avec telle ou telle *res* s'il est vrai que cette cause d'imposition « est en elle-même infinie et n'est enclose en *aucune limite* de choses » ? Il est clair qu'une théorie de la connaissance pertinente est une théorie de la connaissance effective. Aussi, chez Abélard, même si le sujet (intensionnel) de la visée du statut ne peut être opposé au sujet de la visée de la chose (extensionnelle) qui a ce statut, ces deux sujets ne peuvent pas, sans tous les inconvénients qu'Abélard discerne chez les *reales*, être simplement et non problématiquement identifiés l'un à l'autre, seules variant les *attentiones* de ce sujet unique. La théorie du sujet unique, comme le montrent les différentes interprétations qu'en proposent les *reales* selon la LI, est profondément ineffective (au moins dans une science humaine, c'est-à-dire *réelle*). Abélard n'est pas seulement un commentateur de Boèce : il est véritablement en progrès sur lui.

Sans le discernement *conceptuel* de leur statut substantiel, les données empiriques sont muettes. Jamais on ne pourra tirer de cette blancheur, de cette camosité et de toutes les autres données sensorielles, le concept même de substance, ne serait-ce que parce que ces données sont contingentes et qu'un statut exige pour être substantiel que sa suppression implique en toute nécessité la suppression de la chose dont il est prédiqué avec vérité. Jamais cette nécessité ne pourra être inférée d'un simple constat empirique, si répété soit-il. La sensation ne peut donner la relation nécessaire entre le statut et la *res* dont il est prédiqué[1].

---

1. Nous verrons au chap. VI Abélard s'emporter avec violence, dans la *Dialectica*, contre ceux (qu'ils qualifient de « miseri ») qui croient que peut être inférée de données empiriques la vérité de l'inférence « si (x) est Socrate, alors *inevitabiliter* (x) est homme (ou animal, ou corps, ou *substance*) » (*Dialectica, op. cit.*, p. 363, 3-14).

Abélard et Kripke (conclusion)

Une fois les trois points susmentionnés admis, on comprend que la théorie de la cause d'imposition d'Abélard ne ressemble que d'assez loin à la théorie causale des noms propres de Kripke. Pour celui-ci le lien référentiel entre le nom propre et son référent est radicalement indépendant de la *signification conceptuelle* du nom. À l'inverse, chez Abélard, ce qui cause le succès en logique, et non seulement en grammaire, de l'imposition du nom à l'objet référé est une donnée *intensionnelle* (le statut définitionnel de chose) qui a été visée par l'*impositor nominis* au moment de l'acte d'imposition. Le seul point commun avec Kripke est qu'Abélard pose que cette cause ne dépend pas de l'intellection effective qu'en a l'*impositor*, une intellection incomplète et susceptible de progrès, là où le statut est tout de suite donné à la visée de l'*impositor* comme fondant dans l'objectivité (*in possibilitate naturae*) l'intelligibilité absolue de l'objet. Ce statut, qui n'est pas un objet extensionnel mais une intension, se distingue ainsi de la signification effective et faillible qu'engendre à tel ou tel moment chez tel ou tel sujet le nom dont ce statut fonde l'imposition.

Le statut est la cause d'imposition du nom et de l'intellection que ce nom engendre. Il n'est donc pas le produit de cette intellection. Irréductible à la *vox* imposée, à l'*intellectus* engendré par cette imposition et à la *res* nommée, le statut est ce qui cause le succès en termes de vérité de cette imposition. John Marenbon note que, dans la LI, Abélard tend à identifier les statuts génériques et spécifiques avec les Idées du Dieu créateur de la Bible[1]. Abélard reprend cette idée dans la LNPS mais en l'assortissant d'un pur « peut-être »[2]. Abélard souligne dans ses deux dernières théologies qu'il n'y a pas moyen de contraindre par des arguments nécessaires à la croyance en Dieu. De là, la théorie des Idées divines relève d'un libre acte de foi, là où, bien sûr, le fait que Socrate convienne avec Platon dans le même statut spécifique d'objet est un fait cognitif parfaitement contraignant. Aussi n'est-il pas sûr que nous puissions identifier le concept logique et gnoséologique de statut avec le concept théologique d'Idée divine.

Le réalisme conceptuel d'Abélard et la distinction frégéenne Objet/Concept

Quoi qu'il en soit de cette distinction éventuelle, il apparaît que, d'une part, la cause d'imposition des universaux est une entité intensionnelle (l'être X par contradistinction de la *res numero discreta* qui est X) et que, d'autre part, cette entité intensionnelle ne se confond pas avec l'intellection qu'elle engendre dans l'esprit du locuteur. Il y a consensus sur ce point. Il en résulte que le rapprochement avec Frege semble ici s'imposer clairement. On sait que Frege ne se contente pas d'introduire la différence sémantique entre *Sinn* (sens) et *Bedeutung*

---

1. J. Marenbon, *Abelard in Four Dimensions...*, *op. cit.*, p. 163.
2. LNPS, p. 512, 21-513,3 : « Et, certes, une telle doctrine est attribuée à Platon : il attribue genres et espèces, ces conceptions, au *noûs*, c'est-à-dire à l'esprit divin, au sens où *peut-être* [*fortasse*] Dieu a eu dans l'esprit des formes-archétypes à la ressemblance desquelles il est dit par après avoir créé les choses mêmes qui sont nommées par les noms génériques et spécifiques ».

(dénotation) mais qu'il introduit aussi et surtout la distinction épistémologique entre *Begriff* (concept) et *Gegenstand* (objet), distinction que Frege reçoit dans le sens de son *objectivité*. Cela signifie seulement qu'il distingue le concept lui-même des représentations privées et subjectives que les différents sujets de la connaissance ont de lui. Lorsqu'Abélard distingue le statut (« qui habet esse ex operatione naturae ») et les « innombrables » intellections par lesquels chacun vise ce statut, il fait une distinction analogue à celle de Frege en distinguant le référent du terme conceptuel, par exemple du terme prédicatif « être homme », qui clairement n'est pas une chose ou l'une de ses propriétés mais un statut définitionnel, et la signification de ce terme, c'est-à-dire l'intellection qu'en a le locuteur : « animal rationale mortale » (Boèce) ou « animal gressibile bipes » (Aristote).

Dans la discussion que propose J. Marenbon[1] de l'utilisation par P. King de la conception causale de la référence de Kripke pour comprendre la théorie abélardienne de la cause d'imposition, J. Marenbon oppose une sémantique privilégiant la référence (celle de P. King, mobilisant la sémantique de Kripke) à une sémantique privilégiant la signification au sens frégéen du terme (celle de C. Martin interprétant les mêmes textes). Mais J. Marenbon n'envisage jamais que le prédicat universel puisse référer non à une *essentia* mais, différemment, au statut lui-même. Il apparaît que, chez Abélard à la différence de Frege, le référent ne peut être, en dernier ressort, qu'un objet (une *essentia* et une *res numero discreta*). Nous voudrions montrer ici que ce n'est pas nécessairement le cas et que la sémantique d'Abélard s'éclaire si on le souligne.

Cause naturelle d'imposition du nom universel (Abélard) et condition de possibilité de la connaissance de l'objet (Kant)

Le statut n'est pas un objet empirique. Décider de son existence (ou, tout aussi bien, de son inexistence) supposerait que ma pensée puisse accéder à une réalité *transcendant* les conditions de l'expérience sensible, ce que nous ne pouvons pas faire (sinon par un pur acte de foi) : « Les hommes connaissent le réel seulement à travers les sens »[2], on l'a vu. Abélard pose que cette dépendance de la connaissance humaine à l'égard de la sensation nous empêche de connaître les statuts en eux-mêmes :

> le revêtement extérieur des accidents sensibles empêche les hommes de concevoir de manière pure les natures des choses. Dieu, en revanche, […] distingue les statuts en eux-mêmes : la sensation n'y fait pas pour lui obstacle, lui qui, seul, a une intelligence véritable[3].

C'est parce que nous ne parvenons pas à rejeter de notre *intellection* (et non de notre sensation ou de notre imagination) de l'objet tous les accidents extrinsèques

---

1. J. Marenbon, *Abelard in Four Dimensions...*, *op. cit.*, p. 152 *sq.*
2. LI, p. 23, 8.
3. *Ibid.*, 9-13.

et sensibles qui se mêlent à cette intellection, que notre connaissance de la nature intrinsèque de cet objet est structurellement et itérativement inexacte. La sensation est nécessaire à la connaissance humaine, non quant à l'intellection de la nature substantielle de l'objet connu, c'est-à-dire de son statut générique ou spécifique (là elle n'est qu'un obstacle), mais quant au constat de l'existence extra-mentale de l'objet vérifiant ce statut. Nous avons, à la différence d'une intelligence créatrice de l'objet même de son savoir, absolument besoin de confirmer le bien-fondé empirique de nos intellections et cela pour les distinguer de simples *opiniones*. Mais clairement le statut « être homme » n'est pas lui-même une propriété empirique de Socrate, comme la blancheur de sa peau ou la camosité de son nez, mais le concept qui permet, au-delà de ces données accidentelles, de discerner la substance qui les fonde dans l'être. L'expérience confirme le discernement du statut sans « causer » ce discernement.

Pour Frege, le référent du terme-sujet est un objet extensionnel et le référent du terme prédicatif est un concept. Ces deux termes ont, à leur tour, une signification qui peut varier selon les sujets de la connaissance : pour le nom propre « Vénus », « étoile du soir » pour l'un, « étoile du matin » pour l'autre et, pouvons-nous dire avec Abélard, pour le prédicat conceptuel « être homme », « animal bipède capable de marcher », pour l'un (Aristote), « animal doué de raison et mortel » pour l'autre (Boèce). Voyons ce qu'il en est chez Abélard.

Si Abélard affirmait que le prédicat définitionnel est posé pour dénoter une chose – la même que le terme-sujet – en signifiant seulement le statut de cette chose, comment pourrait-il maintenir une distinction entre le statut et l'intellection, partielle et faillible, que j'en ai puisque la signification du prédicat (soit l'intellection que produit le terme-prédicat) serait le statut lui-même ? S'il n'y a aucune différence entre le statut et l'intellection que j'en ai, comment puis-je ne pas être omniscient et distinguer encore mon intellection de celle d'un Dieu qui, seul, « conçoit les statuts en eux-mêmes » ?

En réalité, il n'est pas question pour Abélard de réduire la catégorie épistémologique (et non linguistique) du *status* « être X » à la catégorie linguistique de la *significatio* du nom et à la catégorie psychologique de l'*intellectus*, soit l'acte d'intellection engendré singulièrement dans cet esprit par l'audition du nom. De même, chez Frege, le concept (*Begriff*) ne se confond pas avec la catégorie linguistique de la signification (*Sinn*) et avec la catégorie psychologique de la représentation mentale (*Vorstellung*). Pour Abélard comme pour Frege, nous sommes contraints – dans une *pratique* scientifique effective – d'admettre qu'à l'horizon des *innumerabiles* intellections subjectives qui le visent, *il y a* un seul et même statut ou concept fondant l'intelligibilité *objective* de tel ou tel étant du monde. L'alternative est d'enfermer le locuteur dans la subjectivité de ses représentations, puisqu'il est faux que les données sensorielles suffisent à procurer l'intelligence de leur fondement substantiel.

Ainsi, nous admettons avec Abélard que l'ensemble des représentations subjectives que génèrent dans chaque esprit l'audition du nom universel « homme » converge vers un corrélat objectif (« naturel »), l'être-homme, sans que ce corrélat puisse être réduit à aucune réalité extra-mentale particulière : à Socrate ou à Platon. Ainsi, nous admettons, à l'horizon des conventions linguistiques de chaque langue et des représentations que ces conventions génèrent, l'*objectivité* d'une certaine « entité » proprement mentale. Et cette objectivité, nous l'admettons non parce que nous savons que cette entité existe – nous n'avons strictement aucun savoir ontologique de ce genre, *transcendant* comme tel les limites de la connaissance sensible – mais, parce que « transcendantalement » (à titre de « cause » ou de condition de possibilité de la pratique même de la science aristotélicienne), nous n'avons strictement aucun autre choix.

Le rejet par Abélard (à partir de la LI) de l'assimilation de la copule prédicative à un signe d'égalité : la nécessaire distinction entre statut (Begriff) *et intellection* (Sinn/Vorstellung)

Abélard distingue pour chaque nom une signification extensionnelle – la *significatio rerum* – et une signification intensionnelle – la *significatio intellectus* –, une distinction qui semble anticiper la distinction frégéenne entre *Bedeutung* et *Sinn* dans un sens *non frégéen* où l'objet de la *Bedeutung* serait toujours une *res* (un objet extensionnel). Mais cette lecture fonctionne mal sur les textes d'Abélard (du moins à partir de la LI). Nous avons vu que pour convertir, dans la prédication définitionnelle, la relation d'appartenance (nécessaire) de l'objet à l'extension de tel statut en une relation d'identité (tout aussi nécessaire) entre Socrate et tel doué de raison, il me faudrait parcourir toute l'extension possible du prédicat universel « doué de raison » pour découvrir la rationalité particulière que Socrate possède *nécessairement* (à l'exclusion des autres rationalités possibles), ce qui est strictement impossible. De là, la *nominatio* du terme définitionnel est *irréductiblement* quelconque. Comme Abélard n'admet pas qu'il y ait des *essentiae* communes (« quelconques »), il est alors contraint de rejeter la conception grammaticale de la copule comme intransitive, c'est-à-dire comme un signe d'égalité entre deux *essentiae* nommées par le sujet et le prédicat et c'est ce qu'il fait explicitement dans la LI. Aussi, la prédication *de subiecto* signifie que Socrate appartient (nécessairement) à l'extension du statut signifié par le prédicat définitionnel, statut qui ne se confond pas avec l'intellection (finie et partielle que j'en ai) et on aboutit ainsi à la définition de la relation prédicative que nous trouvons dans le *De Intellectibus* :

> Le fait est que le terme-sujet est seulement là pour recevoir la chose que nous voulons examiner ; par contre, le prédicat est posé pour dénoter le statut conformément auquel nous voulons examiner cette chose, c'est-à-dire la viser selon la propriété de ce statut auquel nous la lions par la copule [1].

---

1. Abélard, *Tractatus de Intellectibus, op. cit.*, p. 64 : « Subiectus quippe terminus tantum ad accipiendum est rem quam deliberare volumus ; ponitur praedicatus *vero* ad denotandum statum secundum quem eam deliberari volumus, hoc est attendi eam secundum illius status proprietatem quem ei copulamus ».

Texte à comparer avec ce texte de Guillaume d'Ockham :

> par cette proposition verbale, « L'homme est un animal », dans laquelle le mot est attribué au mot, il n'est pas indiqué que ce mot « homme » est ce mot « animal », mais que la chose signifiée par ce mot « homme » est la chose signifiée par ce mot « animal » ; ce qui est vrai, parce que la chose est la même [1].

Avec Ockham, une proposition prédicative est vraie lorsque le terme-sujet et le terme-prédicat supposent pour la même *res*, c'est-à-dire lorsque sujet et prédicat sont co-référentiels. Pour Abélard, la même proposition est vraie lorsque la *res* nommée par le terme-sujet appartient à l'extension (à la *continentia*, dit Abélard) du statut que fait connaître (« denotat ») le terme-prédicat et qui, assurément, est tout sauf une chose. Clairement, il s'agit de deux conceptions de la prédication profondément différentes. Pour Abélard si le terme-prédicat, dans la prédication *de subiecto*, dénotait une *res*, cette *res* ne pourrait qu'être *irréductiblement indiscreta*, c'est-à-dire variable, ce que n'est pas et ne peut être le singulier Socrate. Et, bien sûr, Abélard ne veut pas renoncer à la prédication *de subiecto*.

Le *De intellectibus* énonce donc que le prédicat « est posé » pour dénoter le statut : on est tout près ici du concept plus tardif de *suppositio*, même si Abélard n'écrit pas que le prédicat « nomme » le statut. Recourir au terme « nommer » exigerait une interprétation extensionnelle de la dénotation du prédicat, interprétation qu'Abélard veut *précisément* éviter.

Sens de la thèse centrale (selon Jean de Salisbury) des nominales

Tentons de faire le bilan : chez Abélard, *comme chez Boèce*, il n'y a pas *in re* de chose, une ou multiple, universelle. L'universel est pour Abélard fondamentalement une *variable* et, en ce sens, un nom. Il n'y a pas d'étant « quelconque » : de *res indiscreta*.

Le refus fondamental des partisans d'Abélard, selon Jean de Salisbury, est alors de prédiquer « rem de re », soit, donc, *rem (universalem) de re (particulari)*, et cela même si certains *reales* (selon P3 et la LI) posent que la *res* ne peut être universelle hors de l'esprit qu'en puissance et non en acte.

Maintenant, nous venons de constater qu'Abélard contraste la nomination de l'universel « homme » en position sujet (par exemple dans la proposition « homo est animal » où il nomme *indifféremment* cet homme et/ou cet autre) et sa dénotation en position prédicative (par exemple, dans « Socrates est homo », où il est « posé pour dénoter le statut » être-homme à la contenance duquel appartient l'objet « Socrate »).

Personne, si réaliste soit-il, ne soutenant que la proposition prédicative soit composée de choses (que le prédicat « homme » soit bipède), la thèse, dans le

---

1. Guillaume d'Ockham, *Expositio in librum Porphyrii De Praedicabilibus*, éd. E. Moody, St. Bonaventure (New York), Institutus Franciscanus Universitatis S. Bonaventurae, 1965, p. 51 et p. 55-59.

propos de Jean de Salisbury, porte en réalité sur le *référent* du prédicat universel et les *nominales* refusent, dit-il, que ce référent soit une *res*, ce que soutiennent, au contraire, les *reales* (dans des théories variées dont certaines n'impliquent pas, en réalité, de sortir du particularisme ontologique boécien). La question est donc de savoir à quoi, chez Abélard (et ses partisans), réfère le *prédicat* universel, si ce n'est pas à une chose. Dans le cadre du triangle sémantique boécien *vox/res/intellectus*, trois substituts sont alors possibles :

P1 : le référent du prédicat universel est un nom ;
P2 : le référent du prédicat universel, est, malgré Jean, une chose, mais particulière ;
P3 : le référent du prédicat universel est une intellection.

Or aucune de ces trois thèses ne fonctionne pour la LI, la LNPS, et le *De intellectibus*.

P1 ne fonctionne pas, parce qu'il serait absurde que là où Abélard pose que « nous sommes dans l'incapacité totale de prédiquer par le nom "animal" la moindre *res* », il en déduise que par le nom « animal » ... le nom « animal » est prédiqué. Si nous interprétons la copule prédicative comme un signe d'égalité, il en résulterait que l'animal qu'est proposé être Brunellus, dans la proposition vraie « Brunellus est animal », serait une *vox*! Si le référent du prédicat est une entité linguistique à l'extension de laquelle l'objet nommé par le terme-sujet appartient, comment distinguerons-nous un prédicat équivoque (où la communauté de signification est seulement linguistique et conventionnelle) d'un prédicat univoque (où la cause *commune* de l'imposition est « par œuvre de la nature », ce qui n'est le cas d'aucun nom) ? Chez Abélard, ce qui fonde l'univocité du terme prédicatif, bien que n'étant pas une *res*, n'est pas non plus une entité linguistique. P1 est donc faux quelle que soit l'interprétation qu'on donne de la copule.

Mais P2 ne fonctionne pas non plus, du moins – mais c'est évidemment le cœur de l'aristotélisme – pour la prédication substantielle. Il est faux que dans « Socrate est doué de raison » je puisse substituer au prédicat universel « doué de raison » le prédicat particulier « ce doué de raison », nommant telle *res* singulière, *et* maintenir le caractère substantiel de la prédication. Et Abélard ne varie plus sur ce point à partir de la LI. P2 ne peut, donc, être vrai chez Abélard qu'au prix de l'effondrement de la distinction entre prédication substantielle et prédication accidentelle et donc au prix de l'effondrement de l'aristotélisme tout court. Le référent du prédicat (définitionnel) n'est pas une *res*, même particulière. En réalité, si le prédicat *définitionnel* référait à une *res*, celle-ci ne pourrait être qu'universelle. P2 est donc faux.

Si le référent du prédicat universel (et *de subiecto*) n'est ni un *nomen*, ni une *res* (particulière), il reste qu'il soit un *intellectus*, soit P3 ; et effectivement, dans la LI, c'est bien parce qu'à l'audition du nom universel je n'intellige pas ceci ou cela, que le prédicat ne peut désigner aucune chose, puisque toute chose est ceci ou cela. Mais P3 ne fonctionne pas non plus, parce que lorsqu'Abélard énonce dans le *De intellectibus* que le terme-prédicat est posé « ad denotandum statum », il faudrait, si nous acceptions P3, identifier le statut comme « cause » de l'imposition du nom et l'intellection engendrée par ce nom, ce que tous les spécialistes d'Abélard rejettent aujourd'hui. Le statut générique ou spécifique qui fonde extra-linguistiquement l'imposition du nom universel ne se confond précisément pas avec la signification de ce nom dans tel ou tel esprit (humain). P3 est donc faux et on remarque que, quoiqu'il en soit sur le plan théologique, Frege distingue, semblablement, *Begriff* d'un côté et *Sinn* ou *Vorstellung* de l'autre. Un concept *scientifique* – et il y a des concepts scientifiques si une science doit être possible – a une objectivité et une stabilité (*status*) qui ne se réduit pas aux « innumerables » représentations privées par lesquelles chaque locuteur se l'approprie subjectivement. Le référent du prédicat n'est donc pas un *intellectus*. P3 est faux.

L'interprétation « pré-frégéenne » de la dénotation du prédicat définitionnel comme une *intension* distincte des représentations que les locuteurs en ont et irréductible aux objets extensionnels que nomme le terme-sujet se présente ainsi comme la seule interprétation qui réussit à concilier la thèse centrale des *nominales* selon Jean de Salisbury avec les textes d'Abélard lui-même (du moins, à partir de la LI). Nous adoptons donc P4 : *le référent du prédicat universel est un statut intensionnel de chose*, et cela en posant l'irréductibilité, en toute rigueur, de P4, à P1, P2 et P3. Le statut – concept découvert par Abélard – échappe au triangle sémantique du commentaire de Boèce sur le *Peri ermeneias*. Il ne se confond ni, assurément, avec une ou plusieurs *res* (qu'il rend intelligibles), ni avec une *vox* (dont il cause l'imposition), ni avec un *intellectus* (avec la représentation qu'en a, subjectivement, chaque locuteur). Et c'est bien effectivement P4 qui est énoncé en toute clarté par Abélard en son nom propre dans le *De Intellectibus*. Nous ne voyons pas comment réduire P4 soit à P1, soit à P2, soit à P3, tout en continuant à rester (de manière rigoureuse) dans le cadre du texte abélardien et il n'existe pas, à notre connaissance, dans la littérature actuelle sur la théorie des universaux d'Abélard de démonstration efficace d'une telle réduction. L'échec d'une telle réduction est, donc, un *fait*, au moins jusqu'à plus ample informé, qui doit être pris en compte dans l'évaluation de la théorie des universaux d'Abélard et de sa philosophie de la logique.

En réalité, Abélard a bel et bien isolé une entité logique qui correspond à ce que les logiciens, depuis Frege et indépendamment de la distinction purement linguistique signification/référence, nomment « concept » : l'entité « insaturée » « être X » par contradistinction de l'objet numériquement (extensionnellement) assignable qui est X. Il faut reconnaître à Abélard ce mérite. Abélard n'anticipe pas Frege en distinguant signification et référence. Guillaume de Champeaux, à sa manière, le faisait déjà fort bien. Il anticipe Frege dans la distinction objet (que le terme-sujet a pour fonction logique de dénoter)/concept (que le prédicat a pour fonction logique de dénoter). Ordinairement cette théorie contrastée de la référence du sujet et de la référence du prédicat n'est pas considérée comme « nominaliste » et le contradicteur – le philosophe autrichien Benno Kerry – que réfute Frege dans l'article où il conceptualise l'irréductibilité de ce contraste, était, à l'origine, un spécialiste de la philosophie de John S. Mill[1]. Or, nous voyons ici que la thèse fondamentale des *nominales* est de refuser qu'aucune chose, quelle qu'en soit l'extension, puisse être prédiquée. Le référent de ce qui est prédiqué n'est pas du tout une *essentia* (même individuelle) mais le statut « être X » qui rend cet étant intelligible. Aussi, un effort de clarification dans l'usage du terme « nominalisme » est-il nécessaire.

ABÉLARD ET LE NOMINALISME
UN ESSAI DE CLARIFICATION

L. M. De Rijk notait que Guillaume de Champeaux en posant la co-référence du nom propre et du prédicat universel semblait être plus « moderne » qu'Abélard et sa théorie de la prédication (posant que le prédicat dénote la propriété du statut liée par la copule à la chose désignée par le terme-sujet)[2]. Mais la plus grande modernité de cette conception de la prédication est un pur préjugé. La plupart des mathématiciens modernes, pratiquant la science la plus rigoureuse qui soit, s'accommode très bien, dans leur pratique scientifique, de la conception frégéenne de la copule comme signe d'appartenance de l'objet référé par le terme-sujet à l'extension du concept référé par le terme-prédicat (loin d'une interprétation de la copule comme, dans tous les cas, signe d'égalité entre deux objets). Et, tout aussi clairement, pour la plupart des mathématiciens modernes les concepts fondamentaux de leur science sont plus que de simples conventions lexicales ou de pures représentations subjectives. De là lorsqu'Abélard interprète la copule comme un signe d'appartenance et non comme un signe d'égalité, il n'est nullement avéré qu'il soit plus éloigné de la modernité scientifique que Guillaume de Champeaux. La réticence à admettre chez Abélard que le prédicat universel ne dénote pas une chose, universelle et/ou particulière, semble moins liée aux textes qui sont clairs à partir de la LI, où la critique de la confusion statut/*res* opérée par Guillaume de Champeaux est pour la première fois articulée en toute clarté, qu'à une tradition interprétative situant Abélard dans une lignée nominaliste où cette sémantique de la prédication est conçue comme une sorte d'« hérésie ». Nous avons montré que la conception de la copule comme signe

---

1. Frege réfute, dans son article de 1892 « Über Begriff und Gegenstand », l'interprétation proposée par Benno Kerry de la distinction concept/objet et consistant à poser que ce qui est concept dans telle proposition peut devenir objet dans telle autre et qu'ainsi la distinction objet/concept n'est pas irréductible (risquant ainsi, comme le montre Frege, de n'être que linguistique). B. Kerry (1858-1889), proche à l'université de Vienne de Brentano, avait fait sa thèse sur la philosophie (nominaliste) de Mill.

2. L. M. De Rijk, *Logica Modernorum*, t. II/1, Assen, Van Gorcum, 1967, p. 205 : « From the above evidence it becomes quite clear that unlike his master William of Champeaux, Abailard did not take the predicate term as denoting some concrete thing. Influenced as he was by certain ontological presuppositions, he failed to recognize the advantages of William's grammatical approach of the problem of predication ».

d'égalité (et non comme signe d'inhérence ou d'appartenance) est attestée dans P3, D1, et chez Guillaume de Champeaux selon Abélard dans la LI[1]. Or Guillaume de Champeaux est assurément, et à bon droit, le principal représentant des *reales* et n'est, bien sûr, nullement nominaliste.

On constate, avec L. M. De Rijk, que Guillaume de Champeaux (et non Abélard) anticipait, dans sa théorie de la prédication, sur Guillaume d'Ockham, mais il le faisait non parce qu'il était nominaliste mais parce qu'il inscrivait sa théorie de la prédication dans le cadre boécien de la théorie *abstractionniste* du sujet unique de l'universalité et de la singularité, une théorie qu'Abélard rejette. L'enjeu n'est pas tant de savoir si subsistent hors de l'esprit des *res* actuellement universelles – tout le monde (Boèce, Guillaume de Champeaux, Abélard), à tort ou à raison, le nie – mais de savoir si le fondement extra-linguistique de l'imposition des universaux est réductible à une *res* (particulière en acte et *potentialiter* universelle) ou non. Lorsqu'Abélard nie qu'elle le soit, en démontrant que si la *causa* est une chose, alors cette chose ne peut qu'être *actualiter* universelle (« en elle-même infinie »), il en résulte qu'il ne peut plus fonder sa théorie de la connaissance sur le concept d'abstraction. Et cela l'oppose tant à Guillaume de Champeaux (qui confond *res* et *status*) qu'à, anachroniquement, Guillaume d'Ockham qui les distingue (mais en réduisant le statut abélardien à un signe mental supposant pour une chose individuelle, ce qui permet de retrouver l'abstractionnisme de Boèce sans attribuer, comme les *reales* du XIIe siècle, aux étants des propriétés intensionnelles).

Concluons : Abélard est, donc, « nominaliste » au sens où le domaine de variabilité du terme général (sa *continentia*) ne constitue pas lui-même un objet extensionnel *in re* – il n'y a pas d'ensemble ou de classe *in re* – mais ni Boèce, ni les *reales* se limitant à la théorie du sujet unique de Boèce ne l'admettaient non plus (la théorie du sujet unique ne sert qu'à s'en passer !). Si nous nous refusons (à juste titre, nous semble-t-il) à qualifier Boèce et une bonne part des *reales* de « nominalistes » en raison du particularisme ontologique exigé par la « solution » boécienne à l'aporie de l'universel, nous vérifions alors qu'un particularisme extensionnel ne suffit pas à fonder une logique nominaliste. Il faut, en plus, comme le terme lui-même l'indique assez, l'idée que les concepts généraux, n'étant pas réductibles à des choses (particulières *in re*) ou à telle de leurs propriétés (particulières *in re*), le sont à des entités linguistiques, parties d'un langage mental (naturel ou conventionnel). Or, là et par contre, *Abélard n'est pas nominaliste*. Les statuts ne sauraient se confondre avec les effets linguistiques et psychologiques qu'ils causent dans tel esprit particulier. Abélard professe un

---

1. Elle est présente aussi dans la *Dialectica* mais il semble de plus en plus clair qu'Abélard n'avait pas encore pleinement élaboré sa réfutation de la réification des concepts par les *reales* au moment où il écrit la *Dialectica*. Il était encore fortement marqué par l'enseignement sémantique de son maître W. Le concept de statut n'est pas présent dans la *Dialectica* et le cœur de la réfutation du « réalisme » de Guillaume de Champeaux à partir de la LI est le refus que la cause d'imposition de l'universel puisse être une *res*. L'interprétation de la copule comme signe d'égalité est illisible dans la LI, la LNPS, et le *De intellectibus*. Abélard a évolué et dans un sens pré-frégéen.

véritable réalisme conceptuel. Il n'est pas question pour lui de réduire les statuts à des signes. *Et ce deuxième point n'est pas moins important que le premier.* D'où des ambiguïtés constantes (avec les querelles et les nombreux malentendus qui vont avec) dans l'usage du terme « nominalisme » appliqué à Abélard, puisque son nominalisme extensionnel est contrebalancé par un très fort réalisme des intensions qui, de fait, ne se réduisent pas, chez lui, à la signification des noms[1].

Si nous qualifions Abélard de « nominaliste » en raison de son particularisme extensionnel, il faudra – en bonne logique – en dire autant de Boèce et de tous les *reales* qui admettent la théorie boécienne du sujet unique, ce qui nous semble clairement absurde. D'un autre côté, si, outre ce particularisme extensionnel qu'il partage avec Boèce, nous le qualifions de « nominaliste » en raison d'un nominalisme intensionnel, en posant que le concept général est un *nomen* ou un *signum* (ou leur signification), nous annulons la théorie du statut et confondons Abélard et Roscelin ou, plus grave, Abélard (XIIe siècle) et Ockham (XIVe siècle). Quoi qu'on fasse, le concept classificatoire « nominalisme » ne fonctionne pas de manière pertinente sur les textes d'Abélard et jette plus de confusion que de clarté sur sa pensée, en conduisant au mieux à une demi-vérité ou au pire à un clair anachronisme. Ne serait-il pas extraordinairement paradoxal – d'un point de vue nominaliste – d'appliquer à Abélard un terme général (« nominaliste ») dont le résultat est de masquer ce qui fait la *singularité* de sa logique, en aboutissant inévitablement soit à une demi-vérité en occultant la théorie du statut, soit à un anachronisme en projetant sur Abélard les enjeux réductionnistes de la philosophie d'Ockham ? Nous suggérons, dans un souci de précision, d'éviter entièrement ce terme s'agissant d'Abélard. Abélard n'est pas, en un sens rigoureux, le « père » du nominalisme médiéval[2]. En réalité, le XIIe siècle nous demande de renouveler nos catégories d'observateur moderne : il y a des *reales* qui soutiennent, en pleine conscience, un particularisme ontologique et des *nominales*, avec au premier rang Abélard, qui posent l'irréductibilité d'entités intensionnelles aux signes qui les signifient.

C'est, donc Abélard qui met en place la distinction *logique* entre objet extensionnel (« res personaliter sive numero discreta »), un concept logique qu'il obtient en le discernant du concept *grammatical* d'objet déictique et intension (« esse hominem quod non est res aliqua »), un concept *logique* qu'il obtient en le discernant à la fois du concept *grammatical* de signification (l'intellection engendrée par l'imposition du nom) et du concept psychologique de représentation mentale (les « innumerabiles conceptus » par lesquels chaque esprit vise le même statut « être homme »). Et cette distinction logique Abélard ne l'a pas conçue en un sens nominaliste, comme une distinction linguistique

---

1. Un réalisme conceptuel à distinguer, bien sûr, de la réification des concepts qu'Abélard dénonce chez les *reales*.
2. Et donc du nominalisme tout court, puisque le nominalisme est bien une création du Moyen-Âge, une création dont le véritable « père » est, donc, Ockham (très lointainement préfiguré, non par Abélard, mais bien et seulement par Roscelin).

(*res/signum*) ou psychologique (*res/intellectus*), mais au contraire, quoi qu'on en pense et si fort qu'on le déplore, comme une distinction objective (*res/status*).

Pour réduire l'ampleur du réalisme intensionnel d'Abélard (avec ces statuts qui sont « par œuvre de la nature »), il faudrait sans doute adopter une ontologie des objets extensionnels (beaucoup) plus généreuse. Par contre, dans le cadre d'un particularisme ontologique maintenu pour les objets extensionnels, nous ne voyons pas comment appliquer de manière conséquente aux intensions la même parcimonie qu'aux extensions, en réduisant, par exemple, les statuts génériques ou spécifiques à des signes éliminables en contexte, sans « déconstruire » l'aristotélisme lui-même avec, en son centre, la distinction entre prédications accidentelle et substantielle[1]. C'est dans ce cadre que le réalisme conceptuel d'Abélard est solide.

ABÉLARD, ENTRE LE REJET DE LA CONCEPTION ABSTRACTIONNISTE
DE L'UNIVERSEL (ALEXANDRE D'APHRODISE) ET L'AFFIRMATION
DE LA THÉORIE DES IDÉES COMME OBJET DE FOI ET NON DE SCIENCE

Le rejet par Abélard du modèle abstractionniste de la connaissance humaine

D'un autre côté, il nous semble important de noter que l'hypothèse créationniste n'est pas impliquée par la théorie sémantique d'Abélard. L'objectivité du statut est une nécessité proprement *cognitive* avant d'être une croyance religieuse. Nous n'avons pas d'autre choix dès lors que notre intention est une intention de connaissance et non seulement d'opinion que d'admettre que les intellections innombrables des uns et des autres à l'endroit de tel objet ont un fondement conceptuel objectif, c'est-à-dire non réductible à une libre construction de chaque esprit. Par contre, nous avons toujours le choix de nous détourner de Dieu, souligne Abélard.

Cette objectivité de mes représentations était assurée chez Guillaume de Champeaux, dans le cadre de l'ontologie réduite (en acte) aux individus de Boèce, par la co-référence du sujet (un nom propre générant l'intellection de l'objet empirique « Socrate ») et du prédicat *de subiecto* (un nom universel générant l'intellection de l'espèce « homme » ou du genre « animal »). Cette co-référence de deux termes de significations différentes garantissait du bien-fondé dans l'expérience concrète de mes représentations générales et abstraites. Cela supposait d'admettre une théorie du sujet unique de la singularité et de l'universalité qu'Abélard a, en réalité, *systématiquement* réfutée, dans la LI, en s'attaquant à la première théorie de Guillaume de Champeaux, la théorie de l'essence matérielle, puis à la seconde, la théorie de l'indifférence. La cause d'imposition du prédicat définitionnel n'est pas – démontre Abélard dans la LI – une *res* mais bien un statut conceptuel de chose.

---

1. Entreprise de déconstruction qui n'est nullement interdite (et qui, dans les faits, se produira).

Abélard pose dans le *De Intellectibus* qu'aucune intellection humaine, y compris celle générée par le nom propre « Socrate », n'est « concrète ». Toutes nos intellections sont abstraites. Une intellection abstraite est une intellection qui me fait concevoir la chose autrement qu'elle ne subsiste (concrètement) et, note Abélard, si, pour cette raison, nous devions déclarer les intellections abstraites vaines, alors *toutes* nos intellections devraient être déclarées vaines[1].

En effet, la chose est revêtue « d'innombrables natures ou propriétés » et « personne, lorsqu'il vise une chose, ne suffit à la penser selon toutes ses propriétés ou natures, mais selon certaines seulement »[2]. La non-vanité de l'abstraction n'est pas ainsi confirmée par une intellection de la chose telle qu'elle subsiste concrètement – cette intellection manque : *toute* intellection conçoit la chose autrement qu'elle ne subsiste –, mais seulement par la *reductio ad absurdum* de la position contraire. Mon intellection n'est pas vaine quand j'intellige la chose autrement qu'elle ne subsiste mais seulement lorsque je l'intellige comme étant autre qu'elle ne subsiste, précise Abélard. Le caractère abstrait de l'intellection doit être *réfléchi* comme provenant du sujet de la connaissance (et de son mode – fini – d'intellection) et non de l'objet lui-même : « alius modus sit in intelligentia [rei], alius in subsistentia ipsius »[3]. Ainsi je ne crois pas que la chose soit revêtue *seulement* des propriétés accidentelles que je distingue en elle ou qu'elle subsiste *indifferenter* lorsque je l'intellige comme homme, animal ou substance. Ces intellections abstraites ne sont fausses que si je *crois* que la chose subsiste comme je l'intellige. La non-vanité de l'abstraction implique donc de réfléchir la part que le sujet de la connaissance prend à l'intellection de son objet, un souci assurément nouveau et étranger aux sources aristotéliciennes d'Abélard.

Donc, d'une part, la *res* qu'est Socrate est « revêtue d'un nombre infini de formes »[4] et donc aucune intellection humaine (finie) ne peut me donner la représentation intégralement concrète de l'objet et, d'autre part, pour viser Socrate comme fondement substantiel de ce faisceau de formes, j'ai besoin de le viser dans son humanité mais l'*humanitas*, à la différence de la blancheur, « non venit ad sensum sed sola ratione distinguitur » dit la LNPS.

Pour deviner au fondement d'un faisceau de propriétés sensibles une substance, il faut donc viser ce fondement dans un statut définitionnel (générique ou spécifique) de substance : ceci – le fondement de ce faisceau – est un homme, un animal. Et, même si nous ne savons que très partiellement analyser tout le statut définitionnel de l'objet (toutes les différences qui font le statut substantiel de l'objet) ce statut est donné *tout de suite*, au départ même du procès de connaissance au sens où il est inévitable de poser au départ de mon intention de connais-

---

1. *De intellectibus, op. cit.*, § 77, p. 74 : « C'est pourquoi si, à chaque fois que l'esprit intellige une chose autrement qu'elle n'existe, cette intellection doit être déclarée vaine, alors quelle intellection humaine, selon les raisons susdites, ne doit pas être déclarée vaine ? ».
2. *Ibid.*, § 74, p. 72.
3. *Ibid.*, § 81, p. 78.
4. LI, p. 25, 7-8 : « Verbi gratia huius hominis substantia et corpus et animal et homo et infinitis vestita formis ».

sance que la chose est foncièrement intelligible, c'est-à-dire que lui correspond un statut d'objet la définissant non *actualiter* et provisoirement mais *in possibilitate naturae* et toujours. Or, cette intelligibilité n'est pas donnée par une intellection que j'aurai de la chose telle qu'elle subsiste *in re* (soit hors de mon intellection) : cette intellection « cruciale »[1] *manque*. Force est donc de reconnaître une certaine objectivité aux statuts qui rendent possible mon discernement du fondement substantiel – cet homme, cet animal – de propriétés accidentelles qui « seules, au sens propre, viennent à la sensation ». Boèce pose l'équivalence entre « *esse in re* » et « *esse in sensu* ». On voit que, chez Abélard, cette équivalence ne peut pas être posée puisque, d'une part, la chose, revêtue d'un nombre infini de formes, excède toujours l'expérience (finie) que je peux en avoir et que, d'autre part, seuls les accidents viennent, au sens propre, à la sensation. Cela ne signifie pas qu'Abélard nie que l'expérience sensible me donne accès à la réalité[2] mais qu'il nie qu'elle suffise à me donner l'intelligence de cette réalité.

La théorie de la connaissance d'Abélard n'est pas – on vient de le constater – une théorie de l'abstraction. Si mon intelligence de l'objet se construit uniquement à partir des données de l'expérience sensible, comme ces données sont contingentes – elles varient sans cesse – le savoir de l'objet sera aussi contingent que l'objet lui-même, *quod est inconveniens*. Je n'ai pas d'autre choix, si je veux distinguer mon savoir d'un simple amas d'opinions changeantes, que d'admettre qu'il y a un statut caractérisant l'objet de manière « substantielle » (définitionnelle) et non « accidentelle » (seulement descriptive). Abélard ajoute deux codicilles : 1) ce statut conceptuel se distingue de l'intellection partielle et toujours plus précise que j'en ai et 2) le nom « dénotant » ce statut doit contenir dans son extension (sa « contenance ») une pluralité *numero* effective et cela dans une proposition *vraie*. Les noms communs « chimère » – un nom dont l'extension est jusqu'à preuve du contraire vide – et « phénix » – un nom dont l'extension est, jusqu'à preuve du contraire, unique –, ne sont pas des universaux. Or, on l'a vu, seuls les universaux sont prédicables *de subiecto*. Le terme définissant doit être prédiqué *in una significatione de differentibus numero* non seulement dans une phrase grammaticalement acceptable mais aussi (et surtout) dans une proposition logiquement *vraie* et cela *actualiter*. Une science en parole (ou en idée) n'est pas une science. Il n'y a de science qu'en acte.

Foi et savoir, une distinction mise en place et théorisée par Abélard

Ceci dit et clairement, la confirmation de l'objectivité du statut ne dépend pas chez Abélard d'une expérience d'*excessus mentis*, par laquelle mon esprit cessant d'être humain accéderait à la pensée du Dieu créateur de la Bible : Abélard ne dit

---

1. Soit l'intellection que le sujet de l'universel (*in intellectu*) est identique au sujet de la singularité (*in re*). Si une telle intellection existe alors une théorie de la connaissance est, par principe, superflue : je suis omniscient.
2. Il n'y a pas de « phénoménisme » chez Abélard (un point qui le distingue en profondeur de la théorie kantienne de la connaissance).

nulle part cela. L'objectivité des statuts génériques et spécifiques est une nécessité purement cognitive, « transcendentalement » requise à titre de condition de possibilité d'une science (aristotélicienne). Il y a – par méthode – pour chaque chose un statut la définissant *in possibilitate naturae* et cela même si nous n'en avons qu'une intellection faillible et très incomplète. Il paraît difficile de se donner pour tâche de connaître quelque chose sans présupposer que cette tâche est réellement et foncièrement possible. Or, Abélard a bien compris que les données immédiates de l'expérience sensible sont complètement insuffisantes pour assurer le type d'intelligibilité que propose la science aristotélicienne. De là, il est impossible de poser que le statut qui fonde l'intelligibilité du réel ne soit rien d'autre qu'un étant concret du monde ou l'une de ses propriétés concrètes. Ce statut est-il, alors, lui-même, une intellection réelle d'un esprit réel créant ces étants? *Fortasse*, dit la LNPS. La nuance est importante à la fois sur un plan fondamental et, historiquement, chez Abélard:

1. Admettre l'objectivité de certains concepts indépendamment de leur introduction par une définition explicite du sujet de la connaissance (ou du locuteur) n'implique pas sur un plan fondamental la théorie platonicienne des Idées (au sens du *Timée*) et encore moins la version théologique qui en était seule disponible à l'époque d'Abélard.

Pour prendre un exemple strictement scientifique et moderne, emprunté à la logique mathématique, Kurt Gödel par ses deux théorèmes de 1931 a démontré par des moyens purement formels qu'il est impossible à tout système formel – à tout *langage formel* – quel que soit, itérativement, sa puissance, de capter intégralement le concept intuitif d'entier naturel, un concept évidemment non empirique et particulièrement central dans la connaissance humaine (impliqué, en particulier, dès qu'il est question d'objet extensionnel). Personne ne songe sérieusement à réfuter ces deux théorèmes ou à nier leur importance centrale dans une logique scientifique moderne. Mais, clairement, déduire de ces deux théorèmes, c'est-à-dire du caractère irréductiblement intuitif du concept non empirique d'entier naturel, que ce concept est une Idée dans l'esprit d'un Dieu artisan ou créateur n'est nullement impliqué par ceux-ci. D'autres hypothèses sont disponibles. Le caractère proprement intuitif du concept d'entier naturel est un fait scientifique. Interpréter ce fait comme témoignant de l'existence d'une Idée du nombre au sens platonicien (ou encore plus au sens théologique d'Augustin) est un pas supplémentaire qui n'est pas impliqué (ou exclu) par ce constat scientifique.

Pour prendre un exemple emprunté, cette fois, aux sciences humaines, John Rawls dans sa *Théorie de la justice* (1971), loin de construire le concept de justice par dérivation des données de l'expérience, présuppose, à l'orée du procès de connaissance, la pleine objectivité de ce concept qu'il s'efforce ensuite d'analyser (avec grand succès) en le confrontant par après aux données de l'expérience. Mais assurément il n'a pas besoin pour fonder l'objectivité de ce concept d'en faire une Idée dans l'esprit d'un Dieu juste et créateur. Clairement, poser que le concept qui permet de rendre intelligible le réel est là tout de suite, donné à l'orée du procès de connaissance et non construit par lui, n'implique pas de concevoir ce concept comme, à son tour, construit par un esprit omniscient réel (et non idéel) : le Dieu du *Timée* (ou de la Bible). Le platonisme « méthodologique » de Rawls n'implique pas le platonisme onto-théologique du *Timée* ou d'Augustin. C'est la distinction entre les objets et les concepts qui est objective (c'est-à-dire irréductible à une distinction objet/signe) et non l'interprétation onto-théologique des concepts comme des Idées (divines), c'est-à-dire comme des représentations produites par un entendement divin.

Une représentation mentale (ce qu'Abélard appelle *intellectus* ou *conceptio*) est une construction psychologique particulière à chaque esprit : clairement, il n'y a pas d'acte d'intellection universel. De là, identifier « concept » et « représentation mentale » revient à assimiler dans tous les cas le concept à une construction subjective et, en ce sens, *contraint* à l'interprétation onto-théologique du *Timée* ou d'Augustin, puisqu'il est clair, dans l'exemple mathématique que nous avons pris, que le concept non empirique d'entier naturel n'est évidemment pas réductible à une construction subjective de mon esprit. Il s'impose à mon esprit sans qu'aucune initiative de ma part n'y puisse rien changer. De là, nous allons, avec le *Timée* ou Augustin, poser qu'il est une Idée produite non par mon esprit mais par l'entendement divin. D'un autre côté, il semble plus prudent (puisque nous n'avons aucune certitude scientifique quant à l'existence d'un tel entendement), de distinguer, au moins pour certains concepts nécessaires à la science, entre *Begriff* et *Vorstellung*. Même si, clairement, le concept d'entier naturel n'existe pas indépendamment de mon esprit, comme cette fleur dont je constate l'existence face à moi, il est pleinement objectif au sens où il est pleinement irréductible à une libre construction de mon esprit ou à une libre convention de mon langage. De là, nous allons distinguer entre ce concept et la représentation (subjective) que j'en ai et, donc, distinguer entre *Begriff* et *Vorstellung* (chez Frege ou Gödel) ou entre le *status* « être un entier naturel » et l'acte subjectif d'intellection dont ce statut fonde l'objectivité (chez Abélard). Comprendre ce qu'est un concept[1] – autrement qu'en ignorant le problème (c'est-à-dire sans réduire tous les concepts à des signes, éléments formels d'un langage, ce qui, *comme la science nous l'apprend*, n'est pas systématiquement possible) – n'implique donc pas de s'engager dans une recherche de nature théologique, si, comme y invite Frege, nous distinguons entre concept (scientifique) et représentation mentale (subjective). La science nous *oblige*, dans certains cas, à distinguer entre concept et représentation subjective, sans pour autant nous contraindre à voir dans ce concept le produit d'une intelligence plus puissante que la nôtre. L'éventail des possibles est plus large et d'autres hypothèses (extra-logiques) que des hypothèses théologiques restent éventuellement à envisager.

Quoi qu'il en soit de ces hypothèses extra-logiques, pour ce qui concerne la logique, il paraît nécessaire de distinguer entre un concept scientifique et une construction mentale subjective (ou une convention lexicale), quel qu'en soit le

---

[1]. Avec en particulier le caractère contraignant de son discernement.

producteur. En logique, il y a des entités dont j'admets l'objectivité, non parce que je sais, sur un plan *théorique*, qu'elles existent, mais parce que, sur le plan d'une *pratique* effective, je ne peux pas mettre en œuvre la théorie logique promise sans les admettre. Si je pose que le concept de nombre se confond avec ma représentation (ou un signe de mon langage), alors la science arithmétique n'est plus effectivement praticable : c'est un fait ; d'un autre côté dire cela ne signifie pas que je sache que ce concept, irréductible à ma représentation ou à mon langage, le soit à une représentation ou au langage de l'entendement divin ! Nous distinguons concept et représentation mentale (subjective) uniquement parce que, négativement, nous n'avons aucun autre choix et non parce que nous savons, positivement, ce qu'est ce concept, par exemple : une Idée divine.

2. Avec Abélard, je pose l'objectivité du statut définitionnel non parce que je sais qu'il *existe*, en l'occurrence dans l'esprit de Dieu (Abélard ne dit pas qu'il *sait* cela : il soutient, au contraire, que ce statut n'est aucune *essentia*), mais parce que, dans mon intention de science et d'intelligibilité, je n'ai absolument aucun autre choix. Le statut qui cause l'intelligibilité de l'objet est donné sans être introduit par sa définition, laquelle est à venir. L'enseignement d'Abélard est qu'un concept peut être objectif *sans* être un objet. Pour autant que notre expérience soit concernée le statut générique ou spécifique n'est aucune *essentia*, si nous en concluons qu'il est positivement *nihil* (rien d'autre qu'un artefact linguistique ou psychologique) alors l'aristotélisme s'effondre : le concept ontologique central de l'aristotélisme – le concept de substance – ne peut être qu'une chimère, puisqu'Abélard souligne qu'il est faux que les données de l'expérience sensible suffise à attester de sa réalité (un point difficilement contestable). Bien sûr, on peut (et sans doute on doit) questionner le concept même de substance mais comment Abélard, dans les conditions épistémologiques qui étaient seules disponibles pour lui, l'aurait-il pu ? Même Ockham ne le fait pas.

L'interprétation moderne du « statut » abélardien : entre philosophie critique et philosophie analytique

Il nous semble, donc, essentiel pour comprendre la théorie abélardienne de la signification à partir de nos références modernes de croiser, d'un côté, la théorie causale de la référence de Kripke – sur laquelle insiste Peter King à bon droit et que John Marenbon met dans sa juste perspective chez Abélard – et, de l'autre, la différence frégéenne reçue dans le sens de son *objectivité* entre concept (intension) et objet (extension) sur laquelle nous souhaitons, en prolongeant certaines propositions de Martin Tweedale, insister.

Il nous semble, en particulier, que la conception que propose J. Marenbon de la sémantique de Kripke appliquée à Abélard permet de retrouver dans un autre langage – celui, linguistique, de la théorie causale de la référence de Kripke – le concept proprement épistémologique kantien de condition de possibilité – au sens transcendantal – de l'expérience de l'objet (dans une science possible). L'objectivité, dans les deux langages, du contenu intensionnel « esse X » ne vient pas d'une considération *théorique* et « métaphysique » mais de ce que nécessite *pragmatiquement* (comme « cause » ou « condition ») la possibilité même d'une science. Or, cette cause ne se réduit pas – chacun en convient – à un « nom » (de baptême, chez Kripke). On vérifie ainsi, une nouvelle fois, qu'au-delà de différences de langages, il y a, en réalité, accord (possible) entre les interprètes puisqu'un même contenu est pensé dans des contextes théoriques différents – d'un côté, la philosophie du langage que privilégie la tradition dite « analytique » et, de l'autre, l'analyse des conditions critiques de la connaissance (scientifique) dans une lignée théorique plus proprement kantienne. Un étant ne devient objet d'une science *possible* qu'à la condition d'être discernable de manière non ambiguë d'un autre étant (de manière à avoir « n x le même être tel » *in re* et non seulement *in voce*, c'est-à-dire *naturaliter* et non par convention), condition que satisfait le discernement de ces deux ou trois ou ... « n » étants dans un même statut définitionnel d'objet. Le statut « cause » (dans le langage de Kripke) ou « rend possible » (dans un langage kantien) ce discernement non ambigu et cela même s'il nous est impossible – dans les limites d'une expérience sensible et finie de la réalité – de déterminer tout le contenu possible de ce statut.

L'impossibilité de déterminer ce statut « en soi » (ou *a priori*), par incapacité de notre science à transcender les limites de la connaissance expérimentale (« ectypale » dirait Kant), contraint à distinguer ce statut lui-même de l'intellection itérativement toujours incomplète que nous en avons, étant entendu que si nous pouvions connaître de manière « archétypale » les statuts, nous en saurions assez pour créer les réalités dont ces statuts fonde l'intelligibilité : *absit*! Il en résulte qu'il convient ici – comme chez Frege – de distinguer entre d'un côté *status* ou *Begriff* et de l'autre *intellectus* ou *Vorstellung*. En aucun cas, ce statut ne saurait se réduire au nom dont il fonde l'imposition et à l'intellection (à la signification) que ce nom génère en moi : je ne suis pas Dieu et mon verbe n'est pas créateur! Mais si la *res* est un objet possible de science, alors *il y a* – par méthode – un statut fondant sa définition possible. Et Frege, lorsqu'il distingue *Begriff* et *Vorstellung*, ne dit, en réalité, rien de plus. Le reste est un objet de foi et non de science.

Le réalisme intensionnel d'Abélard et l'inconsistance de la logique frégéenne

La référence à Frege que nous posons ici peut faire craindre l'inconsistance de la logique d'Abélard. Mais il faut ne pas se tromper sur l'origine de l'inconsistance de la logique de Frege. On sait que la logique de Frege n'est inconsistante que si, avec lui, nous admettons un principe de compréhension universel posant que l'extension de *toute* intension (une « classe » au sens logique) forme un ensemble (« Menge », « set », au sens mathématique), un principe logiciste faux dans la théorie des ensembles de Cantor. Si l'on supprime ce principe – toute extension de concept (toute classe) forme un ensemble – la logique de Frege, comme le souligne Gödel (et, assurément, il n'y a pas de meilleur expert en matière de consistance d'une théorie logique) est correcte[1]. Il y a un concept universel de concept – ce concept existe – mais il n'y a pas et il n'y a jamais eu dans la théorie cantorienne des ensembles et cela explicitement (chez Cantor lui-même) d'ensemble de tous les ensembles : d'ensemble universel[2]. Tout concept a une extension mais cette extension ne constitue pas nécessairement *un* ensemble (univoquement déterminable). Ce fait conduit la plupart des mathématiciens à distinguer le concept logique de classe (ou d'extension de concept) et le concept mathématique d'ensemble en rejetant le logicisme qui tend à réduire le second concept au premier.

Russell croit que l'inconsistance de la logique de Frege procède en toute nécessité de son réalisme mathématique – ce qui est faux, comme nous le *savons* aujourd'hui – parce qu'il partage le projet logiciste de Frege (réduire les mathématiques à la logique). Ce logicisme constitue un projet final et très idéel complètement étranger à la théorie cantorienne des ensembles, une théorie aussi réaliste que peut l'être une théorie mathématique et que pratique, avec le plus grand succès, la très grande majorité des mathématiciens.

On peut donc poser, en logique, en un sens *objectif*, à côté des objets et des ensembles qu'ils forment, des concepts, sans nécessairement poser qu'à tout concept correspond un objet (ou un ensemble d'objets), c'est-à-dire sans nécessairement réduire ce concept à un signe (ou à une représentation) posé pour cet objet. Il y a – en logique mathématique – beaucoup, beaucoup d'objets (et avec eux d'ensembles) mais il n'y a pas d'ensemble – de *collectio* – universel, c'est-à-dire obtenu par complémentation de l'ensemble vide. Par contre nous avons un concept du possible (et de l'impossible). Il est donc faux que *tout* concept détermine un objet ou un ensemble d'objets qui en est l'extension. Le principe de compréhension universel est faux : le logicisme[3], quelle qu'en soit la forme (réaliste – Frege – ou nominaliste – Russell –), n'est qu'une *idée* et non une *réalité* de la science et nous ne pouvons pas poser en prémisse déterminée de l'état

---

1. Voir sur ce point le célèbre article de Kurt Gödel sur la logique de Russel, « Russell's mathematical Logic », *in* P. A. Schilpp (ed.), *The Philosophy of Bertrand Russell*, Chicago, Northwestern University Press, 1944, p. 123-153, et H. Wang, *Reflections on Kurt Gödel*, Cambridge (Mass.)-London, The MIT Press, 1987 ; trad. fr. L. Ovion et M. Meriaux, *Kurt Gödel*, Paris, Armand Colin, 1990, en part. p. 312.

2. Cantor écrit ainsi à Dedekind, dans une lettre du 28 juillet 1899, le paradoxe de Russell ayant été découvert *après* (1901), que la « collection de tout ce qui est pensable » est une « multiplicité inconsistante » et non *un* ensemble. *Cf.* sur ce point : J.-P. Belna, *La notion de nombre chez Dedekind, Cantor, Frege*, Paris, Vrin, 1996, p. 56. L'extension totale du concept « possible » ou « pensable » ne constitue pas, pour Cantor, un ensemble (univoquement déterminable) et la théorie cantorienne des ensembles qu'utilisent les mathématiciens n'a pas besoin d'un tel ensemble et ne l'utilise pas : le concept axiomatique d'ensemble qu'utilisent les mathématiques est *itératif* (et non obtenu par complémentation de l'ensemble vide). Toutes choses égales par ailleurs, Aristote, de son côté, soutenait que le terme transcendantal – absolument universel – « étant » n'était pas un prédicat *univoque*.

3. C'est-à-dire l'élucidation finale et définitive des fondements logiques de la science (mathématique).

effectif des connaissances scientifiques un état final et purement idéel de la science.

Une théorie logique n'est donc pas nécessairement inconsistante si elle reçoit dans le sens de son objectivité une distinction entre concepts et objets, mais seulement si elle assortit cette distinction d'un principe de compréhension universel posant qu'à tout concept doit correspondre un objet (ou un ensemble d'objets tels).

Or, chez Abélard, le principe de compréhension – qui consiste à faire dépendre du contenu intensionnel la détermination du contenu extensionnel d'un terme (« phénix » n'engendre pas l'intellection d'un objet singulier, donc c'est un prédicat universel) – ne s'applique pas. Le principe de compréhension n'est donc pas, chez Abélard, universel (et nous aurons à nous demander pourquoi). Abélard refuse ici que la seule considération du contenu intensionnel d'un prédicat – par exemple du prédicat « phénix » – suffise à permettre de fixer sa signification extensionnelle : il n'y a pas de parallélisme absolu entre les intensions et les extensions. Or, c'est exactement ce principe de compréhension qui, appliqué à tout concept, conduit, toutes choses étant égales par ailleurs, la logique de Frege à l'inconsistance. Ce principe aboutit en effet à l'inférence suivante : s'il existe un concept du possible opposé au concept de l'impossible, *alors* il existe un ensemble de tous les ensembles non-vides (un ensemble contenant tout ce qui n'est pas impossible) opposé à l'ensemble vide, et cela, sinon sur le plan ontologique, du moins sur le plan logique. Or, on l'a vu, Cantor, avant même Russell, souligne qu'une telle extension n'est qu'une « multiplicité inconsistante » et non un ensemble (univoquement déterminable).

Là où Abélard est pré-frégéen, c'est dans la réception d'une distinction objective – non linguistique – entre les objets extensionnels (les *res numero discretae quae sunt X*) et les intensions (le statut *esse X*), mais cela ne signifie pas nécessairement qu'il admette (comme le fait imprudemment le logicien Frege, à la différence du mathématicien Cantor), que *toute* donnée intensionnelle soit aussi, et *ipso facto*, une donnée extensionnelle.

Ainsi, nous avons, chez Abélard, un concept du possible (« phénix » dont l'universalité est *seulement* possible) opposé au concept de l'impossible (« chimère » qui désigne le non-existant en tant que non-existant). Mais cela n'implique pas, du moins chez Abélard, qu'existe (logiquement) une extension contenant tous les objets qui ne sont pas impossibles et complémentant ainsi celle, vide, de « chimère », une extension qui s'étendrait, donc, non pas seulement à l'actuel (un cas où « phénix » n'est pas universel) mais bien aussi au possible (puisque l'extension plurale de « phénix » n'est attestée que sur le plan du *possible*, étant infirmée sur toute l'extension de l'actuel). Il est clair qu'une interprétation *extensionnelle* doit être *actuelle* mais comment « actualiser » avec vérité une « contenance » purement virtuelle, c'est-à-dire limitée – et donc définie – par le seul critère *négatif* de ne pas être impossible ? Qui a une bonne intuition, extensionnelle et modérément non-contradictoire, d'une collection seulement *négativement* définie (par le seul critère de sa non-impossibilité) ? Si on se contente de ce qui, itérativement, est actuel, alors, en l'état des données disponibles, « phénix » *reste* un prédicat singulier, et ceci au regard des conditions de *vérité* des propositions où il est prédiqué et non seulement des conditions de validité syntaxique des phrases où il est « construit ».

En fin de compte, l'universalité proprement *logique* (et non seulement « verbale » ou grammaticale) requiert une extension numériquement plurale *actuelle*. La question est purement et strictement logique (et nullement ontologique). Une extension plurale seulement possible n'est que l'*idée* d'une extension : *il s'agit d'une intension* et s'il y a une distinction qu'Abélard respecte avec une rigueur entièrement nouvelle c'est bien la distinction entre données intensionnelles et extensionnelles. Une extension seulement virtuelle (ou « en idée ») n'est pas du tout une extension, et cela quelle que soit l'ontologie privilégiée : sur le plan *logique*, une extension ne peut exister qu'en acte. Et il est clair que si nous posons que toutes les *modalités* (de conception par le sujet de la connaissance de son objet possible) sont non-problématiquement interprétables extensionnellement – étant, donc, intégralement objectivables – nous allons *nécessairement* rencontrer des problèmes de consistance logique dans l'explicitation de notre théorie.

Abélard est prudent : tout ce qui est commun en intention (en grammaire) n'est pas nécessairement commun en extension (en logique). Le principe de compréhension universel est ainsi faux chez lui. L'équivalent médiéval possible du principe de compréhension universel est, au fond, le postulat d'un parallélisme logico-grammatical assimilant tous les noms appellatifs en grammaire – y compris « chimère » ou « phénix » – à des universaux en logique. Or, justement Abélard a pour singularité absolue de *rejeter* ce parallélisme.

On peut donc reprocher à Abélard d'avoir une conception trop étroite des extensions en refusant (à la différence de Boèce ou d'Ockham) l'universalité, en logique, de termes comme « phénix » (qui ne sont universels qu'en intention), mais on ne peut pas – en même temps et tout à l'inverse – lui reprocher d'encourir, par delà les siècles, la même inconsistance qu'un principe de compréhension *universel* engendre chez Frege. Ce serait, de manière flagrante, incohérent.

Existimatio (*ou* fides) *et* scientia : *une distinction introduite par Abélard*

Ce qu'on constate chez Abélard est que si l'on réduit l'intensionnel (le concept) à la simple catégorie linguistique de la signification, ou à la simple catégorie psychologique de la représentation (subjective)[1], la théorie abélardienne du statut comme cause d'imposition du nom universel devient complètement inintelligible. Il devient impossible de distinguer le statut de l'intellection qu'il cause. D'un autre côté, reconnaître qu'il y a des intensions en un sens objectif seulement au sens théologique du créationnisme nous paraît ne pas tenir compte du fait qu'Abélard distingue avec soin – un point éminemment remarquable au siècle où

---

1. En réduisant le *Begriff* frégéen au *Sinn* frégéen (et à la *Vorstellung* frégéenne).

il l'écrit et, nous semble-t-il, d'une extrême importance sur le plan d'une histoire de la science – entre une foi religieuse dont on lui a assez reproché d'avoir dévalué la certitude objective en la qualifiant d'*existimatio* et le savoir (proprement humain). Abélard ne soutenait pas que la possibilité de la science implique la croyance en Dieu. Il partageait le scepticisme de Gaunilon sur la démonstration anselmienne. Ne serait-il pas injuste de lui attribuer aujourd'hui une confusion entre foi et savoir lors même qu'en son temps l'institution ecclésiale était allée jusqu'à le condamner en concile comme hérétique pour, entre autres, avoir qualifié la *fides* d'*existimatio*, un acte libre de foi qu'Abélard, avec rigueur, distingue des intellections et de la « science » ?

> Parfois nous disons « intelliger » à la place d'« existimare »[1] et parfois le nom d'opinion qui est identique à *existimatio* est transféré pour désigner l'intellection. Mais l'*existimatio* et l'intellection sont différentes parce qu'*existimare* est croire, et que l'*existimatio* est la même chose que la foi ou la croyance[2].

Il y a bien des intellections – des représentations – que j'ai (réellement) sans croire que leur correspond un objet réel. Ainsi, montre Gaunilon, l'expression « île des bienheureux » engendre chez moi une intellection (hautement désirable), mais cette intellection n'implique pas que je crois qu'à cette intellection corresponde une *res*. Cette croyance n'est pas *nécessaire*. La *scientia* est, de son côté, explique Abélard, une « certitude de l'esprit » qui demeure indépendamment de mes représentations (de mes intellections) et des actes de foi (mes *existimationes*) par lesquels je donne crédit ou non à ces représentations. On comprend que dans le cas de la « science » la certitude de mon esprit, en s'appuyant sur des arguments nécessaires, ne dépend plus de mes représentations actuelles et du crédit que je leur accorde ou non : ma certitude, étant fondée sur des critères objectifs (nécessaires), ne peut plus disparaître, en dépendant seulement d'un acte subjectif de foi (et la science, effectivement, est cumulative)[3]. Or, on l'a noté en introduction, Abélard est très clair : la proposition « Dieu existe » est un objet non de science mais seulement de foi et *fides*, *credulitas*, *opinio*, *existimatio* sont, donc, des termes synonymes.

L'impossibilité de prouver qu'au concept « Dieu », un concept existant même chez l'incroyant intelligeant le mot « Dieu », correspond un objet, même pour l'incroyant, explique la possibilité de discerner sans contradiction l'interprétation intensionnelle (*de sensu*) et l'interprétation extensionnelle (*de re*) des mêmes propositions de la théodicée. Le sujet *de sensu* de ces propositions est *ou* n'est pas

---

1. Nous renonçons à traduire le terme « existimatio » puisqu'Abélard le traduit lui-même par « croyance », « foi » et « opinion » : que choisir ? L'*existimatio* porte, explique Abélard, sur ce que la proposition a à dire (et qui est le sujet des prédicats aléthiques) et désigne le crédit qu'*en première personne*, je crois, ou non, devoir accorder à ce dire en fonction de l'intellection que j'en ai, voir *De intellectibus*, *op. cit.*, § 26, p. 42.

2. *Ibid.*, § 24, p. 42 : « nonnumquam intelligere pro existimare dicimus, et opinionis nomem, quod idem est quod existimatio, ad intellectum quandoque transferatur. Sed differunt quod existimare credere est, et existimatio idem quod credulitas sive fides ».

3. *Ibid.*, § 27, p. 44. Bien entendu, Abélard distingue *passim* en les opposant *opinio* et *scientia*.

le sujet *de re* des mêmes propositions : l'alternative ne peut pas être scientifiquement levée. A : « Ce que dit : "celui qui doit être damné est sauvé" est impossible » (une proposition vraie dont le sujet est intensionnel, puisqu'il s'agit du sens de la proposition « celui qui doit être damné est sauvé ») *n'implique pas* A' : « celui qui doit être damné ne peut être sauvé » (une proposition fausse dont le sujet est extensionnel). Elle ne l'impliquerait que si je pouvais *prouver* (et non seulement *existimare*) qu'au concept de Dieu (et de tout ce qu'implique analytiquement ce concept, en particulier le fait que Dieu, étant soustrait à toute contingence, ne peut agir autrement qu'il n'agit) corresponde un ordre providentiel réel (*de re*), et non idéel (*de sensu*). Cela, soutient Abélard, je peux le croire mais je ne peux pas le prouver – l'établir par un « argument nécessaire » – et donc la vérité de A *n'implique pas* la vérité de A'. Le crédit qu'en homme de foi j'accorde à la réalité de cet ordre providentiel n'a pas valeur de preuve (objective).

Il en résulte que l'espérance du *damnandus* d'éviter cette damnation par l'opération de son libre arbitre – qu'exprime le rejet de la proposition A' – n'est pas dénuée de tout fondement possible, puisqu'il est faux qu'A prouve A'. Toute cette démonstration s'effondre si on pose, avec Anselme de Cantorbéry, que croire (*existimare*) et savoir (*scire*) sont identiques en théologie. Il est clair, en effet, que si l'existence de Dieu (avec l'ordre providentiel qui découle de son concept) est nécessairement impliquée par l'intellection du mot « Dieu », sans relever donc d'un acte de foi 1) distinct de cette intellection et 2) non nécessitée par elle, *alors* l'interprétation *de sensu* – intensionnelle et idéelle – des propositions de la théodicée ne peut qu'impliquer leur interprétation *de re* – extensionnelle et réelle. Si je peux acquérir une telle science, alors la distinction antinomique entre les deux interprétations n'a plus lieu d'être, là où tout l'effort d'Abélard réside dans l'établissement de la non-réductibilité absolue dans ma science – une science humaine – du statut à la *res* et de l'interprétation *de sensu* des propositions de la théodicée à leur interprétation *de re*. Il est en ce sens essentiel à la théologie d'Abélard de poser que, si le concept de Dieu (avec tout ce qu'il implique) est pleinement objectif, l'existence de Dieu n'est pas, elle, un objet de science, mais, distinctement, de foi et le croyant qu'est Abélard d'insister, à ses risques et périls, sur cette distinction en posant la synonymie entre *fides* et *existimatio*[1].

Avant d'être un théologien, Abélard est un logicien, c'est-à-dire un spécialiste de la preuve, et la rigueur de son raisonnement est ici, en plus de son étonnante

---

1. Cette synonymie est comptée par Guillaume de Saint-Thierry, dans la lettre de dénonciation des hérésies d'Abélard qu'il envoie à Bernard de Clairvaux, comme la *première* de ces hérésies. Il la décrit comme la porte ouverte au scepticisme en ravalant la foi (chrétienne) aux simples « opinions des Académiciens ». Mais, en réalité, Abélard distingue seulement entre une certitude subjective, requérant un choix, et une certitude objective, s'imposant à moi *sans choix*. Par exemple, que Socrate et Platon conviennent dans le même statut s'impose, sans choix, à moi, que ce fait objectif s'explique par l'existence d'une Idée spécifique dans l'intelligence qui les crée suppose, en plus, un acte de foi en l'existence de cette intelligence, acte de foi qui ne peut être effectué que *librement* et en première personne.

modernité, notable. Au cœur de la philosophie d'Abélard, il y a la reconnaissance de l'ineffectivité de certaines démonstrations : par exemple que le statut, bien qu'il ne soit pas *nihil*, soit une *essentia* ou que l'interprétation intensionnelle (*de dicto*) des propositions constitutives de la théodicée implique leur interprétation extensionnelle (*de re*). Abélard, de toute évidence, pense que l'impossibilité de fournir ces démonstrations est plus *instructive* sur le plan fondamental que les « omnis, ut arbitror, quaestio dissoluta est » qu'il pouvait lire, s'agissant du questionnaire de Porphyre, dans le *Second commentaire sur l'Isagogê* de Boèce et, pour la théodicée, dans le *De consolatione Philosophiae* du même Boèce.

CONCLUSION
LA PHILOSOPHIE D'ABÉLARD EST UN CRITICISME

Anselme de Cantorbéry ouvrait, en associant foi et savoir dans le *Proslogion*, la possibilité scolastique de fonder la théologie comme science. Abélard est à l'orée d'un univers philosophique beaucoup plus profond et durable où la distance entre le sujet épistémique – ses mots, les intellections que ceux-ci génèrent en lui et le crédit qu'il leur accorde – et le savoir lui-même commence à être réfléchie et problématisée comme telle. Le nominaliste Roscelin était déjà sur cette voie mais chez lui le lien qui relie le sujet (ses mots et ses représentations) à l'objectivité du savoir s'était rompu. Abélard retisse ce lien mais, assurément, sans aller jusqu'à confondre *existimare* et *scire* : foi et savoir.

Nous pensons donc que pour comprendre la théorie de la signification d'Abélard, il faut la situer dans un contexte historique et concret où elle se construit de manière vivante par équilibration de la *critique* partielle et concomitante de la philosophie de ses *deux* maîtres, Roscelin, puis Guillaume de Champeaux. Or, si l'on excepte Jean Jolivet, l'historiographie insiste essentiellement sur la critique par Abélard des *reales*. L'objectif d'Abélard serait essentiellement ontologique et, cela, dans un sens réductionniste.

Les questions ontologiques sont bien entendu importantes – nous ne le contestons pas – mais nous pensons que les questions d'effectivité (« comment une science humaine est-elle possible ? ») sont tout aussi importantes au sens où il est dénué de sens d'acheter les premières au prix des secondes. Cet équilibre nous paraît important pour comprendre les « non-choses » abélardiennes. D'un point de vue fondamental, il est clair que la question ontologique individu/ensemble n'est pas difficile, une fois admis, d'un côté, que toute extension de concept (toute classe) ne forme pas un ensemble (il y a des « extensions de concept » inconsistantes) et, de l'autre, que l'expérience sensible *ne peut pas* donner accès à des individus en un sens absolu, mais seulement à des réalités toujours et encore *réellement* constituées de parties. Dans une science humaine (par exemple, aristotélicienne), il n'y a ni ensemble définitivement universel (contenant « tout le possible ») ni individu définitivement inanalysable plus avant (*simplex*). Une fois concédées ces deux thèses, les différents points de vue ontologiques *peuvent* converger, si chacun décide de s'en donner la peine en cherchant à aller au-delà de querelles de mots et de chapelles. Le clivage ontologique résistant est le clivage esprit/matière mais ce clivage ne recouvre pas le clivage réalisme/nominalisme : il est de fait, par exemple, que le très croyant Ockham était nominaliste et que Marx – pour prendre un exemple matérialiste non contestable – ne pensait certainement pas que les concepts d'ensemble (de société ou de classe sociale) et de relation (de rapport social de production) étaient dénués de toute forme d'objectivité propre.

Il est donc important de noter que la pensée d'Abélard – articulant une distinction *objective* entre intensions et extensions – s'est historiquement construite non contre Guillaume de Champeaux seul mais aussi contre le « vocaliste » Roscelin. Il nous semble ainsi indispensable pour comprendre cette pensée de prendre *autant* en compte le rejet par Abélard des thèses « vocalistes » de Roscelin que son rejet de celles, « réalistes », de Guillaume de Champeaux.

Le souci d'Abélard est donc de maintenir *à la fois* la réalité d'une science humaine et son opposition à une science divine. Nous voudrions montrer maintenant que ce double souci explique certains choix particulièrement étranges et originaux qu'il effectue dans sa logique. Ces choix s'éclairent si on comprend qu'ils sont commandés par une double décision : le savoir humain est à la fois essentiellement relatif et précaire – à toujours concevoir par opposition avec une science absolue et divine – et *réel*, les deux. En fait, son incomplétude est essentielle à sa réalité.

Le premier choix, propre à Abélard et contesté par tous ses adversaires, est ce que nous pouvons nommer la « clause "phénix" » : nous l'avons évoqué dans ce chapitre, mais sans en mesurer les enjeux véritables. Le second est la théorie – très particulière – des inférences topiques qu'Abélard développe au cœur de sa *Dialectica*. Ces deux théories sont strictement et proprement abélardiennes. De plus, elles ne peuvent s'expliquer selon la grille de lecture qu'on applique traditionnellement à Abélard : l'opposition entre nominalisme et réalisme. En effet, comme nous allons le voir, les adversaires de ces deux théories se recrutent aussi bien du côté nominaliste que du côté réaliste. Comprendre les enjeux de ces deux thèses nous permet donc d'accéder à une strate sans doute plus profonde que cette opposition.

Chapitre V

« PHÉNIX » EST-IL UN UNIVERSEL ?
ABÉLARD ET LE REJET DES RÉPONSES BOÉCIENNES
AU QUESTIONNAIRE DE PORPHYRE

Boèce, dans son second commentaire sur l'*Isagogê*, avait posé trois principes :
1) il n'y a pas de chose ou de collection de choses universelles. N'existent hors de l'esprit que des entités particulières ;
2) le nombre des individus est infini ;
3) c'est un seul et même sujet – le genre, l'espèce – qui universel dans l'intellection est singulier hors d'elle, soit *in re*.

Les deux premiers principes et
le problème de Porphyre

Le premier principe découle de l'aporie de l'universel que Boèce expose dans son second commentaire sur Porphyre. Si le genre est réel, alors il doit être soit une chose une, soit une chose « multiple » (une collection de choses). Mais il ne peut être ni l'une ni l'autre. En effet, si cette chose qu'est le genre est une, alors elle doit être commune à la multiplicité qui tombe sous elle de telle sorte qu'elle soit aussi et dans le même temps tout et partie de ce tout. Le genre « animal » est vrai en même temps de chaque individu de ce genre à part et de tous les individus de ce genre ensemble. Donc, si le genre est une *res*, alors cette chose participe d'elle-même. Or, après élimination de divers cas, il apparaît qu'il n'y a pas de totalité participant d'elle-même. Reste que le genre ne soit pas une chose mais plusieurs choses. Nous aurons alors une régression à l'infini. Les animaux ont « quelque chose de semblable » qui est leur « animalité » mais le genre est multiple et non un (avons-nous décidé). Il n'est donc rien d'autre que ces animalités ensemble. À leur tour, ces animalités se ressemblent et ont ainsi *quoddam simile* qui vient s'ajouter par + 1 aux ressemblances précédentes et ainsi sans fin. Si nous avons une ressemblance finale, qui soit, donc, la ressemblance substantielle de toutes les ressemblances substantielles, nous avons un objet introduit par une définition qui, dans son énoncé, fait référence à une totalité – toutes les ressemblances substantielles – dont, contre notre affirmation, l'objet introduit est *déjà* membre. Si nous voulons éviter cette contradiction et maintenir l'impossibilité d'une chose qui soit à la fois tout et partie d'elle-même, nous devons admettre qu'il n'y a pas de terme possible à notre régression, *quod est inconveniens*. La conclusion qu'en tire Boèce est que l'universel ne peut être aucune chose, ni une, ni multiple, ce qui l'engage, donc, à une ontologie réduite aux entités particulières[1].

Le deuxième principe est référé par Boèce à Platon mais il était tout aussi bien affirmé par Aristote (par exemple, au livre Z de la *Métaphysique*[2]). C'est un principe capital sur le plan gnoséologique parce que, comme on l'a vu, Boèce souligne que « la science ne peut être infinie : aucune intellection n'embrasse ce qui est infini »[3]. Il en résulte que, les individus étant en nombre infini et aucune science ne pouvant être infinie, le recours aux universaux est gnoséologiquement inévitable. Et, effectivement, pour Aristote, comme ensuite pour Porphyre et Boèce, aucun nom propre n'est prédicable définitionnellement. Il s'agit d'un point important puisqu'il implique que la nécessité du recours à l'universel est proprement *cognitive* (et non seulement « communicationnelle »).

Notons, cependant, qu'on trouve parfois, dans certaines théories sémantiques plus récentes, un principe d'indifférence en logique entre domaines fini et infini, principe qu'on pourrait formuler ainsi : « le passage d'un nombre fini à un nombre infini d'individus ne fait aucune différence en logique, donc la considération du seul cas fini suffit ». L'universel serait donc un simple expédient linguistique – un signe d'abréviation utile à la communication –, les deux types d'extension étant sur le plan *logique* équivalents et donc réductibles l'un à l'autre. Mais on comprend qu'admettre un tel principe d'indifférence, avec l'extrême simplification qu'il propose de la théorie de la connaissance, revient en pratique à trivialiser le problème central des sciences mathématiques qui est d'établir comment un esprit fini peut dominer scientifiquement (sur un plan extensionnel) un domaine infini, une question assurément fort complexe. Si le passage d'un domaine fini à un domaine infini ne présente aucune difficulté sur le plan scientifique, à quoi les mathématiques, des sciences fort anciennes, peuvent-elles être utiles ? Plus largement, si on admettait comme effectif un tel principe d'indifférence, il est clair qu'une grande part des énigmes de la connaissance humaine – par exemple les paradoxes de Zénon, si importants pour Aristote – s'évanouirait comme par enchantement. Ce serait assurément se donner la tâche trop facile.

---

1. Nous résumons : Boèce, *Second commentaire sur l'Isagoge*, op. cit., p. 161, 10-p. 163, 6.
2. Ou dans les *Réfutations sophistiques*, éd. M. Hecquet, Paris, Vrin, 2019, 165a (un texte qu'Abélard connaissait, à la différence du Livre Z) : « Car les noms et la pluralité des définitions sont limités, les choses, elles, sont infinies quant au nombre ».
3. Boèce, *Second commentaire sur l'Isagoge*, op. cit., p. 226, 2-3.

On sait que le développement de la philosophie dans la Grèce ancienne est étroitement lié à certaines découvertes scientifiques et, parmi elles, au tout premier rang, à la découverte, fort troublante, de l'existence de certaines grandeurs irrationnelles. En réalité, le principe n°2 n'est pas aussi aisément éliminable et constitue bien sur le plan épistémologique – en l'attente d'une démonstration de l'indifférence en logique entre domaines fini et infini (par celle de la quadrature du cercle) – un principe *solide* qui ne peut être supprimé sans inconvénients majeurs sur ce plan proprement scientifique. Et, de fait, non seulement Platon («que nul n'entre ici s'il n'est géomètre», demande-t-il) mais bien aussi aucune des sources philosophiques d'Abélard, y compris Boèce, n'y songe sérieusement.

Qu'en est-il d'Abélard ? Nous venons de voir qu'il pose, sur un plan fondamental, que le continu caractérise les corps en tant qu'entités naturelles, un continu qu'il conçoit comme un ensemble infini de points. Il n'est donc pas question, pour Abélard, de résoudre le réel en un nombre fini d'éléments. Ceci pour la géométrie *et* la physique. Pour la logique, le problème du passage d'un domaine fini d'individus à un domaine infini se pose dès qu'on asserte que tous les individus tels – non seulement ceux qui sont actuellement donnés à mon expérience, mais aussi ceux qui sont passés, futurs ou simplement possibles – ont tous sans exception telle propriété (par exemple, pour les hommes, la rationalité). Dès qu'on asserte le caractère définitionnel (*de subiecto*) de la prédication, la limitation du domaine extensionnel à l'individu « n » ou à son successeur ne peut plus suffire. Pour exclure la possibilité même d'une exception, il nous les faut tous et il n'y a pas d'autre choix que d'admettre une variable générale susceptible de prendre pour valeur tout individu possible tel qu'indexé par la série infinie des entiers naturels. Et c'est bien en ce sens que seuls les universaux sont susceptibles d'être prédiqués définitionnellement, au sens où, explique Abélard, « toute cause d'imposition d'un nom universel est en elle-même infinie[1] et n'est enclose en *aucune* limite de chose »[2].

Bien entendu, Abélard ne veut pas dire que le nombre des individus que nomme *actualiter* tel universel en position sujet soit infini. Mais il remarque que l'extension totale des individus dont le prédicat universel est vrai *in possibilitate naturae* est infinie et cela tel que l'*impositor nominis* a voulu que ce terme soit vrai non pas seulement de tous les individus actuellement nommés, mais bien aussi et surtout de toute la série des individus susceptibles d'être nommés :

> En effet, celui qui a imposé ce nom « homme » aux choses de ce fait qu'elles sont des hommes, de même qu'il avait devant lui un nombre déterminé de choses, de même n'a-t-il pas compris dans une mesure déterminée de son intelligence toute cette cause qu'est l'être-homme[3].

Il s'agit d'éviter que *puisse* survenir un homme dont le nom « homme » serait faux. Aussi, l'*impositor* n'a pas pu comprendre « toute la cause » dans un nombre

---

1. Abélard dit bien – et il fait à plusieurs reprises la distinction – « infinita » et non « indefinita ».
2. LI, p. 85, 7-9.
3. *Ibid.*, 9-12.

donné parce qu'il voulait l'exhaustivité sans laquelle il n'y a pas de nécessité. En effet, si cette cause totale n'était pas en elle-même infinie, un successeur non compris dans cette extension resterait *concevable*. L'extension concernée ne pourrait être *nécessairement* complète et donc la prédication ne pourrait pas avoir valeur définitionnelle. Elle aurait seulement une valeur descriptive, c'est-à-dire accidentelle.

Pour saisir le propos d'Abélard, on peut prendre une image simple, mais, nous semble-t-il, exacte. On peut dire que le statut définitionnel (intensionnel, donc) « être X », cause d'imposition de l'universel, détermine un cercle – une « contenance », dit Abélard – définissant ce qui est susceptible d'être contenu dans ce cercle (en appartenant à l'extension possible de ce statut) et ce qu'on doit en exclure. Ce cercle ne peut être rejoint par la multiplicité des polygones inscriptibles en lui – les individus et les collections (finies) qu'ils forment – qu'à l'infini dans une complexité sans cesse augmentée. Aucune *collectio* finie d'individus tels, différant de la précédente par + 1, et telle que, bien sûr, « n = n + 1 » est nécessairement faux, ne peut parvenir à épuiser effectivement la contenance totale du cercle que définit le statut, bien qu'elle s'en rapproche toujours plus. Cette contenance est, en effet, « en elle-même infinie ». De même que le cercle est plus simple que les polygones toujours plus complexes susceptibles d'être inscrits en lui, de même le statut, définissant une contenance « en elle-même infinie », est plus simple que la multiplicité sans cesse croissante des individus et des collections (finies) qu'ils forment et qui, itérativement, s'en approchent toujours davantage. Ce statut fonde ainsi (en la « causant ») l'intelligence possible de cette multiplicité en lui assignant une direction et, donc, finalement un sens. Ce statut (et le cercle qu'il définit) ne sont pas, pour Abélard, *res aliqua* et n'existent donc pas indépendamment de ma *ratio* comme c'est le cas d'un étant donné à mon expérience sensible. Si nous en concluons que le cercle défini n'est rien d'autre qu'une convention de mon langage (un mot) ou une libre construction de mon intellection (une représentation subjective), comment sera-t-il encore possible à une science humaine (aristotélicienne) de définir *substantiellement* la réalité et non seulement de la décrire *accidentaliter* ?

Ainsi, pour toutes les sources d'Abélard comme pour Abélard lui-même, le deuxième principe est pleinement contraignant. Toute théorie de l'universel qui, pour être effective, supposerait la négation de ce principe en exigeant, à la place, un axiome de finité pour les individus en logique (ou supposerait de méconnaître les exigences propres du passage d'un domaine fini à un domaine infini sur le plan scientifique) ne peut être pertinente, sinon sur le plan ontologique, du moins sur le plan épistémologique. Il en résulte que les individus étant pour ma connaissance en nombre infini et aucune science ne pouvant être infinie, le recours aux universaux est inévitable :

> L'imposition des universaux n'est pas de peu d'utilité. Si, en effet, nous voulons montrer que quelque chose est présent ou absent en tous les hommes, nous ne pouvons pas faire cela par le biais de noms particuliers, à la fois en raison de leur inconstance, puisque tantôt ils ont [de désigner] une substance et tantôt non, mais

aussi en raison de leur infinité, puisqu'au témoignage de Platon il n'y a aucun savoir déterminé de ce qui est infini. Il convint donc de rechercher les universaux, pour qu'ils fassent ce que les noms singuliers ne pouvaient pas faire[1].

Ce que dit ce texte est que l'universel n'est pas seulement utile à la communication linguistique. Il est aussi et surtout nécessaire à une *science* humaine. En effet, si ma science était réductible à la considération d'une série numérique de cas particuliers, deux situations seraient alors possibles. A) Cette série est finie mais alors, comme cette série change sans cesse (les individus sont « inconstants », note Abélard), ma science qui s'y réduit (puisque nous nous passons des universaux) changera aussi sans cesse. Et cela à moins d'entreprendre de construire une logique vraie sur la base d'une arithmétique fausse (où « n = n +/-1 » serait possiblement vrai). Il y aura donc autant de savoirs que de séries toujours nouvelles et *opposées* entre elles par le nombre. Aucun savoir « stable » ne sera plus possible. Il convient donc de poser que la série totale des cas particuliers considérés ne s'arrête ni à l'individu « n », ni à son successeur, et on aboutit ainsi à l'hypothèse B : cette série est infinie. Mais comme ma science se réduit à la considération de cette série infinie de cas particuliers (puisque nous nous passons des universaux), il faudra me supposer, si ma science est réelle, un pouvoir de discernement effectivement infini, ce que toutes les autorités, de Platon à Boèce en passant par Aristote et Porphyre, s'accordent pour déclarer impossible. Donc, dans le premier cas, la réduction de mon savoir à une série numérique (finie) « fixe » (invariante) est *théoriquement* impossible (il faudrait que la proposition arithmétique « n = n +/-1 » puisse être vraie); dans le second cas, la réduction de l'universel à une série numérique (infinie) est théoriquement possible, ne l'étant *en pratique* – au cas où nous nous passons de l'universel – que si nous disposons d'un pouvoir de discernement infini. Abélard en conclut que les universaux – ces variables générales – font ce que les noms particuliers *ne peuvent pas faire* : rendre une science humaine *possible* en montrant que « quelque chose [par exemple le doué de raison] est présent en tous les hommes » et, donc, n'est pas un accident.

Ainsi une théorie de l'universel présentant celui-ci, non comme une nécessité épistémologique, mais comme une simple commodité de mon langage (présente dans certaines phrases toujours traductibles en d'autres où elle est possiblement absente), est en réalité en-deçà des enjeux véritables du problème posé par Porphyre. Clairement, le problème ne peut être résolu en étant simplement ignoré et, tout aussi clairement, si notre théorie pour être effective suppose acquise la démonstration de l'indifférence en logique entre domaines fini et infini, alors assurément nous sommes encore loin du but. C'est pourquoi nous ne voyons pas

---

1. LNPS, p. 532, 11-17 : « Non parum commodum universalium impositio contulit. Si enim omnibus hominibus adesse aliquid vel abesse ostendere velimus, per particularia nomina hoc facere non possumus, tum propter inconstantiam cum modo habent substantiam, modo non, tum propter eorum infinitatem quia de infinitis teste Platone *nulla* certa habetur doctrina. Oportuit igitur universalia inveniri, ut facerent quod *singula facere non poterant* ».

comment partager l'insouciance de certaines analyses (modernes) du problème de Porphyre posant le deuxième principe comme un point secondaire et aisément contournable. Il est clair que, dans ces théories, le problème de Porphyre n'est résolu que parce qu'en réalité il a été simplement mis de côté. Et cela, assurément, Abélard – le regard fixé sur le texte même de l'*Organon* – ne pouvait pas se le permettre. En réalité, le deuxième principe n'est pas moins irréductible que le premier principe et c'est là tout le problème.

On a donc d'un côté le premier principe qui établit *l'impossibilité* ontologique d'un étant universel et, de l'autre, le deuxième principe qui établit la *nécessité* épistémologique du recours aux universaux pour définir le réel. Vient alors le troisième principe qui – très heureusement – va permettre de réconcilier l'impossibilité ontologique spécifiée par le premier principe et la nécessité gnoséologique découlant du deuxième principe.

La solution boécienne à l'aporie de l'universel
La théorie du sujet unique de la singularité et de l'universalité

Le troisième principe énonce que de même que la même ligne, vue sous un angle, est convexe et, vue sous l'angle diamétralement opposé, est concave, de même l'espèce, en tant que donnée à la sensation, est singulière et concrète – cet homme Socrate – et, en tant que conçue par la raison, est universelle et abstraite – l'espèce humaine. Le modèle est celui de l'abstraction géométrique. Une ligne ne peut être objet de sensation que comme une des trois dimensions du corps qu'elle limite, mais il apparaît, dès qu'elle est conçue en elle-même, c'est-à-dire à part de ce corps, qu'elle n'a qu'une seule dimension et est, donc, explique Boèce, « incorporelle ». Tout corps, en effet, exige pour exister trois dimensions. Cette théorie abstractionniste des idéalités mathématiques est, au moins dans la version qu'en donne Boèce, *très* problématique. Il est difficile d'admettre, comme le fait explicitement Boèce, que les corps ont – *in re* – des propriétés qui ne sont pas des propriétés physiques mais, contre toute attente, des propriétés « incorporelles » (immatérielles) et ainsi finalement spirituelles. Quoi qu'il en soit de la fidélité de cette théorie de l'abstraction à Aristote, il est de fait que celui-ci n'a jamais étendu sa théorie anti-platonicienne de l'abstraction mathématique à la catégorie de la substance. Et, effectivement, Boèce réfère explicitement cette extension à « Alexander » (Alexandre d'Aphrodise) et non à Aristote. Cette extension n'est pas aristotélicienne. Les « essences » secondes – *ousiai deuterai* – sont plus, chez Aristote, que de simples représentations générales obtenues par abstraction à partir des données singulières des sens. À l'inverse, Boèce généralise le concept d'abstraction qu'Aristote réservait aux idéalités mathématiques, des accidents, en l'étendant au genre et à l'espèce, c'est-à-dire à la catégorie même de la substance.

Différemment, donc, d'Aristote qui maintient la distinction entre substances première et seconde à l'état de problème, Boèce affirme qu'il peut résoudre la question en posant que ce qui est intelligible et universel *in intellectu* est identiquement ce qui est sensible et singulier *in re*[1]. Ce sujet unique est l'humanité de Socrate, qui, singulière en lui, est universelle dans mon intelligence (où je la « rassemble » avec toutes les autres humanités singulières). Boèce postule ainsi que les objets matériels ont des propriétés « incorporelles », qui, séparées de ces réalités singulières par l'esprit, deviennent, dans cet esprit, de sensibles intelligibles et de singulières universelles, c'est-à-dire de premières, secondes. Boèce utilise des expressions variées pour désigner ces propriétés incorporelles et substantielles : *qualitas substantiae*, *forma substantialis*, *ratio substantiae* ou donc *similitudo substantialis*. Il s'agit de l'*humanitas* ou de l'*animalitas* qui font de Socrate une substance singulière *semblable* à ces autres substances singulières que sont Platon ou l'âne Brunellus, par contradistinction de la « socratité », c'est-à-dire de la collection des accidents par laquelle Socrate est dissemblable des mêmes.

Le problème de la ressemblance
qualité (singulière) ou relation (commune) ?

En concevant le sujet unique comme une ressemblance (substantielle), il s'agit de ne pas retomber dans l'aporie de l'universel en concevant cette *similitudo* soit comme une propriété commune à Socrate et à Platon (une *res universalis una* fondant leur ressemblance mutuelle) soit comme une collection de propriétés semblables entre elles (une *res universalis multiplex*). Si c'était ainsi qu'il fallait lire le texte de Boèce, celui-ci pourrait difficilement écrire que « les choses étant ainsi formulées, toute question est, comme je le pense, résolue », puisqu'il n'aurait fait que répéter l'aporie dans un autre langage. En effet, de deux choses l'une. Soit cette similitude substantielle est une propriété commune à tous les hommes venant fonder leur ressemblance mutuelle, et il est alors vain de nier l'existence d'une chose universelle. Soit cette ressemblance est singulière et, le semblable étant semblable au semblable, nous allons inévitablement enclencher la régression infinie que Boèce identifiait à propos de la *res universalis multiplex* :

> En revanche, ceux qui comptent la ressemblance au nombre des qualités[2], ainsi qu'il a plu à notre maître V., [...] semblent encourir l'inconvénient de l'infinité, puisque, par le moyen de cette ressemblance, en naît une autre et ainsi à l'infini[3].

Si la ressemblance substantielle « humanitas » est une propriété individuelle de Socrate, et si telle autre *humanitas* est une propriété individuelle de Platon, alors ces deux ressemblances singulières se ressemblent et engendrent ainsi inévitablement une nouvelle ressemblance, qui semblable aux deux premières, en engendre une quatrième. Nous nous retrouvons donc à la fin avec une infinité d'*humanitates*, toutes nécessairement réelles si ces deux premières *humanitates*

---
1. *Second commentaire sur l'Isagogê de Porphyre*, op. cit., p. 166, 18-p. 167, 12.
2. Et non des relations.
3. *Dialectica*, op. cit., p. 105, 15-19.

le sont déjà. Abélard ne peut donc – « inconvénient de l'infinité » oblige – que rejeter comme vaine une solution de l'aporie assimilant l'espèce à une *similitudo* à titre de *qualitas substantiae* singulière *in re*. Il n'y a pas d'échappatoire, parce que la ressemblance substantielle est posée par Boèce comme une qualité singulière en Socrate et non comme une relation (réelle) commune à Socrate, Platon, Callias, etc. les mettant tous en regard les uns des autres, une hypothèse exclue par le rejet de la communauté de l'espèce ou du genre *in re*[1].

Rejeter la théorie de la ressemblance ne signifie pas qu'Abélard nie, de son côté, que les individus Socrate et Platon « conviennent » dans le *même* statut spécifique ou générique – au contraire, il l'affirme constamment – mais qu'il nie que ce fait cognitif implique l'existence *empirique* de ressemblances *substantielles* particulières ou communes. La relation que la *ratio* établit entre Socrate et Platon en les ramenant au même statut spécifique ou générique de substance n'est pas effectivement réductible à une simple relation empirique de ressemblance entre ces objets. L'être-homme est discerné *sola ratione*. C'est si (x) n'est pas homme, que (x) n'est ni Socrate ni Platon, etc. L'expérience ratifie ce discernement substantiel, c'est-à-dire nécessaire (« or (x) est Socrate, *donc* (x) est homme »). Mais elle ne peut suffire, dans sa contingence, à « causer » ce discernement. La convenance abélardienne dans le même statut définitionnel « être X » ne peut, par conséquent, être conçue ni comme une propriété commune abstraite des individus a, b, c… et fondant leur ressemblance mutuelle ni *non plus* comme une série de propriétés particulières, toutes semblables entre elles et abstraites de ces mêmes individus. Le statut n'est pas un étant ou l'une de ses propriétés. La théorie du statut n'est pas une théorie de l'abstraction. Certes, Abélard écrit que « nous pouvons nommer "statut de l'homme" les choses elles-mêmes qui sont établies dans la nature de l'homme et dont celui qui a imposé le nom "homme" a *conçu*[2] la ressemblance commune »[3]. Mais il ajoute aussitôt que « l'être-homme n'est pas un homme ni une chose quelconque »[4] et n'est pas, *a fortiori*, une propriété empirique d'une chose concrète. Les choses ne « savent » pas qu'elles conviennent entre elles. Le discernement de leur statut substantiel suppose la présence active d'un sujet épistémique qui, par ses inférences, *anticipe* sur des données empiriques qui ne peuvent que confirmer (ou infirmer) ces inférences, sans jamais fonder leur valeur nécessaire.

On constate, avec Abélard, que cette théorie de l'espèce comme *similitudo substantialis* ne peut pas, de fait, être une interprétation correcte de la théorie du sujet unique de Boèce en tant que solution effective à l'aporie de l'universel. Le problème que pose la conciliation des premier et deuxième principes est trop

---

1. La ressemblance substantielle (l'espèce, le genre) n'est commune, dit Boèce, qu'*in intellectu* à titre de « cogitatio » rassemblée (« collecta ») à partir des ressemblances particulières : ces animalités, ces humanités particulières.

2. Et non « perçu » : Abélard écrit « concipit » et non « percipit ».

3. LI, p. 20, 12-14 : « Statum quoque hominis res ipsas in natura hominis statutas possumus appellare quarum commune similitudinem ille concipit, qui vocabulum imposuit ».

4. *Ibid.*, p. 19, 25-26.

important, cependant, pour qu'on évacue la solution boécienne (le troisième principe) sans chercher dans le texte de Boèce si la théorie du sujet unique peut reposer sur un autre fondement que la seule « similitude substantielle ».

Pour trouver une réponse à notre recherche chez Boèce, nous pensons qu'il convient de lire le chapitre qu'il consacre à l'espèce dans le même commentaire sur l'*Isagogê* et, tout particulièrement, les longs paragraphes où il affirme la spécificité de noms ne contenant qu'un seul individu, comme « soleil », « lune » ou, donc, « phénix ».

BOÈCE : L'UNIVERSEL SPÉCIFIQUE N'EXIGE PAS LA PLURALITÉ LE NOM « PHÉNIX » EST UN UNIVERSEL

Dans le livre III de son *Second commentaire sur l'Isagoge*, consacré à l'espèce, Boèce établit la différence suivante entre le genre et l'espèce (spécialissime) : là où le genre exige la pluralité *numero* des réalités dont il est dit, l'espèce, elle, ne la requiert pas, se contentant éventuellement d'être dite (avec vérité) d'un unique objet. C'est ainsi que les noms « soleil » ou « phénix » qui ne sont vrais que d'un seul objet, sont, cependant, des universaux spécifiques. Comprenons que, bien qu'ils n'aient dans leur extension (actuelle) qu'un seul objet – à l'image de « Socrate » ou de « Caton » –, ils ne sont pas pour autant des noms propres, mais restent bien des universaux. Le nom propre « Caton » n'est prédicable de plusieurs (Caton l'Ancien ou Caton d'Utique) qu'équivoquement. Le mot « soleil », par contre, en engendrant l'intellection de tout objet répondant à la définition du soleil, est prédicable *univoquement* de plusieurs et cela même si *actualiter* il n'existe, de manière contingente, qu'un seul objet répondant à cette définition.

Donc, l'espèce spécialissime, pour être fondée *in re* et se différencier ainsi d'une chimère, ne requiert l'existence que d'un unique individu. Mais cela n'est vrai, insiste Boèce, que de cette espèce qui est espèce sans pouvoir être genre (l'espèce dite « spécialissime ») et jamais de telle espèce de tel genre, susceptible de devenir, à son tour, genre d'autres espèces placées sous elle. Nous pouvons formuler ainsi la thèse de Boèce :

PH(Boèce)[1] : à la différence du genre, l'espèce spécialissime n'exige l'existence, pour être fondée hors de l'esprit, que d'un seul individu.

Corollaire de cette thèse pour la théorie de l'abstraction : l'espèce peut n'être abstraite que d'un seul individu.

---

1 « PH » est posé pour « phénix ».

Cette thèse de Boèce est capitale pour deux raisons.

1) Elle permet de fonder ontologiquement l'universel spécifique sans nécessiter l'abstraction de l'espèce à partir d'une pluralité d'étants particuliers. Cela permet d'économiser le recours au concept de ressemblance et d'éviter ainsi les impasses qui l'accompagnent dans le cadre d'une ontologie voulue comme strictement réduite à des *res* individuelles avec leurs propriétés particulières.

2) On la retrouve à l'identique chez le nominaliste Guillaume d'Ockham :

> le concept d'espèce peut être abstrait d'un seul individu [1].

Mais :

> je dis que le concept de genre n'est jamais abstrait d'un seul individu [2].

Claude Panaccio a noté que cette thèse d'Ockham – l'abstraction à partir d'un « échantillon unique » – est essentielle à son nominalisme en permettant de fonder la non-vanité de l'universel spécifique sans avoir à supposer aucune *relation* de ressemblance commune à une pluralité d'individus, et, donc, *a fortiori*, sans avoir à supposer aucune nature commune hors de l'esprit [3]. En réalité, cette thèse d'Ockham n'est pas une découverte de celui-ci. Elle vient, selon toute évidence, de la thèse de Boèce sur l'universalité du mot « phénix », c'est-à-dire d'un nom *commun* (d'un *nomen appellativum*) ne désignant *in re* qu'un unique objet. Il s'agit donc d'une thèse très ancienne. Cette universalité de « phénix » est soutenue au XIIe siècle par les *Montani* ou par Gilbert de la Porrée – qui sont des *reales* – comme, au XIVe siècle, par un nominaliste de stricte obédience comme Albert de Saxe. Tous admettent qu'il n'est pas nécessaire, pour qu'un nom soit spécifique, qu'il soit *actualiter* prédiqué *de differentibus numero in eadem significatione*, il suffit qu'il le soit *en puissance*.

Ainsi dans un commentaire anonyme sur l'*Isagogê* constamment hostile aux positions d'Abélard (nommément cité à de nombreuses reprises) et présentant, comme l'établit L. M. De Rijk, des positions constamment proches de celles des *Montani* (les partisans d'Albéric du Mont), on trouve une discussion sur le caractère universel (ou non) du mot « phénix ». Les positions adoptées par Abélard dans la LNPS sont fidèlement reprises et sont systématiquement réfutées. L'auteur anonyme rappelle, en particulier, un des arguments de la LNPS. Porphyre donne comme exemple de prédicat *individuel* : « fils de Sophronisque ».

---

1. Guillaume d'Ockham, *Quodlibeta septem*, IV, 17, éd. J. C Wey, *Opera philosophica et theologica*, t. IX, St. Bonaventure (NY), Institutus Franciscanus Universitatis S. Bonaventurae, 1980, p. 385 : « conceptus speciei potest abstrahi ab uno individuo ».
2. *Ibid.*, I, 13, p. 77 : « dico quod conceptus generis numquam abstrahitur ab uno individuo ».
3. C. Panaccio, *Les mots, les concepts et les choses. La sémantique de Guillaume d'Occam et le nominalisme aujourd'hui*, Montréal-Paris, Bellarmin-Vrin, 1991, p. 257 : « Pour Occam, au contraire, une seule rencontre avec un objet blanc doit suffire à provoquer en moi la formation du concept (spécifique) de blancheur ». A. de Libera, qui insiste sur l'importance de cette thèse pour se libérer des impasses d'une théorie de la ressemblance (*La Querelle des Universaux*, Paris, Seuil, 1996, p. 385-389), pose que, seul, Duns Scot a approché, avant Ockham, cette thèse (p. 387).

Abélard fait remarquer que si l'universel se détermine *in possibilitate naturae* et non *ex actu continentiae*, « fils de Sophronisque » devrait être qualifié de prédicat universel, puisque, si dans la réalité actuelle, il n'y a eu qu'un fils de Sophronisque (Socrate), *in possibilitate naturae* rien ne pouvait interdire qu'il y en ait eu plusieurs. Abélard en conclut que c'est l'extension *actuelle* qui détermine chez Porphyre le caractère singulier ou universel d'un prédicat et qu'ainsi, selon l'autorité de Porphyre, « phénix » n'est pas un prédicat universel[1]. Notre auteur rappelle cette position et l'infirme en prétendant qu'elle est contraire à Boèce (ce qui est vrai), mais aussi à Porphyre :

> En effet, si Porphyre niait que « phénix » soit espèce, il ne dirait jamais que chaque substance participe d'une espèce, ce qui s'applique en vérité à ce phénix qui participe de cette espèce : l'espèce « phénix »[2].

L'affirmation d'Abélard est contraire aussi à Aristote :

> Contre lui [Abélard], il y a Aristote qui dit que l'universel est ce qui est né apte, etc.[3].

Aristote ne pose pas que l'universel est ce qui est « prédiqué d'une pluralité numérique », mais ce qui, par sa naissance (par la volonté de l'*impositor*, comprend notre auteur), est capable de l'être, capacité qu'il conserve lors même qu'il n'est prédiqué en acte que d'un seul objet. S'il fallait comprendre autre chose, il en résulterait que l'animal (qui renaît de ses cendres) « phénix » n'appartiendrait à aucune espèce, ce qui est jugé absurde.

Une position quasi identique est défendue par Gilbert de la Porrée dans son commentaire du *Contra Eutychen* de Boèce. Gilbert distingue trois situations sémantiques : le nom « homme », par lequel cet homme est conforme « en acte et par nature » à une infinité d'autres hommes ; le nom « soleil », par lequel ce soleil est conforme « par nature » à une infinité d'autres soleils, même si en acte il ne l'est à aucun autre soleil passé, présent ou futur ; et, enfin, le nom « Socrate », par lequel Socrate n'est conforme, en nature comme en acte, à aucun autre individu. Gilbert précise bien que le caractère seulement naturel de la « conformité » signifiée par le mot « soleil » suffit à faire « en vérité » de lui un *dividuum et universale nomen*. Le nom « phénix » est donc bien un universel pour Gilbert de la Porrée[4]. Ce qui est remarquable est qu'on retrouve la même thèse chez un nominaliste de stricte obédience comme Albert de Saxe au XIVe siècle.

---

1. LNPS, p. 546, 31-38.
2. Anonyme, *Vienne, V.P.L. 2486*, in L. M. De Rijk, « Some new Evidence on twelfth century Logic : Alberic and the School of Mont Ste Geneviève (*Montani*) », *Vivarium* 4, 1966, p. 1-57, ici p. 28.
3. *Ibid.*, p. 27 : « Sed contra eum [Magister P.] est Aristotiles, qui dicit quod universale est aptum natum, etc. ».
4. Gilbert de La Porrée, *Contra Eutychen*, 3, 8-11, in *The commentaries on Boethius by Gilbert de Poitiers*, éd. N. M. Häring, Toronto, Pontifical institute of mediaeval studies, 1966, p. 273.

Joël Biard, dans son étude de la théorie du signe chez les terministes du XIVᵉ siècle, remarque à propos d'Albert de Saxe :

> En vérité, la seule priorité de la signification sur la supposition est celle de la puissance sur l'acte, comme le suggère l'insistance sur l'expression *aptus natus est*. [...] La réalité est telle qu'il n'y a qu'un seul dieu, de même qu'il n'y a qu'un seul soleil. Mais d'un point de vue strictement logique [1], le terme « Dieu », comme le terme « soleil », est apte par nature à être prédiqué de plusieurs individus, donc à supposer pour eux et à les signifier : « Et ergo dicitur non pro pluribus supponunt, sed dicebatur apti sunt pro pluribus supponere »[2] (Albert de Saxe, *Quaestiones in artem veterem, Prooemium*, q. 3, § 67, p. 172)[3].

La thèse boécienne sur l'universalité de « phoenix » traverse ainsi l'opposition entre réalisme et nominalisme. On retrouve de part et d'autre la même idée introduite par Boèce et stipulant que l'universalité du terme spécifique peut se contenter d'une extension actuellement au plus singulière. Par contre, le genre (soit cette espèce qui n'est pas spécialissime) requiert absolument, affirme Boèce, repris donc par Ockham, la pluralité *numero*. Pourquoi cette différence ?

L'UNIVERSEL GÉNÉRIQUE EXIGE LA PLURALITÉ

Boèce suggère, pour comprendre la différence entre espèce spécialissime et genre, une analogie avec la physique d'Aristote. Une totalité spécialissime diffère d'une totalité générique comme une totalité inorganique (une matière « première » composée de parties *homéomères*) diffère d'une totalité organique (une matière informée composée de parties *anhoméomères*, c'est-à-dire dissemblables entre elles par la forme et la fonction). Dans le premier type de tout, les différences entre les parties sont seulement quantitatives et inessentielles (accidentelles) alors que, dans le second (le tout organique), les différences entre les parties (les organes) sont qualitatives et essentielles (à la constitution du tout). De même les différences entre les hommes Socrate, Platon, Callias sont inessentielles. Ils ne diffèrent que par les accidents. Leur définition est rigoureusement la même et donc eu égard à la substance, cette pluralité, purement « homéomère », peut être effacée. Par contre, l'homme Socrate et l'âne Brunellus diffèrent par la définition : l'un est doué de raison, l'autre en est privé. Ils diffèrent dans leur statut même de substance. Leur différence n'est pas seulement quantitative (*numero*) mais est aussi définitionnelle et cette différence définitionnelle ne peut pas être effacée. Elle n'est pas contingente (accidentelle), mais est *nécessaire* (substantielle). Ce sont des « anhoméomères »[4].

---

1. Il faudrait plutôt dire « grammatical » (d'un point de vue abélardien).
2. Albert de Saxe, *Quaestiones in artem veterem, Prooemium*, q. 3, § 67, éd. A. Muñoz Garcia, Maracaibo, Universidad del Zulia, 1988, p. 172 : « Donc, il n'est pas dit que [les termes « Dieu » ou « soleil »] supposent pour plusieurs, mais il était dit qu'ils étaient aptes à supposer pour plusieurs ».
3. J. Biard, *Logique et théories du signe au XIVᵉ siècle*, Paris, Vrin, 1989, p. 217.
4. Cf. *Second commentaire sur l'Isagogê de Porphyre*, III, 5, *op. cit.*, p. 214, 8-p. 215, 11.

On voit ici que la thèse de l'abstraction de l'espèce à partir d'un échantillon unique est très loin d'être une découverte d'Ockham. La thèse est en réalité pleinement soutenue par le (réaliste) Boèce. Par contre, elle est tout aussi explicitement rejetée par le (supposé nominaliste) Abélard : « Il n'est pas si vrai que "phénix" soit espèce », écrit-il. Et celui-ci d'aller jusqu'à ajouter une quatrième question au questionnaire de Porphyre dont la réponse spécifie que les noms (communs) « chimère » *et* « phénix » ne sont pas, malgré leur statut grammatical, des universaux (en logique).

Le parallélisme logico-grammatical et son rejet par Abélard

Il faut bien comprendre le sens de la thèse de Boèce. La pluralité dont est dite l'espèce spécialissime n'a pas besoin d'exister effectivement (*actualiter*) hors du langage, elle peut n'y être que virtuelle. Pour qu'un prédicat soit universel – ce qui, on l'a vu, est nécessairement requis pour qu'il puisse être définitionnel (prédiqué *de subiecto*) – il suffit qu'il le soit dans l'intention du locuteur. Ainsi, l'universalité peut n'être qu'*intentionnelle*. Ici le critère de l'universalité du terme est purement grammatical. C'est le *sens* du terme qui détermine si le terme est singulier (« Socrate ») ou universel (« phénix »). La phrase « tous les phénix(s) sont des animaux » est grammaticalement correcte[1]. Elle est donc logiquement valide.

Ainsi, si nous acceptons le parallélisme logico-grammatical que pose l'universalité du nom commun « phénix », on peut affirmer qu'il est possible de fonder la théorie du sujet unique sans recourir à la notion de ressemblance et cette solution traverse l'opposition entre réalisme et nominalisme. Tous – réalistes (Boèce, Albéric, Gilbert) comme nominalistes (Ockham, Albert de Saxe) – partagent le parallélisme logico-grammatical entre *nomen appelativum* (grammaire) et prédicat universel (logique). Il s'agit donc d'un présupposé qui, au-delà de tout ce qui les oppose, rassemble en profondeur le très réaliste Boèce et le très nominaliste Ockham. Maintenant, entre le réalisme « post-boécien » des *reales* du XIIe siècle et le nominalisme des terministes du XIVe siècle, on trouve Abélard qui nie absolument, aussi bien dans la LI que dans la LNPS, que « phénix » soit un universel *in hac arte*, la logique. Pourquoi ?

Nous souhaitons démontrer ici qu'Abélard avait compris que la clause « phénix » dans sa version boécienne et le parallélisme logico-grammatical qui l'accompagne étaient logiquement incompatibles avec la réception d'un postulat d'infinité pour les individus, postulat admis par toutes les sources d'Abélard (ou d'Ockham) et singulièrement par Boèce lui-même. La thèse PH (Boèce) n'est possible que si le postulat de l'infinité des individus possibles est abandonné.

---

1. Ce qu'elle cesserait d'être si on remplaçait le terme « phénix » par le terme « Socrate ».

Si ce postulat est maintenu, la thèse PH (Boèce) est inévitablement fausse et il convient de lui substituer :

PH (Abélard) : tout prédicat exige pour être spécifique d'être prédiqué avec vérité de termes-sujets désignant une pluralité numérique d'objets existant actuellement hors du langage.

Il résulte de cette thèse que ni le nom commun « chimère » (dont la contenance est vide) ni le nom commun « phénix » (dont la contenance est singulière) ne sont en logique des universaux et, *a fortiori*, des universaux spécifiques. Le parallélisme logico-grammatical introduit par Boèce est donc faux.

Il en résulte enfin le corollaire suivant : il est impossible d'abstraire l'espèce d'un unique individu et donc – dans le cadre de la théorie de l'abstraction – le concept de ressemblance est irréductible. Comme Abélard a compris que la théorie de la ressemblance était incompatible avec l'ontologie réduite à l'individuel voulue par Boèce (et qu'il fait sienne), il renonce en réalité à l'empirisme de la théorie de l'abstraction. Le statut, fondement de l'intelligibilité du réel, n'est pas – problématiquement – réductible à une propriété empirique de la réalité. La théorie abstractionniste du sujet unique est fausse. L'aporie de l'universel n'a pas été résolue.

Extensions actuelle et virtuelle

Avant d'examiner les arguments d'Abélard, il faut approfondir ceux de Boèce. Celui-ci pose que l'extension plurale dont le terme spécifique est vrai peut n'être que « fictive » :

> Ainsi [...] l'espèce du soleil est dite maintenant de cet unique soleil que nous connaissons, mais, si plusieurs soleils sont feints en esprit et dans la pensée, le nom du soleil ne sera pas moins prédiqué de cette pluralité de soleils individuels que de cet unique soleil [maintenant][1].

Et Boèce d'en conclure :

> Que toutes les choses qui sont sous les mêmes espèces spécialissimes ou soient infinies ou soient établies en un nombre fini ou soient ramenées à la singularité, tant qu'existe un unique individu, toujours l'espèce demeurera[2].

La thèse sur « phénix » est, donc, essentielle puisqu'elle permet de poser que le second principe qui pose l'infinité des individus possibles peut se contenter de l'existence hors de l'esprit d'un seul et même individu, la pluralité et donc l'infinité n'étant qu'« imaginaires ». Ainsi, que le nombre des individus possibles soit

---

1. *Second commentaire sur l'Isagogê de Porphyre*, III, 6, *op. cit.*, p. 219, 7-20 : « Item solis species de hoc uno sole que *novimus*, nunc dicitur, at si animo plures soles et cogitatione *fingantur*, nihilominus de pluribus solibus individuis nomen solis quam de hoc uno praedicabitur ».

2. *Ibid.*, p. 218, 10-13 : « Omnia enim quae sub speciebus specialissimis sunt, sive infinita sint sive finito numero constituta sive ad singularitaem deducantur, dum est aliquod individuum, semper species permanebit ».

fini ou infini, en fin de compte, peu importe puisqu'il suffit pour obtenir l'universel spécialissime de l'existence d'un seul « échantillon ». On est tout près ici d'un principe d'indifférence en logique entre domaines fini et infini, avec les problèmes évidents de rigueur qu'un tel principe pose sur le plan scientifique.

Sciences actuelle et fictive

Avant de revenir sur ce point, notons que lorsqu'on lit le texte de Boèce que nous venons de citer, on voit tout de suite sur quoi Abélard a buté. Boèce admet que la définition du réel requiert le recours aux universaux. Il pose explicitement avec Aristote que seuls les universaux sont prédicables substantiellement (*de subiecto*) et non seulement accidentellement (*in subiecto*). Le nombre des individus possibles est infini et « la science ne peut être infinie », constate Boèce. Et Abélard partage ce principe aristotélicien. Donc la définissabilité du réel dépend de la prédicabilité univoque du terme définissant d'une pluralité *numero*. Or, on apprend que cette prédicabilité fondant notre savoir peut n'être que « fictive ». Ainsi notre science peut-elle ne reposer en fin de compte que sur une simple fiction. Même s'il n'existe qu'un unique objet dont le prédicat est vrai, et ceci dans notre *savoir*, précise en toute clarté Boèce, comme nous pouvons *feindre* qu'il en existe plusieurs (en nombre fini ou infini, peu importe), la propriété prédiquée pourra, toujours dans notre science, être déclarée universelle et ainsi être définissante de la réalité. Mais on voit qu'ainsi notre savoir (qui requiert l'universel) repose, en réalité et aux dire mêmes de Boèce, sur une fiction. En quel sens pourra-t-on distinguer encore cette *scientia* d'une simple *opinio*, puisque l'universalité sur laquelle – tout le monde l'accorde – repose la science (humaine) peut n'être qu'imaginaire? Cette science risque de n'être, littéralement, qu'une science-fiction. Abélard en conclut que Boèce confond langage et théorie, c'est-à-dire *constructio* syntaxique (« phénix » est constructible comme nom commun dans une phrase *sensée*) et *praedicatio* (« phénix » est prédicable universellement dans une proposition *vraie*). Que « phénix », à la différence de « Socrate », soit prédicable universellement n'est, certes, pas absurde, mais est-ce, pour autant, vrai? Que « phénix » soit constructible comme nom commun dans une phrase sensée est un *fait* (linguistique), que « phénix » soit prédicable universellement dans une proposition vraie est une pure *opinio*, puisque, dans l'état actuel de notre science, toutes les propositions où « phénix » est prédiqué universellement sont, jusqu'à preuve du contraire, *fausses*. PH (Boèce) repose donc sur une confusion entre théorie et langage, une distinction capitale en logique, ou si l'on préfère, sur une confusion entre une science en idée (imaginaire et purement virtuelle) et une science réelle (effective).

Les *Montani* ont raison : Dieu n'a pas pu créer ce seul soleil ou ce seul phénix sans en avoir préalablement une Idée (spécifique). Mais ceci, d'une part, est un objet de foi et non de science et, d'autre part, Abélard nie que l'*impositor* (humain) ait pu, du moins en cette vie, avoir accès au contenu du Verbe divin.

Il reste donc à expliquer comment, au-delà des mots qui l'expriment, une science *humaine* est simplement possible.

Logique et grammaire

Une extension *en idée* (une extension virtuelle ou en puissance) n'est pas, on l'a souligné, une extension mais bien une donnée purement intensionnelle et il s'agit de ne pas confondre la *significatio intellectus* (intensionnelle) et la *significatio rerum* (extensionnelle). Extensions et intensions sont des entités logiques de nature radicalement différente. Il ne suffit pas que le nom, imposé par une *convention* du premier locuteur, n'engendre *l'intellection* d'aucun objet « discret » pour en conclure que ce nom est effectivement prédicable, *au sens extensionnel*, d'une pluralité numérique d'objets *réels*. Cela reviendrait à confondre intension et extension. Le propre d'une extension (vide, unique ou plurale) est qu'elle ne peut exister *logiquement* (c'est-à-dire eu égard aux conditions de vérité) qu'*en acte*.

La véritable question est donc de savoir comment nous pouvons passer de cette *convention sémantique* (tel nom est appellatif) à l'affirmation que la cause d'imposition de cette convention est, elle, « ex operatione naturae ». La réponse d'Abélard est que, pour nous assurer de ce passage, nous devons constater *ex actu continentiae* l'invariance du statut dans une catégorique universelle *vraie*. C'est le seul moyen. Sinon nous confondons la science (aristotélicienne) avec une simple construction linguistique (toujours conventionnelle pour Abélard) et cela soit en cédant au scepticisme soit en confondant, pour éviter ce scepticisme, le langage humain et le Verbe du Dieu créateur de la Bible. Le statut n'est pas, dans sa nécessité, inférable des données contingentes de l'expérience – une simple similitude empirique ne suffira pas – mais il n'est pas indifférent de vérifier que l'invariance de ce statut n'existe pas seulement dans le langage du locuteur mais aussi (ce qu'atteste une catégorique universelle *actualiter* vraie) dans une réalité extra-linguistique dont le locuteur n'est pas le libre créateur. Si cette confirmation est inutile, alors la distinction, centrale chez le logicien Abélard, entre *scientia* et *opinio* est perdue sans retour.

Il faut donc distinguer théorie et langage, soit, chez Abélard, logique et grammaire :

> Remarque qu'autre est la conjonction syntaxique que visent les grammairiens, et autre la conjonction de prédication que considèrent les logiciens. [...] [L]a conjonction syntaxique est bonne toutes les fois qu'elle montre un sens parfait, qu'il en aille dans la réalité comme il est dit ou non. Par contre la conjonction de prédication telle que nous la recevons ici concerne la nature des choses et vise à

établir la vérité de leur statut [...]. Et c'est cette seule valeur de la prédication que nous visons tandis que nous définissons l'universel[1].

Et Abélard d'expliquer que « pierre » est grammaticalement prédicable d'« homme » dans la phrase – sensée – « l'homme est une pierre » mais n'en est pas logiquement prédicable, puisque la proposition où l'un est prédiqué de l'autre est fausse. Thèse confirmée dans la LNPS :

> Être prédiqué se dit en deux sens. Soit : « être conjoint d'une façon quelconque », sens selon lequel toute proposition catégorique est dite avoir un prédicat. Soit : « être conjoint avec vérité » et c'est en ce sens qu'« être prédiqué » est posé dans la définition de l'universel[2].

Et Abélard de préciser que cela exclut « chimère » des universaux mais aussi « phénix » :

> Est universel, ce qui dans une signification simple et dans les mots est à même, c'est-à-dire a l'aptitude, [de désigner] une convenance entre des choses à partir des noms dont l'universel est prédiqué avec vérité, par quoi se trouvent exclus « phénix » et tous les autres noms de ce genre qui ne contiennent pas une pluralité de choses. « Né pour être prédiqué » veut dire : « conjoint avec vérité »[3].

On est à l'opposé exact de l'interprétation de « aptus natus est » par les *Montani*, Gilbert de la Porrée ou encore Albert de Saxe, tous lecteurs fidèles de Boèce. Et c'est à la suite de cette interprétation neuve qu'Abélard « ose », dit-il, ajouter une quatrième question au questionnaire de Porphyre. Elle demande si, alors que leur extension est vide ou singulière, les noms « chimère » et « phénix » peuvent être en logique des universaux de ce seul fait que, sur un plan exclusivement intensionnel, ils n'engendrent l'intellection d'aucun objet particulier. La réponse d'Abélard est constante dans ses deux logiques : le critère intensionnel est une condition nécessaire mais insuffisante de l'universalité d'un prédicat, une réponse évidemment capitale dans un contexte aristotélicien où seuls les universaux sont prédicables définitionnellement. Il s'agit bien de mettre en place une distinction entre langage (grammaire : sens) et théorie (logique : vérité). Le sens profond de la thèse est que la logique exige que l'invariance – la « simplicité de signification » – de l'universel soit attestée dans une proposition universelle *vraie*, pour que nous puissions attribuer à cette invariance une cause non arbitraire, c'est-à-dire naturelle.

---

1. LI, p. 17, 12-28 : « Nota autem aliam esse coniunctionem constructionis quam attendunt grammatici, aliam praedicationis quam considerant dialectici [...]. Coniunctio itaque constructionis totiens bona est, quotiens perfectam demonstrat sententiam, sive ita sit sive non. Praedicationis vero coniunctio quam hic accipimus ad rerum naturam pertinet et ad veritatem status earum demonstrandam [...]. Cuius tantum vim praedicationis hic attendimus, dum universale definimus ».
2. LNPS, p. 534, 17-20.
3. *Ibid.*, 11-16 : « Universale est, quod in significatione simplex et in voce aptum est, idest aptitudinem habet, scilicet convenientiam rerum de nominibus, quorum veraciter habeat praedicari. Per quod excluditur phoenix et cetera huiusmodi, quae res plures non continent. Natum est praedicari, id est *veraciter coniungi* ».

On notera que même dans la méthode (la plus) expérimentale, la donnée d'un seul échantillon, vérifiant telle hypothèse théorique, ne saurait suffire à la vérification de cette hypothèse. La rencontre avec un seul objet tel ne saurait garantir, à elle seule, du caractère objectif de l'hypothèse formulée par l'expérimentateur. Cette vérification requiert l'itérabilité de cette expérimentation hors du langage, une itérabilité *in re* et non seulement *in intellectu* ou *in voce*, donc. Abélard ne dit ici, en réalité, rien d'autre. Le statut visé est visé *sola ratione*. La suppression du statut implique celle de tous les objets dont il est vrai, là où aucun constat empirique, si répété soit-il, ne peut, dans sa contingence, suffire à fonder une telle relation de suppression nécessaire. Mais il est indispensable que l'expérience confirme de manière répétée et constante ce qu'elle ne peut suffire à fonder. Nous n'avons aucun autre moyen de confirmer que l'hypothèse formulée ne se vérifie pas seulement *in voce* mais bien aussi *in re*. En effet, si le succès de la prédication univoque du nom qui désigne ce statut *de differentibus numero* dans une proposition catégorique vraie est superflue, la rencontre avec un seul cas actuel (les autres restant virtuels) suffisant, il va falloir nécessairement supposer que la connaissance que nous avons de ce cas singulier n'est pas seulement expérimentale et descriptive (ectypale) mais bien aussi intellectuelle et définitionnelle (archétypale). On pose, en effet, que la donnée de cette pure singularité suffit à fonder la connaissance de son statut spécifique. Mais Abélard appartient à une lignée intellectuelle qui cherche à éviter à tout prix la confusion entre connaissances humaine et divine.

Donc le but logique, sinon grammatical, de la prédication de l'universel « est d'établir la vérité du statut des choses ». Le but n'est pas seulement de signifier, mais aussi de signifier avec vérité, c'est-à-dire de connaître. Boèce confond donc grammaire et logique et cette confusion, très largement partagée au Moyen-Âge, traverse l'opposition entre *reales* (les *Montani*, Gilbert de la Porrée) et nominalistes (Guillaume d'Ockham, Albert de Saxe). Le sens de PH(Abélard) est de réfuter ce parallélisme logico-grammatical. Il n'est pas question chez Abélard de langage mental *naturel*. *Tout* langage est conventionnel. Donc, si l'invariance du statut se réduit à un simple état de fait grammatical (« phénix » est syntaxiquement constructible comme nom commun), cette invariance ne dépasse pas l'arbitraire des langues. L'analyse linguistique des universaux ne suffit donc pas à rendre compte de leur statut central dans la connaissance humaine et la grammaire ne peut suffire à fonder la logique.

La démonstration par Abélard de la fausseté de PH (Boèce)

Dans le cadre de cette distinction, Abélard multiplie, en particulier dans la LNPS, les arguments pour nier que « phénix » soit un universel (en logique). Parmi tous ces arguments, trop nombreux pour qu'on les détaille tous ici, il suffira d'en étudier un, le dernier, de loin le plus fort. Si nous admettons le caractère universel du mot « phénix », nous admettons que le rang d'un prédicable dans l'arbre de Porphyre – singulier, spécialissime, subalterne, généralissime – ne se fixe pas *ex actu continentiae*, mais *in natura*, puisque clairement dans l'état actuel de nos connaissances, « phénix », en ne contenant qu'un seul individu, n'est pas un universel. Il n'est universel, donc, qu'*in natura*, c'est-à-dire en puissance. Mais Abélard ne voit pas pourquoi, à ce compte, le prédicat « homme », qui, dans son extension actuelle, est spécialissime, ne serait pas *in natura*, c'est-à-dire potentiellement, générique :

> Si les genres et les espèces étaient dits tels selon la nature, « homme » pourrait être dit genre, puisque selon la nature, il est prédicable d'une pluralité différant par l'espèce. Le fait est qu'une pluralité d'animaux pourrait être créée à laquelle conviendrait toute la définition de l'homme et tels qu'à certains de ces animaux adviendrait une différence substantielle selon laquelle ils différeraient des autres [hommes]. Ce nom « homme » serait prédicable de tous selon la nature, tout comme « phénix » [qui n'est espèce qu'*in natura*][1].

Ainsi *pourrait* exister un étant auquel conviendrait toute la définition de l'homme, mais qui différerait de cet homme Socrate, par une différence nouvelle que cet étant aurait et que Socrate n'a pas. Comment l'exclure ? L'hypothèse envisagée par Abélard – que l'espèce « homme » (spécialissime quant à son extension actuelle) soit, *in natura*, subalterne (genre sur toute l'étendue du possible) – n'est, en effet, ni plus ni moins absurde que l'affirmation que « phénix » est un universel spécifique parce que nous pouvons « feindre » qu'il en existe plusieurs. En fait, pour un lecteur moderne, l'hypothèse d'Abélard est d'autant moins absurde que la paléoanthropologie nous apprend que, si aujourd'hui tous les hommes appartiennent à une seule et même espèce, il n'en fût pas toujours de même puisqu'il y eut à côté d'*homo sapiens*, d'autres espèces, *homo neanderthalensis*, *homo floriensis*, *homo luzonensis,* etc., des espèces humaines aujourd'hui disparues. Ainsi, Abélard est d'une prudence bien fondée, lorsqu'il se refuse à exclure qu'un universel que nous discernons actuellement comme spécialissime ne puisse être genre. Donc l'hypothèse de la généricité du prédicat « homme » n'est ni plus ni moins absurde que celle du caractère spécifique du prédicat « phénix ».

En conséquence, si le rang d'un prédicable se détermine non pas dans l'état actuel de la réalité (et de notre connaissance de cette réalité) mais de manière *absolue* sur toute l'étendue du possible, il est strictement impossible d'exclure qu'un prédicat *actualiter* spécialissime puisse ne pas l'être, en étant générique.

---

1. LNPS, p. 546, 38-547, 4.

Que faudrait-il en effet pour fixer le caractère nécessairement spécialissime d'un prédicat ? Il faudrait constater son caractère spécialissime sur l'extension complète qu'il est susceptible d'avoir *in natura* de manière à exclure que puisse appartenir à cette extension un ou plusieurs individus différant substantiellement des autres. Mais comment effectuer cette vérification puisque tout le monde – de Boèce à Ockham – s'accorde à reconnaître 1) que cette extension est infinie et 2) qu'« aucune science [humaine] ne peut être infinie » ? S'il est impossible pour ces deux raisons de poser des espèces *nécessairement* spécialissimes, PH (Boèce) s'effondre tout aussi nécessairement puisque Boèce et, à sa suite, Ockham posent explicitement que l'abstraction à partir d'un unique individu est impossible pour toute espèce qui peut aussi être genre. Elle n'est possible que si l'espèce est spécialissime. Rien, à moins de me reconnaître un pouvoir de discernement effectivement infini, ne me permet d'exclure que la pluralité dont tel universel est prédicable *in natura* diffère non seulement accidentellement mais aussi substantiellement, un cas où elle est – chacun en convient – irréductible. Il en résulte que, comme PH (Boèce) n'est vrai qu'*in natura*, PH (Boèce) est faux. Nous ne voyons pas d'échappatoire à l'argument d'Abélard parce que :

1. « phénix » n'est spécialissime qu'*in natura* ;
2. le nombre des individus *in natura* est infini ;
3. la science ne peut être infinie : il est impossible de vérifier *in natura* que telle espèce est nécessairement spécialissime ;
4. l'abstraction à partir d'un échantillon unique n'est possible que si l'espèce est, au plus, spécialissime.

Conclusion : l'abstraction de l'universel à partir d'une pure singularité est ineffective tant sur le plan actuel (où « phénix » n'est pas universel) que sur toute l'étendue du possible (où, pour notre connaissance, aucune espèce n'est nécessairement spécialissime).

Résumons l'argument d'Abélard : PH (Boèce) conduit à la contradiction, parce que la thèse de la spécificité de « phénix » ne peut être fondée qu'*in natura*. Or, *in natura*, il n'y a pas d'espèce spécialissime, c'est-à-dire d'espèce qui ne puisse être genre et nous (Boèce, Ockham) avons soutenu que pour le genre la pluralité est *irréductible*.

L'argument est contraignant parce que les points 1, 2, et 4 sont explicitement assertés par Boèce (et Ockham) et que le point 3 n'est faux que si Boèce, ou Ockham, concèdent que finalement « scientia esse infinita potest ».

En réalité, PH (Boèce) repose sur un postulat implicite qu'Abélard de toute évidence juge contradictoire avec l'affirmation constante par toutes les autorités du corpus logique de l'infinité des individus possibles. On peut expliciter ce postulat tant boécien qu'ockhamiste ainsi : *il est possible de discerner des espèces nécessairement spécialissimes*. Le rang d'un prédicable de Porphyre peut être fondé non pas *ex actu rei*, c'est-à-dire dans l'état actuel de la science, mais dans l'absolu (*in possibilitate naturae*). Ce postulat qui entre en contradiction avec le deuxième principe est nécessairement asserté dans la logique (réaliste) de Boèce ou dans la logique (nominaliste) d'Ockham, parce que le principe de l'abstraction de l'universel à partir d'un échantillon unique ne s'applique qu'à l'espèce spécialissime et cela à la condition *sine qua non* que puisse exister pour notre connaissance des espèces spécialissimes *in natura* (c'est-à-dire dans tous les mondes possibles). En effet, si un prédicat n'est universel *qu'ex actu rei*, alors « phénix » ou « soleil » qui *actualiter* ne sont pas « prédiqués avec vérité d'individus différant par le nombre dans la même signification » (définition de l'espèce) ne sont pas des universaux spécifiques. Donc, pour Boèce et Ockham, il y a des espèces spécialissimes *in natura* (des espèces dernières « dans tous les mondes possibles »). Or, justement, souligne Abélard, *in natura* il n'y a pas – pour *notre* science – d'espèces spécialissimes. Il est évidemment impossible à une intellection humaine de discerner l'infinité des individus susceptibles d'appartenir à la contenance du terme spécifique de manière à s'assurer que tous ne diffèrent entre eux que numériquement et accidentellement. Si nous affirmons le contraire, quelle différence y aura-t-il encore entre une science humaine et un savoir définitif et absolu, un savoir nécessairement spécialissime (dernier) ? Et comment concilierons-nous cette affirmation avec le deuxième principe ? La *seule* solution est d'admettre un principe d'indifférence entre domaines fini et infini en logique ou, préférablement sur le plan d'une pertinence possible de notre propos sur un plan scientifique, de limiter clairement le nombre des individus concevables à un nombre au plus fini. Mais ce postulat de finité pour les individus est explicitement exclu tant par Boèce que par Ockham. En réalité, Abélard a bel et bien démontré que PH(Boèce) conduisait à la contradiction dès qu'on admet aussi le deuxième principe, ce qui est le cas de Boèce (et d'Ockham), comme de Platon, d'Aristote ou de Porphyre. PH (Boèce) n'est donc pas la solution définitive dont nous avions rêvée. En réalité, la pluralité des individus sous l'espèce est irréductible. L'universel aristotélicien est l'unité *dans* la pluralité (« n x 1 (*esse tale*) »), et la pluralité (« n ») est tout aussi irréductible que l'unité (« 1 »).

PH (BOÈCE) SUPPOSE NOTRE OMNISCIENCE

Abélard n'est pas le seul à noter que l'idée de concepts absolument spécialissimes est déraisonnable :

> Concernant la détermination des espèces et des genres, on peut donc faire valoir la loi suivante : il y a un genre qui ne peut plus être espèce, mais il n'y a pas d'espèce qui ne doive plus pouvoir être genre [1].

Kant, comme Abélard, pense que poser des espèces nécessairement spécialissimes est impossible sans nous supposer la détention effective d'un savoir absolu, c'est-à-dire absolument dernier et arbitrairement infini. Si nous admettons une telle prémisse en logique, il n'est pas surprenant que nous parvenions à résoudre

---

1. E. Kant, *Logique* [1966], trad. fr. L. Guillermit, Paris, Vrin, 1997, p. 107.

l'aporie de l'universel (et sans doute la plupart des autres!). On notera que lorsqu'Abélard mentionne le concept de statut, il ajoute en général au terme « statut » « générique *ou* spécifique ». On voit ici que poser le caractère spécifique *et* non générique de tel statut ne peut se faire qu'*ex actu rei* et non *in possibilitate naturae*, c'est-à-dire par le constat, dans l'état *actuel* de notre connaissance, de la diversité seulement numérique des objets dont ce statut est vrai. Maintenant, à la loi kantienne on peut donc opposer le postulat ockhamiste d'une intuition du singulier, non pas empirique, c'est-à-dire dans l'état effectif de notre expérience du réel, mais *intellectuelle*, c'est-à-dire dans l'absolu des mondes possibles. La question que pose ce postulat est alors la suivante : comment ce postulat – qui suppose la vérité de PH(Boèce) – peut-il être maintenu (dans une procédure effective), sans présupposer notre omniscience ? On voit ici qu'Abélard est très loin de ce postulat ockhamiste et admet, en fait, la loi que formule Kant dans sa *Logique* et dont PH (Abelard) n'est en réalité qu'une formulation alternative.

La question intéressante est de nous demander comment Abélard a pu déceler l'« erreur » de Boèce avec PH(Boèce), là où tant de commentateurs de Boèce reprennent cette thèse, en faisant fond sur elle pour fournir un enracinement *in re* aux universaux sans avoir à supposer *in re* rien qui soit actuellement universel. Il nous semble que la réponse tient dans le souci constant de la lignée intellectuelle à laquelle appartient Abélard de discerner ce qui revient à l'homme, à son langage conventionnel et à sa pensée finie et non créatrice et ce qui revient, par hypothèse, à la science infinie d'un Verbe créateur. Cet axe de pensée place en son centre les questions d'effectivité. Poser le discernement par une intelligence finie de la série infinie des individus dont tel universel est susceptible d'être vrai, de manière à exclure qu'il puisse en exister un seul différant *substantialiter* de tous les autres, n'est pas une procédure effective. Cet axe de pensée centré sur l'effectivité des procédures de preuve est très différent d'un axe de pensée fondé sur les exigences d'économie ontologique qui caractérise la démarche de Boèce ou, plus encore, celle d'Ockham. C'est bien parce qu'il s'agit de faire l'économie ontologique de toute entité non particulière que Boèce ou Ockham sont amenés à tenter de démontrer que le singulier suffit à fonder l'universel. Ils prennent alors le risque de payer ce gain économique de l'ineffectivité des procédures de preuve permettant en pratique d'assurer cette économie.

La thèse d'Abélard sur « phénix » nous paraît ainsi parfaitement illustrer ce qui nous semble être le projet central de ce dernier dans sa tentative de concilier l'enseignement de ses deux maîtres, en évitant leurs impasses respectives. Comment pouvons-nous accéder à une science *réelle* (comme le demande le « réaliste » Guillaume de Champeaux) sans confondre notre pensée (et le langage qui l'exprime) avec celle, infinie et omnisciente, du Verbe créateur (comme le demande le « conventionnaliste » Roscelin) ? Ce que montre alors Abélard est que la science pour être réelle (c'est-à-dire accessible à un esprit humain) doit être *relative*, c'est-à-dire provisoire : *actuelle*. L'arbre de Porphyre qui distingue prédicats spécialissime, subalterne et généralissime – sans être une donnée purement conventionnelle – ne peut pas être posé non plus comme une donnée inconditionnelle et absolue[1]. Et ce caractère actuel s'inscrit pour Abélard dans la définition même de l'universel :

> Ce nom est universel ou genre qui peut être conjoint à plusieurs autres noms dans la même signification de manière à produire une énonciation vraie par la force du verbe substantif *au présent* et dans un sens personnel [dans un sens extensionnel][2].

Ainsi l'analyse grammaticale du sens du mot « phénix » ne suffit pas à décider de son statut logique en tant que prédicat définitionnel d'une proposition catégorique universelle. L'invariance prédiquée ne doit pas seulement être signifiée mais elle doit aussi être vraie, et, pour cela, être constatée *ex actu rei*, c'est-à-dire *vue*, même si cette donnée *intuitive* n'est pas nécessairement sensible. Nous espérons avoir ainsi démontré que le rejet de l'universalité de « phénix » n'est pas une thèse marginale de la pensée d'Abélard mais un élément central de sa pensée, comme en témoigne la nécessité, pour Abélard, de l'ajout (« audacieux ») au questionnaire de Porphyre d'une inédite et quatrième question excluant PH (Boèce).

L'APORIE DE L'UNIVERSEL N'A PAS ÉTÉ RÉSOLUE
SON CARACTÈRE ANTINOMIQUE

En réalité, le troisième principe ne permet pas de résoudre la contradiction entre les deux premiers principes parce qu'il suppose soit l'irréductibilité de la relation de ressemblance soit l'accès à des espèces spécialissimes seulement *in natura*. En fait, pris comme absolus, ces principes – l'un posant que la science exige l'universel et l'autre posant qu'aucune réalité n'est universelle – sont inconciliables. L'aporie de l'universel, en l'absence d'un *excessus mentis* permettant d'observer de l'extérieur et ainsi de manière finale et définitive ce qui est *in re* et ce qui est *in intellectu solo*, est bien fondée.

Par contre, Abélard pose que nous pouvons, non pas de manière absolue (*in possibilitate naturae*), mais de manière provisoire (*ex actu rei*) avoir, par le détour de l'universel, une intelligence de la réalité en termes d'individus. Il faut, pour cela, comprendre que la science n'est *possible* que si elle est relative.

En effet, si pour que l'objet de la connaissance soit réel, il faut que l'objet connu soit absolument – *in natura* – individuel (élémentaire) et si le concept qui assure son intelligibilité doit, pour être fondé dans la réalité, être absolument – *in natura* – dernier (spécialissime), alors la science (humaine) n'est pas possible. Si l'analyse pour atteindre la réalité doit atteindre l'inanalysable, alors clairement l'analyse de la réalité n'est pas possible. Il semble clair que si le savoir, pour être réel, doit être absolu, alors ce savoir est impossible. Le fait de l'existence de la

---

1. Et cela qu'on enracine cet arbre « absolu » dans les choses elles-mêmes (Boèce) ou seulement dans le langage (modal) du locuteur (Ockham).
2. LNPS, p. 540, 5-9 : « illud nomen est universale sive genus quod est coniungibile pluribus nominibus in eadem significatione ad veram enuntiationem faciendam *vi verbi substantivi praesentis personaliter* ».

science aristotélicienne prouve que l'antécédent de ce raisonnement est faux. Nous allons ainsi distinguer, sur un plan fondamental, entre l'inanalysable et l'inanalysé et discerner entre une science en idée et une science effective.

Donc, pris comme des énoncés absolus, le premier principe et le second principe sont absolument inconciliables. Il n'y a de science que de l'universel et aucun objet réel n'est universel. En revanche, pris comme des principes relatifs, ils sont (dirait Kant) « dynamiquement » conciliables. En effet, Abélard admet les deux paramètres suivants :

1) si aucun objet concret, c'est-à-dire susceptible d'être *donné* à mon expérience, ne peut être déclaré *absolument* individuel, c'est-à-dire élémentaire (*simplex*), il reste que les objets encore et toujours « complexes » donnés à mon expérience n'en sont pas moins *réels* ;

2) si Abélard nie qu'il y ait des espèces spécialissimes *in natura*, il admet que nous pouvons poser « au présent » qu'un universel ne renvoie pas, en étant genre, à un autre universel (l'espèce placée sous lui) mais bien, étant spécialissime, aux objets individuels (et donc réels) qu'il *définit*.

L'aporie de l'universel a bien ainsi la structure d'une antinomie. Pris comme absolus (comme une opposition « mathématique », dirait Kant, entre la nécessaire infinité des individus et la nécessaire finitude de notre connaissance), le premier et le deuxième principe sont, en l'absence d'une sortie de l'esprit hors de lui-même (d'un *excessus mentis*), inconciliables. Mais pris comme relatifs, dans le « dynamisme » propre du progrès d'une science humaine à la fois réelle et toujours itérativement partielle, ils sont conciliables. La science ne *peut*, en effet, se conjuguer, itérativement, qu'au présent. Une science future ou simplement possible n'est pas une science. Et au présent, il ne *peut* y avoir ni objet *simplex* ni concept définitivement spécialissime. Le premier et le deuxième principe, inconciliables dans l'absolu, le sont ainsi dans la pratique effective d'une science *humaine*, c'est-à-dire dans le dynamisme propre d'une science qui doit sa réalité au caractère itératif et incomplet du savoir qu'elle permet d'acquérir.

Les apories de Zénon – ce qui est possible dynamiquement ne l'est pas mathématiquement (arithmétiquement) – sont, dans leur solution aristotélicienne et « physique », inaccessibles à Abélard. Mais l'aporie de l'universel – dont les termes sont arithmétiques et la solution géométrique – constitue en réalité une contrepartie du côté du sujet de la connaissance de cette aporie « physique » et c'est très exactement ce qu'on constate avec Abélard.

D'un côté, l'universel ne peut être, arithmétiquement, ni une chose *numériquement* une ni une chose *numériquement* multiple (une collection), dit l'aporie. De l'autre, la solution repose sur une analogie entre une ligne géométrique (continue) et le caractère « non discret » (*indiscrete*), c'est-à-dire continu et invariant, de l'intellection générée par l'universel à travers la variation numérique des individus que le même universel contient dans son extension. De même que cela qui est analytiquement (arithmétiquement) impossible – le mouvement – se révèle géométriquement (et physiquement) possible, de même cela qui est dans l'absolu impossible – la connaissance d'une réalité infinie (individuelle) par un esprit fini (limité à l'universel) –, se révèle *dynamiquement* possible, dans le progrès d'une science à la fois toujours incomplète *et* réelle.

En fait l'aporie boécienne de l'universel n'est rien d'autre que la contrepartie du côté de la connaissance (et de ses conditions de possibilité) des apories de Zénon d'Elée sur la possibilité même du mouvement physique (du côté, donc, de la réalité connue). L'aporie pivote de l'objet à connaître à la science qui connaît cet objet. On passe d'une aporie physique caractéristique d'une philosophie de la nature à une aporie épistémologique, caractéristique d'une philosophie centrée sur le sujet comme locuteur producteur de discours scientifique.

Ainsi l'intelligence de la réalité est « causée » par un statut qui n'est pas effectivement réductible aux étants individuels du monde et à leurs propriétés empiriques. En lui-même, ce statut (intensionnel) n'est absolument aucune *essentia*. Ce statut ne suppose l'existence de rien. Même si *rien* – aucun objet extensionnel – n'existait, ce statut *demeurerait*, puisque ce n'est qu'une intension. « Si (x) est Socrate, (x) est homme » reste nécessairement vrai, quand bien même aucun homme, dont Socrate, n'existe. Pour Boèce et Ockham, le concept « homme », étant obtenu par abstraction, suppose l'existence d'au moins un étant qui soit homme. Ce n'est pas le cas pour Abélard, du moins sur le plan gnoséologique : le discernement de l'homme « Socrate » *présuppose* le discernement du statut « être homme ». Le statut vient en premier. Il est la *cause* de l'intellection de Socrate. La question est alors de savoir comment nous pouvons reconnaître que ce statut « être homme » est plus qu'une convention lexicale. Et, chez Abélard, le caractère objectif – naturel – de cette « cause » de l'imposition du nom dépend de sa capacité à rendre intelligible en acte (de manière effective) non un monde possible mais bien l'état présent du monde. Le statut n'est pas obtenu par abstraction à partir d'une pluralité d'objets individuels semblables entre eux et encore moins à partir d'un unique objet. Il est *tout de suite* donné à la visée de mon intention de connaissance. Mais ce statut définissant visé par cette intention ne peut être déclaré objectif que par son succès à définir par après les objets du monde, à les rendre intelligibles donc, dans une expérience *actuelle* et non seulement possible, étant entendu que nous n'avons pas et ne pouvons pas avoir d'expérience actuelle des constituants derniers de la réalité. Il n'y a de science « spécialissime » dans tous les mondes possibles qu'en projet. Or, la science, on l'a souligné, ne *peut* exister qu'en acte. Et nous n'avons pas, de manière effective, d'intuition *intellectuelle* du singulier : PH (Boèce) est faux. D'un autre côté, on ne trouve pas chez Abélard d'opposition rigide (au sens du phénoménisme kantien) entre un monde élémentaire « pour moi » et un monde élémentaire « en soi », mais bien l'idée d'un progrès *continu* de l'un vers l'autre. Ainsi, explique Abélard, « animal doué de raison et mortel » suffit à définir *actualiter* l'homme, mais le statut « être-homme » contient d'autres caractères, connus (la bipédie) ou *inconnus*, qui, inutiles pour déterminer présentement (*ex actu continentiae*) un homme, sont nécessaires à une science suffisante pour produire (créer) un homme, que cette science existe seulement en Idée dans mon esprit, ou, réellement, dans l'intelligence d'un Dieu créateur. À mesure que mon expérience des hommes s'enrichit, mon analyse du statut de l'homme peut en parallèle progresser. Les deux sont inséparables. D'un côté, si mon expérience est seulement virtuelle, je ne peux savoir si mon analyse du sens du terme « homme » n'est pas seulement linguistique – si mon progrès dans l'analyse est *véritable* –. De l'autre, si ce contenu conceptuel se réduit aux données empiriques de mon expérience, alors tant en raison de l'inconstance que de l'infinité possible de ces données, mon savoir sera aussi indéterminé et inconstant – contingent – qu'elles. Le progrès dans l'analyse intensionnelle du concept est ainsi *fonction* de l'enrichissement de l'expérience (intuitive) que j'ai de l'objet qui correspond extensionnellement à ce concept et conversement.

Réfléchir une science humaine non dans ce qui la relie à l'idée d'une science divine créatrice du réel lui-même mais au contraire en contraste de cette idée, sans pour autant ruiner cette science en la réduisant aux données accidentelles et contingentes des sens, est une idée de la science nouvelle au début du XIIe siècle. Ce faisant, Abélard rompt à la fois avec l'empirisme radical de la théorie du sujet unique de Boèce et avec le platonisme onto-théologique des Idées divines d'Augustin. Les données empiriques ne peuvent suffire à fonder de manière effective la science, mais réussir à la fonder par *excessus mentis* n'est pas non plus, entre-temps, une procédure effective. Abélard, renouant avec Aristote, rompt ainsi avec les deux autorités principales de *nostra latinitas* et ouvre ainsi une page nouvelle, irréductible, dans sa conception de la science, tant à Boèce qu'à Augustin, c'est-à-dire aux deux figures principales de la patristique latine. Quelque chose d'autre commence.

LE QUESTIONNAIRE DE PORPHYRE : COMPARAISON ENTRE LES RÉPONSES DE BOÈCE, D'OCKHAM ET D'ABÉLARD

Nous pouvons maintenant et pour conclure revenir au questionnaire de Porphyre pour apprécier toute la nouveauté et, nous semble-t-il, la profondeur des réponses d'Abélard à ce questionnaire.

Le questionnaire de Porphyre ouvre trois alternatives :
– le genre subsiste *in re*/le genre subsiste *in intellectu solo* ;
– le genre est matériel (« corporel »)/le genre est immatériel (« incorporel ») ;
– le genre subsiste joint au sensible et en rapport avec lui/le genre subsiste séparé du sensible.

Boèce choisit de répondre : « les genres et les espèces subsistent […] et sont incorporels, mais ils subsistent dans les choses sensibles »[1]. Une réponse « réaliste » donc (non au sens de la réception *in re* d'entités universelles, on l'a vu,

---

1. *Second commentaire sur l'Isagogê de Porphyre*, I, 11, *op. cit.*, p. 167, 7-20.

mais au sens de la théorie abstractionniste du sujet unique de la singularité et de l'universalité).

Ockham, pour prendre un exemple nominaliste non contestable, choisit au contraire de répondre : « Les genres et les espèces sont seulement dans l'intellect, car ce ne sont que des intentions ou des concepts formés par l'intellect exprimant les essences des choses et les *signifiant* »[1]. De même ils sont incorporels et séparés du sensible. Une réponse clairement nominaliste, donc : les universaux ne sont pas des choses mais des concepts – immatériels et séparés du sensible – signifiant des choses, éventuellement matérielles et sensibles.

Tout oppose donc le réaliste Boèce et le nominaliste Ockham, hormis la reconnaissance qui leur est commune du caractère immatériel du genre. Aucun objet matériel n'est universel, chacun en convient. Il y a bien chez Boèce une réification du conceptuel consistant à attribuer aux objets matériels des propriétés « incorporelles », c'est-à-dire intensionnelles : l'humanité de Socrate, qui, singulière hors de l'esprit, devient universelle en lui. Et Ockham rejette cette réification qu'Abélard dénonce, pour la première fois, chez les *reales*. Est-ce à dire qu'Abélard anticipe sur les réponses d'Ockham en posant que le genre n'existe que 1) dans l'intellect, 2) à l'état incorporel et 3) séparé du sensible ? Il n'en est rien. La stratégie de réponse d'Abélard n'a en fait rien à voir avec les décisions ockhamistes.

Abélard pose que si l'on prend les trois questions porphyriennes au sens propre, il faut poser que, dans chacune, les propositions alternées sont fausses ensemble et qu'inversement, si les questions sont prises au sens figuré, les propositions alternées sont vraies ensemble. Dans l'esprit de celui qui questionne, note Abélard, les propositions alternées sont contraires : « membra divisionis quam quaerens per opposita fieri intendebat »[2]. Le propre de propositions contraires entre elles est que, si elles ne peuvent être vraies ensemble, elles peuvent être fausses ensemble. Or, c'est le cas. En effet, pris au sens propre – au sens où le sujet de l'alternative est une *res* –, les trois alternatives sont composées de propositions fausses.

– Il est à la fois faux que le genre subsiste hors de l'esprit *et* qu'il n'existe que dans l'intellect seul comme le centaure de la fable : « Le Maître [qui répond aux questions du Disciple sur les universaux] concède que cette proposition "Les genres et les espèces subsistent" est fausse » (*Magister hanc propositionem – genera et species subsistunt – falsam esse concedit*)[3], mais il est tout aussi faux que genres et espèces « n'existent que dans l'opinion [du locuteur] comme la chimère » (*tantum sint in opinione ut chimaera*)[4]. Le genre n'est ni un étant du monde ni une libre construction de l'esprit du locuteur.

---

1. Guillaume d'Ockham, *Somme de logique, op. cit.*, t. I, chap. premier, p. 14.
2. LNPS, p. 525, 25-26.
3. LNPS, p. 525, 23-p. 526, 13 ; voir aussi LI, p. 27, 35-p. 28, 2.
4. LNPS, p. 525, 23-p. 526, 13.

– Il est à la fois faux que le genre soit une *res* corporelle (« discrète ») *et* qu'il soit une *res* incorporelle (« indiscreta ») :

> Il semblait peut-être que le genre et l'espèce signifiaient certains incorporels, c'est-à-dire certaines entités non-discrètes : c'est une erreur que font ceux qui affirment que les mêmes choses sont quant à l'être en plusieurs. Mais note que cette proposition : « les genres et les espèces sont corporels » est, au sens propre, fausse, comme l'est celle-ci : « les genres et les espèces sont des réalités subsistantes »[1].

– Il est à la fois faux que le genre subsiste dans une chose sensible (l'humanité à la différence de la blancheur est donnée *sola ratione*) *et* qu'il existe séparé du sensible (qu'il soit une *res* intelligible numériquement opposable aux étants sensibles)[2].

Autrement dit, s'il s'agit de déterminer ce qu'est le genre de manière *absolue* – en tant que *res* –, alors les propositions *oppositae* ne peuvent qu'être toutes deux fausses, et cela dans chacune des trois alternatives. Faire le départ de manière absolue entre ce qui est *in re* et ce qui est *in intellectu solo* supposerait, grâce à une « sortie de l'esprit hors de lui-même » (un *excessus mentis*), d'observer de manière finale le contenu de chacun de ces deux mondes : intra- et extra-mental. Entre-temps, il nous est impossible d'opérer de manière effective une telle décision et, donc, les deux partis possibles sont tous deux inopérants. Mais, Abélard insiste sur le fait suivant :

> En revanche, celui qui parle en connaissance de cause[3] et connaît les transferts dont sont coutumiers les auteurs, [...] soutient que les membres de la division dont l'interrogateur voulait qu'ils soient exposés comme opposés, d'une certaine manière ne sont pas opposés, les mots étant pris autrement dans la discussion que l'interrogateur [les comprend] dans sa recherche[4].

Et, c'est ici qu'intervient le nominalisme. Si le sujet du genre est une chose (créée par Dieu), alors les propositions alternées sont contraires (*oppositae*) et, pour notre connaissance, également fausses. Mais si le sujet du genre est un nom (créé par l'homme, un être dont le savoir n'est pas dernier), alors, comme la signification des universaux est irréductiblement – pour notre connaissance – duale

---

1. LNPS, p. 527, 9-15. On voit que la thèse des *Meludinenses* – qui font partie des *reales* – assimilant le statut à un « incorporel » est fausse chez Abélard : le statut n'est positivement aucun étant, même incorporel.
2. *Ibid.*, 19-29.
3. Le Maître donc, comme figure opposée dans le débat dialectique au Disciple qui, ignorant, interroge. Il n'est nul besoin ici de voir dans ce « Maître » une figure historique : le Maître est celui qui apaise les doutes du Disciple (Chrysaorius) qui pose les questions (de Porphyre) sans parvenir à y répondre par ses propres forces. S'il était fait référence à une figure historique, nous n'aurions pas « Magister », mais « Magister noster », « Magister W. », « Magister P. », etc. Ce passage ne permet pas de poser que la LNPS n'a pas pour auteur Abélard, mais un de ses disciples. Ce n'est ni la seule interprétation possible ni la plus probable.
4. LNPS, p. 525, 23-28 : « Qui vero ad doctrinam loquitur et translationes quibus usi sunt auctores cognocit, [...] membra divisionis quam quaerens *per opposita* fieri intendebat, quodammodo *non esse opposita* asserit, verbis tamen aliter acceptis in discussione qua ille in inquisitione ».

(extensionnelle et intensionnelle), les alternatives basculent de contraires (dans les questions) en subcontraires (dans les réponses). Et le propre des propositions subcontraires est qu'elles peuvent être vraies ensemble. Or, c'est le cas :
– le genre et l'espèce sont à la fois *in re et in intellectu solo* :

> [ils] signifient par leur nomination des choses existant vraiment, à savoir les mêmes que [signifient] les noms singuliers, en ne se trouvant placés ainsi en aucune manière dans une opinion vide et, cependant d'une certaine manière, ils se tiennent dans l'intellection seule, nue et pure [1].

Les universaux génériques et spécifiques nomment (en position sujet) des objets existant hors de mon esprit mais font intelliger ces objets dans un statut que seule peut discerner la *ratio*.

– Le genre et l'espèce sont à la fois corporels *et* incorporels :

> Les genres et les espèces sont corporels, c'est-à-dire : ils nomment des choses discrètes, et ils sont incorporels, c'est-à-dire : ils nomment sans les discerner [indiscrete] des choses discrètes [2].

– Le genre est dans la réalité sensible par sa nomination *et* en dehors d'elle par sa signification :

> Les genres et les espèces sont placés dans les réalités sensibles par leur appellation, mais en dehors par leur signification [3].

PLATON ET ARISTOTE NE DIFFÈRENT QUE PAR LES MOTS ET NON EN RÉALITÉ

En réponse à la troisième question, Abélard va jusqu'à poser, très loin des décisions caractéristiques du nominalisme en la matière, que Platon ne diverge d'Aristote que par les mots (« in verbis ») et en aucune façon sur le fond [4]. Lorsque « Platon affirme [selon Boèce] que non seulement les universaux sont intelligés en dehors des choses sensibles [comme le dit Aristote], mais aussi qu'ils existent indépendamment des choses sensibles », il veut dire que « si les choses perdaient toutes les formes qui tombent sous la sensation, elles ne pourraient pas moins être nommées par le genre et l'espèce » [5]. Même si cette substance était privée de toutes les formes qui la rendent accessible à la sensation, l'universel spécifique ou générique continuerait à nommer cette substance (réelle). Cela, Aristote est *contraint* de le concéder à Platon parce que 1) les formes sensibles sont des accidents et 2) il est faux – pour Aristote – qu'une substance doive d'*être* à ses

---

1. LI, p. 28, 3-6.
2. LNPS, p. 526, 38-40.
3. *Ibid.*, p. 527, 27-29.
4. *Ibid.*, p. 528, 7-8 : « Apparet igitur [Aristotelem et Platonem] in sensu non esse diversos, quamvis in verbis videatur ».
5. *Ibid.*, p. 527, 26-28 et p. 528, 2-6.

accidents. Donc, même si la substance nommée était privée de toutes ses propriétés sensibles – existant ainsi hors du sensible – le terme générique ou spécifique ne cesserait pas de la désigner *avec vérité*, ce qu'Aristote ne peut que concéder s'il admet que la distinction substance (autonome)/ accident (hétéronome) a un fondement ontologique, ce qui est évidemment le cas. Donc, la substance, *en droit*, peut exister hors des accidents qui, seuls, (me) la rendent sensible, même si en fait ce n'est jamais le cas [1]. Ainsi, la substance – Aristote ne peut que le concéder à Platon – ne doit pas son être aux *sensibilia* (des accidents).

La substance première ne peut, en effet, se réduire à un pur faisceau de propriétés sensibles sans perdre aussitôt toute unité substantielle. Cette unité ne peut être comptée au nombre des propriétés sensibles de l'objet sans nous engager aussitôt, comme on l'a vu au chapitre II, dans une régression infinie. Elle nécessite, donc, pour être perçue d'être visée conformément à un certain statut d'objet qui *anticipe* sur la perception des *sensibilia* et ainsi, tout au moins en droit, n'en dépend pas. Pour unifier ceux-ci, il faut, au préalable et cela sans choix, avoir un certain *concept* de l'objet.

Notons que cela ne revient pas à confondre le conceptuel et le réel, puisqu'Abélard maintient qu'à l'Idée de l'objet ne peut correspondre, pour une science non créatrice, un objet que si cet objet est attesté à travers la « vitre », souligne-t-il, des *sensibilia*. Il fait seulement remarquer que l'objet comme *fundamentum* de ces *sensibilia* ne peut leur devoir son être (et son unité) sans perdre aussitôt son statut de substance.

Il n'y a aucun artifice « dialectique » dans cette conciliation. Abélard fait simplement remarquer que le concept aristotélicien de substance (première) n'est réductible, dans un empirisme rigoureux, à une pure combinaison de *sensibilia* qu'au prix de sa déconstruction. Clairement, l'opposition ontologique substance/accident dépasse (de loin) ce qui est inférable des seules données sensorielles. Il y a un fond platonicien dans la distinction aristotélicienne entre le substantiel (ou l'essentiel) et l'accidentel qui est constitutif de cette distinction dès qu'elle prend un sens ontologique et Abélard le souligne clairement avec raison.

Conclusion : le concept (aristotélicien) de substance n'est pas du tout un concept « empiriste » ou « sensualiste » et est donc conciliable avec l'idéalisme platonicien au sens où l'autonomie ontologique de la substance, voulue par Aristote, suppose l'indépendance – au moins en droit – par rapport aux *sensibilia* accidentels qui m'en révèlent l'existence, indépendance que souligne Platon. Le raisonnement est correct même s'il paraît complètement incompatible avec le projet d'une « déplatonisation » de l'aristotélisme qu'on prête, en général, au nominalisme médiéval, nominalisme dont Abélard serait le fondateur. Montrer qu'Aristote et Platon ne sont nullement contraires, mais, donc,

---

1. LI, p. 24, 14-24 avec la conclusion : « Quod itaque Aristoteles quantum ad actum denegat, Plato, physicae inquisitor, in naturali aptitudine assignat, atque ita nulla est eorum controversia ».

« subcontraires » paraît peu compatible avec le projet d'une « déplatonisation » de l'aristotélisme.

LES TRANSFERTS SÉMANTIQUES
OPÉRÉS PAR LES PHILOSOPHES

Pour répondre valablement au questionnaire de Porphyre, il faut donc mesurer les transferts sémantiques dont sont coutumiers les Auteurs :

> Il faut savoir que les questions de ce genre sont faites par ceux qui doutent de la désignation des choses : ce doute, ils l'ont conçu en raison des manières de s'exprimer des philosophes comme « l'animal est un genre » ou « l'homme est universel » ou « l'homme est une espèce », recevant ces noms dans leur signification propre et habituelle [qui est de nommer *indiscrete* une chose qui est animal], et ignorant que les philosophes ont transposé ces noms pour qu'ils se signifient eux-mêmes dans ce sens : « animal est genre », c'est-à-dire « cette expression signifiante "animal" ou ce nom "animal" est genre »[1].

Celui qui interroge demande quelle chose est nommée dans la proposition « animal est genre » : une chose qui existe *in re* ou une chose qui existe *in intellectu solo*? Du point de vue « abélardien », ni l'un (Boèce), ni l'autre (Ockham). Abélard pense que, posée en ces termes – dans l'absolu et *per opposita* –, l'alternative ne peut pas connaître de réponse positive opérante. En fait, ce que soutient Abélard est que, dans les propositions « animal est genre » ou « animal est universel », le sujet syntaxique n'est pas le nom universel « animal » dans sa signification habituelle. Ce sujet est, en réalité, un nom propre (« *hic sermo* "animal" ») qui ne nomme pas *indiscrete* une chose qui a le statut « esse animal », mais nomme *discrete* la signification – en effet générique et universelle – du nom animal. Dans « animal est genus », « animal » est *cité*, et non utilisé pour signifier la *res* qui a l'être-animal (Socrate ou, indifféremment, Brunellus qui ne sont ni l'un ni l'autre universels ou genres). Donc dans (A) « animal est homo » et dans (B) « animal est genus », deux propositions catégoriques vraies, la dénotation du terme-sujet « animal » n'est pas la même. En (A) le sujet est un nom universel et ce nom dénote *indiscrete* une *res* qui a l'être-animal et dont on affirme qu'elle est un homme. En (B), le sujet est un *nom propre* (« hic sermo "animal" ») et ce nom dénote la signification propre – en effet, générique et universelle – du nom « animal » qu'on cite sans l'utiliser. C'est un problème purement sémantique qui ne préjuge pas nécessairement d'un engagement « nominaliste » : Frege fait, en son temps, exactement la même distinction.

Une fois cette distinction sémantique faite, on peut admettre que le sujet du questionnaire n'est pas la *res* qu'est l'animal mais la signification du nom « animal ». Il s'agit d'un point important pour deux raisons. 1) Le *sermo*, à la différence de la *res* (y compris la *vox ut res*, le mot comme entité physique), doit

---

1. LNPS, p. 525, 15-22.

sa naissance à un pur acte décisoire de l'homme et comporte ainsi une part d'arbitraire ou de convention qui n'est pas absolument réductible. 2) La signification du nom universel est, comme pour tout nom, double : de *res* (extensionnelle) et d'*intellectus* (intensionnelle). Or, dans le cas du nom universel, cette dualité est *irréductible*, tout au moins pour notre connaissance, c'est-à-dire dans le cadre de la gestion par un esprit fini d'extensions qui, pour être exhaustives et donc compatibles avec les exigences de la prédication synonymique, ne peuvent être posées que comme infinies en termes d'individus.

ABÉLARD ET LE TRAITEMENT DIALECTIQUE DE L'APORIE DE L'UNIVERSEL COMPARAISON AVEC KANT

On ne peut être que frappé par la similitude de la méthode utilisée ici par Abélard pour répondre au questionnaire de Porphyre sur les universaux définitionnels avec celle qui est utilisée par Kant pour résoudre les antinomies dites « cosmologiques » de la raison scientifique dans sa Dialectique transcendantale. Kant – dans la forme – procède exactement de la même manière : les alternatives contraires dans l'absolu et, comme telles, fausses ensemble, se renversent, si la relativité du savoir est posée en prémisse [1], en propositions subcontraires susceptibles d'être vraies ensemble. Elles doivent, en effet, être prises en un sens différent dans chaque cas, *phénoménal* dans un premier sens et *nouménal* dans le second. Abélard distingue de son côté la *significatio rerum* (et les termes de gauche des trois alternatives sont alors vrais) et la *significatio intellectus* (et les termes de droite des mêmes alternatives sont alors vrais). Cette procédure est donc celle qui convient au traitement d'une antinomie, c'est-à-dire d'une aporie dont il n'existe pas de solution définitive (mathématique) mais seulement dynamique : dans le progrès même du savoir humain, saisie dans son historicité et son inachèvement essentiels. L'universel est un nom, *parce qu*'il nous est impossible de répondre *per opposita* au questionnaire de Porphyre, c'est-à-dire de le déterminer de manière absolue. En effet, le genre n'est ni une *essentia*, ni une chimère. L'attribution de l'universalité au seul *nomen*, permet alors par sa double signification – de *res* et d'*intellectus* – de renverser les alternatives de contraires dans les questions en subcontraires dans les réponses :

---

[1]. Et si l'exigence d'une détermination absolue de la réalité est abandonnée : « Quand deux jugements opposés l'un à l'autre supposent une condition irrecevable, ils tombent alors tous deux malgré leur opposition (qui toutefois n'est pas une contradiction proprement dite), puisque tombe la condition qui devait seule donner de la valeur à chacun d'eux », E. Kant, « Dialectique transcendantale », *Critique de la raison pure*, trad. fr. A. J.-L. Delamarre et F. Marty, dans *Œuvres philosophiques*, t. I, « Bibliothèque de la Pléiade », Paris, Gallimard, 1980, p. 1116.

désormais, outre la chose et l'intellection, intervient en tiers la signification des noms, ce qui, même si l'Autorité ne le dit pas, n'est pas contraire à la raison[1].

Comparaison entre les traitements par Abélard et par Ockham de l'aporie de l'universel

La stratégie mise en place ici par Abélard n'a en fait rien à voir avec celle d'Ockham parce qu'à tort ou à raison, celui-ci pense que l'aporie de l'universel (formulée par Boèce) est un faux problème. Le questionnaire est décidable de manière définitive, et les universaux (définitionnels) sont à situer dans l'intellection seule. Pour lui, comme pour Boèce, « omnis quaestio dissoluta est ». Les concepts définitionnels sont des signifiants chez Ockham. Aussi peuvent-ils être situés *in intellectu solo*, puisqu'il leur suffit pour ne pas être chimériques d'avoir ce seul signifié réel : l'individu. Mais PH (Boèce) est faux chez Abélard, et, pour lui, les statuts définitionnels sont des signifiés (et non des signes).

Dès lors la fonction théorique du slogan « universale est nomen » est totalement différente dans les deux théories. Pour Abélard, attribuer l'universalité au *nomen* n'est pas faire de toutes les intensions des signes (formels) supposant en dernier ressort pour l'individuel. Il s'agit, bien différemment, d'isoler les universaux comme des noms (dans un langage *toujours* conventionnel) qui sont l'interface entre ce qui est *in re* (ces étants nommés en position sujet) et ce qui est *in intellectu solo* (ce statut conceptuel dénoté en position prédicative et que seule la *ratio* peut discerner). La quatrième question qu'Abélard prend l'initiative d'ajouter au questionnaire spécifie alors que la valeur cognitive (et logique) de ces deux significations est fonction l'une de l'autre. Aucune des deux ne suffit. La diversité extensionnelle ne peut être qu'équivoque et donc inintelligible si elle n'est pas visée dans un même statut intensionnel, et cette unité intensionnelle ne peut que rester chimérique si elle ne permet pas d'ordonner une diversité extensionnelle en acte, mais seulement en idée, et, donc, de manière seulement verbale. Il est ainsi de l'*essence* de l'universel d'être un nom *uniquement* au sens où celui-ci, comme entité proprement linguistique, est l'interface où se rencontrent dans ma connaissance les étants compris dans l'extension de ce nom et le statut intensionnel qui fonde leur intelligence possible, c'est-à-dire où se rencontrent et s'articulent objets et concepts. Jamais Abélard n'a eu l'idée proprement ockhamiste de réduire les intensions signifiées – les statuts – aux signes qui les signifient en position prédicative. Ce modèle (assimilant concepts et signes) est en réalité inapplicable à Abélard, et ne fonctionne sur les textes qu'au prix de « forçages » répétés, là où la distinction frégéenne entre concept et objet reçue dans le sens de son objectivité fonctionne avec un surprenant succès sur les textes d'Abélard, comme nous l'avons à plusieurs reprises constaté. Il nous semble

---

1. LI, p. 24, 29-31 : « iam praeter rem et intellectum *tertia* exiit nominum significatio. Quod etsi auctoritas non habet, rationi tamen non adversum ».

essentiel pour bien comprendre le « nominalisme » d'Abélard comme celui d'Ockham de les discerner clairement et rigoureusement l'un de l'autre. Les comparer les éclaire tous les deux, nous semble-t-il [1].

Conclusion : nominalisme et inachèvement de la connaissance humaine

L'aporie de l'universel ne peut donc être résolue de manière absolue que si nous sommes capables de réfléchir intégralement les fondements de notre propre langage de manière à départager de manière finale ce qui est *in re* et ce qui *est in intellectu solo* en eux. Boèce sait. Ockham sait. Chacun autre chose. Abélard est, lui, d'abord logicien : où est la procédure effective de preuve ? Une pure croyance peut-elle suffire à ma science ?

Maintenant, si l'on accepte de comparer en oubliant un instant la différence (profonde) des contextes épistémologiques, on peut vraiment dire que les universaux linguistiques, comme prédicables *de subiecto*, jouent chez Abélard le même rôle que, dans la théorie kantienne de la connaissance, les « schèmes » du schématisme transcendantal, celui d'interface entre les concepts et les objets. On peut d'ailleurs noter que Kant qualifie à plusieurs reprises ces schèmes, qu'il distingue avec soin de simples « images », de *signes* :

> Les schèmes des concepts purs de l'entendement sont donc les vraies et les seules conditions qui permettent de procurer à ces *concepts* une relation à des *objets* par suite une *signification* [2].

Abélard, on l'a vu, revendique en son nom propre la conception du nom universel comme tiers articulant *res* et *intellectus*. Chez Frege, ce rôle d'interface – de médiateur – entre le concept « insaturé » et l'objet (qui le sature) est assumé par cet expédient linguistique qu'est la variable générale « x ». Pour articuler concepts et objets, nous avons besoin des mots. Ce faisant, cette articulation comporte une part de convention et de subjectivité qui n'est pas absolument réductible. Il n'y a pas chez Abélard de langage *ex operatione naturae*.

L'innovation principale d'Abélard est donc bien de distinguer entre les intensions (les statuts qui ne sont « aucune *res* (*numero discreta*) ») et les extensions (les *res numero discretae*) et non de réduire, cette distinction une fois

---

1. Nous ne voulons pas reprocher aux sources historiographiques de les confondre, ce qui n'est pas le cas, mais de ne pas les distinguer *clairement* et *systématiquement* en faisant constamment référence dans les deux cas à la même notion – vague – de « nominalisme ». Or, il nous semble que ce qui discerne la pensée d'Abélard et celle d'Ockham est fondamental : le « nominalisme » d'Abélard n'a rien à voir avec la théorie du concept-signe des terministes du XIVe siècle. En ce sens, nous nous inscrivons dans le sillage de Jean Jolivet qui, dès 1974, avait commencé à souligner les incompatibilités entre les *nominales* du XIIe siècle et le nominalisme des terministes du XIVe siècle. *Cf.* J. Jolivet, « Comparaison des théories du langage… », art. cit., p. 163-178.

2. E. Kant, *Critique de la raison pure*, *op. cit.*, p. 890 (nous soulignons).

mise en place (par Abélard), les intensions à des entités linguistiques. Son « nominalisme » n'a pas ce sens-là et s'articule – sans contradiction, nous espérons l'avoir rendu clair – à un très fort « réalisme » des statuts. Par ailleurs, il n'est pas vrai que ce réalisme conceptuel, clairement incompatible avec l'empirisme de la théorie abstractionniste des substances secondes de Boèce, *implique* pour Abélard la théorie onto-théologique des Idées divines de l'augustinisme. Abélard reste bien profondément aristotélicien. Chez Aristote, les « essences secondes » ne sont ni de simples abstractions au sens d'Alexandre d'Aphrodise ni, au sens du *Timée* (ou plus encore d'Augustin), les représentations (subjectives) d'un dieu artisan (ou créateur). Avec Abélard, nous les admettons non pour cette raison *positive* que nous les savons exister, ce qui n'est pas le cas, mais pour cette raison seulement *négative* que, sans elles, la science, celle d'Aristote, est simplement *impraticable*. Les statuts *causent* la possibilité pour moi de mettre en œuvre – de « pratiquer » – la science aristotélicienne. Sans eux, je ne pourrais même pas discerner, au-delà des *sensibilia*, cette substance-ci, comme *fundamentum* de ces accidents sensibles. De son côté, la théorie onto-théologique interprétant ces statuts comme des Idées dans l'esprit d'un Dieu créateur fait sens mais est-elle vraie ? « Fortasse », on l'a vu. Abélard prend soin ainsi d'ouvrir l'enquête sur la nature de ces statuts sans la refermer aussitôt dogmatiquement par une assertion purement religieuse, un point qui nous semble capital pour une histoire de la science au Moyen-Âge.

Avec PH (Abélard) nous n'avons examiné que les conditions logiques de la proposition catégorique : à quelles conditions le prédicat d'une proposition catégorique peut-il être logiquement universel, et, partant, définitionnel ? À quelles conditions, une proposition catégorique dont le prédicat est un *nomen appellativum* peut-elle être, non pas seulement linguistiquement sensée, mais aussi logiquement vraie ? PH (Abélard) répond à cette question. Reste l'analyse des conditions de vérité de la proposition hypothétique : non pas « Socrate est un homme », mais « si (x) est Socrate, alors (x) est un homme ».

CHAPITRE VI

LA THÉORIE DES TOPIQUES
UN RÉALISME CONCEPTUEL

Abélard a développé dans sa *Dialectica* une théorie des propositions hypothétiques – « si (x) est A, alors (x) est B » – extrêmement originale et qui, violemment critiquée par Albéric du Mont, « le plus farouche opposant des *nominales* », n'a pas de contrepartie dans la logique terministe d'Ockham (ou d'autres terministes du XIVᵉ siècle). Comprendre cette théorie peut nous permettre à nouveau d'atteindre une strate plus profonde que la simple opposition entre nominalisme et réalisme en logique et c'est ce que nous nous proposons de découvrir ici [1].

I

Le syllogime et la théorie des « lieux »

La vérité d'un syllogisme dépend de la présence dans la majeure et la mineure d'un même moyen-terme. Ici, pose Abélard (contre Boèce), le raisonnement est vrai par sa forme :

> Si tu énonces : « Si tout homme est pierre et toute pierre est du bois, alors tout homme est du bois », cette inférence est nécessaire et non douteuse, bien qu'aucune des propositions qui la compose ne soit vraie [2].

Abélard distingue ainsi entre la vérité formelle du syllogisme et la vérité qu'on nommera donc « matérielle » des propositions (catégoriques) qui le composent. Le calcul extensionnel qui fonde la vérité du syllogisme est

---

1. Nous voulons avancer dans l'analyse de cette théorie prudemment et, donc, en évitant de projeter sur elle – par avance – un langage et des théories qui conviennent à une logique contemporaine (formalisée et ayant pour domaine d'interprétation privilégié les mathématiques), quitte, par après, à constater la présence chez Abélard d'éléments de comparaison entre la théorie logique qu'il met en œuvre et nos connaissances actuelles en matière de logique.
2. *Dialectica*, *op. cit.*, p. 255, 34-37.

indépendant 1) du sens des prédicats A, B et C et 2) de la réalité de l'appartenance des objets « x » ou « y » à l'extension de ces trois prédicats : l'hypothèse de cette appartenance suffit. Abélard juge (contrairement à Boèce) qu'aucun « lieu » n'est nécessaire pour fonder la vérité de ce syllogisme. La transitivité de la relation d'inclusion que garantit le moyen-terme en dispense. Ici une sémantique purement formelle suffit. Mais Abélard pose que ce n'est pas le cas de toutes les inférences hypothétiques. Ainsi de la majeure du *modus ponens* : « Si (x) est A, (x) est (B) ; or (x) est A ; donc, (x) est B ». « Si (x) est A, (x) est B » est une proposition hypothétique, ce qui signifie, pour Abélard, que sa vérité ne dépend pas de l'état du monde, puisqu'aucune assertion ontologique n'est faite. Aussi sa vérité est-elle aussi « éternelle » que celle du syllogisme. Mais ici, souligne Abélard, nous n'avons pas de moyen-terme qui permettrait d'assurer la nécessité de l'inférence. Dans le syllogisme, le moyen-terme fonde l'inclusion de tout ce qui est A dans tout ce qui est C. En l'absence de tout moyen-terme permettant de passer de A à B, la question est alors : comment puis-je savoir que, quelque soit « x », si je fais l'hypothèse que « x » est A (que « x » appartient à l'extension de A), alors je dois inévitablement en conclure qu'il est aussi B (qu'il appartient à l'extension de B) ? Abélard pense qu'il est impossible de le savoir si l'on s'en tient à un critère purement formel de vérité de l'inférence, puisqu'il n'y a pas ici de moyen-terme. Il en résulte que si nous voulons maintenir que la vérité de cette inférence est hypothétiquement discernable – indépendamment de tout engagement catégorique sur l'état du monde – il faut pour discerner la vérité de « Si (x) est A, (x) est B » interpréter le sens des lettres A et B, en remarquant que « si (x) est homme, (x) est animal » est vrai quel que soit « x » et que « si (x) est homme, (x) est blanc » est faux quel que soit « x ».

Abélard pose que c'est dans ce cas et dans ce cas seulement qu'un lieu est nécessaire. La vérité du syllogisme ne nécessite aucune référence au contenu de sens des propositions qui le compose. Par contre, une hypothétique « simple » – « si (x) est A, (x) est B » – nécessite pour être reconnue comme vraie le discernement du contenu de sens des prédicats A et B, même si le contenu de sens du sujet « x » peut demeurer complètement indéterminé. C'est alors la relation « topique » entre le prédicat de l'antécédent et le prédicat du conséquent qui va venir fonder la vérité – la nécessité – de l'inférence. Le « lieu » est ce qui fonde la « force de l'inférence » : « si (x) est homme, (x) est animal » est vrai de ce que « homme » est une espèce du genre « animal » et qu'ainsi si quelque chose est homme, alors – le lieu est *a specie* – il est inévitablement un animal. On peut alternativement poser que le lieu est *a definito* au sens où le prédicat « animal » est, à titre de genre, un caractère définitionnel de l'espèce « homme », puisqu'il entre dans sa définition (par genre et différences). Or, il faut ici être attentif à un point problématique mais essentiel : pour que la proposition reste nécessaire, il convient de maintenir entièrement indéterminé le contenu de sens du sujet « x » de l'antécédent et du conséquent. C'est *de quolibet* que « si est homo, est animal » est vrai, et non seulement de ce Socrate existant, de ce Platon existant et ainsi de tout ce dont le prédicat « homme » est vrai. Si cela n'était pas le cas la proposition hypothétique « si (x) est homme, (x) est animal » ne serait qu'une catégorique universelle déguisée (« tout (ce qui est) homme est animal »), ce qui ruinerait aussitôt sa nécessité (son « éternité »).

D'une proposition catégorique à une proposition hypothétique, il y a ainsi un saut puisque la vérité de la seconde doit être indépendante de tout engagement ontologique, là où la première le requiert[1]. Donc, la vérité d'une catégorique universelle ne peut en aucun cas suffire à fonder la vérité d'une hypothétique simple. Ainsi « tout cygne est blanc » est une catégorique universelle vraie mais l'hypothétique « si (x) est un cygne, (x) est blanc » est, décide Abélard, une hypothétique fausse. On croit comprendre dans un premier temps qu'une extrapolation modale à partir des données de l'expérience suffira à fonder la vérité ou la fausseté de l'inférence. De ce que je ne peux concevoir un cygne sans le concevoir oiseau résulte la vérité de l'hypothétique « si (x) est un cygne, (x) est un oiseau », à la différence de « si (x) est cygne, (x) est blanc ». Or, il n'en est rien. En effet, à la lecture de la *Dialectica* on se rend rapidement compte que ce qui fonde la nécessité d'une hypothétique simple n'est pas, pour son auteur, un calcul modal.

Prémisses nécessaires et créationnisme

Comprenons bien de quoi parle exactement Abélard : il ne s'agit pas du tout du critère de vérité du syllogisme. Abélard ne conteste pas que de « si tout homme est animal et aucun animal n'est une pierre », suit nécessairement : « aucun homme n'est une pierre » mais il conteste absolument que la valeur de vérité des prémisses de ce syllogisme, n'étant déterminable que catégoriquement, soit « éternellement » le vrai et soit, donc, nécessairement le vrai. La vérité formelle du syllogisme peut évidemment s'accommoder – en étant nécessaire par sa seule *complexio* – de prémisses toutes contingentes. La nécessité formelle du syllogisme n'exige pas la nécessité « matérielle » de ses prémisses. Abélard s'interroge seulement sur les conditions qui doivent être réunies non pas pour que le lien syllogistique entre les prémisses et la conclusion soit nécessaire mais pour que, de manière interne, les prémisses de ce syllogisme soient nécessairement vraies. Abélard pense qu'une simple extrapolation modale à partir de données catégoriques de l'expérience ne peut suffire à donner à la science les prémisses nécessaires dont elle a besoin. Ici le créationnisme joue en réalité un rôle capital en obligeant – ce qui n'était pas le cas chez Aristote – à poser le caractère contingent de toute proposition catégorique, c'est-à-dire de toute proposition comportant un engagement existentiel concernant le sujet de l'inférence. C'est ce créationnisme – rien de ce qui existe (de ce qui est créé donc) n'existe nécessairement (éternellement) – qui conduit Abélard à rejeter la vérité de toute catégorique *de necessario*, en soutenant que seule une proposition *hypothétique*, indifférente à l'existence en acte ou non de son sujet, peut être nécessairement (« éternellement »)

---

1. *Dialectica, op. cit.*, p. 282, 27-33 : « De là, la nécessité des conséquences est manifeste qui ne peut être changée ni par la présence ni par l'absence des réalités concernées (*Unde et [consequentiarum] necessitas est manifesta, quae nulla rerum praesentia vel absentia potest immutari*) ».

vraie. Pour Aristote, le problème ne se posait pas en ces termes et il est clair qu'il admettait la nécessité de certaines propositions catégoriques.

La nécessité de la forme syllogistique ne dépend pas du caractère nécessaire de la vérité – matérielle – des prémisses dont elle infère la conclusion, mais pour le syllogisme scientifique, il importe que les prémisses soient vraies, ce qu'elles ne peuvent être que matériellement et c'est ici et seulement ici qu'intervient la topique. L'hypothétique « si (x) est A, (x) est B » n'est *vraie* – et non seulement *vraisemblable* – que si elle est nécessairement vraie. Or, cette nécessité, elle ne peut la tirer ni de la forme syllogistique ni de la catégorique « tout ce qui est A est (nécessairement) B ». Abélard remarque que la catégorique universelle « tout homme est mortel » n'est pas nécessairement vraie puisque la modale *de necessario* « tout homme mourra nécessairement » devient fausse si l'état du monde est tel que plus aucun homme n'existe[1]. Par contre, l'hypothétique « si (x) est un homme, (x) est mortel » est une hypothétique (nécessairement) vraie, non par sa forme, mais bien par sa matière. Le prédicat de l'antécédent contient dans son *sens* le prédicat du conséquent, l'hypothétique étant vraie parce que le prédicat « mortel » est analytiquement contenu dans le sens du prédicat « homme » dont il est un caractère définitionnel (une différence spécifique). Aussi, qu'un homme existe ou non, si quelque chose est homme, ce quelque chose ne peut manquer d'être mortel et cela *de quolibet* : Socrate, l'âne Brunellus ou encore la non-existante chimère. Cette théorie est évidemment incompréhensible si nous posons l'équation « analytique = formel (vide de contenu) ».

Calcul modal et analycité

En effet, dans un texte célèbre de la *Dialectica*[2], Abélard distingue deux concepts de la vérité de l'inférence. Le premier pose que l'antécédent ne peut être vrai sans le conséquent et correspond au concept moderne de l'implication stricte : « impossible (p & -q) ». Il est impossible que « (x) est homme » soit vrai et que « (x) est animal » soit faux au sens où je ne peux concevoir que, s'agissant du même objet, l'un soit vrai et l'autre faux. Le second pose que le conséquent est analytiquement compris dans l'antécédent, au sens où qui propose que « (x) est un homme », propose nécessairement aussi que « (x) est un animal (doué de raison et mortel) ». Ici le conséquent est *intensionnellement* contenu dans l'antécédent. De même qui propose que tout ce qui est A est B et tout ce qui est B est C, propose aussi nécessairement que tout ce qui est A est C mais cette fois au sens où la conclusion est formellement contenue dans les prémisses. Le second critère de vérité de l'inférence pose donc que le conséquent est analytiquement contenu dans l'antécédent soit formellement (c'est le cas du syllogisme) soit matériellement (c'est le cas de l'hypothétique simple qui constitue la majeure du *modus*

---

1. *Dialectica, op. cit.*, p. 211, 14-16 : « Nécessaire est ce qui ne peut manquer d'être ; or, l'homme ne mourra pas nécessairement ; en effet, tous les hommes étant morts, il n'arrivera plus qu'aucun homme meurt ».
2. *Ibid.*, p. 283, 35-p. 284, 8.

ponens). Il est ainsi capital de bien comprendre qu'au moment même où Abélard introduit (dans l'histoire de la logique) le concept d'analycité, il le reçoit en un sens plus large que celui – purement formel – que la philosophie « analytique » moderne reçoit (en général). Chez Abélard, « analytique » ne signifie pas nécessairement « vide de contenu » ou « formel ». Si c'était le cas, aucune hypothétique *simple* – de type « si est A, est B » – ne pourrait être nécessairement vraie puisque celle-ci n'est pas vraie par sa forme et qu'Abélard pose qu'un calcul modal à partir des données de l'expérience ne peut aller au-delà de la *maxima probabilitas*. Il en résulte qu'aucun syllogisme ne peut plus avoir de prémisse nécessaire : il n'y a plus de fondement stable pour la science et le scepticisme – qui substitue au vrai le vraisemblable – gagne la partie. Il est donc capital de comprendre pourquoi le concept modal de nécessité de l'inférence est « nimis laxa », trop lâche [1], pour capter le concept de vérité logique de l'inférence. Avant d'en venir à ce point, remarquons donc qu'il est faux que, chez Abélard, « analytique » signifie nécessairement « formel » (ou « tautologique ») et que « matériel » signifie nécessairement « empirique ».

Notons, par parenthèse, que, sur le plan plus rigoureux de la logique mathématique moderne, si « analytique » signifie « formel » (vide de contenu), la partie la plus élémentaire de l'arithmétique, la théorie des entiers naturels, n'est déjà plus, et cela démonstrativement, une théorie analytique (mais, donc, une théorie *empirique*). De là, la conception plus large de l'analycité – où « analytique » ne signifie pas nécessairement « vide de contenu » ou « formel » – qu'on rencontre chez Abélard n'est pas absolument absurde, y compris dans une logique mathématique moderne (aucun mathématicien ne songeant sérieusement à voir dans le concept axiomatique d'entier naturel un concept empirique) [2].

Pour Abélard, le *locus a definito* (ou le *locus a specie*) engage une induction *complète*. Le lieu s'énonce ainsi : « de chaque objet dont est vrai le défini, la définition l'est aussi (*De* quocumque *praedicatur definitum, et praedicatur definitio*) », et cela itérativement, à l'infini et sans exception possible (à la différence de ce qui se passe dans le cas d'une *descriptio* accidentelle où une exception ne peut, pour notre connaissance, être exclue). Les individus diffèrent *solo numero* et la relation topique *a definito* (ou *a specie*) n'est pas seulement vraie de l'individu « n » et/ou de l'individu « n + 1 », mais bien, en raison du lien analytique entre le défini et la définition, de tout individu « n » tel qu'indexé par toute la série des

---

1. *Ibid.*, 18.
2. H. Wang, *Beyond Analytic Philosophy*, Cambridge (Mass.), The MIT press, 1986, p. 13-14, rappelle que Kurt Gödel distinguait deux sens du terme « analytique » en logique mathématique : « (2a) Tautological. [...] When applied to set theory or number theory, etc., it has [Wang cite Gödel] "the purely formal sense that terms occurring can be defined [...] in such a way that the axioms and theorems become special cases of the law of identity and disprovable propositions become negations of this law". In this sense (i.e. if analytic is taken to mean tautological in this sense), even the theory of integers is demonstrably non-analytic [...] (2b) Analytic. [Gödel :] "A proposition is called analytic if it holds owing to the meaning of the concepts occurring in it, where this meaning may perhaps be undefinable (i.e. irreducible to anything more fundamental)". In this sense the axioms and theorems of mathematics, set theory and logic are all analytic, but need not, as a result, be "void of content" ».

entiers naturels. Si cette relation ne s'entend pas *de quocumque*, mais seulement de ce nombre-ci d'objets, à l'exception possible de son successeur, qu'est-ce qui peut distinguer une relation définitionnelle d'une relation seulement descriptive ? La relation définitionnelle engage donc une induction *complète* («de chaque objet dont "homme" est vrai, "animal doué de raison et mortel" l'est aussi »), par contradistinction de la généralisation empirique à laquelle engage seulement une description accidentelle («si une chose est un cygne, cette chose est blanche » étant une inférence fausse, juge Abélard, bien qu'il admette que la catégorique universelle «tout cygne est blanc » soit vraie). Or, une induction complète engage le recours à un concept d'entier naturel [1], dont nous savons aujourd'hui qu'il n'est pas entièrement formalisable. La rupture entre définition (substantielle) et description (accidentelle) vient du caractère *complet* de l'induction qu'exigent les lieux *a definito* et *a specie*. Il s'agit bien – à tort ou à raison – d'une induction de nature mathématique («de chaque objet *possible* » : *de quocumque*) et non seulement d'une généralisation empirique. Abélard n'a donc pas complètement tort de recourir à un concept plus large de l'analycité, où « analytique » veut dire « vrai par la signification du concept engagé » où cette signification peut éventuellement n'être réductible à rien de plus fondamental. On peut (et, peut-être, on doit) contester la rupture entre *definitio* et *descriptio* s'agissant d'entités proprement physiques – les substances aristotéliciennes – et sortir ainsi de la distinction aristotélicienne entre le substantiel et l'accidentel, mais nous ne voyons pas comment, dans le cadre *maintenu* de cette rupture propre à Aristote, nous pourrions recourir à un concept d'analycité posant sa synonymie nécessaire avec « formel » (« tautologique », « vide de contenu »). Si le *locus a definito* (ou *a specie*) engage – ce qui est le cas – une induction complète, et que la définition (ou le genre), au sens *substantiel* de ces termes chez Aristote, sont analytiquement contenus dans le défini (ou l'espèce), comme l'affirme Abélard, qu' « analytique » puisse signifier « formel » ou « vide de contenu » dans ce cadre est, dans l'état actuel de nos connaissances, faux. Mais, bien entendu, la rupture entre l'accidentel et le substantiel n'est pas une donnée requise par nos connaissances mathématiques. C'est le concept de nombre entier qui est naturel et non (nécessairement) le concept de substance ! Tout ceci ne s'entend donc que si on maintient la pertinence de l'ontologie aristotélicienne. Et, assurément, Abélard au XIIe siècle, pense, comme tous ses contradicteurs, dans ce cadre (qui n'est plus nécessairement le nôtre). Ce que nous voulons simplement faire remarquer est que la rupture entre définition (substantielle) et description (accidentelle) engage un concept d'induction proprement mathématique. En aucune façon, une simple extrapolation empirique ne peut suffire à fonder – du moins chez Abélard – une telle rupture.

---

1. Le principe d'induction complète (le cinquième axiome de Peano) étant bien entendu constitutif du concept axiomatique d'entier naturel.

Les inconvénients du concept modal de vérité logique : de l'impossible suit quodlibet

Pourquoi Abélard rejette-t-il la conception modale de l'inférence qui pose que « Si (x) est homme, (x) est animal » est vrai, parce qu'il est impossible que l'antécédent soit vrai et le conséquent faux ? Abélard note qu'avec des antécédents impossibles, le concept modal de la vérité de l'inférence – notre implication stricte – entraîne des résultats paradoxaux.

Abélard pose[1] que, si on s'en tient au concept modal de l'inférence, alors on peut à partir d'antécédents impossibles inférer n'importe quoi. En effet, souligne-t-il, la conséquence suivante devient vraie : « Si Socrate est une pierre, alors Socrate est un âne ». Abélard raisonne par l'absurde :

A : « "Socrate est une pierre" peut être vrai sans que "Socrate est un âne" ne le soit aussi ».

Or, « A » ne peut être vrai puisque « A » est *sui*-contradictoire. « A » pose en effet que ce qui ne peut être vrai (« Socrate est une pierre ») peut être vrai (sans que le soit « Socrate est un âne ») ; il en résulte que ce qui est impossible dans tous les cas, est possible dans un cas, une contradiction. D'où résulte la vérité de sa contradictoire « -A » :

-A : « "Socrate est une pierre" ne peut être vrai sans que "Socrate est un âne" ne le soit aussi ».

Comme on peut alors remplacer « Socrate est un âne » par n'importe quoi, il en résulte que le second sens de la vérité de l'inférence – « "p" ne peut être vrai sans "q" » – ne peut tolérer d'antécédents impossibles, puisque si on les tolère, alors l'interprétation modale de la vérité de l'inférence peut permettre de prouver n'importe quoi. Comme nous le savons, le problème soulevé ici par Abélard n'a rien d'artificiel puisqu'en effet « $\neg \Diamond\, p < (p < q)$ », qui est exactement ce qu'a en vue Abélard avec « si Socrates est lapis, est asinus », est l'un des théorèmes paradoxaux de l'implication stricte selon Lewis.

La seule solution apparaît alors d'éliminer de notre théorie des inférences tous les antécédents impossibles mais cela a un coût que, de toute évidence, Abélard ne veut pas payer. Pour savoir qu'un antécédent n'est pas impossible, il faut que nous constations l'existence en acte de cette possibilité en au moins un individu de telle nature. En effet, Abélard souligne que la proposition vraie « Socrate peut être évêque » n'implique pas que Socrate soit, à un moment quelconque de sa vie, évêque mais qu'au moins un individu de même nature que Socrate soit – en acte – évêque. Je sais que quelque chose aurait pu m'arriver parce que, même si cela ne m'est jamais arrivé, cela s'est produit pour un individu comparable, eu égard à sa nature, à moi[2]. Ainsi ce qui est possible à Guillaume de Champeaux – être évêque – puisque, de fait, il est devenu évêque, est possible à moi, Abélard, même si cela ne m'est jamais arrivé et ne m'arrivera jamais, parce que nous sommes tous

---

1. Nous résumons : *Dialectica*, *op. cit.*, p. 285, 7-15.
2. Nous résumons : *ibid.*, p. 193, 31-p. 194, 5.

deux d'une nature comparable (étant tous deux des hommes). Du coup, le rejet de tout antécédent impossible engage existentiellement, puisque je ne peux savoir qu'un antécédent n'est pas impossible que si je le vois réalisé en acte en au moins un individu de telle nature. Il devient alors faux qu'une hypothétique, à la différence d'une catégorique, n'engage pas existentiellement, puisque, pour que cette hypothétique puisse être vraie, il faut que son antécédent ne soit pas impossible, ce qui nécessite que je constate l'existence de la propriété (prédiquée dans cet antécédent) dans au moins un individu *réel* (et non pas hypothétique). Il n'y a plus dans ces conditions d'hypothétiques simples nécessairement vraies – c'est-à-dire vraies quoi qu'il en soit de l'état du monde – puisque cette hypothétique ne peut être vraie que si je constate – dans un monde – que son antécédent, étant réalisé en acte en au moins un cas réel, n'est pas impossible. Or, Abélard veut maintenir que « si (x) est homme, (x) est animal » est vrai même si je donne comme valeur à (x) l'âne Brunellus ou la non-existante chimère : « si Brunellus est un homme, Brunellus est un animal » est une hypothétique vraie pour Abélard, même s'il est impossible, par nature, à un âne d'être un homme. « Si est homo, est animal » est vrai de *quolibet*, sans quoi cette hypothétique ne peut pas être nécessairement vraie. Donc, Abélard rejette le concept modal de l'inférence parce que ce concept implique, pour éviter de recevoir comme nécessaire l'inférence « Si Socrate est une pierre, alors il est un âne », un engagement existentiel implicite qui prive la vérité de l'inférence de son indépendance à l'égard de l'état – contingent – du monde et la prive, ainsi, de sa nécessité. Le scepticisme l'emporte alors puisqu'aucune catégorique *de necessario* n'est vraie : il n'y a plus alors de prémisses nécessaires pour la science, et, donc, de syllogisme dont l'une au moins des prémisses est susceptible d'être posée comme nécessairement (et non probablement) vraie. Bien sûr, c'est une option possible, mais, clairement, Abélard pense que cela revient à réduire la science à une simple opinion, même si celle-ci est éventuellement « maximalement » vraisemblable ou probable. Cela revient, dans les faits, à enfermer le sujet épistémique dans la subjectivité de ses calculs modaux. Un résultat que le « Péripatéticien du Pallet » veut, en disciple d'Aristote, donc, éviter.

Inférences « parfaites » et « imparfaites »

Pour cela, Abélard pose un autre critère de la vérité de l'inférence. Une inférence – simple ou complexe – est vraie lorsque le conséquent est analytiquement contenu dans l'antécédent. Abélard distingue alors deux cas. Il y a d'abord celui du syllogisme où la conclusion est formellement contenue dans les prémisses, le syllogisme étant vrai par sa seule *complexio* (par sa seule structure formelle). Vient ensuite celui de l'hypothétique simple où le défaut du moyen-terme (qui fonde le caractère formel de l'analycité du syllogisme) est pallié – de manière imparfaite – par le discernement d'un lieu fondant l'analycité de l'inférence non sur la forme de l'inférence mais sur le contenu de sens des prédicats présents dans l'antécédent et dans le conséquent[1]. Il y a donc deux types d'analycité : l'une – parfaite – qui est purement formelle et l'autre – imparfaite – qui est matériellement fondée sur le sens des prédicats et le lien topique qui les relie. Ainsi ce peut être le cas qu'une inférence ne puisse manquer d'être vraie parce que son conséquent est déjà contenu dans la *sententia* de l'antécédent où ce « sens » ne peut être réduit à rien de plus fondamental, un cas où l'objectivité d'une relation proprement *intensionnelle* – conceptuelle – entre l'antécédent et le conséquent doit être concédée. Toute la question est, alors, de déterminer quels sont ces cas et c'est effectivement tout l'enjeu de la *Topica* de la *Dialectique* d'Abélard.

La réduction de la topique aux seuls lieux « a specie » et « a definito »

Abélard entreprend alors de parcourir tous les lieux reçus dans le corpus logique boécien afin d'examiner s'ils doivent être concédés comme irréductibles. La revue est longue et fastidieuse mais on peut aller tout de suite à la conclusion de cette recherche en remarquant qu'Abélard les récuse tous sauf deux : le *locus a specie* et le *locus a definito*[2]. Abélard est cohérent : les seuls caractères qu'un prédicat substantiel contient nécessairement dans son sens sont les caractères génériques et différentiels qu'il ne peut manquer d'avoir puisqu'ils le définissent. De là, « si (x) est homme, (x) est animal (ou est doué de raison) » est nécessaire mais non « si (x) est un homme, (x) est rieur » ou « si (x) est un homme, (x) n'est pas une pierre ». Abélard pense qu'un prédicat « être X » *implique* les prédicats qui définissent son sens. Quel que soit (x), si (x) est un homme, (x) est un animal ou est doué de raison : ceci est analytiquement nécessaire. Or, dans le cadre de la logique aristotélicienne, la définition de la substance se fait uniquement par le genre – animal – et par des différences *positives* – le doué de raison ou la mortalité – mais non par des propres (« rieur ») ou des différences négatives (« non-pierre » ou « non-Brunellus »). Donc « si (x) est homme, (x) est animal » est nécessaire, mais non « si (x) est homme, (x) est rieur » ou « si (x) est homme, (x) n'est pas pierre », même s'il est vrai que dans les trois cas je ne peux – modalement – concevoir que l'antécédent soit vrai et le conséquent faux. Comprenons bien ce que veut dire Abélard : il ne nie pas qu'éventuellement qui conçoit un homme ne le conçoive comme rieur ou non-pierre ; ce qu'il cherche c'est ce qui est *au strict minimum* contenu dans le sens du prédicat substantiel, c'est-à-dire ce qui est *nécessaire* pour définir ce sens et ce strict minimum est bien dans la logique aristotélicienne le genre et les différences. Par contre, si « homme » contient analytiquement « non-pierre », alors la définition d'une substance va contenir tous les noms de substances qui lui sont symétriquement opposés. Définir une substance impliquera de les définir toutes ! D'un autre côté, si c'est seulement l'extrapolation modale à partir de constats empiriques qui fonde le contenu définitionnel

---

1. *Dialectica, op. cit.*, p. 253, 31-p. 254, 1 et p. 255, 12-19.
2. Il s'agit des seuls lieux – avec le lieu *a pari in inferentia* – dont Abélard admet la nécessité. Tous les autres lieux soit peuvent être réduits par application du lieu *a pari in inferentia* à ces deux *loci* soit ne tiennent que la *maxima probabilitas*.

du prédicat substantiel, alors il n'y aura plus de fondement nécessaire pour la science. Jamais ces données empiriques ne pourront justifier le passage du probable au nécessaire ou du vraisemblable au vrai. Pour cela il faut en réalité une *donnée* proprement conceptuelle : « "animal" est genre d'"homme" », une donnée qui peut être nécessaire précisément parce qu'elle n'est pas dérivée de données empiriques inévitablement contingentes. On a :

> Parce que le réel actuel ne suffit pas à montrer la nécessité, la force inviolable de la nature est laissée à la relation de conséquence. Aussi nous ne concédons pas que des catégoriques puissent servir d'antécédents à des hypothétiques, sinon ces seules catégoriques qui conservent perpétuellement la nécessité de la conséquence comme cette catégorique : « "animal" est genre d'"homme" », antécédent de cette conséquence : « si (x) est homme, (x) est animal »[1].

Il y a donc, au-delà des données empiriques et des propositions modales qui peuvent être construites à partir d'elles, une donnée proprement définitionnelle : la *catégorique* « A est genre (ou différence) de B » fondant la vérité de « si (x) est A, (x) est B ». Il est très clair ici que cette donnée intensionnelle n'est pas équivalente à la catégorique universelle : « tout homme est (nécessairement) animal ». Et c'est précisément et seulement parce que ce n'est pas le cas que la catégorique « B est genre de A » peut conserver « perpétuellement » la nécessité de la conséquence. Abélard qualifie de « malheureux » ceux qui croient que la relation définitionnelle entre l'espèce et le genre (ou les différences) peut être dérivée de constats empiriques :

> Ce qui en effet aura exigé tout prédicat ou tout sujet ne peut être vrai, puisque ce qu'elle aura dit de tous, se révèlera faux de certains. En effet cette proposition « tout homme est Socrate » est fausse du fait d'un seul cas comme si c'était du fait de mille cas. [...] Il y a quelques malheureux [*sunt miseri quidam*] qui confirment la vérité de cette règle : « Partout où l'espèce est posée, celle-ci pose le genre ». Mais cette règle n'est vraie ni ici ni ailleurs, puisque ni ici ni ailleurs ce qu'elle énonce de tout prédicat ou de tout sujet ne se produit[2].

Abélard note simplement que le nombre des individus possibles étant infini, on ne peut jamais exclure – et il suffit, bien sûr, d'un seul cas pour cela – qu'une proposition universelle généralisant des données empiriques, vraies ici ou là, ne soit fausse. Une induction – « de chaque [*res*] dont l'espèce est prédiquée, le genre l'est aussi » et cela *in infinitum* – ne peut être complète que parce que la relation définitionnelle qui affirme que « B est genre de A » n'est pas obtenue par modalisation des données contingentes de l'expérience mais est donnée *tout de suite* au discernement du sens du prédicat « A ». Il y a ici une *discretio* – c'est le terme utilisé par Abélard – proprement conceptuelle, qu'aucune *discretio* d'un ou de plusieurs étants empiriquement donnés ne peut suffire à fonder.

---

1. *Dialectica, op. cit.*, p. 283, 3-17.
2. *Ibid.*, p. 363, 3-14.

L'interdépendance de la logique et de la physique

Dans le chapitre précédent nous avons noté que, chez Abélard, les points de vue intensionnels et extensionnels sont fonction l'un de l'autre. On retrouve cette idée ici : la vérification *in re* de la réalité de la relation définitionnelle entre l'espèce et le genre est nécessaire pour poser que cette relation n'est pas seulement linguistique – que la définition n'est pas seulement nominale. Mais il est clair, d'un autre côté, que ces données empiriques ne peuvent en aucune façon suffire à fonder, à elles seules, le caractère définitionnel – substantiel (nécessaire) – et non seulement descriptif – accidentel (contingent) – de cette relation. Logique et physique sont ainsi fonction l'une de l'autre :

> Il revient en propre à la logique de peser l'imposition des mots [...]. En revanche, le propre de la physique est de rechercher si la nature de la chose convient à ce qui est énoncé, en déterminant si ce qui revient en propre aux choses se comporte – ou non – comme il est dit. Ces deux examens sont nécessaires l'un à l'autre [1].

Le physicien est celui qui connaît, dit la LNPS, les causes cachées des choses : ces « natures » sont, à partir de la LI, des statuts qui, sans être les conventions lexicales dont ces statuts « causent » le succès en termes de vérité, ne sont pas non plus, comme la blancheur, discernables à la seule vue ou, comme la phrase, discernables à la seule audition. Il y a ainsi une coopération constante entre la physique qui permet de remonter des *sermones* à leur causes extra-linguistiques et la logique qui, s'en tenant à l'imposition des noms et non aux données empiriques effectivement nommées par eux permet de dépasser celles-ci en fondant la nécessité proprement analytique de nos inférences : le conséquent est en toute nécessité inférable de l'antécédent puisque ce dernier le contient déjà dans sa *sententia*.

Il y a ici deux aspects à distinguer, dans la coopération entre logique et physique.

1) Abélard insiste constamment sur le fait que seuls des universaux *in hac arte* (en logique) peuvent être prédiqués de manière synonymique :

> C'est pourquoi cette voix est dite, c'est-à-dire est prédiquée, de quelque chose comme de son sujet [*de subiecto*] qui – puisque [critère extensionnel] elle est universelle et que [critère intensionnel] son sens est inclus dans le sens de la voix sujette – ne peut elle-même, selon la cause de son imposition, manquer à la chose de la voix sujette sans la disparition de cette chose : ainsi « homme », « animal » ou « doué de raison », ces noms qui sont des universaux, sont chacun prédiqués de ce nom « Socrate » en sorte que leur sens est tout entier inclus dans le nom « Socrate » et que ces noms ne peuvent, selon la cause de leurs impositions, manquer à cette chose qu'est Socrate sans la disparition de Socrate [2].

---

1. *Dialectica, op. cit.*, p. 286, 31-35.
2. LI, p. 126, 37-p. 127, 8.

Donc, pour que tel prédicat soit prédiqué substantiellement, il faut que deux conditions soit réunies :

[Critère intensionnel] il faut que cette proposition soit vraie : « si quelque chose est Socrate [1] (ou ce phénix-ci), ce quelque chose est un homme (ou un phénix) » ;

et

[Critère extensionnel] il faut que le prédicat « homme » ou le prédicat « phénix » soient des universaux, c'est-à-dire qu'ils soient prédiqués avec vérité dans la même signification de ce qui diffère par le nombre « par la force du verbe substantif au présent ». Et c'est le cas pour le prédicat « homme », mais cela ne l'est pas – c'est la doctrine constante d'Abélard dans la LI et la LNPS – pour le prédicat « phénix ».

Le premier critère est un critère strictement intensionnel : l'antécédent doit comprendre dans sa *sententia* le conséquent, où ce sens, en l'absence d'un moyen-terme, n'est pas formel. Le second critère est un critère strictement extensionnel puisque, comme nous l'avons vu, Abélard refuse absolument qu'un prédicat dont l'universalité est seulement virtuelle (« en idée ») soit un universel. Un prédicat pour être universel *en logique* doit l'être *ex actu continentiae*.

On peut donc parler d'analycité *a posteriori* pour les inférences topiques (« si est Socrates, est homo » ou « si est homo, est animal ») mais à condition de remarquer qu'il est impossible de confirmer *a posteriori* la vérité (analytique) de ces inférences par la donnée actuelle d'un seul « échantillon » réel. Cette confirmation extensionnelle exige l'universalité *actuelle* (logique) et non seulement virtuelle (grammaire) de l'extension concernée, comme le précise PH(Abélard). Il n'est pas question de réduire le statut (spécifique *ou* générique) « être homme » à un nom propre de substance et l'invariance ne doit pas être seulement *possible* mais être constatée dans une proposition universelle vraie « par la force du verbe substantif *au présent* », insiste Abélard.

2) La nécessité de cette inférence ne peut qu'être confirmée par les données unanimes de l'expérience sans pouvoir en aucun cas être construite – inférée – à partir d'elles. Aucune catégorique (extensionnelle), si générale soit-t-elle, ne peut être nécessairement vraie. Il y a, au départ, une intuition (*discretio*) proprement conceptuelle. Même si le statut « être homme » n'est pas exhaustivement intelligé lorsque j'infère de « si (x) est homme », « (x) est un animal doué de raison, mortel, bipède, ... », ce statut, bien que dépendant de l'intellection du sujet épistémique qui le vise (puisqu'il n'est pas donné à la sensation), n'est pas *introduit* par elle. Cette visée ne peut construire, à partir des données expérimentales disponibles pour elle, ce statut. Si c'était le cas, jamais ce statut d'objet ne pourrait être substantiel, puisque les données de l'expérience sont toutes contingentes. Il faut donc bien, au départ du procès de connaissance, une *donnée* proprement

---

1. Nous rappelons que « cet homme-ci » est en logique le seul sens de « Socrate », à l'exclusion, donc, de toute propriété accidentelle.

conceptuelle, que, par après, les données de l'expérience vont venir confirmer (ou non), en permettant, donc, de préciser et de corriger l'intellection partielle et faillible que j'ai de ce statut. Ici le lien intensionnel entre le prédicat de l'antécédent et le prédicat du conséquent – énoncé par la *catégorique* « B est genre de A » – n'est pas construit par une modalisation des données de l'expérience mais présente une objectivité qui oblige à parler, pour la théorie des topiques, de réalisme conceptuel (ou d'hyperintensionnalité).

La logique garantit l'analycité et donc la nécessité de l'inférence et la physique garantit que cette analycité n'est pas purement sémantique, c'est-à-dire linguistique. Il y a ainsi une relation « dialectique » constante entre logique et physique qui, seule, permet, par cette coopération et pas à pas, de progresser dans une intelligence *scientifique* du réel lui-même. Cette coopération nécessaire ne peut s'accommoder ni, d'un côté, d'une dévaluation radicale des données empiriques au profit d'une pure contemplation des Idées (divines)[1] ni, de l'autre, d'un empirisme qu'Abélard juge « naïf » et qui, pour *quidam miseri*, fonde la science sur une simple extrapolation modale des données contingentes de l'expérience. Sans adopter un pur platonisme des Idées, Abélard ne se contente pas non plus de l'empirisme de la théorie abstractionniste des universaux définitionnels qu'*Alexander* – Alexandre d'Aphrodise et non Aristote – inspire au Boèce de la théorie du sujet unique. Abélard reste bien foncièrement aristotélicien mais dans un cadre ontologique où aucune *essentia* physique ne peut plus se voir reconnue une existence nécessaire, puisque, toutes les *essentiae* physiques étant, par hypothèse, créées, aucune d'entre elles n'existe de toute éternité, et, donc, n'existe nécessairement. Cela conduit à demander à la proposition hypothétique (« si (x) est A, (x) est B ») ce qu'aucune proposition catégorique (« tout ce qui est A est B ») ne peut plus fournir : procurer à la science une prémisse nécessairement vraie.

II

La réfutation par les Montani de la théorie des inférences d'Abélard

« Le plus farouche opposant des *nominales* », Albéric du Mont s'inscrit totalement en faux par rapport à cette théorie des topiques. Examinons pourquoi.

Abélard soutient que l'inférence « si (x) est un homme, (x) n'est pas une pierre » ne doit pas être reçue comme vraie, parce qu'il découle de la réception de sa vérité la vérité de la conditionnelle fausse – juge Abélard – : « si (x) est un homme et une pierre, (x) n'est pas un homme et une pierre ». En effet, de « si (x) est un homme, (x) n'est pas une pierre » et de « si (x) est une pierre, (x) n'est pas un homme », on obtient, par simplification, l'antécédent « si (x) est un homme et une pierre ». La démonstration d'Abélard, procède alors comme suit :

---

1. Puisque le critère intensionnel de la prédication substantielle ne suffit pas à fonder celle-ci.

1) « si (x) est un homme et une pierre, (x) est un homme » (par simplification) ;
2) « si (x) est un homme, (x) n'est pas une pierre » (par le *locus ab oppositis*) ;
3) « si (x) n'est pas une pierre, (x) n'est pas un homme et une pierre » ;

d'où on conclut (par transitivité) :

4) « si (x) est un homme et une pierre, (x) n'est pas un homme et une pierre ».

Or, cette inférence – où une proposition implique sa contradictoire – est fausse, juge Abélard[1]. Donc Abélard argue de ce résultat pour rejeter le *locus ab oppositis* comme fondant des inférences seulement (maximalement) probables mais non nécessaires. En effet, ce lieu ne résiste pas au test d'antécédents impossibles qui, seul, pour Abélard, témoigne de l'indifférence de ce lieu à l'état (contingent) du monde. En réalité, pour que le *locus ab oppositis* continue à fonder des inférences vraies, soutient Abélard, il faut un engagement existentiel (éliminant les antécédents impossibles) que ne comporte pas le *locus a specie* : « si (x) est un homme, (x) est un animal » et sa contraposition (le *locus a genere*) : « si (x) n'est pas un animal, (x) n'est pas un homme ».

Albéric du Mont lui rétorque qu'il se trompe parce que la même démonstration que celle qui conduit Abélard à rejeter le *locus ab oppositis* (en montrant que ce lieu ne tolère pas les antécédents impossibles) peut être faite pour le *locus a genere*[2]. De « si (x) est un homme, (x) est un animal » et sa contraposée « si (x) n'est pas un animal, (x) n'est pas un homme », on peut, par simplification, obtenir l'antécédent « si (x) est un homme et n'est pas un animal… », simplification qu'Abélard admet. La démonstration d'Albéric procède alors comme suit :

1) « si (x) est un homme et n'est pas un animal, (x) n'est pas un animal » (par simplification) ;
2) « Si (x) n'est pas un animal, (x) n'est pas un homme » (par le *locus a genere* ou par contraposition) ;
3) « si (x) n'est pas un homme, ce n'est pas le cas que (x) est un homme et n'est pas un animal » ;

D'où résulte la nécessaire vérité (par transitivité) de l'inférence :

4) « Si (x) est un homme et n'est pas un animal, (x) n'est pas un homme et un animal ».

Donc – triomphe Albéric – la même raison qui conduit Abélard à rejeter le *locus ab oppositis* (« si (x) est homme, (x) n'est pas pierre »), doit le conduire à rejeter le *locus a genere* (« si (x) n'est pas un animal, (x) n'est pas un homme ») et donc le *locus a specie* (« si (x) est homme, (x) est animal »). Autant dire que c'est toute la théorie des topiques d'Abélard qui s'effondre. Aucun lieu ne tolère d'antécédents impossibles et, donc, ne fonde des hypothétiques simples vraies

---

1. Ce raisonnement est attribué à Abélard dans les *Introductiones Montanae minores*, in L. M. De Rijk, *Logica Modernorum*, t. II-2, Assen, Van Gorcum, 1967, p. 64, 1-6, et est effectivement présent dans la *Dialectica, op. cit.*, p. 395, 7-15.
2. *Introductiones Montanae minores, op. cit.*, p. 65, 35-p. 66, 4.

« éternellement » (c'est-à-dire en restant vraies y compris avec des antécédents impossibles).

Que répondait Abélard à cette démonstration d'Albéric ? Il n'y en a aucune trace dans l'œuvre d'Abélard. Cependant, selon un texte issu des *Montani*, Abélard aurait concédé, à propos de la conclusion du raisonnement d'Albéric (« Si (x) est un homme et n'est pas un animal, ce n'est pas le cas que (x) est un homme et n'est pas un animal »), que cette inférence était vraie et nécessaire[1]. Cela l'a-t-il conduit à revoir sa théorie des inférences et, en particulier, des inférences topiques ? Apparemment pas. Cela laisse à l'historien moderne le soin de comprendre pourquoi Abélard peut concéder la vérité du raisonnement d'Albéric sans – de toute évidence – en tirer la conclusion posée par Albéric et qui est que toute sa théorie des inférences est fausse.

Albéric du Mont est-il à Abélard ce que – toute proportion gardée – Russell est à Frege ?

Christopher Martin qui, le premier, a dégagé les termes de ce débat[2], prend le parti d'Albéric en allant jusqu'à comparer Abélard à Frege et Albéric à Russell : Albéric aurait démontré que la théorie des inférences d'Abélard conduisait aussi sûrement à la contradiction que Russell le démontre pour la logique de Frege[3]. Et effectivement une parenté lointaine mais réelle entre la logique d'Abélard et celle de Frege avait déjà été notée par Martin Tweedale, et nous n'avons pu que la confirmer. Le parallèle, même si les conditions épistémologiques sont évidemment radicalement différentes, n'est donc pas absurde. Nous inclinons, cependant, pour la prudence pour des raisons à la fois théoriques et historiques.

Sur le plan théorique, il est clair que Russell n'a pas *démontré* que la *no-class theory* était la seule théorie logique consistante. Nous n'allons pas *sérieusement* soutenir une telle idée. L'inconsistance de la logique de Frege ne vient pas de son réalisme mathématique, mais de l'hypothèse imprudente que toute extension de concept (toute classe), y compris l'extension du concept purement négatif « ne pas être impossible » constituait *nécessairement* un objet extensionnel *positif* (un ensemble), soit donc ici l'ensemble universel, c'est-à-dire l'ensemble de tous les ensembles, un ensemble qui se contient lui-même.

Sur le plan historique, on a vu que, malgré la parenté que nous avons notée entre la logique de Frege et celle d'Abélard, cette dernière n'était pas nécessairement concernée par une démonstration du type de celle de Russell

---

1. *De Syll. Hyp.* in *Berlin, Lat. Fol. 624*, 79vb, cité par L. M. De Rijk, « Some new Evidence on twelfth century Logic… », art. cit., p. 55.

2. C. Martin a synthétisé l'ensemble de ses recherches sur la logique d'Abélard dans le chapitre « Logic », in *The Cambridge Companion to Abelard, op. cit.*, p. 158-199. Ces recherches sont fondamentales et ont éclairé d'un jour profondément nouveau la lecture des textes logiques d'Abélard.

3. J. Marenbon (ed.), *The Oxford Handbook of Medieval Philosophy*, Oxford, OUP, 2012, p. 301 : « The fatal flaw was realised, apparently in the 1130s, by Alberic of Paris, who stands to Abelard with his discovery of the following argument in the twelfth century as Russell does to Frege in the twentieth ».

puisqu'Abélard n'admet pas le parallélisme intension/extension qui est à l'origine des problèmes de consistance de la logique frégéenne. Pour Abélard, une extension plurale ne peut exister, sur le plan logique, qu'*en acte*. Or, il est clair que la totalité du possible n'est pas actualisable sur ce même plan logique « sans inconvénient ». Aussi Abélard exige-t-il pour qu'un nom, qui est commun en intention, soit déclaré commun en extension qu'il le soit dans une proposition *vraie* par « la force du verbe substantif *au présent* », ce qui exclut que l'extension concernée puisse être attestée *seulement* sur le plan virtuel de sa « non-impossibilité ». Tout ce qui est commun en intention – quant au sens – ne l'est donc pas nécessairement extensionnellement – quant à la vérité –. Or, c'est bien l'hypothèse contraire que suppose le paradoxe de Russell : à tout concept commun *doit* correspondre, en logique, un ensemble d'objets qui en constitue l'extension. Mais « possible » (« phénix ») n'est pas – objectivement – un universel.

Impossibilité in re *et impossibilité* in voce

Ce préalable étant posé, il nous semble rapide de conclure que, si Abélard admet le raisonnement d'Albéric concernant le *locus a genere*, il doit renoncer à toute sa théorie des topiques. Tout le raisonnement d'Albéric repose, en effet, sur la mise sur le même plan (logique) des deux inférences suivantes :

H (Abélard) : « si (x) est un homme et une pierre, (x) n'est pas un homme et une pierre »

et

H (Albéric) : « si (x) est un homme et n'est pas un animal, ce n'est pas le cas que (x) est un homme et un animal ».

Il semble qu'Abélard aurait concédé la vérité de H (Albéric), mais il n'y a pas de texte permettant de poser qu'il ait finalement accepté la vérité de H (Abélard). Si nous consultons nos modernes tables de vérité, il semble qu'il soit inévitable de concéder la vérité de ces deux inférences : les antécédents de ces deux hypothétiques sont impossibles et, donc, leurs valeurs de vérité sont nécessairement le faux, ce qui implique que la valeur de vérité de leurs contradictoires soit le vrai, une implication du faux vers le vrai qui est vraie. Et cela, Abélard l'aurait concédé pour H(Albéric).

C. Martin pense qu'Abélard rejetait systématiquement la vérité possible de l'inférence « si A, alors -A », une inférence dont nous accordons la vérité lorsque la valeur de « A » est nécessairement le faux. Abélard aurait rejeté la vérité de cette inférence quel que soit le sens de « A ». Mais Abélard, comme tous les médiévaux, ne raisonne jamais de manière purement formelle. Ainsi, on trouve dans la *Dialectica* le rejet de la vérité de « si A, alors -A » au sens du rejet de la vérité de « si (x) est homo, (x) non est homo ». Une lecture attentive de son argumentation montre qu'il rejette la vérité de cette inférence parce que la fausseté de l'antécédent « si (x) est un homme… » n'est *jamais* nécessaire. Il n'est pas de la nature – de la définition – de l'homme d'être non-existant. Ici, « si est homo, non est homo » est faux parce qu'au moment où je fais l'hypothèse que « (x) est homme » est faux, l'hypothèse » (x) est homme » *pourrait* être vraie, puisque l'existence ou l'inexistence de l'homme sont foncièrement contingentes. Donc, ici, « si A, alors -A » est faux parce que « A » n'est pas *nécessairement* faux : faux *par définition*. La vérité de « si (x) est homme, (x) n'est pas un homme » dépend entièrement d'un état de fait ontologique : le constat toujours contingent que « (x) est homme » est faux[1]. Mais, Abélard soutient qu'une inférence ne peut être vraie que si elle est vraie *quoi qu'il en soit de l'état du monde*, ce qui n'est pas le cas ici :

> Alors que, aucun homme n'existant plus, « aucun homme n'est homme » [est vrai], l'homme même n'est pas opposé à lui-même et pour cette raison cette conséquence « si (x) est un homme, (x) n'est pas un homme » n'est pas vraie[2].

Il ne suffit donc pas que la catégorique « aucun homme n'est homme » soit vraie, pour que sa conditionalisation « si (x) est un homme, alors (x) n'est pas un homme » le soit aussi. Pour que cette hypothétique soit vraie, il faudrait que « (x) est homme » ne soit pas seulement ontologiquement faux, mais le soit aussi logiquement. Il faudrait que « homme soit opposé à lui-même », c'est-à-dire que « (x) est homme » soit non pas seulement contradictoire avec les faits, mais soit aussi *sui*-contradictoire, c'est-à-dire contradictoire dans son sens même, « homme » étant opposé à lui-même, donc. Il faudrait que l'antécédent exige, *par son sens*, la vérité de sa contradictoire, ce qui n'est le cas que si ce que signifie l'antécédent est *sui*-contradictoire, c'est-à-dire est logiquement impossible. Cette conception du rejet de la vérité « éternelle » possible de « si (x) est homme, (x) n'est pas un homme » laisse ouverte la possibilité que « si A, alors -A » soit vrai parce que l'antécédent est dans *son sens même*, et donc indépendamment de toute considération ontologique, nécessairement faux et qu'ainsi nous ayons « A → (B & -B)) ⊦ – A ». Si on admet ce point chez Abélard, et le raisonnement susmentionné d'Abélard ne permet pas en réalité de l'exclure, on constate aussitôt que les antécédents « si (x) est homme et pierre… » et « si (x) est homme et n'est pas animal… » ne sont pas de même nature.

Abélard admet que qui dit « être homme » dit *inevitabiliter* « être animal », mais il nie que qui dit « être homme » dise nécessairement « être rieur » ou « être non-pierre »[3]. De là, quant à la considération même du sens des prédicats, et quoi

---

1. Au sens où si la valeur de vérité de l'antécédent « si (x) est un homme » est le Faux, alors la valeur de vérité de sa contradictoire (« (x) n'est pas homme ») est le Vrai : si l'hypothèse « (x) est un homme » est fausse, aucun homme n'existant, alors sa contradictoire « (x) n'est pas un homme » est vraie.

2. *Dialectica, op. cit.*, p. 280, 18-21 : « Cum autem homine nullo modo existente nullus homo sit homo, non tamen ideo oppositus sibi ipse est homo nec ista ideo vera consequentia : "si est homo, non est homo" ».

3. Un point que note aussi C. Martin mais dont il ne semble pas tenir compte puisqu'il place sur le même plan des antécédents définitionnellement faux comme « si est animal tale (homo) et non est animal » et des antécédents *physicaliter* impossibles mais non nécessairement faux sur le plan définitionnel comme « si est homo et lapis ». *Cf.* C. Martin, « Logic », art. cit., p. 191 : « Since, according to Abelard, there are not negative substantial forms, the definition of a natural kind cannot contain a negative term ». S'il n'y a pas de « formes substantielles négatives », qu'est-ce qui empêche

qu'il en soit de toute assertion ontologique sur l'existence ou l'inexistence du sujet de l'inférence, dans « si (x) est un homme et n'est pas un animal », on peut, *a priori,* remplacer « homme » par « animal » (qu'« homme » contient dans son sens), ce qui nous donne l'antécédent formellement contradictoire : « si (x) est X et n'est pas X » (« si (x) est animal et n'est pas animal »); mais, c'est ce qui est impossible pour « si (x) est homme et pierre », puisqu'on ne peut remplacer *a priori* « homme » par « non-pierre », un sens qu'il ne contient pas dans sa définition par genre et différences.

Le débat du coup s'éclaire : l'antécédent de H(Abélard) a bien pour valeur de vérité, au sens ontologique du terme, le faux (« homme » et « pierre » sont opposés dans leurs natures physiques), mais cet antécédent n'est pas nécessairement faux eu égard à la considération du sens *intensionnel* de ses termes, c'est-à-dire quoi qu'il en soit de l'état du monde. Aussi, pour comprendre la fausseté de « si (x) est un homme et une pierre, (x) n'est pas un homme et une pierre » nous n'avons pas besoin de renoncer à nos tables de vérité ! « Si est homo et lapis » est faux *in re*, Abélard n'en doute pas, mais il ne l'est pas *in voce*, et cela bloque le passage du faux au vrai qui, seul, pourrait rendre vrai H (Abélard). Abélard admet, en réalité, que si la contradictoire « A » d'une proposition « -A » implique une contradiction formelle, cette proposition soit nécessairement vraie puisqu'il admet la valeur nécessaire du raisonnement par l'absurde (soit : (A → (B & -B) ⊢ -A). Il admet donc que si la contradictoire (« si (x) est homme et n'est pas animal ») de la conclusion (« ce n'est pas le cas que(x) est homme et n'est pas animal ») implique une contradiction formelle (« (x) est animal et n'est pas animal »), cette conclusion soit vraie[1]. Mais on ne peut obtenir par l'absurde la conclusion « (x) est homme et n'est pas pierre » puisque, *analytiquement,* l'antécédent « si (x) est homme et pierre » *n'implique pas* le conséquent contradictoire : « (x) est homme et n'est pas homme », « être-pierre » ne contenant pas dans son sens « être non-homme », comme « être homme » contient dans son sens « être animal ».

Donc – et cela au regard de nos tables de vérité – H(Albéric) est (analytiquement) vrai, comme l'admet Abélard, mais H(Abélard) reste faux. L'inconvénient soulevé par Abélard reste pour le *locus ab oppositis* intact et donc Abélard peut concéder H(Albéric) et maintenir sa théorie des inférences. Il n'est pas besoin de revenir sur la topique de la *Dialectica* là où Abélard revient dans la LI et la LNPS sur d'autres points soutenus dans la *Dialectica*, par exemple sur la

---

l'antécédent « si est homo et lapis » de ne pas être définionnellement faux ? En réalité, rien. Et c'est ce que ne comprend pas ou n'admet pas Albéric.

1. Nous avons vu, par exemple, que c'est précisément ce raisonnement qui conduit Abélard à rejeter la conception modale de la vérité de l'inférence. C'est bien parce que « A : « Non si Socrates est lapis, est asinus » implique de soutenir qu'il y a un cas où ce qui est impossible (« Socrates est lapis ») est possible (sans, donc, que soit vrai « ...est asinus ») – une contradiction –, que sa contradictoire est vraie, soit -A : « Si Socrates est lapis, est asinus ». En fait, Abélard utilise déjà le raisonnement par l'absurde pour prouver la vérité du *locus a specie* (« si (x) est un homme, (x) est un animal »), c'est-à-dire du seul lieu qu'il juge nécessaire.

conception qu'il y présente de la copule prédicative comme signe d'égalité, une conception qu'il dément dans la LI, en l'attribuant seulement à son maître Guillaume (et non pas, comme il le devrait, à lui-même *aussi*, en tant qu'auteur de la *Dialectica*). Cette lecture différentielle de H(Albéric) dont Abélard aurait concédé la vérité et de H(Abélard) dont rien n'indique qu'Abélard l'ait jamais concédée, suppose qu'on accepte de distinguer entre la valeur de vérité *in voce* d'une inférence et la valeur de vérité *in re* de la même inférence, distinction que « le plus farouche adversaire des *nominales* », Albéric se refuserait précisément à admettre.

Avant de savoir si nous devons partager le « réalisme » d'Albéric, il faut que nous prouvions par les textes qu'Abélard distingue bien entre la valeur de vérité *in voce* d'une inférence et sa valeur de vérité *in re*.

Preuves de la réalité chez Abélard d'une distinction entre impossibilités in voce *et* in re

Notons d'abord que cette distinction n'est nullement absurde ou même simplement étrange. On admet généralement, sur le plan épistémologique, que tout ce qui est logiquement possible n'est pas nécessairement physiquement (ontologiquement) possible. On peut, par exemple, admettre qu'il soit impossible à un corps dans la théorie physique actuelle de se mouvoir plus vite que la lumière, sans pour autant affirmer qu'une exception à cette loi soit logiquement impossible. Nous posons simplement que dans l'état actuel des connaissances physiques (c'est-à-dire dans le cadre de la théorie de la relativité), ceci est impossible. Donc « physiquement impossible » n'implique pas « logiquement impossible ». De là, nous allons distinguer une prémisse impossible dans le cadre de la physique (par exemple, chez Abélard, aristotélicienne) et une prémisse impossible parce que contradictoire dans ses termes mêmes, c'est-à-dire sur un plan proprement logique. Il n'y a rien là qu'un épistémologue moderne ne puisse admettre.

Abélard énonce :

> Posons [ensemble], si cela semble pouvoir être fait, l'être-homme et le non-être animal : assurément, si nous sommes attentifs à ce qui est signifié par « homme », soit « animal rationnel mortel », nous trouverons le même être animal et ne pas être animal, ce qui est impossible. C'est pourquoi celui qui aura droitement pesé l'imposition des voix, aura examiné plus facilement la vérité des énoncés[1].

Donc dire « (x) est homme », c'est dire « (x) est animal ». Par contre :

> qui dit quelque chose être homme, affirme seulement « homme » et ne fait rien connaître, par ses propres mots, de la négation de « pierre » ou de quoi que ce soit d'autre[2].

---

1. *Dialectica, op. cit.*, p. 286, 24-29.
2. *Ibid.*, p. 284, 34-p. 285, 2 : « quique aliquid hominem esse dicit, solum hominem affirmat nihilque de remotione "lapidis" vel cuiuslibet ex verbis suis demonstrat ».

Sur le plan ontologique nous ne doutons pas qu'un homme ne puisse être une pierre. Abélard ne nie pas qu'il y ait *in re* incompatibilité naturelle entre « homme » et « pierre ». Il nie que cette incompatibilité puisse être analytiquement inférée du sens du prédicat « homme ». La consultation de l'imposition de la *vox* « homme » ne permet pas de discerner l'impossibilité de l'antécédent « si (x) est un homme et une pierre », puisque « homme » ne contient pas dans son sens « non-pierre », mais seulement le genre et les différences qui le définissent (dans l'arbre de Porphyre). C'est seulement sa confrontation au réel qui manifeste son impossibilité. On comprend que si un prédicat définitionnel contient dans son sens la négation des prédicats définitionnels qui lui sont extensionnellement opposés, la définition d'un prédicat spécifique va *impliquer* la définition de *tous* les autres prédicats spécifiques, puisqu'on admet que, par leurs négations, ils sont analytiquement contenus dans la définition de cette seule espèce. Le sens de la *vox* « homme » deviendrait ainsi paradoxalement *indéfini*, puisqu'il contiendrait « non-âne », « non-pierre », etc., en fin de compte, tout l'arbre de Porphyre. Mais Aristote, Porphyre ou Boèce n'indiquent nulle part que définir une substance implique de les définir toutes.

Ainsi la valeur de vérité de l'antécédent « si (x) est un homme et une pierre » n'est pas nécessairement *in voce* (sur le plan logique) le faux, ce qui est le cas de l'antécédent « si (x) est un homme et n'est pas un animal » et cela même si ces deux antécédents sont aussi faux l'un que l'autre *in re* (sur le plan ontologique). Ainsi sur le plan logique, là où H(Albéric) doit être concédé, H(Abélard) ne nécessite pas de l'être et est, ainsi, faux.

Donc :

> En revanche, il doit être noté avant tout (*maxime*) que dans l'énonciation des conditionnelles, il faut être attentif avant tout (*maxime*), à la propriété des voix et à leur droite imposition et prendre plus en considération celle-ci que l'être des choses [1].

Selon le critère logique de vérité H(Albéric) est vrai, et, selon ce même critère, H(Abélard) est faux. Il n'est pas vrai que « (x) est homme et pierre » soit faux par définition, ce qui est le cas de « (x) est homme et n'est pas animal ».

Un terme peut perdre son référent, mais jamais la signification qu'il doit à son imposition

De la même façon, Abélard ne doute pas que l'antécédent « si Socrate (cet homme) est Brunellus (cet âne)... » soit un antécédent faux et impossible *in re*, mais cela n'empêche pas selon lui la conditionnelle « si Socrate est Brunellus, Socrate est homme » d'être vraie *in voce*, c'est-à-dire sur le plan intensionnel (là où, sur le plan extensionnel, nous avons tendance à penser que si Socrate est cet âne, Socrate n'est plus un homme, mais un âne). Qui dit « cet homme » ne dit pas « ce non-âne » ; donc, *in voce*, rien n'empêche qu'on ait :

---

1. *Dialectica, op. cit.*, p. 285, 16-18.

1) « Si cet homme est cet âne, cet âne est cet homme » (par conversion simple) ;
2) « si cet homme est cet âne et cet âne est cet homme, cet homme est cet homme » (*per medium*) ;
3) « si cet homme est cet homme, cet homme est un homme » (*a definito*) ;

et donc *per medium* :

4) « si cet homme est cet âne, cet homme est un homme ».

Et cela, alors que nous poserions plutôt que, là où Socrate est un animal privé de raison, il n'est plus un animal doué de raison, puisque clairement Socrate ne peut être à la fois doué et privé de raison[1].

Dans les *Introductiones Montanae minores*, on attribue à Abélard un raisonnement voisin. Si on admet la vérité de « si Socrate est un homme, Socrate n'est pas une pierre », on ne peut – en toute nécessité – qu'admettre la vérité de sa contraposée : « Si Socrate est une pierre, Socrate n'est pas un homme ». Or, Abélard aurait soutenu que la contraire de cette dernière proposition est vraie : « si Socrate est une pierre, Socrate est un homme » et l'auteur de reproduire le même raisonnement que celui que nous venons d'extraire de la *Dialectica*, et où « Socrate est cet âne » est simplement remplacé par « Socrate est cette pierre ». Le raisonnement est en effet le même : le contenu définitionnel d'un terme ne contient pas de négation. Il n'y a pas de propriété définissante négative (« être non-pierre » ou « être non-âne » pour « Socrate »). De là, si on s'en tient à l'imposition des mots indépendamment de la considération des choses qu'ils nomment, « esse Socratem » et « esse Brunellum » ne sont pas opposés. Donc, rien n'empêche d'inférer de l'antécédent, « si cet homme est cette pierre ou cet âne... », le conséquent : « ... Socrate est un homme » : « si cet A est ce B, alors ce B est cet A » ainsi « Cet A est cet A » ; or « Si cet A est cet A, cet A est un A » ; donc « si cet A est ce B, cet A est un A » est vrai.

L'auteur des *Introductiones Montanes minores* écrit :

> Nous disons qu'est faux ce que dit Maître Pierre, à savoir que, si est vrai « Socrate est une pierre », Socrate conserve son être socratique. Mais nous disons au contraire que Socrate perd l'être de l'homme[2].

Pour Abélard, c'est absurde parce que quand cet homme, étant cet âne, perd son être d'homme (puisque « cet homme est un âne » est vrai), il est tout aussi vrai qu'en même temps, cet âne, étant un homme, perd son être d'âne (puisque la converse simple « cet âne est cet homme » est vraie au même instant). Donc, pour éviter l'absurdité logique qui en résulte (au moment où A cesse d'être A pour devenir B, ce même B cesse d'être B pour devenir A), Abélard distingue entre les impositions de ces *voces* « âne » et « homme » qui demeurent constantes (d'où l'inférence *in voce* : « si cet A, est ce B, cet A *reste* un A »), et les *res* nommées par

---

1. Nous résumons : *Dialectica*, *op. cit.*, p. 295, 25-34.
2. *Introductiones Montanae minores*, *op. cit.*, p. 66.

ces mots, et dont, certes, la nature ne peut tolérer que Socrate soit l'une (un animal privé de raison), tout en restant l'autre (un animal doué de raison).

Le raisonnement d'Abélard repose tout entier sur le fait que bien qu'*in re* cette chose qu'est Socrate et cette chose qu'est Brunellus soient (extensionnellement) *oppositae*, les *voces* qui les désignent ne le sont pas dans leurs impositions mêmes (c'est-à-dire intensionnellement). Qui dit « cet homme-ci » ne dit pas (nécessairement) « ce non-âne-ci », mais dit seulement (et nécessairement) « homme », « animal », « corps », etc. Il n'y a pas de propriété définissante *négative*. Nier ne pose ou ne définit rien.

Il est donc absolument impossible de comprendre le raisonnement d'Abélard si on ne distingue pas, chez lui, entre la lecture *in re* et la lecture *in voce* de la même inférence. C'est seulement si l'on s'en tient à l'imposition des voix que « si Socrate est l'âne Brunellus, Socrate est un homme » peut être vrai et l'argument d'Abélard est que l'absurdité susmentionnée (où à l'instant où A cesse de l'être pour devenir B, ce même B cesse de l'être pour devenir A) ne peut être évitée que si on distingue entre l'imposition de la *vox* (et sa cause) qui *doit* sur le plan logique rester constante et stable et la chose nommée (l'objet extensionnel désigné) qui, elle, peut disparaître. Abélard pose qu'en logique un terme ne peut pas perdre son imposition (« homme » ne peut pas cesser de signifier l'être-homme ou « A » cesser de signifier « A »), là où, bien sûr, l'étant (extensionnel) nommé par ce terme, peut, toujours, lui, cesser d'exister (cesser d'être un homme[1]). Cela Abélard le soutient puisque, contre, en particulier, Roscelin (ou Garland), il fait l'hypothèse qu'un terme peut être signifiant bien que sa référence soit vide. Si nous ne l'admettions pas, comment pourrions-nous raisonner à partir de prémisses impossibles et, comment, face à la contingence foncière des étants du monde, une conditionnelle simple – non syllogistique – pourrai-t-elle être nécessairement vraie ? En réalité, si on refuse de faire la distinction, c'est bien toute la topique de la *Dialectica* qui devient inintelligible.

Abélard a théorisé cette distinction dans la *Dialectica* et il est clair que c'est cette distinction qui va aboutir dans la LI à la distinction entre la *res* nommée par le nom universel et la « cause commune d'imposition de ce nom » qui n'est pas une *res* numériquement discernable ni une *essentia* éminemment contingente, mais un *statut* – stable, constant – définissant (génériquement *ou* spécifiquement) les choses dont il est vrai. Il est donc capital pour comprendre l'origine de cette distinction, qui est bien la première occurrence historique d'une distinction entre intension et extension, de prendre au sérieux la distinction entre la lecture d'une inférence du point de vue de l'imposition des termes qui la composent et la lecture de la même inférence du point de vue des *res* nommées par ces termes.

Le point que souligne Abélard dans la *Topica* est qu'en l'absence de propriétés définissantes négatives, sur le plan strictement intensionnel du sens des termes, le *locus ab oppositis* ne se vérifie pas. De ce que le prédicat de l'antécédent et le prédicat du conséquent sont opposés résulte, affirme Boèce,

---

1. Ou ce qui est désigné par la *vox* « A », cesser d'exister.

que « si (x) est A, (x) n'est pas B » est vrai. Abélard fait remarquer que, le sens de A ne contenant pas (analytiquement, donc) la négation de B et conversement, l'inférence « si (x) est A, (x) n'est pas B » n'est pas analytiquement vraie, et donc ne peut être « éternellement » (nécessairement) vraie et ne constitue pas ainsi une inférence *stricto sensu* vraie (puisque seulement probable ou vraisemblable). Par contre la catégorique « aucun homme n'est une pierre » est vraie, mais elle ne l'est qu'*ex actu rei* : ce n'est pas une hypothétique !

La non-convertibilité de la relation entre le défini et la définition

Le débat avec les *Montani* montre qu'en *reales*, ceux-ci refusent de distinguer entre l'interprétation *in voce* d'une inférence et son interprétation *in re* et on le comprend d'autant mieux que les *Montani* ne cessent de rétablir les positions boéciennes – la spécificité de « phénix » et la théorie du sujet unique en particulier – qu'Abélard avait abandonnées. Il n'y a pas trace chez Boèce d'une distinction entre lectures *in voce* et *in re* des conditionnelles. Cette distinction est radicalement nouvelle et n'a aucune contrepartie dans le corpus logique boécien. Abélard en est clairement l'initiateur et on le lit, par exemple, très nettement dans ce texte capital :

> De là est clair quelle grande force tient, concernant les énonciations, la propriété des voix ; et il faut être attentif avant tout à cette signification qui est première, c'est-à-dire qui est connue dans la voix elle-même et conformément à laquelle la voix est imposée. Car, alors que définition et défini ont imposition à et énonciation de entièrement la même substance, souvent ils ne font pas connaître entièrement le même [sens] à son endroit. Car « animal doué de raison et mortel » est donné à la substance de l'homme selon cela seulement qu'elle est un animal informé de rationalité et de mortalité ; « homme », en revanche, l'est selon, aussi, l'information des différences de toutes les autres formes. C'est pourquoi de ces voix la chose sujette est la même, mais différentes sont les causes d'imposition qui modifient les propriétés [de vérité] des constructions syntaxiques [1].

Et, Abélard de préciser aussitôt que la conditionnelle *a definito* [2] « si (x) est homme, (x) est un animal doué de raison et mortel » est vraie (nécessaire) mais que sa converse simple *a definitione* [3] « si (x) est un animal doué de raison et mortel, (x) est homme » n'est pas vraie (étant seulement maximalement probable). Nous ne pouvons exclure que puisse exister un animal doué de raison et mortel qui n'étant pas informé des autres différences (connues – la bipédie – ou encore inconnues) nécessaires à l'être substantiel de l'homme, ne soit pas un homme. Abélard pense qu'il est déraisonnable de croire que nous soyons capables de discerner, dans l'absolu des mondes possibles, toutes les différences qui sont nécessaires pour que telle réalité naturelle puisse exister : si c'était le cas, notre intelligence pourrait, assurément, être créatrice ! Donc, même si « animal

---

1. *Dialectica, op. cit.*, p. 335, 29-p. 336, 2.
2. De ce que le prédicat « A » est défini par le prédicat « B ».
3. De ce que le prédicat « B » est définissant du prédicat « A ».

doué de raison et mortel » suffit *ex actu continentiae* à déterminer l'extension du prédicat « être homme », il faut en plus, pour *créer* un homme, la bipédie, et encore, la marche, et encore, de nombreuses autres différences que, toutes contenues – analytiquement – dans le statut spécifique ou générique « être homme », nous ne parvenons pas encore à discerner distinctement. Donc, dans l'état actuel d'une science humaine, là où le *locus a definito* donne lieu à des inférences nécessaires, ce n'est pas le cas du *locus a definitione*. Nous avons une connaissance intuitive et globale du statut proprement conceptuel « être homme », mais l'analyse de ce concept ne peut pas, en toute nécessité, être posée comme achevée. Cette théorie implique deux éléments.

1) La cause d'imposition du prédicat spécifique « homme » que la LI va appeler « statut spécifique ou générique » est objective (non conventionnelle) puisque cette cause n'est pas suffisamment introduite par sa définition dans l'esprit d'un locuteur effectif. Donc il est bien vrai que le statut spécifique « habet esse ex operatione naturae », puisqu'il ne peut être suffisamment introduit par l'énoncé définitionnel qu'en *construit* le locuteur.

2) Cette *causa impositionis* ne se confond pas – sur le plan logique – avec la *res nominata* (l'objet – extensionnel – nommé), parce que la catégorique universelle « tout homme est un animal rationnel mortel » est vraie telle que sa converse (« tout animal rationnel mortel est un homme ») l'est aussi, là où « si (x) est un homme, (x) est un animal rationnel mortel » est vraie telle que sa converse simple – pour des raisons épistémologiques fondamentales – ne l'est pas. Il s'agit d'un point inintelligible si nous ne distinguons pas entre une proposition (hypothétique) vraie (ou fausse) eu égard à la cause d'imposition du prédicat universel « homme » et une proposition (catégorique), simple ou modalisée, vraie (ou fausse) eu égard à l'interprétation extensionnelle du même prédicat.

Ici, nous avons, donc, la preuve qu'un réalisme proprement conceptuel est absolument nécessaire à l'intelligence de la logique d'Abélard, tel que nous avons déjà souligné ce qui distingue ce réalisme d'une théorie onto-théologique des Idées (divines). Il y a bien chez Abélard une distinction à faire entre des propositions vraies eu égard à la cause d'imposition des prédicats et des propositions vraies eu égard aux *res* nommées par les mêmes prédicats. Nous avons donc ici la preuve que nous recherchions et c'est bien cette distinction entre lectures intensionnelle et extensionnelle que le « réaliste » Albéric, de toute évidence, refuse.

Topique et logique propositionnelle

Il faut bien comprendre que la théorie des conditionnelles vraies d'Abélard ne correspond pas à notre moderne calcul propositionnel. Ce calcul est formel, là où la théorie d'Abélard fait dépendre la vérité d'une conditionnelle du discernement de la relation topique, c'est-dire du lien informel (proprement conceptuel), existant entre l'antécédent et le conséquent. Abélard distingue entre les règles syllogistiques qui demeurent vraies quelle que soit l'interprétation des termes qui composent les propositions du syllogisme et la règle inductive : « de tout ce dont l'espèce est prédiquée, le genre l'est aussi ». Cette « maxima propositio »[1] fonde la vérité de « si (x) est A, (x) est B », quand cette proposition signifie « si (x) est homme, (x) est animal », mais non quand elle signifie « si (x) est homme, (x) est pierre » (bien que « homme » soit espèce et « pierre » genre). Par contre, aucune interprétation des termes ne peut faire varier la vérité de la règle « si C est prédiqué universellement de B et si A est universellement sujet de B, alors A est universellement sujet de C », explique Abélard.

En réalité, Abélard pense qu'une extrapolation modale à partir des données empiriques est tout à fait incapable de fonder la relation de suppression nécessaire que pose Aristote entre tel caractère définitionnel (« si (x) n'est pas B... ») et le défini (« ...(x) n'est pas A »). Aussi confie-t-il cette relation *définitionnelle* au lien topique – conceptuel – qui permet de reconnaître que le conséquent est contenu intensionnellement et, en ce sens, analytiquement dans l'antécédent, ce qui est évidemment impossible si les prédicats concernés restent quelconques. Cette théorie n'a pas de sens en dehors du réalisme conceptuel qui la fonde. Il ne s'agit donc pas d'une théorie formelle des inférences propositionnelles mais d'une théorie irréductiblement *intuitive*, au sens d'une *discretio* proprement conceptuelle du lien nécessaire entre l'antécédent et le conséquent d'une hypothétique simple. Cette intuition conceptuelle fonde la récurrence nécessaire de la relation topique qui pose que de chaque objet dont est prédiqué le défini, le sont aussi *inevitabiliter* les caractères qui le définissent et cela *in infinitum*. Le calcul propositionnel est pour nous purement formel et nous n'attendons pas de ce calcul qu'il fonde les définitions. Or, la topique d'Abélard ne concerne qu'elles.

La théorie des définitions est la « boîte noire » de l'aristotélisme : comment sont-elles obtenues ? Les textes d'Aristote divergent dans leurs réponses. C'est parce qu'Abélard transfère la charge du lien définitionnel de la proposition catégorique « tout homme est animal », qui ne peut pas être nécessairement vraie, à la proposition hypothétique « si (x) est homme, (x) est animal », qui l'est, que la théorie des topiques qu'il trouve chez Boèce est radicalement repensée et refondée. Une comparaison entre la théorie des inférences topiques d'Abélard et une théorie moderne des propositions ne peut, donc, être pertinente que *si cette dernière théorie incorpore les définitions*. Si ce n'est pas le cas, alors la comparaison est fondamentalement *trompeuse*.

La théorie des hypothétiques simples d'Abélard n'a donc pas de sens si on la réduit à un pur calcul propositionnel où on déciderait, par principe, de faire abstraction des définitions, c'est-à-dire, dans l'ontologie aristotélicienne, d'attribuer la même valeur de vérité à « si (x) est un cygne, (x) est blanc » et à « si (x) est un cygne, (x) est ailé », au prétexte que nous constatons que les catégoriques universelles correspondantes sont toutes les deux vraies. Aristote (et non

---

1. Proposition « maxime », au sens où sa vérité ne peut pas être fondée sur une proposition antérieure, sans que pour autant cette proposition ne soit une règle purement formelle (comme le sont les règles syllogistiques).

Abélard) pense que la première de ces catégoriques est vraie de manière contingente et que la seconde l'est de manière nécessaire. Abélard demande : comment savons-nous que, parmi l'infinité des objets dont ces deux propositions peuvent être vraies, il peut exister un objet noir infirmant la première, mais non un objet non ailé infirmant la seconde ? Si ces considérations sont liées à un calcul modal purement subjectif, comment fonder encore la valeur objective de la prédication substantielle et distinguer la science aristotélicienne d'une opinion, même « maximalement probable » ? Une traduction de la topique d'Abélard dans un langage logique moderne qui ne tient pas compte de ces questions ne peut pas rendre compte de cette théorie. En termes modernes, il y a ici l'idée d'une induction complète, et nous savons aujourd'hui que le concept axiomatique d'entier naturel (sur lequel est fondé un raisonnement par récurrence) n'est pas un concept entièrement formel. Dans une logique moderne, il y a, outre le syllogisme, un concept *naturel* de nombre. Il ne faudrait pas que par mégarde nous exigions de la règle *inductive* « de tout objet dont l'espèce (le défini) est vraie, le genre (la définition) l'est aussi » qu'elle soit elle-même une règle *formelle*. Nous rappelons que si « analytique » signifie nécessairement « formel », alors – démonstrativement – la théorie des entiers naturels est, déjà, une théorie empirique (et, avec elle, toutes les mathématiques).

La question que pose la théorie des topiques d'Abélard n'est donc pas de savoir si elle est compatible ou non avec un pur calcul des propositions, mais de savoir si le concept *mathématique* d'induction complète (qu'elle mobilise implicitement pour fonder la valeur de vérité de telle conditionnelle) peut effectivement fonder la différence (ontologique) qu'Aristote détermine entre le substantiel (« si (x) est un cygne, (x) est ailé ») et l'accidentel (« si (x) est un cygne, (x) est blanc »).

Ce sur quoi Abélard s'interroge, c'est sur la manière dont nous pouvons savoir que toute l'extension du prédicat A est effectivement comprise de manière *nécessaire* dans l'extension du prédicat B et il pense que, pour que nous puissions le savoir, il faut, en plus du constat que toute l'extension du prédicat « A » est comprise dans l'extension du prédicat « B », que ce soit le cas parce que le prédicat « B » est intensionnellement contenu dans le sens du prédicat « A ». Mais l'interprétation extensionnelle des prédicats reste *a fortiori* vraie : si « être A » contient analytiquement « être B », alors, par hypothèse, toute l'extension de « A » est contenue dans l'extension de « B », comme l'exige la règle du syllogisme qu*i continue, donc, à s'appliquer*. D'un autre côté, si nous posons que la catégorique : « "B" est un caractère définitionnel (genre ou différence) de "A" » est une proposition dérivée du constat que, *pour notre connaissance*, il n'existe aucune valeur possible de (x), dans « si (x) est A, (x) est B » invalidant cette inférence, il faudra, puisque nous admettons, pour poser la nécessité, que ces valeurs sont numériquement infinies, qu'il soit concevable d'achever cette vérification. Si nous reconnaissons que ceci n'est pas, *sans choix*, concevable, comment différencierons-nous *objectivement* la valeur de vérité des hypothétiques « si (x) est un cygne, (x) est blanc » et « si (x) est un cygne, (x) est ailé », en fondant cette différence sur autre chose qu'une simple *opinio* subjective ?

Abélard pense que s'il n'est possible de déterminer la valeur de vérité nécessaire des prémisses d'un syllogisme que par des considérations empiriques (non analytiques), alors l'aristotélisme tel que fondé sur la distinction entre prédicat substantiel et prédicat accidentel ne peut que s'effondrer, puisqu'aucune considération généralisant de pures données empiriques ne permet d'assurer que, quel que soit (x), si (x) est A, alors *inevitabiliter* (x) est aussi B. Abélard qualifie de *miseri* ceux qui croient le contraire, comme on l'a vu. Il faut donc non seulement que la catégorique universelle « tout (x) qui est A, est B » soit vraie, mais qu'en plus le soit aussi la catégorique « B est un caractère définitionnel (genre ou différence) de A ». Soutenir, de ce fait, que sa conception de l'inférence topique implique de nier le caractère formel du syllogisme revient, donc, à soutenir que seule une inférence formellement vraie peut être analytiquement vraie, avec cette conséquence problématique que le concept axiomatique d'entier naturel sur lequel est fondé le raisonnement même par récurrence (que mobilise la différence aristotélicienne entre définition (substantielle) et description (accidentelle)) devient, par le fait même, un concept empirique. Ce n'est pas possible. Si la détermination de la valeur de vérité des prémisses d'un syllogisme scientifique n'est possible qu'empiriquement, alors il est clair qu'il n'y a plus, pour Abélard, de prémisses nécessaires possibles pour la science aristotélicienne mais seulement des prémisses (maximalement) probables ou « vraisemblables » : le scepticisme gagne la partie.

Aucune proposition empirique ne peut suffire à fonder la vérité de « si est homo, est animal (rationale, mortale, gressibile, bipes, etc.) », une vérité qu'elle ne peut que confirmer (ou infirmer) sans jamais – dans sa nécessité – pouvoir l'engendrer. La science naît du dialogue entre logique et physique : l'expérience permet de progresser dans l'intelligence du lien logique (conceptuel) entre le statut spécifique ou générique « être homme » et les caractères qui le définissent mais elle ne peut, en aucun cas, fonder ce lien. C'est bien pourquoi, dans la LI, en opposition aux *reales*, Abélard va poser que le *status* et ses caractères constituants restent irréductibles à la *res* et à ses propriétés empiriques.

L'empirisme des Montani *et leur fidélité à l'abstractionnisme boécien*

Nous pensons donc que la théorie abélardienne des topiques n'est pas compréhensible indépendamment de l'ontologie d'Abélard – rien de ce qui est (créé), n'existe nécessairement – et de sa théorie de la connaissance : jamais une extrapolation modale fondée sur des données empiriques ne parviendra à garantir une relation de suppression nécessaire entre le défini et les caractères qui le définissent soit telle que cette relation ne puisse connaître aucune exception *concevable*. De son côté, Albéric pense, de toute évidence en héritier de Boèce et de l'empirisme de sa théorie abstractionniste des universaux définitionnels, que la relation de suppression nécessaire entre le défini et les caractères qui le définissent peut être inférée des données empiriques. Du coup, le malentendu est total puisque la fonction centrale de la *Topica* selon Abélard – fonder la relation définitionnelle sur autre chose qu'une extrapolation à partir des données de l'expérience – est, pour Albéric, simplement superflue.

Tout laisse à penser en effet que, pour les *Montani*, les données de l'expérience (sensible) suffisent à fonder la relation définitionnelle. En témoigne, par exemple, ce texte dont l'auteur, anonyme, soutient, par ailleurs et constamment, les positions des *Montani* :

> les genres et les espèces ont tout leur être dans les individus, de sorte que le genre « animal » a tout son être dans les animaux singuliers, c'est-à-dire que toute la nature de l'animal est en chaque animal, mais elle est, cependant, intelligée hors d'eux [...]. Et ainsi tout l'être du genre est situé dans les réalités sensibles, parce que les universaux sont créés dans la création même des réalités sensibles et ont leur être par ces réalités, au sens où il n'est pas possible que soit un animal à moins qu'il ne soit cet animal-ci ou cet animal-là, bien qu'il puisse être intelligé hors d'eux [1].

Ce texte est avant tout fidèle au réalisme boécien de la théorie du sujet unique : « hoc genus animal in singulis animalibus *totum suum esse habet* ». Hors de l'esprit, il n'y a pas d'*esse* non singulier : le genre a *tout son être* dans les animaux singuliers. Le genre à l'état universel, comme n'étant ni cet individu-ci ni cet individu-là, n'existe que dans l'intellection qui l'abstrait des réalités singulières et sensibles de l'expérience. Ce texte n'est donc pas « réaliste » au sens où il postulerait l'existence hors de l'esprit d'un genre effectivement (actuellement) universel, même non-séparé. Il s'agit bien de la théorie boécienne du sujet *unique* de la singularité et de l'universalité. Par contre, ce texte est réaliste au sens où la *cause* de ce qui est universel (en acte) dans l'esprit est – hors du langage et non problématiquement – la *res* individuelle et sensible qui est animal. Du coup, la théorie de la connaissance s'en trouve radicalement simplifiée : les universaux définitionnels tombent littéralement... sous le sens ! Les données empiriques suffisent à fonder les prédicables *de subiecto*. Il suffit d'ouvrir les yeux pour définir (scientifiquement) le réel, puisque les concepts qui permettent de le définir sont entièrement dérivés des données sensibles et singulières de l'expérience : l'être du genre – l'*esse animal* – est « tout entier situé dans les réalités sensibles ». Il est clair qu'un tel empirisme n'a que faire de la théorie du statut, cause commune de l'imposition des universaux, qu'Abélard développe à partir de la LI et, encore moins, de la théorie des inférences topiques qu'il avait développée dans la *Dialectica*.

Et, en effet, il est clair que pour Abélard poser que l'intuition sensible – l'intuition de l'*essentia* donnée à la sensation – fonde une intuition conceptuelle – soit la *discretio* du statut spécifique ou générique de ces données sensibles – est une thèse *réaliste* qu'il récuse absolument. Un concept, sans se réduire à un mot ou à une simple représentation mentale (subjective) – Abélard en convient avec

---

1. *Vienne*, V.P.L. 2486, cité dans L. M. De Rijk, « Some new Evidence on twelfth century Logic... », art. cit., ici p. 24.

les *reales* – n'est pas du tout, pour autant, une chose ou l'une des ses propriétés. Si l'être-animal était la chose perçue ou l'une de ses propriétés empiriques, qu'est-ce qui pourrait encore venir distinguer Abélard du texte que nous venons de lire et qui émane des partisans du plus farouche *opposant* des *nominales*, Albéric, puisque ce texte soutient, ni plus ni moins qu'Abélard, qu'hors de l'esprit il n'y a que des animaux singuliers ? Si Abélard soutenait un tel empirisme, il faudrait le compter lui-même au nombre des « malheureux » qu'il prend soin de dénoncer dans la *Dialectica*.

Abélard et le connexivisme [1]

C. Martin a montré qu'on pouvait retrouver dans la théorie des inférences topiques de la *Dialectica* les principes fondateurs du connexivisme moderne avec les thèses dites connexivistes ⊢ -(-p → p) et ⊢ -(p →-p) [2]. Mais dans la théorie connexiviste ces deux thèses sont posées comme vraies quel que soit le sens de « p ». Ce n'est pas le cas chez Abélard. D'un côté, celui-ci pose :

> nous établissons qu'aucune conséquence de ce genre n'est vraie du fait de la nature de l'opposition [3].

Et de l'autre, il précise qu'il s'agit de l'opposition entre des objets de statuts différents :

> « Si celui-ci est père de celui-là, celui-là est fils de celui-ci ». Toutes les conséquences de ce genre semblent nécessaires où il est impossible que l'antécédent soit sans le conséquent. Pour notre part, nous ne concédons pas que cela suffise à assurer la nécessité de la conséquence sauf si le conséquent est intelligé dans l'antécédent. Autrement, les conséquences entre les opposés apparaîtraient

---

1. Le terme de connexivisme est moderne et introduit sur la base d'une référence à Sextus Empiricus : « ceux qui introduisent la notion de connexion disent qu'une conditionnelle est valide quand la contradictoire de son conséquent est incompatible avec son antécédent », W. Kneale et M. Kneale, *The Development of Logic*, Oxford, Clarendon Press, 1962, p. 129. *Cf.* A. Anderson et N. Belnap, *Entailment, The Logic of Relevance and Necessity*, Princeton, PUP, 1975, p. 437 : « the *idée maîtresse* of connexive logic – that no proposition can be incompatible with itself, and hence cannot entail, or be entailed by, its own negation ».

2. C. Martin, « Logic », art. cit., p. 189-90. Les preuves, reconstruites par C. Martin à partir de la *Dialectica, op. cit.*, p. 290-292, sont les suivantes :

(Aristote 1)	(Abélard 1)
(1) p→ q, Hypothèse	(1*) p → q Hypothèse
(2) -p → q, Hypothèse	(2*) p → -q Hypothèse
(3) -q → -p 1, Modus Tollens	(3*) -q → -p 1, Modus Tollens
(4) -q → q 3,2, Transitivité	(4*) p → -p 3, 2 Transitivité

Or, pour Abélard, en principe, (4) et (4*) sont faux. Leurs négations constituent les thèses dites connexivistes ((Ar 2) : ⊢ -(-p → p) et (Ab 2) : ⊢ -(p → -p)) avec les deux thèses susmentionnées (Ar 1) : ⊢ -[(p → q) & (-p → q)], et (Ab 1) : ⊢ -[(p → q) & (p → -q)].

3. *Dialectica, op. cit.*, p. 280, 24-25 : « cum nullam huiusmodi consequentiam ex oppositionis quoque natura veram esse convincemus ».

comme nécessaires. Nous, nous n'admettons aucune nécessité pour une conséquence entre différentes essences de choses (*inter diversas rerum essentias*)[1].

Ce qu'Abélard veut dire est que les seules conditionnelles simples dont il admet l'« absolue » nécessité sont celles qui sont internes au statut définitionnel d'un même objet et non celles qui sont proposées entre des objets de statuts différents. Ce qui prouve que, dans son rejet du *locus ab oppositis*, Abélard n'envisage que l'incompatibilité entre des extensions de définitions différentes et non une incompatibilité interne à la définition d'un même objet, est ce texte :

> Maintenant, réfutons ce qu'on nous oppose au sujet de l'opposition : nuls opposés, dis-je, ne le sont parce qu'ils sont incompatibles entre eux, mais parce que, lorsqu'ils sont prédiqués du même sujet, la nature ne les tolère pas ensemble, comme sont « homme » et « pierre »[2].

Abélard veut dire que l'opposition entre l'être homme et l'être pierre est catégorique (« lorsqu'ils sont prédiqués du même sujet ») et non pas proprement définitionnelle (au sens où la définition de l'un ne contient pas la négation de l'autre). Ces deux prédicats sont incompatibles *in re* (ils ne sont pas prédicables ensemble de la même *res*) mais ils ne le sont pas *in voce*, puisqu'il n'y a pas de propriété définissante négative. Il est clair qu'il n'envisage pas ici l'opposition entre les prédicats « être homme » et « ne pas être animal ». Si c'était le cas, comment pourrait-il écrire que « nuls opposés ne le sont pas parce qu'ils sont incompatibles entre eux » ? Clairement « être homme » (soit : « être un animal tel ») et « ne pas être animal » sont incompatibles *in voce*, bien avant que nous le constatons *in re* par la fausseté de tous les catégoriques où ils sont prédiqués ensemble d'un même objet. Abélard n'envisage pas dans la *Dialectica* le cas d'une opposition *intensionnelle* interne à un statut conceptuel, mais bien seulement celui d'une opposition entre les extensions de statuts différents. C'est cette opposition qui, selon lui, n'est pas « absolument » nécessaire, là où Abélard, face à l'argument d'Albéric, concède, donc, que si « p » engage une impossibilité *définitionnelle* (*in voce* : (q & -q)) alors sa contradictoire « -p » est (nécessairement) vraie. À l'inverse, « (x) est homme et pierre » n'est pas faux par définition mais bien parce que les prédicats « être homme » et « être pierre », sans l'être intensionnellement (*in voce*), sont extensionnellement (*in re*) incompatibles. Ils le sont catégoriquement, mais ne le sont pas hypothétiquement, c'est-à-dire en toute hypothèse, y compris celle où la référence de (x) dans la proposition « (x) est homme et pierre » est entièrement quelconque, (x) ne désignant aucune *essentia ontologiquement* existante, mais seulement *quodlibet* : Socrate, Brunellus, la chimère, etc.

Si la référence de (x) dans « (x) est homme et pierre » peut être, sur le plan ontologique, vide – l'antécédent devant conserver sa valeur de vérité qu'il existe quelque chose *ou qu'il n'existe rien* –, comment savoir, dans cette hypothèse, qu'« (x) est homme et pierre » est nécessairement faux puisqu'aucun des deux

---

1. *Dialectica, op. cit.*, p. 407, l. 7-14.
2. *Ibid.*, p. 280, 7-10.

prédicats ne contient la négation de l'autre? La reconnaissance de sa fausseté implique donc que la référence de (x) ne soit pas vide mais soit un objet *réel* – Socrate – lequel, pose Abélard, n'existe jamais de manière nécessaire. Donc l'incompatibilité entre «homme» et pierre» est bien catégorique (et non hypothétique). Et c'est cette distinction que les *Montani* juge intutile. Ce sont des *reales*. Pour eux, la cause d'imposition des universaux définitionnels est la *res*, une chose singulière et sensible en laquelle s'enracine tout «l'être du genre». N'est-ce pas ce qu'affirme Boèce? Donc, pour les *Montani*, en *reales*, si Abélard concède H(Albéric), il *doit* concéder H(Abélard). Mais pour Abélard, les *reales* confondent statut (intension) et chose (extension). L'impossibilité conceptuelle «(x) est homme et n'est pas animal» n'est pas équivalente à l'impossibilité extensionnelle «(x) est homme et pierre». La technique logique peut-elle résoudre un différent philosophiquement aussi profond en décidant qui, de l'empirisme des uns ou du réalisme conceptuel de l'autre, a nécessairement tort?

Albéric contraint Abélard à admettre (p → -p) lorsque que «p» implique une opposition intensionnelle mais non là où l'opposition est *seulement* extensionnelle. Albéric contraint ainsi Abélard à recevoir une version conditionalisée du raisonnement par l'absurde – soit «(p → (q & -q)) → -p» –, raisonnement par l'absurde qu'Abélard utilise à maintes reprises dans la *Dialectica*, mais c'est tout. Toutes les inférences topiques rejetées dans la *Dialectica* restent fausses.

III

Comprendre pourquoi Abélard rejette la nécessité «simple» d'une partition extensionnelle

Il nous reste à comprendre pourquoi l'opposition entre les extensions des prédicats «être homme» et «être pierre» n'apparaît pas à Abélard comme nécessaire. Dans la LI, Abélard admet que l'argument: «(x) est un homme; donc (x) n'est pas une pierre» est vrai et nécessaire, mais il n'admet pas que la conditionnelle: «si (x) est un homme, (x) n'est pas une pierre» le soit. Pourquoi? Existe-t-il un monde concevable où un objet appartienne à la fois à l'extension d'«animé» et à celle d'«inanimé»?

La vraie question est donc: pourquoi Abélard n'admet-il pas que la modalisation d'une catégorique universelle vraie – «aucun homme n'est une pierre», «tout homme est rieur», «tout ce qui n'est pas sain, est malade» – puisse permettre de fonder l'absolue nécessité des hypothétiques correspondantes? Pourquoi refuse-t-il que la vérité d'un argument – un niveau où se vérifient toutes les inférences propositionnelles que nous acceptons aujourd'hui dans le calcul propositionnel – suffise à fonder la vérité de la conditionnelle correspondante?

Existe-t-il un ensemble universel ? Itération et partition

La *seule* réponse possible nous semble être la suivante : Abélard ne veut pas, en commentant les derniers traités du corpus logique réuni, traduit, commenté et complété par Boèce, admettre ce qu'il avait commencé par rejeter en commentant, avec Boèce, l'introduction – l'*Isagogê* – à ce même corpus : une *res una sive multiplex* qui soit universelle. En effet, ce que Boèce récusait comme impossible, ce n'était pas seulement l'existence d'une chose universelle (une *res una* universelle) mais aussi, et ce pour des raisons d'abord *logiques* (la *sui*-participation ou l'engagement dans une régression infinie), l'existence d'une collection de choses universelle (une *res multiplex* universelle). Il y aurait évidemment une inconséquence *majeure* à utiliser pour commenter la fin du corpus (la théorie des lieux) une entité qu'on avait commencée – en commentant l'aporie de l'universel – par déclarer impossible : une *res multiplex* universelle. Abélard admet la nécessité « absolue » d'une hypothétique *a specie* telle qu'elle énonce une induction complète : « de tout ce dont l'espèce est prédiquée, le genre l'est aussi » et cela, itérativement, à l'infini. Je ne peux pas de manière effective parcourir une extension infinie, je ne peux le faire que de manière *idéalisée* et, donc, pour que je puisse compléter une induction une *donnée* conceptuelle (idéelle) proprement intuitive est absolument nécessaire. Bien entendu, si même cela est impossible, alors il n'y a plus de prémisses nécessaires possibles pour la science. De plus, Aristote ne peut plus être « lu », puisque, dans ce cas, toutes les définitions (substantielles) deviennent des descriptions empiriques (accidentelles).

Ceci posé, on constate que les autres arguments dont Abélard refuse la conditionalisation ne reposent pas sur une donnée inductive, et, comme telle, itérative mais sur la partition exhaustive d'une extension totale donnée. Or, il est évidemment impossible de partitionner exhaustivement une totalité extensionnellement ouverte, puisque nous ne pourrions alors exclure que puisse exister un objet qui ne soit pas contenu dans notre partition. Et, on l'a vu, Abélard pense que, si catégoriquement je peux exclure qu'un individu appartienne à l'extension d'« homme » tout en appartenant à l'extension de « pierre », c'est ce qui, sur la totalité du possible, ne peut pas l'être puisque le nombre des individus possibles est infini et que ma science, chacun en convient, ne peut être infinie. Or, mon calcul modal ne bénéficie, dans le cas des lieux *ab oppositis*, *a pari in praedicatione* ou *ab immediatis*, du secours d'aucune intuition conceptuelle puisque « être homme » ne contient pas définitionnellement « rieur » ou « non pierre » là où il contient (minimalement) « animal ». De là, pour que la vérité de ces inférences puisse être posée comme nécessaire, il convient que je puisse de manière effective *clore* la totalité extensionnelle visée en posant que plus rien ne reste en dehors d'elle. Abélard pense que je peux faire cela *catégoriquement* mais que je ne peux pas le faire *hypothétiquement*, c'est-à-dire en prenant simplement le complémentaire de l'extension nécessairement vide de « chimère », soit la collection de tous les individus qui ne sont pas impossibles. Si cet ensemble existe – et il doit être intégralement *donné* s'il peut être exhaustivement divisé – il est parfaitement futile de faire des difficultés pour admettre l'existence effective (actuelle) de l'ensemble des hommes ou de l'ensemble des entiers naturels. L'existence du complémentaire de l'ensemble vide est assurément, sur les plans tant ontologique que logique, beaucoup plus problématique que l'existence de l'ensemble des hommes (ou celui des entiers naturels, l'ensemble concerné par une induction complète). On ne peut pas commencer à commenter la logique aristotélicienne en récusant l'existence possible d'une collection universelle et l'utiliser à la fin du corpus pour prouver qu'il n'existe sur la totalité du possible aucun individu qui ne puisse être homme et être pierre et qu'ainsi si (x) est homme, (x) n'est pas pierre est, en toute hypothèse, nécessaire (sachant que cette opposition *n'est pas intensionnelle*). On ne pourrait que se contredire puisque là où on a commencé par récuser l'existence actuelle d'une collection universelle, on partitionne à la fin la collection de tous les individus qui ne sont pas impossibles en affirmant que cette collection est exhaustivement divisée, ce qui n'est possible que si elle est toute entière *actuellement* donnée. Je divise tous les individus qui ne sont pas impossibles en ceux dont « être homme » est vrai et ceux dont « être homme » est faux (*ab immediatis* : un tiers est exclu), et je constate qu'aucun individu dont « homme » est vrai n'est une pierre et je pose la vérité *absoluta* de « si (x) est un homme, (x) n'est pas une pierre ». Abélard pense que cette procédure ne permet pas d'atteindre la *necessitas absoluta*, mais seulement la *maxima probabilitas*. Si la partition entre ce qui est homme et ce qui ne l'est pas se fait sur une extension moindre que la collection de tous les individus qui ne sont pas impossibles – ne serait-ce que parce que cette collection est irréductiblement ouverte (pour ma science) et n'est, donc, jamais exhaustivement partitionnable –, alors *il faut le mentionner*. Et c'est simplement ce que demande Abélard. D'un autre côté, si je pose qu'aucune inférence topique n'est hypothétiquement vraie (même ce raisonnement inductif : « De tout ce dont l'espèce – le défini – est prédiqué, le genre et/ou la différence – la définition – l'est aussi »), comment maintiendrons-nous une rupture entre définition (substantielle) et description (accidentelle), soit le cœur même de l'aristotélisme ? Force est donc bien de distinguer entre des inférences s'en tenant à un concept extensionnel *itératif* – de chaque objet dont le défini est prédiqué, la définition l'est aussi – et des inférences exigeant la partition exhaustive d'une collection totale d'objets en ceux dont le prédicat X est vrai et ceux dont il est faux. Abélard pense qu'on ne peut, dans le cadre aristotélicien commun à toutes les parties, que concéder la vérité nécessaire des premières, là où la concession de la vérité nécessaire des secondes présentent des « inconvénients » lorsque la taille de l'extension totale divisée n'est pas limitée, en étant posée, non comme seulement catégoriquement totale, mais, imprudemment, comme hypothétiquement totale. Cette différence entre un concept itératif d'extension (d'ensemble) et un concept dichotomique d'extension (de classe)[1] est, comme nous le savons aujourd'hui, très profonde

---

1. Tel qu'engendré par le concept proprement logique de vérité répartissant l'ensemble des objets en ceux qui ont la propriété (et dont le prédicat correspondant est vrai) et ceux qui ne l'ont pas (et dont le prédicat correspondant est faux). D'un autre côté, pour notre science, les objets possibles sont

puisque c'est la confusion entre ces deux concepts qui est à l'origine des problèmes fondationnels que rencontrent le logicisme de Frege.

Est-il possible de fixer de manière absolue identité et opposition extensionnelles ?

La différence entre un concept extensionnel itératif et un concept extensionnel dichotomique apparaît clairement lorsqu'on réalise qu'Abélard refuse la conditionalisation simple de tous les arguments qui reposent sur le discernement d'une identité ou d'une opposition extensionnelles [1]. Abélard refuse non seulement la nécessité « absolue » du *locus ab oppositis* mais aussi celle du *locus a pari in praedicatione* : non seulement « si (x) est A, (x) n'est pas B », mais aussi « si (x) est A, (x) est B » au sens où cette inférence ne serait vraie que si sa converse simple (« si (x) est B, (x) est A ») l'est aussi, ce qui exclut l'inférence entre l'espèce et le propre, ou la conversion de l'inférence entre le défini et la définition. On comprend que si *ex actu continentiae*, nous pouvons sans difficulté identifier ou opposer numériquement (extensionnellement) des objets, c'est ce qui n'est plus possible – avec la même certitude – lorsque l'extension concernée est celle, entièrement illimitée, de tous les individus possibles, notre discernement ne pouvant être arbitrairement infini.

Aussi Abélard pose-t-il que l'identité ou l'opposition numériques (extensionnelles) ne peuvent pas être posées comme nécessaires *in possibilitate naturae* – dans l'absolu – mais seulement relativement à telle extension totale donnée, une extension donnée qui, aussi loin qu'elle s'étende, est outrepassée par celle du possible d'au moins 1. On remarque ainsi que les seuls lieux qu'il reconnaît comme *simpliciter* nécessaires sont ceux qui engagent une relation de suppression *non réciproque* (entre le défini – l'espèce – et les caractères génériques ou différentiels qui le définissent). Dès que les *loci* considérés engagent plus, soit une relation numérique d'opposition ou d'identité, Abélard les rejette comme seulement maximalement probables. Abélard admet leur nécessité, non pas absolue, mais relativement à la donnée catégorique de l'extension totale dont la partition est requise par la vérification de ces *loci*.

---

reconnus – eux et les ensembles qu'ils forment – comme itérativement *inépuisables*, au sens où l'ensemble universel, l'ensemble total de tous les ensembles non-vides, n'existe pas. Il y a ainsi une tension entre les exigences dichotomiques du concept de vérité logique et le caractère structurellement ouvert et inachevé de la connaissance humaine.

1. Nous avons, en effet, d'une part, « *Omnem inferentiam inter opposita calumniamur* (nous rejetons toute inférence entre les opposés) », *Dialectica, op. cit.* p. 222, 24-25, et, d'autre part, « *Nulla consequentia [...] ex natura naturalis paritatis vera putenda est* (aucune conséquence ne doit être estimée vraie du fait d'une parité [extensionnelle] naturelle) », *ibid.,* p. 350, 15-16.

Hypothétiques nécessaires seulement cum constantiis
   («*avec données constantes*»)

Ainsi, précise Abélard, certaines hypothétiques simples sont vraies *sine constantiis* – il s'agit seulement de l'inférence entre le défini et les caractères qui le définissent – et d'autres ne sont vraies que *cum constantiis*. Il s'agit de toutes celles qui posent une identité ou une opposition entre les objets visés par l'inférence. Le *locus a definito* – de chaque objet dont le défini est vrai, la définition l'est aussi – peut s'accommoder de l'«inconstance» (du renouvellement indéfini) des objets concernés, puisque le lien inductif n'est pas seulement fondé sur la considération totale du parcours extensionnel concerné, mais sur une intuition conceptuelle permettant d'intelliger dans le défini, la définition. Mais, faute d'intelliger dans le défini («si (x) est homme... »), le propre («...(x) est rieur») ou la négation de tel autre défini («...(x) n'est pas pierre»), la vérité des hypothétiques *a pari in praedicatione* et *ab oppositis*, suppose la possibilité effective de parcourir toute l'extension vérifiant l'identité et l'opposition assertées. Mais comment ferons-nous pour poser l'exhaustivité de ce parcours, si les objets de ce parcours sont «inconstants», certains, nouveaux, ne cessant d'apparaître, là où d'autres, anciens, ne cessent de disparaître ? Si, niant la valeur de toute intuition proprement conceptuelle, nous posons que c'est aussi le cas du *locus a specie* et du *locus a definito* alors il n'y a plus aucun moyen de distinguer entre définition (substantielle) et description (accidentelle) et l'aristotélisme s'effondre. Abélard pense, donc, que le *locus a specie* peut s'accommoder d'une extension ouverte et en renouvellement constant, parce que l'induction doit son caractère complet à l'intellection dans l'espèce ou le défini des caractères qui les définissent. Mais, il en résulte que, dans les autres cas, faute de ce support intensionnel, la vérité de l'inférence ne repose plus que sur la partition d'une extension totale, répartissant sans tiers (*ab immediatis*) les objets en ceux qui vérifient le prédicat de l'antécédent (tous les objets qui ont d'être homme) et tous ceux qui ne le vérifient pas, de manière à confirmer que seuls les objets qui ont l'être-homme ont aussi le propre «rieur» ou qu'aucun des objets qui ont l'être homme n'ont aussi l'être-pierre. Si cette extension totale se renouvelle constamment comme puis-je la poser comme nécessairement exhaustive? Il faut donc ajouter à la nécessaire vérité de «si (x) est homme, (x) est rieur» ou de «si (x) est homme, (x) n'est pas une pierre»: «les données – vérifiant la parité ou l'opposition – demeurant *constantes*».

Le terme «constantia» fait de toute évidence référence au «et circa ea constantia» qui clôt le questionnaire de Porphyre et désigne, dans la *Dialectica*, l'ajout à l'hypothétique concernée d'une catégorique posant 1) l'existence de l'objet visé et 2) le caractère exhaustif de l'extension dont l'inférence présuppose la partition. C'est cette sémantique qu'Abélard met en place à l'occasion du *locus ab immediatis*.

Le rôle central du rejet de la nécessité simple du locus ab immediatis

Dans « Si Socrate n'est pas bien portant (*sanus*), Socrate est malade », le lieu est *ab immediatis* : un tiers est exclu. On pose, donc, dit Abélard, que « l'un des deux termes de l'alternative n'existant pas, l'autre existe nécessairement ». Il y a donc un cas où la maladie de Socrate, cet accident, existe nécessairement, celui où sa santé n'existe pas. « Mais, écrit Abélard, cela est certes faux : on en tire, en effet, l'inconvénient suivant : "S'il n'y a rien, il y a quelque chose" », une hypothétique dont l'antécédent n'est pas faux par définition. Ainsi on a :

1. si rien n'existe, Socrate n'existe pas (ce qu'on ne prouve pas) ;
2. si Socrate n'existe pas, Socrate n'est pas bien portant (il n'y a pas d'accident sans *fundamentum*) ;
3. si Socrate n'est pas bien portant, il est malade (« ab immediatis » : un tiers est exclu sur tout le possible) ;
4. s'il est malade, quelque chose qui est malade existe (même remarque que pour (2)) ;
5. si quelque chose qui est malade existe, quelque chose existe (ce qu'on ne prouve pas) ;

d'où on obtient par transitivité :

6. si rien n'existe, quelque chose existe (où une universelle négative implique sa contradictoire) [1].

Pour réfuter l'argument, il faudrait montrer que dans l'hypothétique « si nulla res est, aliqua res est », l'antécédent est nécessairement faux, c'est-à-dire qu'il y a au moins une *res* dont la non-existence est impossible, ce qui s'agissant de toute *essentia* créée est nécessairement faux. De là, le *locus ab immediatis* ne peut être vrai qu'à une double condition [2].

1) Il faut que « nulla res est » soit faux, ce qui n'est jamais définitionnellement et donc nécessairement le cas et ainsi ne peut l'être que factuellement (« Si Socrates non est sanus *cum sit animal...* », donc).

2) Il faut que l'ensemble des *res* dont l'existence est présupposée par la division *exhaustive* entre les prédicats immédiatement opposés soit limité extensionnellement, par exemple pour « sanus » et « aeger » à la totalité des animaux (« ... *et cum omne animal quod non est sanum est aeger*, Socrates est aeger »). Sans cela nous poserions l'existence d'une collection absolument totale et

---

1. *Dialectica, op. cit.*, p. 494, 1-17.
2. Le texte de la *Dialectica* (*ibid.*, p. 404, 17-23) définissant la règle de la *constantia* (pour le lieu *ab immediatis*) est le suivant : « Si quelque [prédicat] immédiatement opposé est écarté de quelque chose et que ce quelque chose demeure sous ce à l'égard de quoi [les prédicats en question] sont immédiatement opposés – comme si nous disions : "sous ce en rapport de quoi toutes les choses qui ne sont pas l'un des opposés immédiats sont l'autre" – alors l'autre [prédicat] est prédiqué du même ; par exemple si "sain" est nié de "Socrate" et que "Socrate" tombe sous "animal" tel que, sous ce rapport, tous les [animaux] qui ne sont pas sains, sont malades, alors lui-même est malade ».

générale (universelle), complémentant l'extension vide de « impossible », une collection qui ne peut jamais être exhaustivement partitionnée. Pour l'être, il faudrait qu'elle soit exhaustivement donnée, ce qui est impossible, puisque, par définition, elle outrepasse chaque collection donnée.

Chaque intuition conceptuelle permet de poser une induction complète, et c'est à l'intérieur de cette extension totale-là et sous la condition expresse que cette extension ne soit pas vide, que nous pouvons poser que « si (x) n'est pas A, alors (x) est B ». Il faut, donc, l'ajout de la catégorique : « puisqu'existe quelque chose qui est C et que, parmi tout ce qui est C, tout ce qui n'est pas A est B ». Si nous posions que cette double restriction est inutile au sens où nous posons qu'il nous est simplement impossible de concevoir que (x) puisse cesser d'être A (bien portant) sans être B (malade), la conditionnelle « si (x) n'est pas A, (x) est B » étant vraie *sine constantiis*, nous aurons alors deux exigences à respecter. D'une part, il va falloir que l'inférence soit vraie indépendamment de tout engagement ontologique, et, donc y compris dans le cas où aucune chose n'existe. D'autre part il va falloir que l'opposition immédiate (sans tiers possible) entre les propriétés A et B puisse être posée non pas comme conditionnée par l'appartenance de ce qui est A et B à l'extension du genre C, mais bien comme inconditionnelle et absolue : de tout ce que je peux concevoir comme possible, si (x) n'est pas A, (x) est B. Il faut donc que l'inférence n'engage pas ontologiquement, et que la vérité de la partition sans tiers n'ait d'autre limite que celle de la modalité du possible.

Abélard montre alors que nous allons rencontrer ce double inconvénient : 1) dans l'hypothèse où notre opposition se vérifie même si rien n'existe, on aboutit à l'inférence « Si rien n'existe, quelque chose existe (*Si non aliqua res est, aliqua res est*) » et cela tel qu'il est clair que cette inférence ne peut être déclarée vraie que si son antécédent est nécessairement faux, ce qui revient à nier la contingence de l'existant. 2) Si je veux maintenir que ces propriétés ne sont pas seulement catégoriquement opposées, mais le sont aussi hypothétiquement, il convient que je puisse concevoir la totalité du possible comme exhaustivement divisée et donc comme épuisée en acte par cette opposition, ce qui implique d'admettre que, par hypothèse, l'actuel épuise le possible. Or, là encore, cela revient à nier la contingence de l'existant puisque cette contingence implique précisément de poser que l'opposé de l'actuel n'est pas nécessairement impossible et qu'il y a ainsi, itérativement, toujours plus de possibles que de possibles réalisés.

En réalité, l'incompatibilité entre des prédicats immédiatement opposés implique que la référence du sujet (x) de cette opposition ne soit pas vide. C'est non pas par définition mais quand ils sont prédiqués ensemble d'un même sujet *actuel* (réel, et non seulement possible), que les propriétés concernées se révèlent incompatibles : « cum sit animal... » donc. Les propriétés « malade » et « sain » sont, en tant que possibles, *compatibles*, au sens où je peux à *tout* moment de ma vie être aussi bien l'un que l'autre. Les deux possibilités coexistent en moi. C'est seulement *en acte* que je ne peux être à la fois l'un et l'autre. Si rien n'existe actuellement, il n'y a plus d'incompatibilité entre ces deux propriétés. L'opposition « immédiate » engage donc à poser l'existence actuelle du sujet d'inhérence des prédicats opposés.

Maintenant, si nous nions cet engagement existentiel, alors nous devons poser que c'est à titre de pures possibilités que ces propriétés sont incompatibles. Nous devons alors « actualiser » toute l'extension du possible, en montrant que leur opposition épuise sans tiers tout le possible, puisque nous posons que, pour (x), ne pas être X exige (implique) d'être Y. Mais, bien entendu, si nous posons que l'extension considérée est exhaustivement divisée, il nous faut la poser comme actuellement épuisée. Or nous avons nié, avec toutes les autorités, que l'extension totale de ce qui n'est pas impossible soit, pour notre connaissance, épuisable. Abélard en conclut qu'une hypothétique *ab immediatis* posée comme vraie *sine constantiis* est, pour notre connaissance, fausse, bien que, *cum constantiis*, c'est-à-dire non pas absolument mais relativement à la donnée catégorique de telle extension totale, elle puisse l'être. Nous savons que deux propriétés sont actuellement incompatibles au sens où ce que dit la proposition (catégorique) « Socrate est sain et malade » ne peut, certes, être vrai. En déduire que ces deux propriétés contraires ne sont pas seulement *actualiter* incompatibles mais le sont aussi *in possibilitate naturae* implique la détention d'un savoir auquel, de toute évidence, Abélard doute qu'une intelligence finie – la nôtre – puisse accéder d'une manière tant soit peu effective. Abélard admet donc qu'est vraie la modale *de sensu* :

> B : « ce que dit la proposition catégorique : "cet animal qui est sain est malade" est impossible ».

Mais il pense que cette modale *de sensu* n'implique pas la modale *de re* :

> B' : « cet animal, étant sain (et, donc, pouvant l'être), ne peut être malade ».

B est une modale vraie qui porte sur l'actuel, mais B' qui s'attache à ce qui est naturellement possible à la *res* qui est bien portante est fausse. Pour que B implique B' il faudrait que l'incompatibilité ne soit pas seulement actuelle, mais s'étende à toute l'extension du possible. Comment le savoir si nous admettons que cette extension est, pour notre connaissance, entièrement inépuisable ? Donc, l'inférence « si (x) n'est pas sain, (x) est malade » est *cum constantiis* nécessaire, mais *sine constantiis* – dans l'absolu des mondes possibles – elle est seulement maximalement probable (ou vraisemblable) mais non nécessaire et est, donc, *stricto sensu*, fausse.

Concept itératif d'ensemble et concept dichotomique de classe

Ne dit-on pas en théorie moderne des ensembles, que pour qu'un ensemble puisse être partitionné il faut qu'il soit donné (« Soit l'ensemble E... ») et que l'ensemble de tous les ensembles, l'ensemble universel, étant une entité logiquement contradictoire, ne peut précisément pas nous être donné ? Bien entendu, Abélard est très loin d'une théorie moderne des ensembles (de son ontologie très généreuse des objets extensionnels et de sa conception de l'infini : la science a progressé !). Mais il est clair que les raisons qui l'empêchent de recevoir la nécessité « simple et absolue » des *loci* qui présupposent pour leur vérité la partition exhaustive d'une extension totale visent précisément à éviter de poser la partition effective de l'extension complémentaire à celle, vide, de « impossible ». Il s'agit, pour Abélard, de concilier le principe de vérité logique qui, dichotomique, répartit tous les objets en ceux dont le prédicat est vrai et ceux dont il est faux, et le caractère structurellement inachevé et donc itérativement ouvert de l'extension du possible pour une connaissance humaine. Toutes les restrictions qu'Abélard pose dans sa *Topique* visent à concilier ces deux dimensions : d'un côté, les exigences propres du concept objectif de vérité logique, par contradistinction du concept psychologique et subjectif de vraisemblance et, de l'autre, la part de contingence et d'indétermination qui marque inévitablement la connaissance humaine, par contradistinction d'une science divine et absolue. Abélard tente de construire une logique du vrai (et non du vraisemblable) qui n'implique pas, pour être effective, la détention d'un savoir absolu analogue à celui que détient, par hypothèse, une intelligence éternelle et immuable pour laquelle il ne peut, par principe, exister de distance entre l'actuel et le possible.

Il convient donc, *une fois encore*, de ne pas confondre une intelligence « providente » qui ne peut faire, hors toute contingence possible, que ce qu'elle fait et qui ne peut savoir, hors toute erreur possible, que ce qu'elle sait et notre intelligence pour laquelle il y a de la contingence. Il est faux que nous puissions concevoir comme actuellement épuisée l'extension du prédicat négatif « ne pas être impossible ». Or, c'est ce que présupposent les *loci* que rejette Abélard si on les reçoit comme « absolument » nécessaires, c'est-à-dire comme vrais *sine constantiis*. On retrouve ici le même souci que pour le rejet de PH(Boèce) : fonder une *science humaine* par contraste d'une science divine, c'est-à-dire une science qui soit telle que, pour être possible, elle ne présuppose jamais, explicitement ou non, l'omniscience du sujet de la connaissance. C'est bien cette ligne de crête qu'Abélard s'efforce constamment de tenir.

Nous pouvons donc en toute sécurité raisonner *ab oppositis*, *a pari in praedicatione* et *ab immediatis* dans la limite de notre discernement du sens définitionnel du prédicat de tel antécédent, un discernement qui, seul, peut fonder une induction complète : de tout ce dont le défini est vrai, les caractères qui le définissent le sont aussi et cela sans aucune exception possible. C'est la *discretio* du statut conceptuel (spécifique ou générique) de l'objet qui permet de compléter l'induction. Et c'est à l'intérieur de la limite fixée par cette donnée inductive que nous pouvons partitionner les objets en ceux qui ont telle propriété et ceux qui ne l'ont pas. Mais poser cette dichotomie – entre les objets qui ont telle propriété (dont tel prédicat est vrai) et les objets qui ne l'ont pas (dont tel prédicat est faux) – de manière illimitée, soit *sine constantiis*, conduit directement à des paradoxes qui nous sont aujourd'hui bien connus. Peut-on reprocher à Abélard – avec les moyens qui sont disponibles pour lui dans le corpus boécien – d'avoir cherché à les éviter ?

Ceci posé, il faut bien voir que l'existence visée par la *constantia* n'est pas nécessairement une existence purement sensible. Il faut, pour comprendre Abélard, un concept d'expérience plus large que celui qui s'attache seulement aux pures données sensorielles *immédiates*. Abélard ne doute pas – même si l'humanité est discernée *sola ratione* – que Socrate, soit cet homme, existe à titre de substance première comme *fundamentum* du faisceau des accidents sensibles qui, comme une « vitre », m'en révèlent l'existence extérieure. De même, si Abélard nie absolument que les noms appellatifs (en grammaire) « chimère » et « phénix » puissent être des universaux en logique, il admet parfaitement que le nom appellatif « nombre » soit sur le plan logique un prédicat universel, vrai en acte de chaque nombre, même s'il n'admet pas que les nombres soient des propriétés sensorielles et concrètes des objets du monde (les données sensorielles ne se discernant pas numériquement elles-mêmes).

La thèse sur « phoenix » et la théorie des inférences topiques

Ce qu'Abélard soutenait avec PH (Abélard) – il nous est impossible de discerner une extension *nécessairement* spécialissime –, on le retrouve ici à l'autre extrémité de l'arbre de Porphyre : il nous est impossible de concevoir une extension *nécessairement* générale. Si aucune restriction n'est posée pour l'« univers » concerné par nos inférences, c'est-à-dire si cet univers ne nécessite pas d'être limité en posant que « si (x) est A, (x) n'est pas B » est vrai « puisque (x) est C, et que parmi tout ce qui est C, rien de ce qui est A, n'est B », alors l'univers concerné n'exclut rien et contient tout. Mais comment *définir* un univers qui, n'excluant rien, contient tout ? Aristote conteste formellement que le concept le plus général – celui d'étant – puisse être défini univoquement. Si l'univers concerné demeure complètement indéfini, étant seulement l'extension du prédicat indéfini « ne pas être impossible », comment pouvons-nous être certains de l'avoir exhaustivement partitionné, puisque cet univers n'a pas de limite *positive* ? Comment « embrasser du regard » un univers dont la seule limite est celle, purement négative, de ne pas être impossible ? Etrange, si nous lisons seulement la théorie abélardienne des topiques comme un simple calcul propositionnel (formel), cette théorie devient beaucoup plus « naturelle » si nous notons qu'elle concerne aussi les définitions et si nous relions cette topique à l'ensemble de son contexte épistémologique historique : l'aristotélisme.

Ce que nous souhaitions montrer est que le rejet de l'universalité de « phénix » – il n'y a pas d'extension nécessairement spécialissime – et les restrictions qu'Abélard impose à la théorie des inférences topiques de Boèce – il n'y a pas d'extension (univoque) absolument générale – obéissent à un même souci : fonder la possibilité d'une science en tant que science humaine. L'existence même d'une science se mesure à son discernement *possible* d'une science absolue. Ce qui est au centre de l'attention d'Abélard n'est pas une exigence d'économie ontologique (la donnée du singulier suffit à la science) mais une exigence d'effectivité. Ou plutôt on peut dire que l'exigence d'économie – il n'y a pas de *res una sive multiplex* universelle – contraint, dans un paradoxe seulement apparent, au rejet de PH (Boèce), si l'on veut bien admettre qu'une économie n'est profitable que si elle est réelle.

Poser le caractère *nécessairement* spécialissime d'un concept (en excluant la possibilité d'un étant de cette espèce différant définitionnellement des autres étants appartenant à la même espèce) n'est possible, en réalité, que si nous sommes capables de partitionner la collection totale de tous les étants possibles de manière à exclure tout étant possible *échappant à cette partition*. Nous devons alors procéder à une cascade de dichotomies remontant non pas seulement jusqu'à la division du généralissime « substance », mais bien jusqu'à celle du transcendantal « étant » puisque nous posons que tel prédicat n'est pas seulement spécialissime en l'état de nos connaissances mais l'est *ontologiquement*.

Il n'y a pas de lieu a specialissima specie

Aussi Abélard pose-t-il que, dans « si (x) n'est pas homme, (x) n'est pas Socrate », une hypothétique vraie, le lieu est *a genere*, le caractère spécialissime (dernier) du prédicat « homme » se déterminant seulement *catégoriquement* : dans l'état actuel de notre savoir et non « en soi », c'est-à-dire ontologiquement [1]. En fait, nous ne pouvons résoudre le possible en ses constituants derniers, que si existe une collection suffisamment vaste pour les contenir tous. Dire qu'est « discret » tel objet, c'est – explique Abélard – non pas dire ce qu'il est, mais dire ce qu'il n'est pas : l'un quelconque des autres objets dont on le discerne. Un objet reconnu comme singulier par ma science est un objet discerné et donc discernable des autres objets pris en compte par cette même science. Si cette « discrétion » est absolue, quelle est la taille de la collection considérée (telle que cet individu « absolu » n'est pas l'un quelconque des autres individus « absolus » considérés) ? De quelle nature est la science que je m'attribue ?

Il y a donc une solidarité profonde entre la *Topica* de la *Dialectica* (avec l'exigence de la *constantia* pour certaines hypothétiques) et la réponse à la quatrième question qu'Abélard prend l'initiative d'ajouter au questionnaire de Porphyre dans la LI, puis dans la LNPS. De même qu'un prédicat n'est universel en logique que si l'extension dont il est prédicable avec vérité est actuellement numériquement plurale, de même une hypothétique dont la vérification implique la partition d'un tout (universel) ne peut être vraie que si cette extension est actuellement totale, et non « possiblement » totale. Ces deux thèses naissent du « et circa ea constantia » qui clôt l'énoncé de la troisième question de Porphyre. Il s'agit, dans les deux cas, d'exclure une thèse posant la donnée effective d'une collection absolument universelle. Il n'y a pas, en logique, de collection contenant

---

1. *Dialectica, op. cit.*, p. 270, 7-10 : « Car "animal" est espèce de "substance" et "homme" est *genre* de "Socrate" : aussi quant au prédicat "animal", qui est espèce de "substance", le lieu est *a specie*, et, par contre, quant au sujet *"homme" qui est genre de "Socrate"*, le lieu est *a genere* (*Nam et "animal" species est substantiae, et "homo" genus Socratis et quantum ad "animal" praedicatum, quod species est substantiae, locus unus est a specie, quantum vero ad "homine" subiectum, qui genus est Socratis, alius est a genere*) ».

actuellement tout le possible. Or, une extension ne peut exister (en logique : en termes de vérité) qu'en acte. Une extension possible n'est pas une extension. Soutenir le contraire reviendrait à confondre concept et objet. Et il ne nous est pas possible d'objectiver toute l'extension du prédicat modal « possible ». Le *totum* (absolument) *universale* n'est qu'une Idée et jamais un *totum integrum* : un tout concret, c'est-à-dire suceptible d'être actuellement posé comme « entier ». Pour Dieu, peut-être, mais non pour nous.

Abélard entre Aristote et Augustin

Abélard s'en tient donc à l'exclusion aristotélicienne d'une science univoque de l'être. Cependant, ce qui le différencie – très profondément – d'Aristote est de ne pas déclarer une science univoque de l'être *absolument* impossible, mais seulement pour nous. Différemment d'Aristote, nous pouvons faire l'hypothèse qu'existe une science univoque de l'être, mais seulement comme horizon proprement théologique d'une science humaine :

> Il semble qu'on puisse montrer ainsi que les individus sont connus : il y a quelqu'un à qui tous sont connus [1].

Le modèle créationniste est, donc, important parce qu'il suppose qu'intégralement pensé par l'intelligence qui le crée, le monde créé est intégralement pensable. Il n'y a pas ici de « fond » irrémédiablement obscur de la matière. Ainsi, même si nous n'avons pas accès, en l'absence d'un *excessus mentis*, aux Idées de cette intelligence créatrice – en fait, nous n'avons même aucun argument prouvant l'existence d'une telle intelligence – nous pouvons, *méthodologiquement*, poser que l'objet (créé) est intégralement intelligible, c'est-à-dire que lui correspond un concept *objectif* irréductible à nos constructions mentales subjectives ou à nos conventions sémantiques. Peu importe que le statut qui fonde cette intelligibilité soit ou ne soit pas une Idée existant réellement dans l'esprit d'un Dieu créateur (aucun argument nécessaire ne permettant d'en décider). Par *méthode*, il y a pour chaque *res*, un statut, fondant l'intelligibilité *absolue* de cet objet, même si l'intellection que nous en avons ne peut être déclarée achevée sans nous attribuer une intelligence suffisante pour créer cet objet *ex nihilo*, dans un pouvoir proprement créateur qu'Abélard refuse absolument à notre pensée. La question n'est pas de savoir si la *res* est réellement créée par la pensée d'une intelligence créatrice – seul un acte de foi et non de science peut en décider, pose explicitement Abélard – mais d'exiger de mon intellection qu'elle *tende* vers une intelligence de l'objet suffisante pour *créer* cet objet. Il lui faut viser la *res* dans un statut conceptuel que la chose doit vérifier non seulement pour *être telle* mais bien aussi et simplement pour *être* et qu'elle ne peut, donc, manquer d'avoir sans disparaître. Cette visée est, comme telle, une exigence proprement scientifique, là où l'affirmation de la réalité ontologique du terme idéal qu'elle se fixe relève

---

1. LNPS, p. 553, 27-28 : « Videtur tamen posse probari, quod individua sunt certa hoc modo : aliquis est cui omnia sunt certa ».

d'une libre décision de ma foi (et non d'un effet de ma science). Il n'est pas possible, en effet, de *prouver* qu'existe une science qui soit telle qu'on ne puisse en concevoir une plus parfaite, Abélard se tenant ainsi à distance de la confusion entre foi et savoir caractéristique du *credo ut intelligam* augustinien.

Deux conceptions catégoriales de l'être : ontologie et finitude de la connaissance humaine

On peut, pour conclure, mettre en vis-à-vis la conception de la division catégoriale de l'être que présente Boèce et celle qu'en propose Abélard dans leurs commentaires respectifs sur les *Catégories* d'Aristote.

Boèce :

> Ici Aristote rassemble la multitude des noms dans la plus petite division possible. Car, alors qu'il a divisé les noms de choses en dix catégories, cette division ne peut pas aller plus loin : rien, en effet, ne pourra faire que puisse être ajoutée à cette division une onzième [catégorie]. [...] Cette division, à laquelle rien ne peut être ajouté, est donc la plus large possible [1].

Abélard :

> En revanche, je suis d'avis que cette division des catégories doit être rapportée plus à la signification des voix qu'à la nature des choses. En effet, si nous avons égard à la nature des choses, il n'y a aucune raison pour ne pas distinguer un plus petit ou un plus grand nombre de catégories [2].

Bien entendu, Abélard ne veut pas dire que la division catégoriale de l'être soit une pure construction linguistique. Il n'anticipe pas les thèses du linguiste E. Benveniste (posant les catégories aristotéliciennes comme dépendantes des structures grammaticales de la langue grecque) puisque, dans le même commentaire, il vient de poser que la cause d'imposition des prédicats définitionnels est un statut « naturel » de chose. Il veut dire que nous n'avons aucun moyen de décider d'une manière absolue et définitive de la structure de l'être. Relativement à notre connaissance actuelle de la nature des choses, une onzième catégorie ne peut être ajoutée, ou la dixième catégorie être supprimée, mais comment l'affirmer de manière absolue et définitive ? Comment Boèce sait-il qu'une onzième catégorie est impossible ? En sens inverse, Ockham pose, au XIVe siècle, que seules sont réelles la substance et la qualité, les huit autres catégories n'ayant qu'une existence intra-mentale. Mais comment sait-il que la réduction de l'ontologie à ces deux catégories est dernière et ne peut aller plus loin ? En fait, au XVIIIe siècle, Hume montrera qu'on *peut* aller plus loin encore en supprimant la catégorie même de substance.

---

1. *In categorias Aristotelis*, dans *Patrologia Latina, op. cit.*, col. 169 C-D.
2. LI, *Gloses sur les catégories*, p. 116, 35-p. 117,2.

« Si (x) n'est pas un accident, (x) est une substance » ou « si (x) n'est pas une qualité (ou une quantité, ou une relation, etc.), (x) est une substance » sont des hypothétiques *sine constantiis* fausses chez Abélard, bien que ces hypothétiques soient vraies aussi bien chez Boèce (sous une forme étendue à l'opposition entre la substance et les neuf catégories restantes) que chez Ockham (sous une forme réduite à l'opposition entre la substance et la seule qualité). Nous pouvons progresser pas à pas dans le discernement conceptuel de l'être mais non déclarer cette progression achevée en posant *simpliciter* que si un étant quelconque ne tombe pas sous la catégorie A (qualité), il tombe nécessairement sous la catégorie B (substance) : « cum constantiis », demande Abélard !

Conclusion : logique et éthique

On a constaté que PH(Abélard) et la théorie des topiques de la *Dialectica* ont le même objectif : distinguer tant dans la théorie de la proposition catégorique que dans la théorie de la proposition hypothétique une science possible (en idée) d'une science actuelle. Pour une science actuelle, « phénix » n'est pas un universel ; pour une science actuelle, la partition entre deux prédicats contraires n'épuise pas le possible, en étant « absolument » nécessaire. En un mot, une science effective ne peut prétendre être toute la science possible. De même que, si la contingence doit être possible, le possible ne peut qu'outrepasser itérativement l'actuel, de même, si l'erreur doit rester possible, une science effective ne peut être toute la science possible.

À l'arrière-plan de ces deux thèses, il y a, pour Abélard, le souci de montrer que le concept de vérité logique que requiert la science n'est pas contradictoire avec la part de contingence que requiert la possibilité de l'éthique. En effet, *pour notre science*, la modale *de sensu* vraie A : « ce que dit la proposition : "(x) est malade et sain" est impossible » – soit : B : « ce que dit la proposition : "celui qui doit être damné est sauvé" est impossible » – n'implique pas la modale *de re* fausse A' : « (x) qui est malade ne peut être sain », soit : B' : « celui qui doit être damné ne peut (par l'opération de son libre arbitre) être sauvé ». Elle ne l'impliquerait que si je pouvais établir que l'opposition entre les prédicats actuellement incompatibles « être malade : devoir être damné » et « être sain : être sauvé » pouvait être étendue, sans restriction – *sine constantiis* – à la totalité du possible. C'est ce qu'Abélard refuse en raison de tous les inconvénients que nous avons étudiés dans ce chapitre et, en particulier, de l'impossibilité pour ma science de concevoir de manière non contradictoire une extension nécessairement totale : un *totum universale* qui soit à la fois et exhaustivement partitionné (à la manière d'un *totum integrum*) et suffisamment vaste pour n'exclure que l'impossible, en étant définitivement universel. L'*immediatio* entre les contraires n'atteint, *sine constantiis*, que le plus haut degré de la vraisemblance ou de la probabilité, mais non la nécessité simple ou absolue. Aussi n'est-il pas vrai que la vérité de la modale *de sensu* B : « Ce que dit la proposition : "celui qui doit être damné est sauvé" est impossible » *implique* la vérité de la modale *de re* B' : « Celui qui doit être damné ne peut être sauvé ». Que la première proposition n'implique pas la seconde, Abélard le soutient dans ses dernières œuvres théologiques – la *Theologia christiana* et la *Theologia scholarium* –, ce qui *prouve* qu'il n'avait nullement abandonné le rejet de la nécessité « absolue » du *locus ab immediatis*, c'est-à-dire de l'inférence entre des prédicats opposés sans tiers[1]. En effet, s'il l'avait concédé, il ne pourrait que concéder aussi que « B » implique « B' ». Relativement à une intelligence providentielle et étrangère à toute *mutabilitas*, il n'y a aucune distance entre l'actuel sur lequel porte B et le possible sur lequel porte B'. Mais Abélard nie 1) que nous puissions, malgré notre foi, établir par un argument *nécessaire* que cette intelligence existe et 2) que, pour une intelligence effectivement nôtre, l'actuel puisse jamais épuiser le possible. Donc, compte exact tenu de ces deux points, il est faux que « B » *implique* « B' », et cela de la *Dialectica* à la *Theologia Scholarium*.

Ainsi, même si nous croyons en l'existence d'une intelligence créatrice – comme telle, incréée et, donc, exempte de toute *mutabilitas* possible : ne pouvant faire et savoir que ce qu'elle fait et sait – il ne peut être conclu en toute nécessité que celui qui doit être damné, ne puisse par l'exercice de son libre-arbitre être sauvé. Donc, l'éthique n'est pas (nécessairement) vaine.

---

1. Comme on l'a vu, le *locus ab oppositis* (« si (x) est homme, (x) n'est pas une pierre ») et le *locus a pari in praedicatione* (« si (x) est homme, (x) est rieur ») présupposent, pour leur vérification, la partition « immédiate » – un tiers est exclu – de l'ensemble des individus en ceux dont « être homme » est vrai et ceux dont « être homme » est faux. De l'autre côté, selon le *Fons Philosophiae* de Godefroy de Saint Victor (c. 1176), les *Albricani* (les partisans d'Albéric du Mont) « peinaient » encore, beaucoup plus tard dans le siècle, sur le *locus ab immediatis,* voir Y. Iwakuma et S. Ebbesen, « Logico-Theological Schools from the Second Half of the 12th Century. A List of Sources », *Vivarium* 30/1, 1992, p. 173-210, ici n. 18, p. 180.

CHAPITRE VII

LE *DICTUM PROPOSITIONIS* ET LA THÉODICÉE

La période qui précède la découverte par l'Europe latine de l'Aristote gréco-arabe est qualifiée à juste titre d'âge de Boèce (*aetas boetiana*). C'est pour l'essentiel à travers les traductions de Boèce, leurs commentaires par Boèce et l'ajout par Boèce de traités logiques complémentaires que les clercs des XIe et XIIe siècles ont accès à la philosophie grecque et singulièrement à celle d'Aristote. Or, le lecteur de Boèce pouvait constater que celui-ci avait investi le corpus proprement philosophique qu'il avait constitué dans deux directions ou domaines d'application : d'une part en direction de la théologie chrétienne dans les *Opuscula sacra* où il est fait abondamment usage de concepts proprement philosophiques pour examiner les fondements théologiques de la foi chrétienne et, d'autre part, en direction de la théodicée dans le *De consolatione Philosophiae* où ce sont les rapports entre providence divine et liberté humaine qui, au fondement même d'une éthique, sont examinés, et cela sans référence directe à la dogmatique chrétienne. Le XIIe siècle latin a connu deux grands philosophes, Gilbert de la Porrée et Abélard. Or, il est frappant de constater que le premier a systématiquement privilégié l'axe *spéculatif* de lecture « corpus logique → *Opuscula sacra* », là où le second, négligeant ces mêmes *Opuscula sacra* (qui ne jouent pratiquement aucun rôle avec leurs concepts propres dans sa propre théologie), a constamment privilégié l'axe *pratique* « corpus logique → éthique » dans ses deux dernières théologies, dans les *Collationes* et dans le *Scito te ipsum*. Gilbert de la Porrée a consacré toute son œuvre à commenter des *Opuscula sacra* sur lesquels Abélard n'a pour sa part que très peu écrit. Par contre, celui-ci consacre, de fait, l'essentiel de ses dernières œuvres à l'éthique et à la théodicée. Abélard est resté ainsi profondément étranger à la théologie spéculative qu'élabore Boèce dans ses *Opuscula sacra*, une théologie qui est au cœur, au contraire, de la réflexion philosophique de Gilbert de la Porrée. Par contre, nous voudrions montrer ici que le *De consolatione Philosophiae* joue un rôle central non seulement dans les deux dernières théologies d'Abélard mais en outre dans sa logique même, avec l'élaboration, dans le commentaire du *Peri ermeneias* de la LI, du concept inédit de *dictum propositionis*.

Avant de montrer le rôle que, selon nous, le *De consolatione Philosophiae*, joue dans l'élaboration de ce concept, nous voudrions essayer d'éclaircir les raisons qui conduisirent Abélard à privilégier, dans l'abord des œuvres de Boèce, l'axe de lecture « corpus logique → éthique (*De consolatione Philosophiae*) » au détriment de l'axe de lecture porrétain « corpus logique → théologie spéculative (*Opuscula sacra*) ». La théologie d'Abélard n'est pas une théologie spéculative mais une théologie *pratique*. *Divinitas* (c'est-à-dire théologie) et *ethica* sont, souligne Abélard dans les *Collationes*, des synonymes[1]. La référence à Kant semble ici irrésistible pour le lecteur moderne.

THÉOLOGIE ET ÉTHIQUE

Criticismes kantien et abélardien

Nous avons, à plusieurs reprises, constaté que certains concepts d'origine kantienne sont plus utiles pour comprendre la philosophie d'Abélard que des concepts d'origine proprement nominaliste, comme ceux de « concept-signe » ou de « langage mental » (qui ne fonctionnent pas sur les textes d'Abélard). Abélard, bien entendu, n'est pas une source de la philosophie de Kant qui ne l'a, très certainement, jamais lu. Montrer qu'Abélard est, à certains égards, prékantien (sans parler d'autres philosophes plus récents) est, donc, à la fois historiquement et philosophiquement peu intéressant, puisqu'Abélard n'est pas du tout une source du kantisme et que le kantisme est clairement inconcevable, comme Kant le souligne lui-même, indépendamment d'une révolution scientifique qui, à partir du XVIIe siècle, bouleverse tous les enjeux philosophiques de la connaissance humaine. Clairement la philosophie d'Abélard est dépendante de l'univers épistémique aristotélicien que cette révolution, créatrice d'une physique mathématique, bouleverse très profondément. Lorsque nous soulignons la pertinence de concepts kantiens pour comprendre les textes d'Abélard, il ne s'agit donc que d'analogies et non d'une véritable filiation entre Abélard et Kant. Abélard est et reste aristotélicien. L'univers épistémique de Kant n'est plus du tout un univers aristotélicien, comme tel fini, et d'une part marqué, sur le plan physique, par une rupture entre l'inexactitude qualitative d'un monde sub-lunaire profondément contingent et l'exactitude mathématique d'un monde supra-lunaire intégralement prévisible, et, d'autre part, dépassé, sur le plan des sciences mathématiques, par

---

1. *Collationes*, éd. R. Thomas, Stuttgart, F. Frommann, 1970, p. 88, 1263-p. 89, 1269 : « À présent, nous avons beaucoup avancé, ce me semble, vers la fin et l'accomplissement de toute discipline, que vous nommez "éthique", c'est-à-dire "morale" et que nous avons coutume de nommer "divinité", car nous la considérons à partir de celui vers lequel nous tendons pour le saisir, c'est-à-dire Dieu, alors que vous le faites en partant des moyens par lesquels on y accède, c'est-à-dire ces bonnes mœurs que vous appelez "vertus" ».

un calcul infinitésimal (Leibniz, Newton) et ce qu'il permet précisément en termes d'exactitude dans la connaissance du monde physique. En un mot, entre Abélard et Kant la science a (grandement) progressé et la philosophie – dans ce qui la distingue d'une simple construction idéologique cohérente – est inévitablement *structurellement* dépendante des connaissances scientifiques disponibles à tel ou tel moment de son histoire. Une philosophie est donc inconcevable indépendamment de l'état des connaissances scientifiques disponibles pour elle et il paraît évident que l'état de ces connaissances pour Kant est incomparable à ce qu'il était dans l'état boécien du savoir pour Abélard (ou Gilbert de la Porrée). Et cela constitue une différence capitale.

Ceci posé, la pertinence analogique des concepts kantiens pour comprendre Abélard nous paraît s'expliquer par deux paramètres dont la coalescence est nouvelle chez Abélard.

Abélard est, certes, aristotélicien, mais il est aussi chrétien. Comme tel, il ne rejette pas l'hypothèse que le monde ait été créé *ex nihilo*. Comme nous l'avons vu, il s'agit d'une idée importante parce qu'elle implique que, créée par un être intelligent, la matière ne puisse être qu'intelligible. Et, de fait, le *sunechês* aristotélicien devient, chez Abélard, un ensemble (infini) de points dont aucun n'est l'autre. La matière ne recèle en soi aucune ambiguïté, aucune contradiction possible. Chez les néo-platoniciens, il n'en allait pas ainsi. La lumière de l'Un et des Idées ne pénètre jamais totalement une matière qui, en son fond, reste obscure. De même chez Aristote, la coupure cosmologique entre le monde supra-lunaire et le monde sub-lunaire interdit une élucidation exacte (mathématique) de la partie sub-lunaire de l'univers. Un fait capital des débuts de la scolastique latine est l'inaccessibilité pour elle de la *Physique* d'Aristote. Le texte-référence en la matière est le *Timée* de Platon dans le commentaire de Chalcidius. Ce commentaire christianise le dieu du *Timée* qui n'est plus seulement « informateur » mais devient en plus créateur de la matière même informée. Or, rien de créé par l'intelligence créatrice ne peut résister à son intellection. La matière est *pensée* par l'intelligence qui la crée. Elle est donc pensable. Cette idée d'une intelligibilité intégrale de la matière porte en elle – à très longue échéance – l'abolition possible de la coupure ontologique voulue par l'aristotélisme entre le monde sub-lunaire et le monde supra-lunaire.

Le deuxième paramètre, aussi important que le premier, est que, pour Abélard, l'existence de cette intelligence créatrice n'est qu'une certitude de ma foi (chrétienne) et non un fait objectivement constatable (par un effet de ma science). Il faut concevoir la science humaine non comme fondée sur la science divine, comme tous les Pères de l'Église l'enseignent, mais par contraste de cette science parfaite et créatrice dont, seule, ma foi témoigne. L'idée importante est que ma science ne peut être réelle que si elle n'implique pas pour l'être d'être fondée, d'une manière ou d'une autre, sur cette science proprement créatrice. Pour le Verbe créateur « dire, c'est faire ». Une science effective est précisément une science qui se construit par rejet de ce principe, c'est-à-dire par contraste du principe même d'une pensée magique (où le verbe « agit » ou « fait »).

Il y a donc deux paramètres combinés : la réception à titre d'hypothèse du créationnisme qui implique l'intelligibilité *intégrale* du réel et la conception d'une science effective (humaine) *par contraste* de la science d'une intelligence créatrice. Le premier paramètre libère l'objet de tout fond obscur et irréductible à la science et le second demande que la science du sujet de la connaissance soit réfléchie dans ce qui la distingue de la science infinie d'un sujet, par hypothèse, créateur de l'objet même qu'il connaît. Abélard en combinant ces deux paramètres déplace la question de la finitude de la connaissance (humaine) de l'objet à connaître (qui, par hypothèse, est intégralement rationnel) au sujet de la connaissance (qui doit être conçu par *opposition* avec une intelligence créatrice). Penser la science dans un univers éventuellement créé par une intelligence rationnelle, c'est attribuer la possibilité de l'imprécision et de l'erreur (et donc la réalité effective de cette science) non plus à l'objet mais au sujet de la connaissance. Elle provient seulement du caractère conventionnel et, donc, en partie, arbitraire de son langage, de la finitude des intellections engendrées par ce langage et de la subjectivité des actes de foi par lesquels ce sujet « estime » devoir accorder crédit à ce langage. Aristote, soucieux lui aussi de ramener sur terre la science idéelle de l'Académie, n'avait jamais posé la nécessaire finitude de la science en ces termes. Sa philosophie reste une philosophie de l'Objet, c'est-à-dire une philosophie de la nature, ici sub-lunaire, contingente et imprévisible, et, là, supra-lunaire, nécessaire et prévisible. Cette coupure se déplace chez Abélard de l'Objet – la nature – au Sujet d'une connaissance de la nature qui est ici-bas, en moi, faillible et d'une exactitude itérativement toujours au plus finie et, là-haut, dans le Verbe créateur, exempte de toute erreur possible et d'une précision actuellement infinie.

Les Pères de l'Église n'avaient pas pensé cela, parce que négligeant la différence épistémologique entre philosophie et théologie, ils ne pensent pas le *logos* humain – la rationalité humaine – *par contraste* du Verbe créateur. Celui-ci est au plus profond de celui-là. Il est le Maître intérieur (Augustin). L'enseignement de ce Maître fonde la *vérité* et donc la valeur *scientifique* de mon discours. Pour Abélard, au contraire, l'existence de ce Maître est un pur objet de foi. Or, souligne Abélard (à ses risques et périls), il convient de distinguer *fides*, *credulitas* ou *existimatio* d'un côté, et *scientia* de l'autre. La science (humaine) n'est possible que si j'en réfléchis les limites en la discernant d'une pensée proprement créatrice, c'est-à-dire magiquement toute-puissante. C'est ce qui conduit Abélard à distinguer ce que Boèce et les *reales* confondent : « penser » et « faire ». Seul pour Dieu « penser » est « faire ».

On sait que Kant, de son côté, critique le dogmatisme de la lecture leibnizienne (qu'il trouve chez Wolff) de la révolution scientifique en cours aux XVIIe et XVIIIe siècles, et cela sous l'aiguillon du nominalisme de Hume (qui, dit-il, le réveilla de son dogmatisme) mais en cherchant à éviter dans cette critique le scepticisme auquel cède, stérilement, Hume. Ici, nous voyons Abélard critiquer les commentateurs « réalistes » d'un corpus boécien mariant aristotélisme et créationnisme chrétien, sous l'aiguillon du « vocalisme » de Roscelin (et plus largement d'une critique de la pensée magique qui rassemble Bérenger, Gaunilon et Roscelin) mais cela en évitant très soigneusement, grâce à la théorie du statut, le scepticisme que professait, dans son conventionnalisme, Roscelin. Il y a ainsi une analogie de structure dans la situation épistémologique d'Abélard et celle de Kant, au-delà des différences évidentes et très profondes des « épistémês » concernées. Il s'agit, dans les deux cas et face à des savoirs scientifiques extrêmement différents, d'assurer pour la science un fondement solide, évitant donc le scepticisme (Roscelin ici, Hume, là), en concevant cette science, dans sa réalité même, par *contraste* d'une science infinie et finale [1]. Cette conception de la science, comme devant sa réalité même à son incomplétude, nous paraît une constante de l'approche proprement philosophique de la science. C'est parce qu'Abélard parvient à fonder de manière effective (non-sceptique) la finitude et, donc, la réalité du savoir que contient le corpus boécien par une critique des « omnis quaestio dissoluta est » énoncés par Boèce et les *reales* qu'il joue un rôle aussi déterminant dans le renouveau de la philosophie dans l'Europe latine à compter du XIIe siècle (et non en anticipant le réductionnisme ockhamiste du XIVe siècle).

De son côté, la tentative ockhamiste de reconstruire la science aristotélicienne sur une base strictement nominaliste est capitale. En obligeant tous les commentateurs d'Aristote à trancher en un sens ou en un autre une question qu'Aristote avait en réalité laissée, très certainement en pleine conscience, à l'état de problème, celle du statut ontologique final des substances secondes, ce nominalisme va provoquer une crise de l'aristotélisme lui-même. En fait, décider de manière finale du statut ontologique des substances secondes et sommer tous les commentateurs d'Aristote de trancher cette question ne peut que conduire à mettre en crise l'aristotélisme lui-même. Le texte aristotélicien n'est simplement pas compatible avec une décision ontologique dernière sur le statut des substances secondes et la querelle est, pour autant qu'Aristote reste concerné, interminable. Au début du XVIe siècle Martin Luther soutient qu'au sein de la scolastique, le fauteur de troubles n'est ni Ockham, ni Duns Scot, ni Thomas d'Aquin, mais tout simplement Aristote lui-même [2]. Bien sûr les raisons du rejet par Luther de l'aristotélisme lui-même sont avant tout religieuses (bien peu

---

1. De même il nous semble clair que la critique du logicisme frégéen, comme projet d'élucider de manière *finale* et *absolue* les fondements logiques de la science (mathématique), est plus productive que la critique de son réalisme mathématique dans un logicisme nominaliste qui rencontre des problèmes d'effectivité à notre connaissance non résolus.

2. Luther écrit : « si Aristote n'avait pas été un homme en chair et en os, je ne craindrai pas d'affirmer qu'il a été le diable en personne », *Lettre à J. Lang*, 8 février 1517, trad. fr. M. Lienhard et M. Arnold, dans *Œuvres*, t. I, « Bibliothèque de la Pléiade », Paris, Gallimard, 1999, p. 118. Luther a parfaitement conscience qu'en attribuant le caractère profondément vain, byzantin et interminable des querelles scolastiques sur les universaux des XIVe et XVe siècles à Aristote lui-même (IVe siècle av. J.-C.) il affirme, en réalité, l'échec de tout le projet de la scolastique médiévale qui était de concilier le savoir aristotélicien (avec son hylémorphisme) et le spiritualisme propre au christianisme (et plus largement aux religions du Livre). Ce constat d'échec est la thèse philosophique centrale de la *Controverse sur la théologie scolastique* : « Thèse L. En bref, tout Aristote est à la théologie comme les ténèbres à la lumière. Contre les scolastiques » (*ibid.*, p. 128).

philosophiques et encore moins scientifiques) mais elles témoignent d'une propension nouvelle à ne plus questionner seulement le ou les sens possibles du texte aristotélicien mais tout simplement sa vérité même. Luther insiste sur le caractère vain des querelles entre commentateurs d'Aristote (« il y a parmi les scolastiques presqu'autant de sectes que de têtes, ou même de cheveux sur les têtes scolastiques ») et il affirme à l'endroit des œuvres de Gabriel Biel (partisan d'Ockham), de Duns Scot ou de Thomas d'Aquin : « Ce sont des mots, rien que des mots »[1]. Pour Luther, comme plus tard et d'une toute autre manière pour Galilée, c'est bien le texte aristotélicien lui-même qui est fautif. Il en va déjà ainsi de l'introduction même au corpus aristotélicien, l'*Isagogê* et ses énigmes : « C'eût été un bien pour l'Église, si Porphyre avec ses universaux n'était pas né pour les théologiens »[2]. S'il semble que Luther rejetait le réalisme des universaux, c'est bien la querelle elle-même des universaux qu'il juge vaine. Luther n'est pas obscurantiste. Il ne rejette nullement la philosophie mais seulement la scolastique dans son projet d'articuler le commentaire d'Aristote et la théologie chrétienne, en ancrant l'une en l'autre. On peut comprendre en ce sens que la mise en crise de l'aristotélisme initiée par Ockham (mettant en demeure le lecteur d'Aristote de trancher une question qu'Aristote voulait, pour des raisons très fondamentales, laisser à l'état aporétique), ait pu ouvrir *in fine*, par la perception du caractère inextricable de la situation ainsi créée, la possibilité, positive et contraire à l'intention d'Ockham, d'une mise en question globale des fondements mêmes de l'univers mental proprement aristotélicien. C'est bien la conclusion que Luther en tire dès le début du XVIe siècle : les querelles entre sectes scolastiques sont proprement interminables et c'est le noyau aristotélicien où toutes ces querelles s'enracinent qu'il convient d'expulser pour les terminer et leur trouver une issue.

Au XIIe siècle, nous n'en sommes pas là et, comme nous l'avons vérifié, chez Abélard, le « statut spécifique ou générique » est aporétique dans son ontologie même. Certes, il n'est aucune *essentia* donnée à mon expérience, mais il n'est pas non plus *rien* (d'autre qu'un signe linguistique et/ou la représentation mentale que génère ce signe). Abélard reste profondément aristotélicien. Son objectif est moins de trancher définitivement le questionnaire de Porphyre (on a vu le sens de ses réponses) que de ramener les « omnis quaestio dissoluta est » boéciens (et plus largement patristiques) dans les limites d'une science effective qui, pour lui, reste celle d'Aristote. Au XVIIIe siècle, le criticisme kantien travaille à fonder philosophiquement un savoir qui, pour une large part, n'est plus aristotélicien et, en cela, Abélard (comme toute la scolastique médiévale) ne peut pas l'anticiper. Par contre, dans l'attitude philosophique qui consiste à demander au sujet de la connaissance – plus qu'un simple locuteur – de réfléchir les limites de son accès au réel pour fonder la scientificité même de cet accès, il n'appartient plus aux philosophies antiques. Pour Aristote ou Platon, à tort ou à raison, c'est la nature

---

1. Luther, *Lettre à Staupitz* (avril 1518), dans *Œuvres*, t. I, *op. cit.*, p. 162.
2. Luther, *Controverse sur la théologie scolastique*, *ibid.*, p. 128.

même de la matière qui est, en son fond, inconnaissable. Pour eux, les limites de la connaissance sont enracinées dans la nature même de l'objet et sont donc pleinement objectives et non subjectives.

Ces précisions faites, nous pouvons comprendre pourquoi et dans quelles limites des concepts kantiens peuvent aider à comprendre le texte d'Abélard. Il nous reste à comprendre pourquoi la synonymie entre théologie et éthique, faisant de la raison théologique une raison pratique, s'impose à lui.

Abélard et l'argument du Proslogion

Pour les Anciens, chercher à prouver l'existence des dieux est une entreprise aussi étrange que celle entreprenant de prouver l'existence des grandes forces *physiques* qui mettent en mouvement l'univers et dont les dieux anthropomorphes de tel panthéon sont le visage mental et proprement spirituel. Qui peut nier sérieusement que ces grandes forces existent ? La question devient différente si on affirme qu'une entité ne peut être divine que si cette entité transcende radicalement, en étant seulement spirituelle, toutes les entités physiques qui font l'expérience même que chacun a du monde. C'est dans le cadre de la dissociation stricte entre le matériel et le spirituel caractéristique des monothéismes juif, chrétien et musulman, que la question de prouver l'existence de Dieu peut devenir aussi prégnante puisqu'il est de fait qu'aucun objet transcendant les conditions matérielles de l'expérience sensible n'existe pour nous de manière immédiatement certaine. Si, comme c'est le cas d'Anselme de Cantorbéry, on souhaite en plus cesser d'arbitrer les différences d'interprétations des textes religieux de façon seulement autoritaire en invoquant le patronage de tel saint docteur de la foi (au détriment de tel autre, etc.), en recourant aussi et de manière inédite au patronage de la raison naturelle, alors fonder en raison la croyance en Dieu prend tout son sens. Et c'est bien ce que tente de faire Anselme dans le *Proslogion*.

Jules Vuillemin, étudiant en détail les fondements logiques de l'argument du Proslogion, a montré que ceux-ci pouvaient se résumer au principe du Meilleur : « s'il y a du meilleur, il y a un meilleur »[1]. Comment concevoir une gradation de perfections sans concevoir qu'*existe* un état final de perfection, c'est-à-dire un état qui soit tel que rien de plus parfait ne soit concevable, un état qui soit ainsi à même d'assigner à ce mouvement le sens d'une progression dirigée vers une limite (au-delà de laquelle aucun progrès n'est plus concevable). Si cette limite n'existe pas, l'idée même de progression n'a plus de sens. Le mouvement étant sans fin, le passage de l'état « n » à l'état « n + 1 » ne marque aucun progrès dans la perfection puisqu'il n'existe pas, dans cette hypothèse, d'état final dont l'état « n + 1 » serait plus proche que l'état « n ». Il semble ainsi nécessaire de soutenir la

---

1. J. Vuillemin, *Le Dieu d'Anselme et les apparences de la raison*, Paris, Aubier Montaigne, 1971, en part. p. 78 : « Ainsi rien ne nous assure *a priori* qu'au point de vue épistémologique l'ordre des perfections qui a un premier élément en ait un dernier, et c'est au contraire le but d'une preuve comme celle du *Proslogion* de montrer que cette progression épistémologique indéfinie que paraît ouvrir le mouvement de la pensée et de l'imagination humaine est, en fait, bornée ».

vérité du Principe du Meilleur : « s'il y a du meilleur, alors il y a un meilleur », quelque chose, donc, dont la grandeur est telle que « rien de plus grand ne peut être pensé ».

Abélard, comme on l'a vu, ne croit pas à cet argument puisqu'il pose, dans ses deux dernières théologies, qu'aucun argument nécessaire ne peut contraindre les « obstinés » à croire que le *Summum Bonum* – ce qui est tel que rien de meilleur ne peut être pensé – existe. Pour comprendre pourquoi Abélard n'accepte pas la valeur probante de l'argument d'Anselme et du principe du Meilleur sur lequel cet argument repose, il nous semble qu'il faut prêter attention à un passage précis des *Collationes*. Abélard y remarque que si nous admettons que chaque homme peut être meilleur ou moins bon qu'un autre, il n'est pas possible *sans contradiction* de concevoir un homme qui soit bon de manière absolue. En effet, de deux choses l'une. Soit nous admettons une gradation dans la perfection, en admettant que chaque homme bon peut être meilleur ou moins bon qu'un autre, soit, avec les stoïciens, nous admettons que le prédicat « bon » étant *également* vrai de tous les hommes bons, tous ces hommes bons le sont à parité entre eux. Abélard, avec Anselme, admet que tous les mérites (comme aussi tous les péchés) ne se valent pas, et qu'il existe ainsi une gradation dans le bien comme dans le mal, à même de personnaliser les mérites et les torts de chacun. Mais, soutenant cela, nous encourrons, explique Abélard, un *vilissimum sophisma*. Si nous admettons que cet homme bon est meilleur qu'un autre homme bon, nous devons admettre que cette affirmation est vraie parce que cet homme est plus proche de la perfection (c'est-à-dire d'un homme parfaitement bon) que l'autre. Donc il doit exister un terme dont on puisse être plus ou moins proche, soit un homme parfaitement bon. Si cet homme existe, il est assurément membre de la série des hommes bons, en étant meilleur que tous ceux qui le précèdent. Mais nous ne soutenons pas seulement qu'il n'existe pas, de manière contingente, d'homme meilleur que lui, mais qu'il *ne peut pas* exister d'homme meilleur que lui. Or, ici, rien n'interdit de concevoir que puisse apparaître un homme meilleur que lui, puisqu'il est seulement meilleur que ceux qui lui sont inférieurs en perfection. Si nous voulons un homme parfaitement bon, il ne suffira pas qu'il soit meilleur que tous les autres hommes bons, il faudra en plus qu'il soit bon tel qu'aucun homme bon ne puisse être meilleur que lui. Mais nous avons posé au départ de notre raisonnement et contre les stoïciens que *tout* homme bon est *plus ou moins* bon. Aussi comment cet homme parfaitement bon sera-t-il encore un homme bon puisqu'il n'est pas plus ou moins bon mais absolument bon ? Il est ainsi meilleur, non pas que tous les autres hommes bons, comme le nombre ordinal 10 est plus grand que les ordinaux 1, 2 ... 9 mais bien meilleur que *tout* homme bon (puisqu'étant absolument bon, il n'est aucun homme plus ou moins bon), à la manière, donc, d'un ordinal « n » qui serait tel que, ne pouvant avoir de successeur, *tous* les ordinaux sont nécessairement plus petits que lui. Cet homme bon appartiendra à l'ensemble des hommes bons, étant lui-même un homme (parfaitement) bon mais en même temps il n'appartiendra pas à cet ensemble, puisque tout homme étant plus ou moins bon, *tout* homme bon est moins bon que lui.

Il semble donc impossible de concevoir un homme *absolument* bon, pas plus que nous ne parvenons à concevoir un entier naturel plus grand que tous les autres. Nous pourrions bien entendu remplacer l'expression « homme bon » par l'expression « étant bon » et nous obtiendrions la même contradiction. Si nous voulons éviter celle-ci, soit nous devons rejeter l'idée de progrès (dans la perfection morale), ce que refuse énergiquement Abélard, soit nous devons admettre que le terme vers lequel tend la hiérarchie des perfections considérées ne peut pas être lui-même membre de la série qui progresse vers lui. Mais, bien entendu, comme ce terme n'appartient plus à la série qui tend vers lui, nous n'avons aucun droit d'exclure qu'il appartienne à son tour à une série nouvelle (et ainsi sans fin). L'argument d'Anselme prouve seulement que dans tel ordre de grandeur, le terme vers lequel tend cet ordre (et qui doit exister si la progression est réelle) n'appartient pas à *cet* ordre, mais certainement pas qu'il n'appartient à *aucun* ordre de grandeur, en les outrepassant nécessairement tous. Cela je peux vouloir le croire, mais non l'établir par un argument s'imposant y compris à celui qui ne partage pas mon désir, si brûlant soit ce désir.

Le texte que nous avons commenté s'achève ainsi :

> Ainsi, lorsque nous disons que quelqu'un de bon est meilleur qu'un homme bon, c'est-à-dire meilleur que ne l'est un homme bon ou que ne l'est quelque homme bon, on ne doit rien entendre d'autre que : « Celui-là l'emporte en général sur tous les hommes bons », ce qui est absolument faux, puisque lui-même n'est qu'un parmi les hommes bons [1].

Abélard veut répondre à l'argument stoïcien qui pose que de même qu'une proposition ne peut être plus vraie (ou moins fausse) qu'une autre, étant soit vraie soit fausse, de même « comme un bâton doit être droit ou courbe, l'homme doit être juste ou injuste et ne peut être plus juste que le juste ou plus injuste que l'injuste et de même pour toutes les vertus » [2]. D'où le stoïcien conclut (contre le péripatéticien, précise Diogène Laërce) que tous les hommes dont le prédicat « juste » est vrai, le sont également et non plus ou moins. Mais Abélard s'insurge : « Qui ne comprend qu'il est absolument insane de dire que tous les péchés se valent ? » [3]. Reste à prouver l'existence d'un étant bon meilleur que *tous* les étants (plus ou moins) bons.

Anselme pose dans le *Monologion* :

> Puisqu'on ne peut donc nier que certaines natures soient meilleures que d'autres, la raison ne persuade pas moins que certaine d'entre elles surémine (*supereminere*) de telle sorte qu'elle n'ait pas de supérieure. Si la distinction des degrés est, en

---

1. *Collationes*, p. 110, 1849, p. 111, 1862.
2. Diogène Laërce, *Vie de Zénon*, § 127, dans *Les Stoïciens*, trad. fr. E. Bréhier et V. Goldschmidt, « Bibliothèque de la Pléiade », Paris, Gallimard, 1962, p. 56. *Cf.* aussi *ibid.*, § 120, p. 54 : « Si une chose ne peut être plus vraie qu'une autre, ni une chose plus fausse qu'une autre, un mensonge ne peut être plus mensonge qu'un autre ni un péché plus péché ». Le caractère exclusif du tiers-exclu interdit de penser l'idée même de progrès. Abélard le remarque : « Et le nœud de ce sophisme peut se rencontrer en toute relation comparative », *Collationes*, p. 111, 1863-1895.
3. *Collationes*, p. 111, 1868-1670.

effet, infinie, sans degré supérieur auquel nul autre degré ne se trouve supérieur, la raison est conduite à dire que la multitude de ces mêmes natures n'est close par aucune fin. Celui-là seul ne pensera pas cela absurde, qui est lui-même par trop absurde. Bref, il est de toute nécessité certaine nature qui est si supérieure à une ou plusieurs natures qu'elle ne lui est – ni ne leur est – ordonnée comme inférieure. [...] Mais ce qui est tel est le plus grand et le meilleur de tout ce qui est [1].

Ainsi, pose Anselme, cette nature « suréminente » n'a pas la justice (à un certain degré) mais est la justice même :

> Bref, quand on cherche à son sujet ce qu'elle est, on ne répond pas moins convenablement : « juste », que : « la justice » [2].

De même (puisque tout ce qui est, il est bon ou juste qu'il soit) cette nature n'a pas l'être mais est (par soi) l'être même. Tout le *Monologion* repose ainsi sur cette proposition :

> Qui doutera que cela même par quoi toutes choses sont bonnes soit lui-même un grand bien [3] ?

Ainsi, l'Idée même de Bien ou de Justice à laquelle tous les objets qui sont bons ou justes doivent d'être dits (avec vérité) bons ou justes, est-elle elle-même un objet bon ou juste. Mais, on rencontre aussitôt le *vilissimum sophisma* des stoïciens : comment cette Idée pourra-t-elle être elle-même un objet bon puisqu'elle est meilleure que tout objet bon, c'est-à-dire que tout objet dont le statut (dirait Abélard) « être un objet bon » est vrai. Ici, l'objet devra outrepasser *tous* les objets bons considérés et, cependant, être également l'un d'entre eux, puisque tous les ordres de grandeur sont nécessairement *épuisés* et que plus rien ne reste dans l'extension possible du prédicat « être un objet bon ». Cet objet sera donc à la fois à l'extérieur [4] et à l'intérieur [5] – membre et non-membre – de la collection absolument totale des objets bons. Si chaque ordre d'objets bons tend vers un objet bon qui n'est pas membre de cet ordre, mais appartient à son tour à un ordre supérieur tendant vers un objet encore meilleur, et ainsi sans fin, alors la progression dans le bien va à l'infini et ne peut atteindre son terme que de manière *idéelle*, et non en un sens effectif (réel). Abélard ne dit-il pas, toujours dans les *Collationes*, que

> il est de fait que cet accroissement continu de béatitude [s'agissant du progrès de la vision en Dieu des élus] vaut plus qu'une béatitude moins grande conservant toujours un seul mode et ne progressant par aucun accroissement [?] [6].

---

1. *Monologion*, I, dans *L'œuvre de S. Anselme de Cantorbéry*, t. I, *op. cit.*, p. 16, 31-p. 17, 27.
2. *Ibid.*, p. 30, 18-31 : « Quapropter cum quaritur de illa quid est, non minus congrue respondetur : justa, quam : justitia ».
3. *Ibid.*, p. 15, 4-5 : « Quis autem dubitet illud ipsum, per quod cuncta sunt bona, esse magum bonum ».
4. Étant meilleur que chaque objet évaluable comme (plus ou moins) bon.
5. Étant lui-même « un grand bien ».
6. *Collationes*, p. 135, 2501-2504.

Il est clair que nous ne pouvons parcourir un chemin infini que de manière idéelle. Concevoir cette fin est nécessaire pour maintenir au parcours le sens d'une progression, mais cette idée, étant telle, ne rend pas nécessairement le parcours de manière non idéelle, c'est-à-dire effective, fini et achevé.

Ne faut-il donc pas penser qu'Anselme confond ici le statut « être un objet bon (ou juste) » et la ou les *res* ordinalement discernables dont ce statut est susceptible d'être prédiqué avec vérité ? Le statut *esse bonam rem* est-il lui-même une des *res quae bonae sunt* ? Ce que prouve seulement l'argument du *Proslogion* est, en réalité, que, dès l'instant où nous rejetons la thèse stoïcienne, nous devons admettre l'existence (dans tout esprit rationnel) d'un terme *idéel* vers lequel tend toute évaluation de la justice ou de la bonté d'un objet, soit l'Idée même du Bien ou l'Idée même de Justice. Mais l'existence de ce terme idéel n'*implique* pas l'existence d'une *res* qui, sans contradiction, soit meilleure (plus grande) que toutes les *res* bonnes dans tous les ordres de grandeur possibles et soit ainsi cet objet qui est tel que plus grand – quel que soit l'ordre de grandeur considéré – ne peut être conçu.

Mais si l'argument prouve seulement l'existence du concept « être un objet bon », à l'aune duquel est susceptible d'être évalué tout objet bon, l'*insipiens* n'en disconviendra pas, puisqu'il a lui-même concédé à Anselme avoir un tel concept : « Même l'insensé est convaincu que quelque chose dont rien de plus grand ne peut être pensé est dans son intelligence », remarque Anselme[1]. Il semble, donc, qu'Anselme confonde – comme c'est le cas des *reales* que réfute Abélard dans la LI – concept (*status*) et objet (*res*), soit ici le statut intensionnel « être un objet bon » (*quod non est res aliqua*) et la ou les *essentiae* numériquement et, donc, extensionnellement discernables qui sont bonnes. Tout l'enseignement d'Abélard est précisément que la « naturalité », c'est-à-dire l'objectivité, du statut n'implique pas nécessairement l'existence extra-mentale, à titre d'*essentia*, de ce statut. Pour Abélard, qu'une proposition existentielle soit vraie d'un Concept (qui est « par œuvre de la nature ») *n'implique pas* que la même proposition le soit aussi de l'Objet qui lui correspond. Le principe de compréhension universel est faux chez Abélard, comme nous l'avons constaté. L'argument d'Anselme n'est pas nul et non avenu, parce qu'il prouve l'existence *naturelle* en toute raison qui admet l'inégale valeur des mérites et des torts d'un concept de *summum bonum* à l'aune duquel cette évaluation est seule possible. Mais l'existence d'un tel statut, causant la *vérité* possible de ces évaluations, ne peut impliquer (sur un plan strictement logique) l'existence extra-mentale de ce *summum bonum* sans tomber aussitôt dans les rets du *vilissimum sophisma* que les païens (les « stoïciens ») tendent aux croyants.

L'argument prouve que ce *summun bonum* est plus qu'un simple *flatus vocis* mais non qu'il existe indépendamment de mon esprit, comme le tableau peint existe en dehors de la pensée du peintre, selon l'image d'Anselme. Comment *réaliser*, au sens d'objectiver, l'idée d'un objet meilleur que tous les objets dont

---

1. *Proslogion*, II, dans *L'œuvre de S. Anselme de Cantorbéry*, t. I, *op. cit.*, p. 101, 11-12.

cette idée est susceptible d'être vraie ? On comprend qu'Abélard ait posé, compte-tenu de ce qu'il écrit dans les *Collationes*, que l'existence de cet objet – le *summum bonum* en tant qu'il transcende tout l'ordre des étant créés – est irréductiblement laissé à un libre acte, subjectif, de foi et non à ce que peut objectiver la science.

La raison théologique est une raison pratique

Dans un texte extraordinaire de la *Theogia christiana* (repris dans la *Theologia scholarium*), Abélard se demande pourquoi nous devons admettre un monothéisme plutôt qu'un polythéisme. Ne peut-on dire que « si nous désirons exalter et magnifier le souverain bien, il convient de le dire multiple plutôt qu'unique », « en sorte que plus nous poserions des dieux nombreux et plus nous amplifierions la gloire de l'excellence divine » ? Abélard rétorque qu'il conviendrait alors de poser un nombre infini de dieux :

> C'est pourquoi il conviendrait de parler de dieux en nombre infini, surtout parce que, comme il n'y a aucune raison de réduire la gloire de l'excellence divine à tel nombre déterminé, nous l'amplifierons d'autant plus que nous étendrons plus le nombre des dieux [1].

Dans ce cas, ajoute Abélard, nous ne pourrions connaître ce souverain bien, puisque chaque terme de notre recherche – chaque divinité connue – serait outrepassé par un terme nouveau (par une divinité nouvelle), et ainsi à l'infini. Abélard montre donc non pas qu'il est nécessaire qu'il y ait un seul dieu (un seul *summum bonum*) mais que cela est plus convenable et plus *sensé*. De même, ajoute-t-il aussitôt, l'existence de ce Dieu unique se recommande à notre raison, non par des arguments nécessaires, mais par des arguments purement moraux (« magis honestis quam necessariis rationibus »), Abélard ajoutant que des arguments moraux ont plus de force et de valeur que des arguments nécessaires [2]. On comprend que céder à des arguments nécessaires ne donne aucune valeur (morale) à mon consentement, puisque, par définition, je n'ai aucun choix. La nature morale de l'objet (le *summum bonum*) dont on asserte l'existence exige que cette assertion ait elle-même une valeur morale, en n'étant contrainte par aucun argument nécessaire mais seulement par des *honestae rationes*. Il faut, donc, que ce consentement soit libre, en se recommandant seulement par la valeur morale de ce choix, et non, en étant fondé sur la contrainte logique de tel raisonnement. Donc, non seulement il n'existe pas d'argument nécessaire prouvant « aux obstinés » l'existence de Dieu mais il est souhaitable que cette croyance ne puisse être fondée que sur le libre consentement du croyant.

---

1. *Theologia christiana*, V, § 12, éd. E. M. Buytaert, Turnhout, Brepols, 1969, p. 352 et p. 201-209.
2. *Ibid.*, § 15, p. 353, 236-239 : « Cette raison qui touche à la moralité plus qu'à la nécessité est toujours plus puissante, surtout du fait que les raisons morales plaisent *par elles-mêmes* » et non sous l'effet d'une contrainte externe.

Quelle est la nature de ces *honestae rationes* qui plaident en faveur de l'existence d'un *summun bonum*, sans toutefois y contraindre logiquement ? Abélard les définit ainsi :

> Il n'y a personne à qui la raison de sa propre conscience ne suggère qu'il est moral et salubre que toutes choses regardent à un seul recteur et créateur très bon et que toutes choses soit faites et gouvernées par la raison plutôt que par le hasard. En effet, quel souci des œuvres bonnes nous habiterait, si nous ignorions totalement un dieu que nous ne vénèrerions pas avec amour et crainte ? Quelle espérance réfrènerait la malice des puissants ou les inciterait aux œuvres bonnes, si la croyance en un dieu de tous le plus juste et le plus puissant était vaine [1] ?

Ces raisons ne sont, on le voit, ni logiques [2], ni même métaphysiques [3], mais purement et seulement morales. Abélard n'avance, en réalité, aucun argument *théorique* quel qu'en soit la nature (logique ou ontologique) mais seulement cet argument *pratique* : quel sens aurait la croyance en la moralité de mes actes, les uns condamnables, les autres méritants, si cette rationalité morale, soit l'idée d'un *summum bonum* dont je sois, dans mes actes, plus ou moins proche, n'avait aucun fondement réel ? Abélard distingue ainsi l'impossibilité *théorique* de prouver l'existence de ce souverain bien et l'impératif *pratique* de croire que ce souverain bien, à l'aune duquel j'évalue mes actes, n'est pas privé de tout fondement réel. Cet impératif n'a donc aucun fondement théorique, mais seulement un fondement pratique (au sens kantien). Pour respecter cette puissance purement morale, j'ai besoin, pense Abélard, d'accorder à cette puissance une forme de réalité : celle de quelque chose qu'on puisse aimer ou craindre. Mais aucun argument nécessaire n'y contraint sur le plan proprement théorique. Pour agir bien ou mieux, j'ai besoin de croire que le bien existe, *même* si je n'ai aucun savoir m'assurant de cette existence.

Qu'on lise bien le dernier chapitre de ses deux dernières théologies et on verra qu'Abélard n'apporte aucun autre fondement à la croyance en l'existence de Dieu que cet argument moral. Un élément central de la théologie d'Abélard est, donc, de poser (avec Gaunilon) qu'il est impossible de décider par un argument nécessaire de l'existence de Dieu ou de son inexistence. Il y a donc une différence essentielle entre Anselme de Cantorbéry, d'un côté, qui inaugure, par le *Proslogion*, le projet de constituer l'objet de la théologie en un objet de science et Abélard, de l'autre, qui, rejetant toute possibilité de décider par un argument nécessaire de l'existence de l'objet de la théologie, pose sa synonymie avec l'éthique. C'est la croyance du sujet en la valeur morale de ses actes qui conditionne son désir de croire en l'existence d'un *summum bonum*, et non, certes, une preuve objective. Comme nous allons le voir, le caractère indécidable, sur le plan

---

1. *Theologia christiana*, V, § 15, *op. cit.*, p. 353, 239-247.
2. Il n'est pas question ici de « preuve ontologique », à la manière d'Anselme (ou, plus tard, de Descartes).
3. Il n'est pas question, non plus, de preuves « physico-théologiques », à la manière du thomisme postérieur.

objectif de la science (de ce qui est accessible à un argument nécessaire), de l'existence de l'objet du discours théologique est essentiel au contenu même de la théodicée d'Abélard.

L'Idée de Dieu correspond bien ainsi à l'idée d'une cause finale. La cause du réel (créé) est la finalité morale que lui assigne, *ab initio*, son créateur. Abélard cite Boèce : « Demeurant immobile, il donne à toute chose de se mouvoir »[1].

Dieu est à la fois la cause et la fin : il est, seul, créateur et est ce *summun bonum*, raison d'être vers laquelle tend tout le créé. Cette « cause finale » n'est pas l'idée métaphysique du premier moteur aristotélicien, mais, chez un Abélard posant la synonymie entre *divinitas* et *ethica*, l'idée que l'intentionnalité morale que je donne à mes actes n'est pas seulement ancrée dans *ma* pensée, mais l'est aussi hors d'elle. Abélard ne peut pas lire la *Métaphysique* d'Aristote, et singulièrement son livre L. Par ailleurs, il pose que la reconnaissance de l'existence objective de cette « causalité finale » n'est pas un effet de ma science mais seulement un effet de mon *désir* d'attribuer à l'intentionnalité morale de mes actes un fondement objectif :

> Posons donc que, tandis que nous cherchons à être utile et à plaire [par nos arguments] aux hommes bons, nous ne pouvons contraindre ceux qui s'obstinent [dans l'incroyance], puisque nous ne leur fermons pas la bouche par des arguments nécessaires[2].

Abélard a des mots très durs pour ces « infidèles », mais il prend, pourtant, l'initiative de souligner qu'il ne peut les « contraindre par nécessité à choisir ni que Dieu existe ni que Dieu n'existe pas », ses arguments se recommandant à la raison « tant par leur moralité que par leur utilité », mais non, donc, par leur nécessité[3].

« Acte » et « puissance » en théologie : le problème de la théodicée

Ceci posé, Abélard a le même concept de Dieu qu'Anselme, celui d'un Bien suréminent : tel que meilleur ne peut être conçu. Tout homme est plus ou moins bon et nous avons vu qu'il est impossible, cela posé, de concevoir un homme bon qui soit absolument bon et ainsi meilleur que tout homme bon : « Loin de nous l'idée de concéder que l'un d'entre nous puisse être bon et parfait au point qu'il ne puisse plus croître [en bonté et en perfection] »[4]. Ce qui est vrai de l'homme, l'est

---

1. *Theologia scholarium*, III, 67, éd. C. Mews, Turnhout, Brepols, 1987, p. 528, 914 : « Stabilisque manens dat cuncta moveri ».
2. *Ibid.*, III, § 16, p. 506, 231-233.
3. *Theologia christiana*, V, § 16, *op. cit.*, p. 353, 254-257 : « Cherchons par quelle raison ils préfèrent croire que Dieu n'existe pas plutôt que de croire que Dieu existe, et, alors qu'ils ne peuvent être nécessairement contraints ni à l'un ni à l'autre, et que l'un des deux partis se recommande par de nombreuses raisons et le second par aucune, réfutons leur très inique impudence ». Abélard pose, donc, que, malgré l'absence d'un argument nécessaire, il n'y a que des avantages à croire en l'existence de Dieu et aucun à croire en son inexistence : on est tout près ici de l'idée du pari pascalien.
4. *Theologia christiana*, V, § 34, *op. cit.*, p. 361, 491-492 : « Absit autem ut aliquem nostrum adeo bonum esse concedamus ac perfectum, ut ulterius crescere non possit ».

aussi, par extension, de tout étant bon. Il est impossible d'établir l'existence d'un étant bon meilleur que tous les autres. Nous pouvons seulement faire l'hypothèse de la pré-ordination de tout ce qui existe à une destination moralement bonne vers laquelle tout l'existant « tend ». Dieu en tant qu'il transcende toute la série des étants créés est, en ce sens, absolument bon. Créateur, il est cet absolu vers lequel tend tout ce qu'il crée en lui assignant une destination moralement bonne. Que cette destination existe, nous pouvons choisir de le croire, mais non l'établir, comme nous l'avons vérifié, par un argument contraignant. Donc, là où il est impossible à l'un quelconque des étants créés d'épuiser en acte toute la progression *possible* de l'étant créé vers la perfection, Dieu est, dans son concept même et par hypothèse, *actualiter* toute la perfection possible. Il y a ainsi un contraste entre l'*immutabilitas* d'un étant incréé qui est en acte tout ce qu'il peut être (et donc ne peut changer en progressant encore) et la *mutabilitas* de l'étant créé qui n'est jamais tout ce qu'il peut être (et peut, donc, toujours changer, en progressant encore). Ce qui caractérise le concept de Dieu sur le plan philosophique est donc l'identité absolue dans ce concept de l'être en acte et de l'être en puissance. Il n'y a aucune contingence en Dieu, ce qui signifie qu'est seul possible pour lui ce qu'il fait, sait ou veut en acte. Pour moi, au contraire, le possible excède toujours l'actuel. Mon acte n'est pas le seul possible, mon savoir n'est pas tout le savoir possible, et ma perfection morale n'est pas telle qu'elle ne puisse être meilleure. En Dieu, l'actuel épuise le possible; en moi, jamais. Cette identité de l'actuel et du possible est ainsi la limite vers laquelle tendent mes actes, mon savoir et ma volonté dans mon effort pour résorber la part de contingence (d'impuissance, d'erreur, et d'imperfection morale) qu'ils comportent et dont il ne m'est pas possible de me défaire entièrement.

Abélard répartit les trois Personnes en trois propriétés de la divinité : la puissance (le Père), la sagesse (le Fils) et la bonté (l'Esprit). Or, pour chacune des Personnes, Abélard répète la même impossibilité :

> « il est de fait que Dieu peut seulement faire ce qu'il fait à tel moment »[1];
> « Dieu sait en tout temps ce qu'il sait à tel moment »[2];
> « Dieu veut en tout temps ce qu'il veut à tel moment »[3].

Dieu, étant tel que meilleur ne peut être pensé, ne peut être meilleur qu'il ne l'est en acte : aussi ne peut-il faire « mieux » et, donc, autre chose que ce qu'il fait en acte; de même son savoir ne peut-il être plus parfait et, donc, s'accroître, en étant différent de ce qu'il est maintenant (Dieu ne peut ni errer ni apprendre); de même, enfin, sa volonté ne peut-elle vouloir un bien plus grand que celui qu'elle veut ici et maintenant (sa volonté est éternelle et intangible : inflexible).

---

1. *Theologia scholarium*, III, § 39, *op. cit.*, p. 516, 524.
2. *Ibid.*, § 61, p. 526, 821.
3. *Ibid.*, 822.

Comment Abélard sait-il tout cela ? N'est-il pas paradoxal de déclarer toute-puissante une divinité qui est impuissante à faire autre chose que ce qu'elle fait en acte ? Abélard sait que ces trois propositions sont vraies parce que les trois impossibilités qu'elles énoncent découlent *analytiquement* et, donc, *nécessairement* du concept même de Dieu, c'est-à-dire d'un être tel que meilleur ne peut être conçu. Il est clair, en effet, que si cet être peut faire, savoir et vouloir plus et mieux qu'il ne fait, sait et veut, alors il n'est pas tel que meilleur ne peut être conçu.

Bien sûr, Abélard a conscience du problème théologique qui découle de cette analyse conceptuelle. Si Dieu ne peut faire, savoir et vouloir autre chose que ce qu'il fait, sait, et veux, à quoi bon chercher à mériter mon salut, puisque ma damnation ou mon salut sont actés, connus et voulus par Dieu de manière absolument immuable et éternelle ? Il s'agit, donc, du bien-fondé même d'une justice divine. Comment peut-on parler de « justice divine », si ma damnation éventuelle n'est pas réellement évitable par le bon usage de mon libre arbitre ? C'est à ce problème – celui d'une théodicée – qu'Abélard consacre les derniers livres de ses deux dernières théologies.

LE CONCEPT DE *DICTUM PROPOSITIONIS*

La solution boécienne au problème de la théodicée : la seconde théorie du sujet unique

Mais avant de comprendre comment Abélard traite cette question, il convient de voir comment Boèce lui-même la résolvait. En effet, ce problème, Abélard en trouvait la solution dans le *De consolatione Philosophiae* de Boèce, un texte qu'il cite à plusieurs reprises dans son propre traitement de la question de la théodicée. Quelle est cette solution et Abélard la partage-t-il ? Nous allons voir que si la solution d'Abélard diffère de celle de Boèce, elle ne peut être véritablement comprise qu'en étant située par rapport au texte même du *De consolatione Philosophiae*.

On a vu que Boèce pensait résoudre l'aporie de l'universel en posant que le même sujet qui est singulier sous la sensation est universel sous le regard de la raison. Dans le *De consolatione Philosophiae*, Boèce se fonde sur cette « solution » pour résoudre à son image l'aporie des futurs contingents (reformulée en aporie des rapports entre libre-arbitre et Providence divine) :

> Donc nous n'avons pas eu tort de dire que ces choses, si on les rapporte à la connaissance divine, sont nécessaires et si elles sont considérées par elles-mêmes sont libres de tout lien de nécessité ; de même tout ce qui tombe sous les sens, si tu le rapportes à la raison, est universel, et si tu le considères en lui-même est singulier[1].

---

1. Boèce, *De consolatione Philosophiae*, éd. C. Moreschini, München-Leipzig, Teubner, 2000, p. 160, 130-134.

Il y a, donc, deux théories du sujet unique : l'une résolvant l'aporie de l'universel (en permettant de répondre au questionnaire de Porphyre) et la seconde résolvant l'autre grande aporie du corpus logique, l'aporie des futurs contingents. De même qu'il est possible de fournir un fondement ontologique à l'universel sans rien poser *in re* qui soit universel, de même il est possible de poser que « le même futur, [qui], rapporté à l'intelligence divine, est nécessaire, considéré dans sa nature propre, est libre et indépendant »[1]. L'analogie entre les deux solutions est explicitement posée et théorisée par Boèce. Celui-ci explique, en effet, qu'il existe quatre puissances cognitives : la sensation et l'imagination communes à tous les animaux, la raison qui distingue l'homme des autres animaux et enfin l'*intelligentia* que Boèce réserve à Dieu : « ratio vero humani tantum generis, sicut intelligentia *sola divini* »[2]. Or, pose Boèce dans le *De consolatione Philosophiae*, chaque puissance cognitive comprend la puissance cognitive inférieure de manière éminente et a ainsi le pouvoir de reconnaître l'identité entre son sujet et le sujet de la puissance cognitive inférieure. Ainsi peuvent être supprimées comme des différences seulement « psychologiques » – des modes de considération, dit Boèce, d'un seul et même objet – l'opposition entre le particulier et l'universel et l'opposition entre le contingent et le nécessaire. Ce qui se donne *universaliter* à la *ratio* est *singulariter* pour le *sensus*, et, de même (*sicuti*), ce qui se donne comme nécessaire à l'intelligence (divine) est *contingenter* pour la *ratio humana*. La règle permettant de passer d'un barreau à l'autre de l'échelle des puissances cognitives est la suivante :

> Sur ce point il faut avant tout prendre en considération ceci : car la puissance de compréhension supérieure comprend celle qui lui est inférieure, mais celle qui est inférieure ne s'élève en aucune façon à celle qui lui est supérieure[3].

Par une cascade de clauses de réduction à l'identité, on parvient donc à la tautologie finale : A = A. Ce qui est universel et nécessaire est cela même qui est singulier et contingent. Nous assurons ainsi la possibilité de la science telle qu'elle requiert l'universel et le déterminisme tout en « sauvant » la particularité et la contingence de notre expérience du monde. Que demander de plus ?

Lorsqu'Abélard fait référence à l'*intelligentia* du *De consolatione Philosophiae*, il attribue cette intelligence à Dieu et « à très peu d'hommes ». Ainsi dans le *De intellectibus*, Abélard attribue à Boèce l'affirmation que très peu d'hommes ont, comme Dieu, accès à l'*intelligentia* : « Boethius dicit intelligentiam paucissimorum hominum esse »[4]. Il s'agit d'une mention étrange puisque, dans le *De consolatione Philosophiae*, Boèce réserve explicitement l'intelligence « au seul [genre] divin » et ne parle pas de ce très petit nombre d'hommes qui, par *excessus mentis*, se divinise en ayant accès à l'intelligence divine. Boèce pose que

---

1. *Ibid.*, p. 158, 96-100.
2. *Ibid.*, p. 153, 16-18.
3. *Ibid.*, p. 149, 88-p. 150, 1 : « In quo illud *maxime* considerandum est : nam superior comprehendendi vis complectitur inferiorem, inferior vero ad superiorem *nullo modo* consurgit ».
4. *De intellectibus*, § 22, *op. cit.*, p. 40.

l'intelligence divine, étant éternelle, est contemporaine de tout. Aussi la valeur de vérité de toute proposition au futur est déjà connue par elle de toute éternité mais comment envisager qu'un esprit *humain* puisse avoir accès à un tel point de vue éternel et omniscient sur la réalité ? Pourquoi Abélard attribue-t-il cette possibilité à Boèce ? Celui-ci ne mentionne pas la possibilité d'un *excessus mentis*, mais il écrit :

> C'est pourquoi élevons-nous, si nous le pouvons, au niveau de cette suprême intelligence : là, en effet, *la raison verra* ce qu'elle ne peut voir en elle-même, c'est-à-dire comment une prescience divine sûre d'elle et précise voit même ce dont la réalisation n'est pas certaine et comment il ne s'agit pas là d'une opinion mais plutôt de la simplicité sans limite de la science suprême [1].

Boèce sait donc ce que la raison verra si elle s'élève au niveau de l'intelligence. Ici, Boèce déclare possible ce qu'il avait déclaré impossible *dans le même texte*. Il avait, en effet, affirmé qu'en aucune façon (« nullo modo ») une puissance cognitive inférieure ne peut s'élever jusqu'à la puissance cognitive supérieure. Le texte de Boèce est donc en réalité contradictoire et Abélard pose que, pour Boèce, il y a, en fait, « un très petit nombre d'hommes » – et, parmi eux, nécessairement, Boèce lui-même – qui réussit à déroger à la règle commune en faisant ce que ce dernier déclare pourtant absolument impossible : avoir accès à la science éternelle de Dieu de manière à vérifier que le sujet de cette science infaillible est, identiquement, le sujet même, en soi contingent, de la *ratio humana*.

Toute la seconde théorie du sujet unique repose ainsi, pour sa solution, sur l'hypothèse d'un *excessus mentis*, dans lequel « l'homme mourant en moi, Dieu est éveillé ». Cette « solution » n'a ainsi de sens que pour l'homme de foi, une foi à laquelle aucun argument nécessaire ne peut contraindre. Très raisonnablement, Abélard pense qu'accéder à une intelligence infaillible et omnisciente n'est possible que sur le plan purement « extatique » de la mystique, et non, certes, sur le plan d'une science humaine (et aristotélicienne) [2]. La solution boécienne repose ainsi sur la confusion, caractéristique des sources patristiques, entre philosophie et théologie. On comprend que le *logicus* Abélard ne puisse s'en contenter. Et, de fait, loin de cette seconde théorie du sujet unique, Abélard va, de son côté, distinguer *deux* sujets : le *dictum propositionis* et la *res quae evenit* (*contingenter*), tout comme, en lieu et place de la première théorie, il avait distingué entre la cause d'imposition du nom universel (le *status*) et la ou les *res* nommées par ce nom.

---

1. Boèce, *De consolatione Philosophiae, op. cit.*, p. 154, 48-54 ; trad. fr. C. Lazam, *Consolation de la Philosophie*, Paris, Rivages, 1989, p. 209.
2. Cf. *De intellectibus*, § 22, *op. cit.*, p. 40.

Le rejet de la solution boécienne et l'introduction du concept de dictum propositionis

De même que, face à la première théorie du sujet unique, Abélard refuse que la cause d'imposition de l'universel soit la *res* même nommée, de même, face à la seconde, on le voit refuser que le sujet du vrai soit la *res* même *quae evenit contingenter*. Introduisant le concept de *status* pour la première théorie, il va introduire pour la seconde le concept de *dictum propositionis*. Et il le fait dans les deux cas en distinguant grammaire et logique. Même si le statut n'est pas la *res* (extensionnelle) nommée, il ne se confond pas pour autant avec le *sens* de l'universel (l'*intellectus* engendré), mais désigne ce qui « cause » la non-vanité de ce sens : son bien-fondé hors du langage. Il en va de même ici. Le *dictum*, bien qu'il ne soit aucune chose, ne se confond pas avec l'intellection qu'engendre la phrase prononcée – avec son sens, donc – mais désigne le sujet même de cet énoncé en tant qu'il est asserté, soit cela même qui est vrai. Abélard précise que ce *dictum* n'engendre pas lui-même d'intellection :

> Comme nous l'avons promis il faut dire un mot de l'impersonnalité de l'énonciation. À ce sujet la première chose à dire est que, alors que les propositions signifient leurs *dicta* en les proposant, ceux-ci, cependant, n'engendrent pas d'intellections[1].

Ce texte de la LI peut paraître énigmatique, mais il s'éclaire si on le met en rapport avec d'autres textes de la *Dialectica* et de cette même LI où Abélard souligne que la valeur assertive de la copule – ceci *est* cela – ne peut engendrer d'intellection sans engager une régression infinie. Cette valeur logique est dans le lien qu'elle établit entre les parties de la phrase. Si nous analysons la phrase comme composées de deux termes – sujet et prédicat – engendrant l'intellection de deux choses, il restera à intelliger ce qui fonde l'unité de la prédication qui asserte que ceci est cela. Si nous isolons un troisième terme, il restera à le relier aux deux premiers et ainsi sans fin. Or, il est clair qu'une proposition ne peut engendrer une intellection, c'est-à-dire avoir un sens, que si cette intellection n'est pas obtenue au terme d'une régression infinie. Donc, Abélard en conclut que la phrase engendre l'intellection des choses sur lesquelles elle porte, une intellection composée d'un nombre fini de parties, mais que, par contre, le *dictum propositionis*, c'est-à-dire la force assertive qui transforme cette phrase sensée en une proposition logiquement vraie (ou fausse) n'engendre l'intellection d'aucune chose, à moins, donc, d'une régression infinie. Il s'agit, donc, d'un constat – à notre connaissance fait pour la première fois – qu'on retrouvera, par exemple, chez Bolzano :

> Comme il est facile de le voir, l'ensemble des propositions et vérités en soi est infini. Si nous considérons, en effet, une vérité quelconque, par exemple la proposition : « Il y a en général des vérités », ou toute autre proposition que je désigne par A, nous remarquons que la proposition « A est vraie » est différente de A elle-

---

1. *Glossae super Peri hermeneias, op. cit.*, p. 140 et p. 275-283.

> même [...]. Désignons par B cette deuxième proposition : « A est vraie » et réitérons le procédé de dérivation qui nous a déjà donné B à partir de A, nous obtiendrons une troisième proposition C à partir de B et ainsi de suite indéfiniment. [...] Le lecteur remarquera – sans que j'ai besoin d'attirer particulièrement son attention là-dessus – la similitude de cette suite de propositions avec la suite des nombres [1].

C'est bien de cela dont il s'agit chez Abélard. Le sujet total du vrai (l'assertion que ceci *est* ou *n'est pas* cela) ne peut être obtenu par une analyse des parties de la phrase qu'au terme final d'une régression infinie [2]. Or, clairement, « aucune intellection n'embrasse l'infini ». Donc, il convient de distinguer le sens (« personnel ») de la proposition, une intellection composée d'un nombre fini d'intellections simples déterminant la ou les *res* dont il est question, et le « dit » propositionnel lui-même – cela qui est vrai – et qui ne peut engendrer (*personaliter*) l'intellection d'une chose sans nous engager dans une régression infinie.

Maintenant, si nous disons que ce *dictum* n'est positivement rien, alors nous ne pouvons plus rien asserter de manière effective. Lorsque nous assertons, absurdement nous (n') assertons *rien*. Peter King remarque :

> To the modern philosophical ear, Abelard's dicta might sound like propositions, abstract entities that are the timeless bearers of truth and falsity. But Abelard will have nothing to do with any such entities. He declares repeatedly and emphatically that despite being more than and different from the sentences that express them, dicta have no ontological standing whatsoever. In the short space of a single paragraph he says that they are « no real things at all » and twice calls them « absolutely nothing » [3].

En fait dans la LI, Abélard est beaucoup plus ambigu. S'il dit, en effet, que le *dictum* est « nihil omnino » [4], en refusant avec force qu'il soit une *res* ou une *essentia* quelconque, il ajoute quelques lignes plus loin :

> En outre, « rien » ne peut être énoncé affirmativement du dit de la proposition, comme de dire, par exemple, que ce dit [n'] est rien, mais on peut seulement énoncer négativement qu'il n'est pas quelque chose [5].

Clairement – et absurdement – si le *dictum* asserté est affirmativement rien, alors *logicaliter* rien n'est proprement asserté, puisque la référence du mot

---

1. B. Bolzano, *Paradoxien des Unendlichen*, 1851, § 13, trad. fr. H. Sinaceur, *Paradoxes de l'infini*, Paris, Seuil, 1993, p. 72.
2. *Dialectica, op. cit.*, p. 159, 2-5.
3. « Abelard », art. cit. (en ligne) : « Pour une oreille philosophique moderne les dicta pourraient sonner comme des propositions, entités abstraites qui sont les porteurs atemporels des valeurs de vérité et de fausseté. Mais Abélard refuse d'avoir affaire à de telles entités. Il déclare répétitivement et avec emphase que, bien qu'étant plus que les phrases qui les expriment et étant différentes d'elles, les *dicta* n'ont, malgré cela, aucun statut ontologique. Dans le court espace d'un seul paragraphe, il dit qu'ils ne sont "absolument aucune chose réelle" et les nomment par deux fois "absolument rien" » (notre traduction).
4. *Glossae super Peri hermeneias, op. cit.*, p. 132, 93-p. 133, 100.
5. *Ibid.*, p. 139, 269-271 : « Praetera nihil affirmative dici non potest de dicto propositionis ut videlicet dicam affirmative esse nihil, sed negative non esse aliquid ».

« dictum » (cela qui est vrai) est, comme celle du mot « chimère », vide. De même, on l'a vu, si le statut « être homme », en quoi conviennent Socrate et Platon, est *affirmative nihil*, alors absurdement nous devons en conclure qu'ils se rencontrent en « rien », et, donc, ne se rencontrent pas. C'est, donc, une chose de nier que le *dictum* soit *aliquid* et une autre d'affirmer (comme le propose P. King) qu'il soit « absolutely nothing » (que la référence du mot « dictum » soit vide). En réalité, on ne peut pas comprendre le propos d'Abélard, ici comme ailleurs, dans les catégories (postérieures) nominalisme/réalisme. L'objectivité du *dictum* n'est pas proprement ontologique – ce n'est pas une *essentia* existant indépendamment de ma pensée[1] – mais elle est absolument nécessaire, tout comme celle du *status*, à la *pratique* de la science (aristotélicienne).

Les *dicta* sans appartenir à un monde transcendant d'entités éternelles, sont *transcendantalement* nécessaires à la possibilité de la science, c'est-à-dire à sa pratique effective. Il faut distinguer entre ce que nous savons sur le plan *théorique* exister, et ce dont nous admettons l'objectivité parce que, irréductiblement, la *pratique* même de la science l'exige, en se révélant, sans cette objectivité, complètement ineffective. Cette objectivité est, donc, purement négative. Abélard ne pose pas l'existence théorique et positive d'un monde idéal de *dicta* intemporels, mais il montre que si ce que dit la proposition – cela qui est vrai – est soit une phrase, soit une intellection, soit, enfin, une chose, alors la pratique effective de la science logique est simplement impossible *pour nous*.

Concluons sur ce point : Abélard n'admet pas que les *dicta* soient des *essentiae* mais il n'est pas exact qu'il en déduise pour autant qu'ils (ne) sont *affirmative* rien et, *donc*, rien d'autre que des constructions verbales ou leur sens. Or, c'est précisément la démonstration par Abélard de l'ineffectivité de cette réduction qui est *nouvelle*. Ce qui intéresse Abélard est l'irréductibilité dans une science effective (humaine) des *dicta* aux catégories du triangle sémantique boécien *vox/intellectus/res*. Sur le plan ontologique, on peut peut-être dire que c'est paradoxalement son irréductibilité à un étant quelconque – *vox*, *intellectus* ou *res* – qui permet à cela qui est asserté, au *dictum* donc, de ne pas partager le sort ontologique de tout étant (créé) : l'existence contingente.

Qu'Abélard ajoute (et non retranche) aux entités fondamentales voulues par le *Peri ermeneias* est particulièrement net dans la *Dialectica*[2]. Abélard y examine méthodiquement trois candidats possibles au titre de sujet des prédicats aléthiques :

---

1. Comme ce n'est pas non plus en ce sens que les « propositions en soi » existent pour Bolzano. Pour Bolzano, la proposition en soi (*Satz in sich*), distincte de la phrase qui l'exprime et de la représentation subjective que cette phrase génère, n'existe pourtant pas (au sens d'un étant indépendant de mon esprit) : « la proposition en soi n'est rien d'existant, de sorte qu'il serait tout aussi absurde de dire qu'une proposition a une existence éternelle que de dire qu'elle s'est formée à un certain instant et qu'à un autre, en revanche, elle a cessé d'exister », B. Bolzano, *Wissenschaftslehre*, I, § 19 : « Ce que l'auteur comprend par proposition en soi », trad. fr. J. English, *Théorie de la science*, Paris, Gallimard, 2011, p. 97.

2. *Dialectica, op. cit.*, p. 154, 30-p. 160, 35.

A) l'intellection engendrée par la proposition ;
B) l'existence de la *res* ou sa non-existence (au sens où dire qu'il est vrai que Socrate court, c'est dire : « il en va dans la réalité – *in re* – comme le dit la proposition "Socrate court" ») ;
C) l'énoncé linguistique lui-même « Socrate court ».

Abélard rejette immédiatement les candidats (A) et (C). Dans l'hypothétique « Si (x) est un homme, (x) est un animal », le lien proposé entre l'antécédent et le conséquent *est* nécessaire, mais, remarque Abélard, il n'y a pas de lien nécessaire entre les deux énoncés linguistiques, ni entre les actes psychologiques concrets d'intellection que ces énoncés engendrent et qui sont, y compris dans leur succession, des réalités contingentes[1]. De même, ce que dit tel antécédent a des conséquents « en nombre infini », conséquents qui sont, tous, analytiquement déjà contenus en lui, note Abélard, mais nous ne saurions concevoir une énonciation infinie ou une suite infinie d'intellections[2]. Reste, donc, le candidat (B), mais :

> Nous jugeons dignes de recherche de savoir si les existences de choses que disent les propositions sont au nombre des choses existantes et si elles doivent être estimées être une ou plusieurs choses[3].

Abélard multiplie alors les obstacles dont le principal est l'impossibilité qu'on a vue d'analyser ce que dit la proposition en un nombre fini d'entités *indépendantes* (ou « discrètes »). L'analyse de la force assertive de la copule est sans fin possible. Comme dans le cas de la cause d'imposition de l'universel (qui est « en elle-même infinie » et n'est donc réductible ni à la *res* « n », ni à son successeur), c'est bien là encore une question d'*effectivité* – notre raison ne peut pas aller à l'infini – qui conduit problématiquement à ajouter aux trois entités du *Peri ermeneias* (*vox/intellectus/res*) une quatrième, le *dictum propositionis*. Le point central est que le sujet du savoir – le *dictum* : cela qui est vrai – n'est pas *effectivement* réductible au sujet de l'existant : telle *res*.

On constate, donc, qu'à la distinction logique *res/status* anticipant celle, moderne, entre *Gegenstand* et *Begriff*, il faut ajouter maintenant la distinction logique *res/dictum propositionis* (proposition). La proposition, sans être réductible à aucun étant, ne saurait se confondre non plus avec la phrase qui l'exprime ou avec le sens de cette phrase.

---

1. *Dialectica, op. cit.*, p. 154, 34-38.
2. *Ibid.*, p. 155, 5-11.
3. *Ibid.*, p. 157, 14-16.

L'interprétation temporelle du principe de contradiction chez Boèce

Comment cette théorie du *dictum* est-elle utile à la théodicée d'Abélard ? Pour le comprendre, il faut là encore remonter à Boèce. Celui-ci met en scène la « vieille querelle » entre stoïciens et péripatéticiens, en rappelant que, pour les stoïciens, la contingence est relative à notre ignorance du futur et non enracinée dans la nature même de ce futur. Elle n'est pas objective. Aristote, au contraire, soutient que la contingence ne doit pas être rapportée *ad nostram possibilitatem* mais à « la nature même de la chose ». C'est la seule manière de préserver la possibilité objective d'un libre choix et d'éviter ainsi le fatalisme que Boèce reproche aux stoïciens. Mais, si la contingence est dans l'objet lui-même, comment la proposition « une bataille navale aura lieu demain » peut-elle avoir, dès maintenant, une valeur de vérité ?

Aporie donc. Notons bien que cette aporie n'a pas seulement de sens dans l'hypothèse proprement théologique de l'existence d'une intelligence providentielle. Elle demeure, en effet, intacte même si nous ne faisons aucune hypothèse sur l'existence d'une intelligence providentielle. En effet, l'imputabilité morale de mes actes semble requérir deux conditions contradictoires : d'une part que mon futur soit contingent et d'autre part que ce même futur soit prévisible. Les deux contraintes sont d'égal poids. Je ne peux porter la responsabilité de mon futur que si celui-ci est tel qu'il pourrait réellement être autre que ce qui va résulter de mon choix. Il convient donc que ce futur soit contingent. Mais, d'un autre côté, je ne peux pas non plus porter la responsabilité de ce futur si les conséquences de mon choix sont avant ce choix imprévisibles, étant toutes telles qu'elles puissent aussi bien ne pas se produire. Il convient donc que ce futur soit prévisible. Mais comment l'avenir peut-il à la fois être contingent (libre de tout lien de nécessité) et prévisible (soumis aux exigences du principe de causalité avec le déterminisme qu'il induit) ? La possibilité même d'une éthique exige donc de l'avenir et qu'il soit contingent et qu'il soit prévisible. Toute la « vieille querelle » revient, donc, à résoudre le problème suivant : comment le *même* futur peut-il être *dans sa nature même* contingent et, cependant, être effectivement prévisible ?

Boèce, pour résoudre cette aporie, va distinguer deux types de nécessité :

> Et en effet il y a deux nécessités, l'une simple – par exemple, il est nécessaire que tous les hommes soient mortels – et l'autre conditionnelle – par exemple, si tu sais que quelqu'un marche, alors il est nécessaire qu'il marche [1].

La nécessité conditionnelle n'entraîne pas la nécessité « simple ».

> En effet, aucune nécessité ne contraint à avancer celui qui marche, bien que, au moment où il marche, il soit nécessaire qu'il avance [2].

---

1. Boèce, *De consolatione Philosophiae*, V, *op. cit.*, p. 158, 100-p. 159, 116.
2. *Ibid.*

Il en va de même pour une providence divine éternellement contemporaine de tout : la nécessité de son savoir n'entraîne pas la nécessité de l'évènement lui-même.

Cette condition est proprement temporelle. Au moment présent où Socrate marche – et pour Dieu, tout est présent – il ne peut pas, dans le même temps, ne pas marcher.

Que cette *conditio*, soit bien une *conditio temporis* est confirmé par le second commentaire de Boèce sur le *Peri ermeneias* où on retrouve la même distinction entre deux genres de nécessité :

> Puisque, dans le même temps [in eodem tempore], il n'est pas possible qu'il soit assis et qu'il ne soit pas assis, quiconque est assis ne peut pas ne pas être assis, et donc, lorsqu'il est assis, il est nécessaire qu'il soit assis […]. Mais cette nécessité, qui est proposée sous condition, n'entraîne pas avec elle la nécessité simple [1].

En effet, on ne peut pas dire simplement : « Socrate est assis par nécessité » – « potest enim et non sedere » – mais seulement : « Socrate est assis par nécessité en ce temps où il est assis » et :

> et hanc conditionem temporis, si a propositione dividamus, de tota propositione veritas perit [2].

Ainsi, il n'est pas possible que dans le même temps une bataille navale ait et n'ait pas lieu. Donc, au moment où la bataille navale a lieu, il est impossible qu'en ce même moment elle n'ait pas lieu. Mais si nous supprimons cette condition de temps, il n'est nullement nécessaire que la bataille ait lieu. A : « Il est nécessaire qu'au moment où la bataille a lieu, elle ait lieu » n'implique pas A' : « il est nécessaire que la bataille navale ait lieu », puisque A signifie seulement qu'en un même temps il est impossible que deux contradictoires – « cette bataille a lieu » et « cette bataille n'a pas lieu » – soient vraies ensemble, c'est-à-dire simultanément. Mais, bien entendu, avant que la bataille ait lieu, les deux contradictoires sont « compossibles ». C'est seulement au présent qu'elles ne le sont pas. Or, pour Dieu, le présent est éternel. CQFD, donc.

Hypothétiques temporelles et catégoriques modales « avec détermination »

Que pense Abélard de cette démonstration ? Abélard soutient que si nous entendons en ce sens la « nécessité de condition », alors nous pouvons inférer d'elle la nécessité simple. La proposition : « lorsque Socrate est assis, il est nécessaire qu'il soit assis » est une proposition dont la structure logique est ambiguë. Elle peut être comprise soit comme une catégorique modale avec détermination (A), soit comme une hypothétique temporelle (A') :

---

1. Boèce, *Second commentaire sur le Periermeneias*, dans *Patrologia Latina*, t. 64, éd. J. P. Migne, Paris, s.m.é., 1847, col. 514A-B.
2. *Ibid.*, col. 514C : « et cette condition de temps, si nous la séparons de la proposition, alors disparaît la vérité de toute la proposition ».

A : « Que Socrate soit assis (= sujet) est nécessaire tandis qu'il est assis (= prédicat modal avec détermination) » : catégorique modale *cum determinatione* ;

A' : « Au moment où Socrate est assis (= antécédent), il est nécessaire qu'il soit assis (= conséquent) » : hypothétique temporelle.

Il est clair que Boèce entend la *necessitas condicionalis* au sens de A', puisqu'il parle de *conditio temporis* : il s'agit bien d'une hypothétique (*conditio*) temporelle (*conditio temporis*). Mais, de manière constante, Abélard soutient que A' est faux. L'hypothétique temporelle « en ce temps où Socrate est assis, il est nécessaire qu'il soit assis » est fausse parce que sa contradictoire – « en ce temps où Socrate est assis, Socrate peut ne pas être assis » – est vraie et qu'assurément que deux contradictoires soient vraies ensemble est impossible.

L'ambiguïté de la proposition boécienne est donc importante puisque selon qu'on interprète la proposition de la prose V du *De consolatione Philosophiae* – « Tandis que celui-ci marche, il est nécessaire qu'il marche » – comme une catégorique modale avec détermination ou comme une hypothétique temporelle, sa valeur de vérité change. L'hypothétique temporelle est fausse, parce que, par application du *modus ponens*, il est possible d'en conclure une catégorique modale *de necessario sine determinatione* : « Au moment où Socrate est assis (= antécédent), Socrate est nécessairement assis (= conséquent) ; or, Socrate est assis ; donc, Socrate est nécessairement assis ». Dans la conclusion la nécessité est simple. On dit simplement que la position assise appartient nécessairement à Socrate, ce qui, s'agissant d'un accident, est évidemment faux et, pour Abélard, toujours faux. Donc, toutes les hypothétiques temporelles *de necessario* sont fausses, simplement parce qu'elles impliquent la *necessitas simplex*. Or, c'est ce qui n'est pas le cas des modales *de necessario cum determinatione*. « Que Socrate soit assis (= sujet) est nécessaire tandis qu'il est assis (= prédicat) » n'implique pas que Socrate soit *simpliciter* nécessairement assis, parce que la nécessité simple n'est jamais prédiquée, ce qui était le cas dans le conséquent de l'hypothétique temporelle. Bref, Abélard s'est aperçu que la *conditio temporis* de Boèce, contrairement à ce que celui-ci affirmait, impliquait logiquement la nécessité absolue, par simple application du *modus ponens*.

Dans le commentaire sur le *Peri ermeneias*, Abélard remplace le temporel « cum » par une préposition (« dum ») qui peut avoir une signification temporelle (« dans le même temps où ») ou logique (« tandis que »). Dans le deuxième cas, elle a seulement, dit Abélard, une fonction de conjonction. « Il est nécessaire que Socrate soit assis tandis qu'il l'est » ne dit pas qu'au moment où Socrate est assis, Socrate est nécessairement assis (ce qui est faux) mais que deux propositions contradictoires entre elles – « Socrate est et n'est pas assis » – ne peuvent être vraies conjointement du même sujet. Ce que dit « Que Socrate soit assis, est nécessaire tandis qu'il est assis » ne signifie rien d'autre que « ce que dit cette proposition : "Socrate est assis et n'est pas assis" est impossible ». Ainsi :

> Par exemple, si l'on disait de celui qui est debout, « si celui-ci qui est debout peut être assis en tout temps de sa vie, il est possible qu'il soit assis tandis qu'il est debout », c'est vrai non que nous conjoignons les deux [prédicats], à savoir « être assis » et « être debout », mais que nous concédions qu'existant l'espace de temps où il est debout, il est possible qu'il soit assis [1].

À tout instant du temps, l'un des deux est possible, mais la catégorique qui conjoint à un sujet tel prédicat et sa négation, elle, est impossible. Ainsi la modale avec détermination est vraie, mais l'hypothétique temporelle est fausse [2].

Autrement dit, la majeure du syllogisme boécien [3] est simplement fausse, un point trop rarement relevé mais incontestablement soutenu par Abélard, comme on vient de le vérifier.

Le rejet de l'interprétation ontologique du principe de contradiction par Abélard

Derrière ce débat sémantique, il y a un débat de fond. Boèce, par inadvertance, interprète temporellement et, donc, ontologiquement, le principe de contradiction. Abélard voit immédiatement qu'il en résulte la suppression de la réalité ontologique de la contingence. Il est indispensable, si nous voulons la maintenir, de soutenir que l'hypothétique temporelle (« tandis que Socrates est assis, il peut ne pas l'être ») est vraie et que, donc, sa contradictoire (« tandis que Socrate est assis, il l'est nécessairement ») est fausse. Dans la théorie de Boèce, il y a un moment du temps, où ce qui advient ne peut pas ne pas advenir et ce moment est l'instant présent. Mais, bien sûr, comme tout ce qui a existé ou tout ce qui existera, a existé ou existera, parce qu'il a existé ou existera au présent, il en résulte que tout *eventus rei* existe, a existé ou existera nécessairement. Il est « frivole » en ce sens de parler d'une contingence dans la nature des choses et non pas seulement relativement à notre ignorance du futur. Boèce, en réalité, retombe sur la position stoïcienne qu'il voulait, justement, réfuter.

Le principe de contradiction ne doit pas impliquer la nécessité simple et pour cela il ne doit pas être interprété temporellement :

> Mais nous ne reconnaissons pas que, s'il est nécessaire que celui-ci soit debout tandis qu'il est debout, il soit nécessaire qu'il soit debout en un temps quelconque [4].

---

1. *Glossae super Peri hermeneias, op. cit.*, p. 427, 942-p. 428, 945.
2. *Ibid.*, p. 428, 957-959 : « Cum dicitur "necesse est hunc stare dum stat", *constat modalem veram esse, non temporalem* ».
3. *Il y a un temps, le présent, où ce qui se produit ne peut ne pas se produire* ; or, pour Dieu, tout est présent ; donc, pour Dieu, tout ce qui se produit se produit nécessairement.
4. *Glossae super Peri hermeneias, op. cit.*, p. 429, 996-1002.

Abélard a, donc, compris que si on interprète non pas modalement, c'est-à-dire relativement au sujet possible d'une science, mais temporellement, c'est-à-dire relativement au sujet de l'existant, le principe logique de contradiction, le maintien d'une réalité objective de la contingence est inévitablement supprimé.

Ce qui est vrai du *dit* de la proposition ne l'est donc pas nécessairement de la chose qui advient. Bien sûr, la distinction est qualitative. Nous n'avons pas d'autre choix que de croire que le sujet d'une science n'est pas opposé au sujet de l'existant (sans quoi, bien sûr, ce savoir serait vain) mais nous ne pouvons pas inférer l'un de l'autre sans supprimer en tout temps où quelque chose existe, le caractère non-nécessaire de cette existence. Il convient donc de distinguer les deux propositions suivantes :

1. « Dum est, esse (necesse est) » : « Tandis qu'elle est, que la chose soit (est nécessaire) » ;
2. « Esse (necesse est dum est) » : « Que la chose soit (est nécessaire tandis qu'elle est) ».

En « 1 », la détermination est intégrée au sujet. Le déterminisme est référé à l'être même et on prédique de ce déterminisme la nécessité *simplex*. Il est dit de lui qu'il est *absolument* nécessaire. La proposition « 1 » peut être traduite en une hypothétique temporelle : « tandis que la chose est, il est nécessaire que la chose soit » (or la chose est ; donc il est nécessaire qu'elle soit). En « 2 », la détermination est intégrée au prédicat. Le déterminisme est référé non pas à l'être lui-même mais à ce qui est « dit » (connu) de lui. En « 2 », la nécessité simple ne peut jamais être conclue puisqu'elle n'est jamais prédiquée. Et ce que démontre Abélard est que si « 2 » (qui est vraie) implique « 1 », alors la contingence de l'existant devient proprement inconcevable.

Avec Boèce, l'exigence aristotélicienne de référer la contingence à la nature (objective) de l'évènement lui-même (et non à notre ignorance du futur) n'est pas, en réalité, respectée. Le principe de contradiction est, non problématiquement, un principe ontologique :

> Car quand il arrive à Socrate de s'asseoir, en ce temps où cela lui arrive, cela ne peut pas ne pas lui arriver (*Nam quando accidit Socrati sedere, eo tempore quo accidit, ei non accidisse non potest*)[1].

À comparer avec Abélard :

> Nous concédons qu'existant l'espace de temps où il est debout, il peut être assis (*concedamus posse eum sedere existente spatio temporis in quo stat*)[2].

Il ne fait donc pas de doute que, là où Boèce n'admet que des possibilités diachroniques, Abélard admet des possibilités *synchroniques*. En fait, l'admission de possibilités synchroniques est l'élément essentiel qui transforme la *necessitas condicionalis* de Boèce, où la condition est une « condicio

---

1. Boèce, *Second commentaire sur le Peri Ermeneias*, op. cit., col. 514C.
2. *Glossae super Peri hermeneias*, op. cit., p. 428, 944-945.

temporis », en *necessitas determinata*, où la *determinatio* n'a plus de sens temporel. Les hypothétiques temporelles *de necessario* sont fausses pour Abélard, parce qu'au moment où A arrive, il est possible que non-A arrive. Nous voyons ici pourquoi ce passage d'une interprétation temporelle à une interprétation modale est essentiel dans la pensée d'Abélard et permet de comprendre sa position par rapport à la solution boécienne. L'impossibilité modale de la conjonction d'un prédicat et de la négation de ce même prédicat affirmés catégoriquement du même sujet (soit le principe de contradiction, un principe constitutif du concept de vérité logique et, donc, du sujet d'une science possible) n'est pas nécessairement une impossibilité temporelle, c'est-à-dire une impossibilité proprement ontologique. Entre l'hypothétique temporelle qui est fausse (à l'instant où (x) est A, (x) ne peut être non-A) et la catégorique modale *cum determinatione* qui est vraie (« (x) ne peut être non A tandis qu'il est A », soit « ce que dit "(x) est A et non A" est impossible »), il y a une ambiguïté réelle. Nous ne pouvons pas identifier les deux sujets sans ruiner la contingence de l'existant et nous ne pouvons pas les opposer sans ruiner la possibilité d'un savoir (réduit à une *opinio* chimérique).

Inférer de la vérité de l'affirmation la fausseté de sa négation n'est vraie que cum constantiis

Le point essentiel est – pour le logicien Abélard – que nous ne pouvons pas *prouver* que l'impossibilité logique que nous concevons soit une impossibilité ontologique (temporelle).

Comme nous l'avons vu dans le chapitre précédent, Abélard n'admet pas la valeur nécessaire du *locus ab oppositis*. Ce *locus* s'applique, explique la *Dialectica*[1], à l'inférence entre la vérité de l'affirmation « Socrate est assis » et la fausseté de sa contradictoire « Socrate n'est pas assis » (ou de sa contraire « Socrate est debout »). Abélard pose que, même si ce que dit la proposition « Socrate est et n'est pas assis » est nécessairement faux, l'inférence « Si l'affirmation "Socrate est assis" est vraie, sa négation "Socrate n'est pas assis" est fausse » n'est pas vraie, au sens où elle n'est pas nécessairement vraie[2]. Elle ne peut l'être que si Socrate existe, ce qui n'est jamais nécessairement le cas. Elle n'est donc vraie que *cum constantiis*[3]. Et nous avons vu que, si nous voulons faire l'économie de cette hypothèse contingente, il faudra pour maintenir l'absolue nécessité de l'opposition entre la chose sur laquelle porte l'affirmation « (x) est assis » et celle sur laquelle porte sa négation « (x) n'est pas assis » (de manière à déduire de l'appartenance de (x) au premier sous-ensemble, sa non-appartenance au second) que (x) puisse prendre pour valeur absolument n'importe quel individu possible (*quodlibet*). Nous démontrons alors de tout individu – non pas

---

1. *Dialectica, op. cit.*, p. 394, 33-p. 395, 5.
2. Le lieu est *ab oppositis*, la *maxima propositio* étant : « si l'affirmation est vraie, la négation est fausse ». Cf. *ibid.*, p. 394, 20-p. 395, 5.
3. *Ibid.*, p. 397, 12-13.

donné, mais possible – que si cet individu appartient à l'extension de « (x) est A », alors il n'appartient pas à l'extension de « (x) n'est pas A ». Si nous jugeons une telle démonstration probante, alors nous pouvons démontrer que, de toute *res* dont l'advenue est possible, s'il est vrai que cette *res* est A, alors il est impossible, dans le temps où elle est A, qu'elle ne soit pas A (ou soit non A), puisque nous avons vérifié qu'il n'existe aucune *res possible* qui soit l'un et l'autre. Mais, bien entendu, l'ensemble des *res* concernées par notre démonstration doit, pour que celle-ci atteigne la *necessitas absoluta*, ne rien exclure et, donc, contenir toutes les *res* possibles. Nous posons, en effet, l'inférence comme vraie *sine constantiis* (sans limite catégorique). Or, on l'a vu, Abélard souligne qu'il suffit d'une exception pour ruiner la nécessité de notre inférence. Comment pouvons-nous exclure cette exception puisque nous avons admis avec toutes les autorités que les individus possibles étaient en nombre absolument illimité ? Il n'est donc pas *effectivement* possible (à moins de me supposer une science illimitée) de convertir l'impossibilité *intensionnelle* (que *dit* la proposition « (x) sedet et non sedet ») en une impossibilité *extensionnelle*, et, partant ontologique (posant qu'il est impossible pour quelque *res* que ce soit, qui est A, de ne pas être A (en étant -A) dans le temps où elle est A). Or, pour le logicien Abélard, l'impossibilité de prouver extensionnellement la nécessité du principe de contradiction *suffit* à rendre nécessaire la distinction entre la modale *de dicto* vraie « ce que dit "(x) est et n'est pas assis" est (absolument) impossible » et la modale *de re* fausse : « il est impossible à (x) qui est assis de ne pas l'être, en ce temps où (x) est assis ».

Nous *croyons* que le principe de contradiction n'est pas vain (et est donc ontologiquement bien fondé) mais *nous ne pouvons pas le prouver*. Nous croyons que la réalité est foncièrement intelligible et qu'elle ne peut donc receler aucune contradiction, peut-être même l'espérons-nous, mais nous ne le savons pas d'une science sûre et définitive. Et cette impuissance nous interdit de convertir la catégorique *modale de necessario cum determinatione* en une hypothétique *temporelle* nécessaire. *Intelligere*, enseigne le *De intellectibus*, n'est pas *scire* et c'est dans cette marge que s'insère nos *existimationes*. Nous ne pouvons pas intelliger ce que dit « celui qui est debout est assis », mais nous ne pouvons pas non plus en inférer, dans une science *valide et sûre*, qu' « en ce temps où celui qui est debout l'est, il ne peut pas être assis », et cela quelle que soit, par ailleurs, la *maxima probabilitas* qui s'attache à nos *existimationes*.

De plus, pour Boèce, le changement – la mutabilité entre les contraires – n'est possible qu'au futur. Mais assurément le futur n'est tel que parce qu'il sera présent. Or, au présent l'évènement ne peut être autre qu'il n'est, pose Boèce. C'est donc *seulement* relativement à la connaissance d'un sujet situé dans le temps (qui n'est pas contemporain de tout), que le changement est possible. Dans ces conditions, comment référerons-nous encore la mutabilité entre les contraires à la nature même du réel, comme le demande Aristote ? Faut-il, à la manière des Eléates, se résoudre à l'impossibilité *objective* du mouvement, puisque tous les instants du temps sont, ont été ou seront présents et qu'à chaque instant présent la chose ne peut être autre qu'elle n'est ?

Donc, la vérité de la modale de *dicto* : « ce que dit la proposition "une bataille navale aura et n'aura pas lieu demain" est impossible » n'implique pas la nécessaire advenue de l'un des deux évènements. Que deux propositions contradictoires entre elles soient nécessairement l'une vraie et l'autre fausse, mais jamais ou fausses ou vraies ensemble, exige la vérité de la modale *de dicto* : « qu'une bataille ait ou n'ait pas lieu demain (ce *dictum*) est nécessaire ». Mais elle n'exige pas la vérité de la modale *de re* : « cette *res* – la bataille navale – arrivera ou n'arrivera pas nécessairement ». Abélard admet la catégorique modale : « qu'une bataille ait lieu demain ou n'ait pas lieu demain est nécessaire », mais non l'hypothétique « ou il est nécessaire qu'une bataille navale ait lieu demain ou il est nécessaire qu'elle n'ait pas lieu demain ». Cette hypothétique « disiunta » (ou… ou…) se révèle, dès qu'on la convertit en hypothétique par si/alors, fausse (« s'il est faux qu'il soit nécessaire qu'une bataille navale ait lieu demain, alors il est vrai qu'il est nécessaire qu'elle n'ait pas lieu demain »). La catégorique modale attribue la nécessité (absolue) à ce que dit la disjonction, l'hypothétique attribue cette nécessité absolue aux membres de la disjonction, c'est-à-dire à la res elle-même qui advient ou n'advient pas. C'est donc par la distinction entre modale *de dicto* vraie (« qu'une bataille navale ait lieu ou n'ait pas lieu demain est nécessaire ») et hypothétique *disiuncta* fausse (« ou il est nécessaire qu'une bataille navale ait lieu demain ou il est nécessaire qu'elle n'ait pas lieu ») qu'Abélard concilie contingence du futur et exigences du concept de vérité logique. Ce qui est nécessaire c'est ce que *dit* la disjonction, mais non chacun des membres de la disjonction[1].

Si nous pouvons interpréter *de re* la modale *de dicto*, alors la contingence est inconcevable, si de ce que cette interprétation *de re* est fausse nous en concluons que la modale *de dicto* est fausse, alors la réalité est inintelligible.

Nous avons donc besoin de maintenir le caractère *qualitatif* – ni identité ni opposition numérique – de la distinction entre le sujet intensionnel de la modale *de dicto* et le sujet extensionnel de la modale *de re*, c'est-à-dire entre le sujet d'un savoir (le sujet des modalités aléthiques) et le sujet de l'existant. Pour *notre science*, il n'est pas absolument possible d'identifier les deux sujets, puisque, nous l'avons vu, nous ne pouvons pas prouver que, si ce que dit la proposition « cette bataille navale aura et n'aura pas lieu » est impossible (*coniunctim*, dit

---

1. Nous résumons les § 98-100 du livre III de la *Theologia scholarium*, op. cit., p. 540, 1286-p. 541, 1322. Abélard explique ensuite (§ 101) qu'on peut seulement attribuer à chaque événement la *necessitas determinata* : « que la chose soit (est nécessaire tandis qu'elle est) » est vrai, d'où ne suit pas la *necessitas simplex* « que la chose soit tandis qu'elle est (est nécessaire) ». « Que la chose soit (est nécessaire tandis qu'elle est) » ne signifie pas qu'au moment où la chose est, elle est nécessairement (ce qui est faux) mais seulement que le *dictum* « la chose est et n'est pas » est nécessairement faux. Le sujet n'est pas le même : d'un côté la *res* qui existerait nécessairement au moment où elle existe (ce qui ruinerait définitivement la contingence possible de l'existant) et, de l'autre, le *dictum* « la chose est et n'est pas » (dont la vérité ruinerait tout aussi définitivement l'intelligibilité possible du réel). Si on affirme qu'on ne peut pas proposer l'un sans proposer l'autre, c'est-à-dire attribuer la nécessité au *dictum* sans l'attribuer à la *res*, alors il n'y a pas de solution à l'aporie des futurs contingents. La solution boécienne est, en effet, fictive.

Abélard), il en découle (*divisim*, précise-t-il) la nécessaire advenue de l'une de ces deux possibilités. Il est bien clair que si nous pouvions prouver que la modale *de dicto* est vraie *de re*, nous pourrions éliminer toute trace d'indétermination de notre savoir : *absit*! Nous pouvons exclure comme impossible l'existence *actuelle* d'une contradiction – ce que dit « Socrate est et n'est pas assis » est impossible –, mais non étendre cette impossibilité à l'existence *possible* et poser que Socrate, étant assis (et, donc, pouvant l'être), ne peut pas ne pas l'être (et être non assis). Et c'est parce que l'existence possible outrepasse pour ma connaissance l'existence actuelle que nous pouvons poser que si « ce que dit la proposition *catégorique* "Stans sedet"[1] est impossible » est vrai, nous ne sommes pas en droit d'en conclure que l'*hypothétique* temporelle « en ce temps où Socrate est debout, il ne peut être assis » soit vraie également. Or, c'est seulement cette dernière qui ruine la contingence.

La première proposition nie que puisse être vraie la proposition catégorique « stans sedet », la seconde réfère l'impossibilité non pas à ce que dit la catégorique simple (non modalisée) « stans sedet », mais à la *nature* même de Socrate, en posant que, celui-ci étant debout, il lui est naturellement impossible de ne pas l'être et d'être assis, ce qu'Abélard juge faux. La distinction porte d'un côté sur la vérité possible d'une catégorique non modalisée (et donc vraie seulement *actualiter*) : « étant debout, Socrate n'est pas debout », et de l'autre sur la vérité de la catégorique modale : « étant debout, Socrate ne peut pas ne pas être debout ». Dans un cas la modalité est extérieure à l'objet dont on parle (le *dictum* « stans sedet »)[2], dans l'autre elle est interne à la *res socratica* dont on parle et dont on dit qu'étant debout elle n'a pas la possibilité de ne pas l'être. Comment la station debout peut-elle être encore un accident, si au moment où elle « arrive » à Socrate, elle lui arrive nécessairement ?

L'irréductibilité de la totalité du possible à la totalité de l'actuel

L'erreur de Boèce est, donc, de confondre deux types d'actualité, celle de ce que dit la proposition catégorique « stans non stat », et celle de la *res* actuellement existante qu'est Socrate. Que ce que dit *actualiter* la proposition *non modale* « Socrate étant debout n'est pas debout (ou est assis) » soit impossible n'implique pas qu'il soit impossible à la chose qu'est Socrate d'être *actualiter* (en tout temps et, donc, y compris dans le temps où elle est debout) assise. Le sujet n'est pas le même. L'inférence de l'impossibilité *de dicto* à l'impossibilité *de re* implique d'actualiser tout le possible, c'est-à-dire de l'actualiser non pas relativement à l'énoncé contradictoire « stans sedet », mais, inférant du logique l'ontologique, relativement à l'*être* même de Socrate. Nous posons, alors, qu'il est impossible à tout (x) qui est Y (debout), d'être non-Y dans le temps où il est Y. Les valeurs possibles de (x) pour atteindre la nécessité ne doive exclure que l'impossible.

---

1. « Étant debout, il est assis ».
2. Et est donc référée au langage – à la pensée – du sujet du savoir et non à l'objet de son savoir.

Or, comme toutes les autorités l'accordent, il ne *nous* est pas possible d'actualiser toute la puissance du réel. Possible pour Dieu, cette actualisation est impossible pour nous.

Le point décisif est donc que l'inférence de la modale *de dicto* à la modale *de re* n'est *nécessaire*, et non « maximalement probable », que si nous pouvons être... Dieu, c'est-à-dire détenteur d'un savoir absolu, capable de discerner en acte tout le possible, tel, donc, que « l'homme mourant en nous, Dieu soit éveillé ». Or, nous ne pouvons pas, pose Abélard, prouver l'existence d'une telle entité (et celle du savoir qui lui convient). Donc, il est impossible d'inférer de l'impossibilité *de dicto* l'impossibilité *de re*. Pour chaque valeur de (x), la catégorique *simple* « (x) est et n'est pas debout » est fausse. Pour en inférer la catégorique *modale* « (x) dans le temps où il est debout ne peut pas ne pas l'être », il faut présupposer que ce qui est vrai de toutes les valeurs *actuelles* de (x) (domaine de vérité d'une catégorique simple) est aussi vrai de toutes les valeurs *possibles* de (x) (domaine de vérité d'une catégorique modale). Cette coïncidence entre tout l'actuel et tout le possible n'est effective que pour une science susceptible d'épuiser en acte toutes les possibilités de l'être, science qui, objet de foi pour le croyant, n'est qu'une hypothèse pour le logicien.

La différence fondamentale avec Boèce est – on le voit – que le point de vue divin sur la réalité n'est qu'*hypothétique*. Il n'y a pas de preuve que ce point de vue (où l'actuel épuise sans reste le possible) simplement *existe*. Donc ce que *sait* Boèce et le « très petit nombre » d'élus qui l'accompagne (ce qui est *contingenter* pour la raison humaine est identiquement *necessario* pour l'intelligence divine) n'est pas du tout pour le *logicus* Abélard un objet de savoir, mais, bien différemment, un objet de foi : d'*existimatio*. Si tout s'oppose à l'assertion de l'opposition entre les sujets des deux modales *de dicto* et *de re*, rien, *logiquement*, ne me contraint pour autant à asserter leur identité. Abélard, de toute évidence, pense que ce fait logique négatif est au moins aussi important que le contenu positif de ma foi éventuelle en l'identité de ces deux sujets. Ce qui est important n'est pas seulement que tout ce qui est pour moi contingent soit objet de science pour Dieu mais aussi qu'il me soit strictement impossible – en restant humain – d'accéder à cette science. Or, c'est seulement, Boèce le souligne lui-même, du point de vue supérieur que je peux *prouver* l'identité entre l'objet de ce point de vue et l'objet du point de vue inférieur. Tant que la puissance de mon esprit reste finie (humaine), il m'est donc impossible de prouver l'identité entre le sujet de la modale énonçant l'impossibilité d'un « dit » contradictoire et le sujet de la modale *de re* posant l'impossibilité ontologique pour tout étant d'être l'opposé de ce qu'il en ce temps où il l'est. Ma croyance en l'existence de l'*intelligentia* atteste la *possibilité* théorique d'une science (infaillible) du contingent, mais l'impossibilité pour un entendement fini d'y accéder pleinement – en restant humain – m'interdit de prouver qu'au-delà de sa possibilité toute théorique, une telle science *existe* de manière effective. Or, comme nous le savons, la science n'existe qu'*en acte*.

Il ne suffit pas de dire que deux propriétés contradictoires entre elles ne peuvent pas appartenir en même temps au même sujet. Pour Abélard, au moment où Socrate peut être assis (puisqu'il l'est) il peut en même temps ne pas l'être. Si *actualiter* signifie « dans le même temps », alors Socrate a *actualiter* les deux possibilités. C'est seulement ce que dit la proposition « Socrate est et n'est pas assis » qui n'est pas possible. Si nous référons cette impossibilité à Socrate (à ce qui lui est en même temps possible), ceci est faux. Il n'est donc pas vrai de dire que la *res* ne peut dans le même temps être A et -A, puisqu'en elle coexiste ces deux possibilités. On ne peut pas dire, par exemple, qu'à chaque instant du temps l'un seulement des deux opposés est possible. Il s'ensuivrait aussitôt la nécessité simple. Les deux possibilités coexistent en Socrate. Seules leurs actualisations ne sont pas « compossibles » et pour exprimer cela, *il n'y a pas d'autre choix* que d'attacher l'impossibilité, non à la *res* qui, en tout temps, a la possibilité d'être l'opposé de ce qu'elle est, mais au *dictum propositionis*, c'est-à-dire à ce que dit la catégorique (non modale) « (x) est et n'est pas A ». Il est donc impossible de convertir l'impossibilité (simple : absolue) qui s'attache à un *dictum* contradictoire en une impossibilité s'attachant à la *res quae evenit* sans ruiner aussitôt la contingence d'un existant, qui, pour l'être, doit rester *en tout temps* en puissance des contraires.

Pour que nous puissions nier la différence des sujets entre la modale *de dicto* et la modale *de re*, il faudrait donc que nous puissions abolir – dans notre science – la différence (itérative) entre tout l'actuel et tout le possible. Il est clair que toute l'ontologie d'Aristote est fondée sur l'impossibilité, dans le monde sub-lunaire, d'une telle abolition. Cet univers est contingent précisément parce qu'itérativement le contraire de l'actuel n'est pas l'impossible mais, toujours et encore, le possible. De même que le développement décimal d'un nombre irrationnel est toujours et encore *nouveau*, de même l'univers sublunaire recèle toujours plus de possibilités qu'il n'est actuellement possible d'en discerner effectivement. Si l'univers supra-lunaire est actuellement prévisible, tel n'est pas le cas d'un univers sub-lunaire où règne l'accidentel et la contingence. Abélard n'a accès qu'aux textes logiques de l'*Organon* (et encore, seulement en partie). Aussi n'est-il pas question chez lui de cette frontière physique entre le sub-lunaire et le supra-lunaire. Pour lui, il n'y a qu'un univers, *peut-être* (*fortasse*) créé et, donc, pensé par un être intelligent. Mais là où Galilée, bien des siècles plus tard, commence à concevoir comment cet univers physiquement unifié peut être, pour partie, scientifiquement prévu, Abélard retrouve la scission aristotélicienne entre le prévisible et l'imprévisible, mais en la déplaçant de l'objet (supra- ou sub-lunaire) au sujet (divin ou humain) du savoir. L'objet – la création – est certes unique mais ce qui est possible à une science divine (actualiser toute la puissance du réel) ne l'est pas à une science humaine et cette différence est, itérativement, irréductible. Elle est elle-même *objective*, non au sens où elle tiendrait à une différence dans la nature de l'objet connu mais au sens où elle tient à une différence dans la nature même des sujets de la connaissance, telle que cette différence n'est pas moins infranchissable, et, donc, objective, que celle qui sépare chez Aristote mondes supra-lunaire et sub-lunaire.

Plus généralement, Abélard va référer la scission aristotélicienne entre le contingent et le nécessaire non à l'univers lui-même mais aux acteurs de cet univers et à ce que leur nature leur permet de faire, de savoir et enfin de vouloir. La scission est moins dans l'objet lui-même que dans la nature des agents qui font, connaissent ou veulent cet objet. Pour Dieu, l'opposé de l'actuel est l'impossible et l'actuel, par hypothèse, épuise, donc, le possible, pour moi, jamais. La différence qualitative entre l'impossibilité *de dicto* – « ce que dit "(x) est et n'est pas Y" est impossible » – et la possibilité *de re* – « il est possible à (x) dans le temps où il est Y de ne pas être Y » – n'a de sens que relativement aux limites d'une science humaine, incapable, par contraste d'une science divine, de poser comme actuellement épuisée toute la puissance de l'être. Or, contrairement à ce que pose Boèce, il m'est impossible, tout en restant humain, d'accéder à un point de vue divin qui demeure, en l'absence d'un argument nécessaire, une pure hypothèse (de ma foi) et non une certitude (de ma science). Avec Abélard, on pivote ainsi véritablement d'une philosophie de l'Objet – de la nature – à une philosophie du Sujet avec l'analyse de ce que ce sujet, selon que sa nature est divine ou humaine, peut, sait ou veut.

Dans le modèle créationniste, le sujet précède l'objet : l'objet est produit par le Verbe d'un locuteur divin. Toute la démarche d'Abélard – dans la lignée angevine qui est la sienne – est de contraster ce locuteur divin avec le locuteur humain. Il s'agit de concevoir ce que peut, sait ou veut un locuteur effectif (humain) par *contraste* de ce que peut, sait ou veut un locuteur idéal (divin), là où les Pères de l'Église ne cessaient de dépister dans le langage du second les traces du langage du premier. Pour comprendre ce que nous pouvons, savons, ou voulons *vraiment*, il faut comprendre ce que nous ne pouvons pas faire, savoir ou vouloir, parce que nous ne sommes pas ce locuteur idéal : tout-puissant, omniscient, exempt de tout péché. C'est le contraste et non la continuité entre les deux locuteurs qui est philosophiquement (et scientifiquement) signifiant. C'est en ce sens qu'Abélard inaugure une philosophie du sujet : en réintégrant dans le cadre créationniste des Pères de l'Église le sens de la finitude qui opposait Aristote à l'idéalisme platonicien.

Avec Abélard, le Maître intérieur, en l'attente d'un *excessus mentis*, devient, en réalité, muet. Et c'est avec ce silence – entre-temps – que nous devons bâtir une science possible. L'originalité profonde d'Abélard est ainsi de faire reposer la science (effective : humaine) moins sur le discours de ce Maître intérieur dont parle Augustin que sur son silence. La science se construit par son contraste d'avec une science divine (et non par accès à une telle science). La (ma) science se construit par contraste d'une science créatrice qui – magiquement – crée l'objet même de son savoir et, donc, pour laquelle « dire est faire ». La renonciation à cette puissance magique (« créatrice ») est la condition de la scientificité possible de mon verbe.

CHAPITRE VIII

LES TROIS APORIES DE LA THÉODICÉE ET LEURS SOLUTIONS

Les trois apories

Abélard va mettre en scène dans le dernier chapitre de chacune de ses deux dernières théologies, chapitres où il étudie les rapports entre Créateur et créature, trois apories : l'aporie de la Puissance (le Père), l'aporie de la Sagesse (le Fils) et enfin l'aporie de la Bonté (l'Esprit). À chaque fois, le décalage entre un monde supra-lunaire intégralement prévisible (où le contraire de l'actuel est impossible) et un monde sub-lunaire jamais pleinement prévisible (où le contraire de l'actuel est, toujours et encore, possible) est référé non à la nature de l'objet, fait, connu ou voulu, selon que cet objet appartient au mondes supra-lunaire ou sub-lunaire, mais à la nature du sujet qui peut, sait et veut cet objet, selon qu'il est divin ou humain. L'aporie tient au fait qu'il n'y a qu'un objet : une seule création. D'où trois apories :

L'aporie de la Puissance : Dieu, étant *optimus*, ne peut faire que ce qu'il fait (en acte). La thèse, dont Abélard a conscience qu'elle va heurter beaucoup de croyants, est donc que Dieu n'a pas le pouvoir d'agir autrement qu'il n'agit. En effet, s'il peut faire plus ou mieux qu'il ne fait, alors ce dieu n'est pas Dieu (c'est-à-dire tel que meilleur ne peut être conçu). Il en résulte cette sentence : Dieu ne peut pas ne pas damner celui qu'il damne. Mais si celui que Dieu damne ne peut pas ne pas être damné, comment peut-il mériter une telle sentence, puisqu'elle est inévitable ? Un être tel que meilleur ne peut être conçu peut-il prononcer une sentence qui condamne telle personne sans que cette personne ait pu mériter cette condamnation – en ayant pu faire, sans l'avoir fait, ce qui aurait permis de l'éviter –, puisque cette condamnation était inévitable ? À ce compte-là, ce Dieu est-il juste, et, donc bon ? Contradiction, donc.

L'aporie de la Sagesse : un être tel que meilleur ne peut être conçu ne peut, par une nécessité analytique de son concept, errer ou apprendre. Une proposition est vraie lorsqu'elle est conforme à l'évènement sur laquelle elle porte. Or, la science de Dieu est inaltérable. Donc périt – par parité entre la vérité des propositions (constitutives de la science divine) et les évènements sur lesquels elles portent – la contingence. En effet, si les évènements sont contingents, alors ils peuvent ne pas se produire, et donc la science divine qui porte sur eux peut ou être autre qu'elle n'est ou être erronée, ce qui est, dans les deux cas, conceptuellement impossible. Contradiction donc, là encore.

Aporie, enfin, de la Bonté : d'un côté, tout est déterminé et, dans l'ordre du Bien, il n'y a rien qui n'ait une cause bonne pour être, Dieu ne pouvant créer moins que le meilleur. Mais de l'autre, le libre arbitre de l'agent moral, avec la responsabilité qu'il lui donne de faire son salut, implique qu'aucun mal ne soit un bien, et exige, donc, qu'il y ait un choix possible entre des *contraires*. Donc la responsabilité de l'agent moral exige qu'il y ait opposition entre le mal et le bien mais le déterminisme, induit par une théodicée – par la croyance en une destination éthique de l'ensemble de ce qui est –, implique que rien ne puisse être, y compris le mal, qui n'ait une cause *bonne*. Toute la casuistique n'évitera pas, sinon de manière « frivole », qu'il y ait conflit et, donc, une dernière fois, contradiction entre des maux « qui nous affligent gravement », souligne Abélard, et l'affirmation de la destination éthique de *tout* l'existant.

Solution de l'aporie de la puissance

La distinction entre le créé et l'incréé

Dieu ne peut faire que ce qu'il fait et, donc, il n'est pas vrai qu'il puisse sauver le *damnandus* (celui qui doit être damné). Mais :

> Qui ignore que cet homme qui doit être damné peut être sauvé, ou que cet homme qui est bon, peut être rendu meilleur qu'il ne le sera jamais, alors que, pourtant, l'un et l'autre ne peuvent se produire que par Dieu [1] ?

Abélard va ainsi distinguer entre la potentialité de chacun des sujets de ces deux propositions :

H1 : « cet homme qui doit être damné peut être sauvé par Dieu » ;
D1 : « Dieu peut sauver cet homme qui doit être damné ».

Abélard nie que la vérité de la catégorique modale H1 implique celle de la catégorique modale D1. De même qu'en plein désert, explique-t-il, la vérité de la proposition « ma voix est audible (par un sauveur) » n'implique pas la vérité de la proposition « (un sauveur) peut m'entendre », de même que le damné soit tel qu'il puisse être sauvé par Dieu, n'implique pas que Dieu puisse le sauver.

---

1. *Theologia scholarium*, III, 39, *op. cit.*, p. 516, 524-p. 517, 541.

Il y a une différence irréductible entre la nature – crée ou incréée – des deux sujets : l'un, créé, est *mutabilis*, l'autre, incréé, est *immutabilis*. Abélard insiste, comme l'y conduisent Roscelin, et au-delà, Gaunilon ou Bérenger, sur l'irréductibilité conceptuelle des deux sujets l'un à l'autre. Ce qui est possible à l'homme (éviter sa damnation en étant meilleur qu'il n'est, c'est-à-dire en n'agissant pas comme il agit) est impossible à Dieu qui ne peut agir différemment qu'il n'agit (en ne damnant pas celui qu'il damne). Dieu fait en tout temps le meilleur, là où l'homme peut toujours être meilleur qu'il ne l'est en acte.

Abélard s'attache tellement à éviter toute confusion entre les deux natures que, dans son examen du dogme théologique de l'incarnation, il va jusqu'à soutenir que, dans la personne du Christ, « la divinité qui est conjointe à l'humanité n'est faite ni âme, ni chair »[1]. La nature divine et la nature humaine demeurent « inpermixtae », non mêlées, en sorte que la proposition « Dieu s'est fait homme » est fausse si l'on entend par là que la nature divine est devenue la nature humaine et conversement. L'union dans la personne du Christ des natures divines et humaines ne peut empêcher les deux natures de demeurer parfaitement étrangères l'une à l'autre. Dieu ne peut *devenir* Homme, c'est-à-dire autre qu'il n'est. Incréé, il est par hypothèse étranger à tout devenir : « De là, nous professons que Dieu est entièrement immune de toute mutabilité »[2]. Il y a une différence de nature – conceptuelle, définitionnelle – entre Dieu et l'homme. À l'exaltation patristique, succède ainsi, chez Abélard, un très vif sentiment de la distance conceptuelle qui sépare natures humaine et divine. Il ne saurait être question de divinisation pour l'homme ou d'humanisation pour Dieu. Il s'agit bien de l'adage delphique : « connais-toi-même », c'est-à-dire « saches que tu n'es pas un dieu ».

Modales de sensu *et* de dicto

Mais, bien entendu, cette distinction faite entre ce que peut chaque nature, reste l'essentiel : comment le *même* acte – la damnation du pécheur – peut-il être à fois nécessaire (relativement à la nature divine) et contingent (relativement à la nature humaine) ? Et c'est à ce point du raisonnement qu'on voit réapparaître la distinction entre modale *de sensu* et modale *de re*.

Abélard est bien d'accord que les catégoriques non modales « celui-ci [le *damnandus*] est sauvé par Dieu » et « Dieu le sauve » sont équivalentes. Elles sont toutes les deux aussi fausses que le sont les catégoriques « ce qui est blanc est noir » ou « celui qui parle se tait ». Ces catégoriques posent toutes que des contraires sont prédiqués ensemble du même sujet.

Mais il n'en va pas de même si nous modalisons ces catégoriques : « il est possible que celui qui parle se taise » est une modale *de possibili* ambiguë. Entendue *de re* – à la *res* qui parle, il est possible de se taire, soit : « Celui qui parle peut se taire » –, la proposition est vraie. De même « ce qui est blanc peut être

---

1. *Ibid.*, III, 74-82, p. 531, 991-p. 535, 1114.
2. *Ibid.*, p. 525, 1111-1112.

noir » est une modale *de re*, qui, s'agissant d'accidents, est vraie. Par contre, si la modale est entendue *de dicto* – « Est possible qu'arrive ce que dit la proposition : "parlant, il se tait" » (ou « Est possible ce que dit la proposition : "ce qui est blanc est noir" ») –, alors elle est évidemment fausse. Il en est de même ici. La modale *de re* est vraie qui propose qu'à la *res* qui doit être damnée, il est possible d'être sauvé. « Celui-ci qui est sur le point d'être damné [*damnandus*] peut être sauvé » ou « celui qui est damné, aurait pu être sauvé » sont des propositions modales vraies. Par contre, la modale *de dicto* qui propose qu'est possible ce que dit la proposition : « celui qui est damné (parce qu'il doit l'être) est sauvé » est fausse. Elle propose que deux contraires (la damnation et le salut) appartiennent en acte au même sujet.

Pour Dieu, tout le possible est actuel. Aussi seule l'interprétation *de dicto* convient. La proposition catégorique simple : « celui qui est damné est sauvé » ne peut pas dire le vrai, simplement parce qu'elle supposerait qu'une contradiction – « celui-ci est et n'est pas sauvé » – puisse être vraie. Et du point de vue d'un savoir « divin », parfait, *il n'y a que des catégoriques simples*. Tout est actuel, puisqu'en Dieu l'acte épuise le possible. *Il n'y a pas de modalité en Dieu* et le sens authentique (*de re*) de la modalité du possible n'a pas lieu d'être relativement à un savoir absolu. Une modale *de dicto* est une pseudo-modale (la modalité est simplement prédiquée et donc ne modalise plus la prédication). Et relativement au sujet d'un savoir « parfait », il n'y a que des catégoriques simples. Il n'y a pas de différence concevable entre une potentialité et sa réalisation : tout est déterminé. L'interprétation « de dicto » supprime la distance entre le possible et l'actuel. Et ce qu'Abélard veut dire, c'est que nous ne pouvons réduire, ici, l'interprétation *de dicto* à son interprétation *de re*.

L'opposition entre ces deux contraires donnent lieu 1) à un argument nécessaire : « Damnatur ; ergo non est salvatur »[1] ; 2) à une modale *de necessario cum determinatione* : « damnandum necesse est non salvari dum non salvatur »[2] ; 3) à une modale *de impossibili de sensu* : « Quod dicit haec propositio : "damnandus salvatur" impossibile est »[3]. Mais la modale « damnandus potest salvari »[4] reste intacte. Pour inférer des trois propositions susdites l'impossibilité de cette dernière proposition, il faut, puisque manque une inséparabilité *conceptuelle* entre les opposés, établir cette opposition *de re*, c'est-à-dire interpréter réellement (extensionnellement) cette opposition sur la totalité des *res* possibles. Mais elles sont en nombre infini et il n'y a toujours pas de *totum integrum universale*, c'est-à-dire de collection qui puisse être équivalente à l'universalité de toutes choses. Un tel *totum integrum* n'existe pas y compris et d'abord en logique. Donc, nous ne sommes pas en droit d'inférer de l'impossibilité *de dicto*, l'impossibilité *de re* et nous n'avons d'autre choix que de distinguer entre deux sujets.

1. « Il est damné, donc il n'est pas sauvé ».
2. « Que celui qui doit être damné ne soit pas sauvé (= sujet) est nécessaire tandis qu'il n'est pas sauvé (= prédicat modal avec détermination) ».
3. « Ce que dit cette proposition : "Celui qui doit être damné est sauvé" est impossible ».
4. « Celui qui doit être damné peut être sauvé ».

L'un est le sujet des modalités aléthiques, le sujet du vrai, qui est *tenseless* et n'est pas un objet du monde : le sujet *immutabilis* de l'idéel (de l'intelligible) dont Abélard réfère les contraintes au Platon du *Timée*. Relativement à ce sujet, tout le possible est actuel – tout est décidé et déterminé – et les contraires s'excluent absolument, comme le demande le concept dichotomique de vérité logique. L'autre sujet est le sujet de l'existant (dans le monde) : *la res quae evenit*. Relativement à ce sujet, le possible n'est jamais épuisé par l'actuel (il est toujours possible que meilleur soit) et donc le contraire de l'actuel ne peut jamais être posé comme absolument impossible. Ce sujet est *mutabilis* (en puissance des contraires) et, donc, déterminable tel que jamais intégralement déterminé. À la *séparation* entre les contraires qu'exige le premier sujet s'oppose la *continuité* du second sujet qui est toujours *mutabilis*, c'est-à-dire tel qu'il puisse être autre qu'il n'est. Le devenir – la *mutatio* – est pour lui toujours possible.

La distinction entre *dictum propositionis* et *res quae evenit* permet d'articuler logiquement, sans contradiction, cette dualité entre l'idéel (platonicien) et l'existant (aristotélicien), c'est-à-dire entre la décision exigée par le sujet des modalités aléthiques et la *mutabilitas*, le caractère continu du devenir de l'existant (dans le monde). C'est en ce sens qu'Abélard importe la distinction purement logique entre possibilité *de re* et possibilité *de dicto* en théologie, en la traduisant sous la forme d'une distinction théologique entre la nature de deux *sujets*, l'un incréé et l'autre créé :

> C'est pourquoi nous posons [...] que Dieu fait nécessairement tout ce qu'il fait et que, cependant, comme il a été dit, ce qui est fait par lui n'est pas fait nécessairement. [...] il n'est pas nécessaire que celui-ci soit sauvé par lui, parce que la nature de celui qui est sauvé n'exige nullement qu'il soit sauvé. Le fait est que sa nature est capable de changement [*mutabilis*] [...]. Par contre, la nature divine est incapable de changement [*incommutabilis*] et est invariable [...]. C'est pourquoi il est nécessaire que Dieu fasse ce qui n'est pas nécessairement fait par lui [1].

Il y a donc une distinction à faire entre les exigences dichotomiques du sujet des prédicats aléthiques – le sujet de l'Intelligible – et les exigences de *mutabilitas* du sujet de l'existant, qui, nonobstant la dichotomie du vrai et du faux, est toujours capable de devenir le contraire de ce qu'il est, en étant « en puissance des contraires ». C'est au fond l'aporie de Zénon. Ce qui est dynamiquement possible – le mouvement continu de la flèche – ne l'est pas, sinon à l'infini, dans les exigences dichotomiques de l'analyse qui cherche à se rendre intelligible la possibilité même de sa production et, partant, de son existence. De même, s'il est vrai que ce que dit la *catégorique* « celui qui doit être damné est sauvé » est, itérativement, impossible, je ne peux pas poser que l'impossibilité de l'existence en acte de deux contraires (« devoir être damné » et « être sauvé ») dans le même sujet épuise la puissance du réel, en posant la nécessaire fausseté de la *modale* : « celui qui doit être damné ne peut être sauvé ». Le mouvement, la *mutabilitas* d'un contraire à l'autre, reste, de fait, possible !

1. *Theologia christiana*, V, 57, *op. cit.*, p. 371, 781-798.

Pour que je puisse inférer de l'impossibilité du *dictum* «damnandus salvatur», l'impossibilité *réelle* pour le *damnandus* de tout salut, il faudrait je puisse concevoir *en acte* toute la potentialité du réel de manière à vérifier que l'opposition entre l'extension du prédicat «devant être damné» et l'extension du prédicat «être sauvé» est *absolue*. Abélard se place du point-de-vue du sujet humain – c'est-à-dire effectif – de la connaissance. Dans une science *effective*, je ne peux m'assurer du caractère absolu de la dichotomie entre les deux extensions, c'est-à-dire que l'impossibilité du *dictum* «damnandus salvatur» implique que le *damnandus* ne puisse être sauvé. Et, donc, en l'attente d'une telle vérification, l'espoir d'une exception suffit à légitimer le bien fondé de ma croyance en la possibilité réelle, par l'usage de mon libre arbitre, d'éviter cette damnation. Le simple fait que je ne puisse que croire en l'existence de Dieu (avec tout ce qui découle analytiquement de son concept) et non prouver qu'au concept que j'ai de Dieu corresponde un objet réel, suffit à maintenir le bien-fondé de ma croyance en l'efficace de mon libre-arbitre. Je peux croire qu'un être tel que meilleur ne peut être conçu (et donc tel qu'il ne puisse faire, par exemple damner, que ce qu'il fait en acte) existe mais je ne peux pas le *prouver* et donc, je ne suis pas en droit d'exclure que le *damnandus* soit tel qu'il ne puisse être sauvé.

Il y a donc, au-delà des évolutions incontestables de la pensée d'Abélard, une cohérence profonde de sa pensée qui va du rejet du *locus ab immediatis* de la *Dialectica* – «si "(x) est sain (devant être sauvé)" est faux, "(x) est malade (damné)" est vrai» – jusqu'aux tous derniers mots de ses deux dernières théologies posant que l'impossible vérité de ce que dit «celui qui doit être damné est sauvé», n'implique pas la nécessaire fausseté de «celui qui doit être damné peut être sauvé». Tout se tient dans la pensée d'Abélard.

Il y a une différence, qualitative mais objective, entre l'hypothèse de l'intelligibilité intégrale du réel (ce réel, créé par une intelligence rationnelle, est exempt de toute contradiction possible : ce que dit «damnandus salvatur» est impossible) et la certitude, non dans mon *existimatio* mais indépendamment d'elle, de la réalité de cette hypothèse. Il est clair que s'il était possible avec Anselme de Cantorbéry (ou Thomas d'Aquin, ou Descartes, ou Leibniz) de prouver qu'une telle intelligence créatrice existe, toute la démonstration d'Abélard ne pourrait que s'effondrer.

L'irréductibilité de la subjectivité humaine

Il y a donc bien, selon que la potentialité est référée au sujet humain ou au sujet divin, une différence qui, pour autant qu'au-delà de la *maxima probabilitas* de mes *existimationes* une science *effective* soit concernée, est *objective*. L'objet est le même, mais l'irréductibilité de son appréhension par un sujet humain à ce qu'elle est pour un sujet divin est, elle-même, en l'absence d'un *excessus mentis*, objective. La nouveauté du propos d'Abélard est donc bien de repenser la différence cosmologique entre le nécessaire et le contingent comme une différence, tout aussi (du moins en cette vie) irréductible entre deux sujets de la connaissance. D'un côté, il y a Dieu, pour lequel penser *est* savoir et donc pour lequel la modalité n'a pas lieu d'être et, de l'autre, il y a moi, pour lequel la distance entre ma pensée et la science n'est qu'itérativement réductible, irréductibilité itérative dans laquelle se loge (entre-temps) mes croyances et la modalité qui s'attache à leur vérité. Toute la nouveauté du propos d'Abélard par rapport aux Pères de l'Église, et particulièrement à Augustin, est, donc, de construire le sujet humain *par contraste* et non par continuité du sujet divin (les facultés psychologiques du sujet humain portant dans le *De Trinitate* d'Augustin la trace de leur créateur trinitaire). La différence est capitale. Elle rend possible de théoriser la non-confusion entre foi et savoir et, dans cette distinction même, de théoriser les exigences propres d'une science *effective* (humaine), par contradistinction d'une science idéelle, et, partant de retrouver ainsi dans l'univers créationniste des religions du Livre [1], le sens même de la critique aristotélicienne de l'idéalisme platonicien.

SOLUTION DE L'APORIE DE LA SAGESSE

Nécessité d'une distinction entre le savoir et le langage qui exprime ce savoir

Par opposition à la *mutabilitas* foncière du créé, l'incréé est définitionellement *immutabilis*. Aussi la science de Dieu, étant tout ce qu'elle peut être, n'est susceptible ni d'accroissement ni de diminution. À cela on peut objecter : avant que je naisse, Dieu (par hypothèse) savait que je naîtrai. Mais ce savoir – « que je naîtrai » – Dieu l'avait avant ma naissance et Dieu l'a perdu après ma naissance puisqu'alors il est devenu faux que je naîtrai. Un autre savoir lui a succédé : non plus que je naîtrai, mais que je suis né. Le contenu de ce savoir a changé. La science de Dieu est, donc, *mutabilis*. Abélard répond que bien que « la science [de Dieu] soit exprimée par des verbes différents », cette science est restée la même [2].

Comment ce que dit la proposition « je naîtrai » peut-il ne pas devenir faux dès l'instant où je suis né ? Ce n'est possible, répond Abélard, que si le sujet du savoir ne se confond pas avec cette *res transitoria* qu'est ma naissance. La *res quae evenit* – la naissance d'Abélard – est un événement temporel qui avant tel jour de 1079 n'existait pas et qui, après ce jour, a cessé d'exister. Mais le sujet d'une science – cela qui est vrai –, lui, est atemporel. C'est la même vérité qui était connue au futur, puis au présent, puis au passé. *Cette vérité n'a pas changé*, même si le mode d'accès à cette science à changé au cours du temps.

Il faut bien comprendre que le principe « *quod semel est verum, semper est verum* (ce qui est vrai en un temps, l'est en tout temps) » n'est pas, foncièrement, un principe théologique. Il est nécessaire à la possibilité même d'une science quelconque s'agissant d'événements temporels. Comment pourrions-nous nous repérer dans le temps si ce qui était hier désigné par « demain », ce qui est désigné

---

1. Qui, comme on l'a vu, posent la précellence du Sujet – du locuteur divin et de son Verbe (créateur) – sur l'Objet (créé). A la différence des polythéismes antiques qui sont des religions de l'Objet (la nature), les monothéismes sont des religions du Sujet (créateur de cette nature).

2. *Theologia christiana*, III, § 61, *op. cit.*, p. 526, 825-840.

maintenant par « aujourd'hui » et ce qui sera désigné demain par « hier » ne sont pas *idem*? Ce sujet n'est pas la *res transitoria* qui n'existait pas avant 1079 et n'existe plus après, mais la vérité du savoir qui asserte en tout temps la réalité de cette naissance en supposant non seulement que la proposition qui l'énonce au présent lorsque la chose est présente est vraie, mais que toutes les propositions possibles énonçant en un instant antérieur cet événement au futur étaient vraies et que toutes les propositions possibles énonçant en un instant postérieur cet événement au passé seront vraies. C'est la même vérité qui est énoncée au futur, au présent et au passé. Donc, de fait, ce qui est vrai en tel temps, est vrai en *tout* temps. Si cet *eventus rei*[1] se confond avec la *res transitoria quae evenit*, alors la permanence de mon savoir devient inconcevable. La *res* qui advient est *transitoria* mais le *dictum* qui propose que cette *res* advient en tel temps est *permanens*, même s'il est inévitable que ce *dictum* – cette vérité – soit exprimé avec le temps qui convient au rapport entre le moment où l'événement a lieu et le moment où j'énonce quelque chose de lui.

Le temps *grammatical* du verbe s'établit en fonction du rapport entre le moment où le locuteur parle et le moment où la *res* dont il est question se produit. Si le changement dans les verbes employés est un changement dans le contenu de mon savoir, alors, s'agissant de ce qui existe dans le temps, il naît à chaque instant du temps un savoir nouveau et irréductible à tout le savoir précédent. L'idée de science se diffracte et se déconstruit en une multiplicité infinie de savoirs tous différents, puisque chaque instant du temps crée une perspective nouvelle sur la totalité du temps, avec un passé différent, un présent différent et un futur différent. Donc chaque instant nouveau du temps périme le savoir que j'avais en en créant un nouveau, irréductible au précédent. Au sens propre et s'agissant de tout ce qui existe dans le temps, il y a donc exactement autant de sciences possibles et différentes entre elles qu'il y a d'instants possibles dans le temps, soit, le temps étant un continu, une infinité. Si nous voulons éviter une telle déconstruction temporelle du sujet du vrai, nous n'avons pas d'autre choix que de distinguer entre le temps *grammatical* de la phrase, temps qui *varie* en fonction du moment où le locuteur parle par rapport au moment où la *res* (éphémère) se produit et le sujet *logique* de la proposition assertant qu'il en va dans la réalité comme le disent ces phrases. Ce sujet logique ne peut varier dans le temps sans rendre impossible toute permanence de mon savoir. La permanence *logique* de ce *dictum* n'est pas une permanence ontologique puisque ce n'est ni un étant existant transitoirement dans le temps, ni un étant éternel qui serait l'Idée que Dieu a de toute éternité de ma naissance en tel temps. Je ne peux précisément pas, on l'a vu, poser l'existence d'une telle idée comme un effet de ma science, là où je peux poser l'irréductibilité du *dictum* assertant ma naissance, d'une part, à la *res transitoria* qu'est ma

---

1. Au sens où la proposition est vraie lorsqu'il en va dans la réalité comme elle le dit : lorsque « evenit in re ut dicit propositio ». Si cet *eventus rei* – la concordance entre la réalité et ce que j'énonce d'elle – est la *res transitoria quae evenit*, alors la vérité de mon savoir est aussi transitoire qu'elle.

naissance et, d'autre part, au temps des énoncés grammaticaux qui expriment ce *dictum* et qui varie en fonction du moment où le locuteur qui les énonce parle.

Poser en effet que le changement dans le temps de l'énonciation implique un changement dans le savoir du locuteur, revient à confondre *ce savoir et le langage qui l'exprime*. C'est ce qui est impossible (quelle que soit ma croyance en l'existence ou non des Idées d'une pensée créatrice) si je veux maintenir la possibilité d'une science *quelconque*. Là encore la nécessité « transcendantale » de la distinction entre les phrases exprimant dans un temps donné mon savoir et ce savoir lui-même *n'implique pas* (tout au moins chez Abélard) l'existence transcendante d'une science éternelle (et divine). Nous n'avons, négativement, d'autre choix que de distinguer entre la permanence atemporelle du sujet du vrai et l'*accès* à ce savoir (au travers des phrases que nous prononçons et des intellections qu'elles engendrent), accès qui varie et progresse dans le temps du sujet (humain) de la connaissance. Et faire cette distinction entre ce qu'asserte telle phrase et la phrase elle-même, prononcée par tel locuteur en tel lieu et en tel temps, n'implique pas d'affirmer l'existence autre qu'idéelle d'un monde de *dicta* éternels qui seraient ontologiquement les intellections d'une intelligence créatrice *réelle* (et Abélard ne dit nulle part cela). Mais il est nécessaire à la possibilité d'une science que l'accès au sujet du vrai soit, pour une raison humaine, susceptible d'une histoire (d'erreur, de correction, de progrès et donc d'un devenir), mais non le sujet du vrai lui-même et on doit reconnaître que le fait massif du caractère *cumulatif* de la science (humaine) va dans le sens de la nécessité de cette distinction.

Ce fait empirique s'accommode mal en effet d'un relativisme absolu avec le conventionnalisme linguistique qui l'accompagne. Nous ne pouvons pas confondre absolument le savoir et l'historicité du langage qui l'exprime sans perdre l'idée même de science (réduite à un système cohérent d'énoncés linguistiques prononcés à tel moment du temps, quoi qu'il en soit de la *pertinence* effective de ce système). Abélard distingue donc entre l'invariance du sujet du vrai et l'historicité du langage qui l'exprime, c'est-à-dire, là encore, entre *théorie* et *langage*. Si nous admettons que le sujet de la science peut cesser d'être vrai, alors nous ne pouvons plus concevoir de différence entre *existimare* et *scire*. Même si la reconnaissance de la différence entre les deux n'est certes pas aisée et peut demander une dose de réflexion considérable, il reste que nous devons accepter qu'existe une différence entre le sujet du vrai et notre *existimatio* de ce sujet, si nous voulons maintenir la possibilité, non sceptique, d'une science.

Les deux sciences, humaine et divine

Abélard insiste beaucoup sur le fait que la valeur de vérité des propositions énoncées au futur n'est pas seule *incerta*. La valeur de vérité de ce que disent des phrases énoncées au présent ou au passé est, bien souvent, tout autant incertaine. Bien sûr, pour Boèce, seul l'avenir est objectivement incertain puisque tout évènement au moment où il se produit se produit nécessairement. C'est seulement en tant que futur qu'un évènement peut être incertain (contingent) mais comme tout évènement est seulement futur parce qu'il sera présent, il suit qu'il existera nécessairement, et n'est donc pas contingent, sinon – comme l'affirme les stoïciens que veut pourtant réfuter Boèce – dans *mon* ignorance du futur. De là, il n'y a aucune différence entre l'incertitude de ce que disent certaines propositions énoncées au futur et celle de ce que disent certaines propositions énoncées au présent ou au passé. La détermination ou l'indétermination de la valeur de vérité des propositions ne dépend pas du temps, passé ou présent d'un côté, futur de l'autre, de l'objet sur lequel elles portent, mais de l'état actuel d'une science humaine qui n'est pas moins partielle dans sa connaissance du passé ou du présent que dans sa connaissance du futur :

> De là, de même qu'il est faux que tout le présent ou tout le passé nous soient connus, de même [tout le présent et tout le passé] ne sont pas déterminés [1].

En effet : « idem volumus esse determinatum quam cognitum nobis »[2]. La distinction entre propositions « déterminées » et « indéterminées » n'a de sens que relativement à *nostra scientia*. Tout *dictum*, quel que soit le temps verbal qui convient à son expression linguistique a, par hypothèse, une valeur de vérité déterminée. Ce que dit « une bataille navale aura lieu demain » a, *actualiter*, une valeur de vérité déterminée *en soi*, n'étant indéterminée que dans notre science. La science de Dieu n'est susceptible d'aucune indétermination, y compris s'agissant d'un futur contingent. « Toutes [les propositions] quant à Dieu, peuvent être dites déterminées »[3], précise Abélard. Est-ce à dire qu'Abélard endosse le fatalisme stoïcien en renonçant à l'objectivité de la contingence et, donc, à l'efficace de mon libre-arbitre ? Il n'en est – rigoureusement – rien.

Quand Abélard met sur le même plan l'indétermination d'une proposition énoncée au passé (« une bataille navale a eu lieu le 10 janvier 2020 avant J.-C. à 13 h 52 ») et une proposition énoncée au futur (« une bataille navale aura lieu demain, 10 janvier 2020 après J.-C. à 13 h 52 »), on peut lui objecter que, même si *pratiquement* la valeur de vérité de ces deux propositions est également indéterminable, *théoriquement*, l'une est déterminable, celle portant sur le passé, et l'autre est indéterminable, celle portant sur le futur. La première est théoriquement déterminable puisque l'événement nécessaire à sa détermination s'est produit, ce qui n'est pas le cas de la seconde. Cette lecture de la situation admet qu'il existe des propositions qui sont en théorie, et non pas seulement en pratique, indéterminables. On postule alors pour certains futurs une imprévisibilité non pas pratique – relative aux limites d'une science humaine – mais théorique. C'est, nous semble-t-il, exactement ce que veut éviter Abélard : poser des propositions théoriquement (absolument) indécidables. Postuler une imprévisibilité absolue du réel, une indétermination non pas pratique mais théorique – quelque chose comme un hasard « théorique » – est contradictoire avec l'idée même de science,

---

1. *Glossae super Peri hermeneisas, op. cit.*, p. 254, 273-275.
2. *Ibid.*, 271-273 : « nous voulons que "déterminé" et "connu de nous" signifient la même chose ».
3. *Ibid.*, p. 251, 210-252, 215.

et, en particulier, avec le concept dichotomique de vérité logique[1]. Et non seulement postuler un indéterminisme théorique est contradictoire avec le concept de vérité logique, mais, comme on avait commencé par le souligner, cela est contradictoire aussi avec les fondements d'une éthique possible qui requièrent non pas seulement l'efficace de mon libre-arbitre *mais aussi* que cette efficace puisse s'inscrire dans un univers prévisible. Il est parfaitement clair que, si je ne peux être moralement tenu comptable d'évènements dont l'advenue est nécessaire, je ne peux l'être non plus d'évènements qui sont *théoriquement* et donc absolument imprévisibles. Personne ne peut être tenu comptable d'un sort que seul le hasard détermine[2]. Abélard refuse donc de postuler au-delà d'une imprévisibilité pratique (relative à l'état imparfait de nos connaissances) une imprévisibilité proprement théorique. La possibilité même d'une intelligibilité du réel et donc d'une science implique que, si nous ne sommes pas capables de déterminer la valeur de vérité d'une proposition portant sur le futur, celle-ci n'est pas absolument indéterminable. Nous *devons* postuler la déterminabilité théorique de la valeur de vérité de chaque proposition, sinon, bien entendu, il n'y a plus aucun sens à chercher à accroître notre connaissance du réel de manière à déterminer de manière effective cette valeur de vérité. Il n'y a aucun sens à se lancer dans un projet dont on postule à l'avance qu'il est théoriquement irréalisable. Mais, bien entendu, cela ne signifie pas que nous puissions *prouver* que ce projet est réalisable. Pour le prouver, il faudrait que nous puissions épuiser la distance entre ce qui est en pratique déterminable et ce qui ne l'est qu'en théorie et cela, clairement, seule une intelligence telle que plus parfaite n'est pas concevable le peut. Or, c'est sur le défaut de la *preuve* de l'existence d'une telle intelligence et de la science qui lui convient que va reposer la solution de l'aporie de la sagesse.

De nouveau, modales *de sensu et* de re

On retrouve, pour résoudre l'aporie de la Sagesse, la même distinction entre modales *de re* et *de dicto* que pour l'aporie de la Puissance[3]. L'aporie était : « si une chose peut arriver autrement qu'elle n'arrive ou que Dieu a prévu qu'elle

---

1. Incompatible avec l'idée même de science, et non spécialement avec l'idée de science « divine ». Voir, par exemple, cette remarque du mathématicien R. Thom, « Actualité du déterminisme », dans *Apologie du logos*, Paris, Hachette, 1990, p. 583 : « La position d'un indéterminisme théorique en général me semble totalement inconséquente en matière de méthodologie scientifique. Dans les situations où l'aléatoire peut être formalisé, c'est-à-dire dans la théorie de Kolmogorov-Chaitin, on voit l'absurdité qu'il y a à postuler l'aléatoire. Selon cette théorie, une suite de nombres entiers est aléatoire si toute formule qui l'engendre est de longueur au moins égale à celle de la suite. C'est dire qu'une suite aléatoire ne peut être simplifiée dans sa description, donc tout effort d'explication (réduction de l'arbitraire de la description) est *a priori* vain. Un phénomène aléatoire doit donc s'identifier à sa description, sans aucune théorisation possible. [...] On doit postuler en principe le déterminisme, mais garder présente à l'esprit sa nature essentiellement multiforme et scindée ».
2. Abélard insiste beaucoup sur le fait que le concept de liberté d'arbitre n'implique pas seulement la liberté du vouloir mais aussi l'arbitrage (possible) de la raison. Cf. *Theologia scholarium*, III, § 87, *op. cit.*, p. 536, 1161-p. 537, 1186.
3. Nous résumons : LI, *Glossae super Peri hermeneias*, p. 266, 541-555.

adviendrait, alors Dieu peut se tromper ». La fausseté du conséquent (« Dieu peut se tromper ») semble impliquer la vérité de la contradictoire de l'antécédent qu'on vient de poser (soit : « rien ne peut arriver autrement qu'il n'arrive »). Abélard distingue alors les deux propositions suivantes :

H2 : « une chose ne peut arriver autrement que Dieu l'a prévue ».
D2 : Ce que dit la proposition "une chose arrive autrement que Dieu l'a prévue" est impossible.

La seconde attache l'impossibilité au *dictum* « une chose arrive autrement que Dieu ne l'a prévue » et la première attache cette impossibilité à la nature de la *res* qui advient et dont on pose qu'il lui est naturellement impossible d'advenir autrement que Dieu l'a prévue. La distinction qui résout l'aporie (en posant que la vérité de D2 n'implique pas la vérité de H2), repose sur l'impossibilité dans ma science d'interpréter extensionnellement (*de re*) tout le sens de la modale *de dicto* (ou *de sensu*, dit aussi Abélard).

Dans le même sens nous ne pouvons interpréter *de re* « ce que dit la proposition "Socrate, assis, est debout" est impossible » de manière à vérifier qu'il n'existe aucune *res possible* infirmant cette affirmation. Je ne doute pas qu'itérativement ne soit fausse chaque catégorique *non modale* qui prédique deux contraires d'un même sujet *existant* (« cum constantiis »). Mais est-ce le cas de tout sujet *possible* (« sine constantiis ») ? Il faudrait que l'hypothétique *ab oppositis* « si (x) est assis, (x) n'est pas debout » soit non seulement vraie « avec données constantes » mais aussi « sans données constantes », c'est-à-dire y compris dans le cas où la valeur de (x) est le non-existant. Mais, ainsi qu'on l'a vu, aucun opposé ne contient dans son sens le prédicat qu'il lui est opposé. Les opposés ne le sont pas « en eux-mêmes », mais seulement lorsqu'ils sont prédiqués ensemble d'un même sujet. Mais si la référence de ce sujet est vide, comment saurons-nous qu'ils sont opposés ? Si je pose que les seules valeurs *possibles* de (x) sont des objets existants, alors je pose que seul l'existant est possible et il n'est donc pas surprenant que j'aboutisse à la conclusion que ce qui advient ne *peut* advenir autrement qu'il n'advient puisque l'existant épuise le possible.

De même, que ce que dit chaque catégorique simple « cette chose advient autrement qu'elle n'advient ou que Dieu l'a prévue » soit, itérativement, impossible n'implique pas que la chose qui advient ne puisse advenir autrement qu'elle n'advient ou que Dieu ne l'a prévue, et cela Abélard le soutient du début (la *Dialectica*) à la fin (la *Theologia scholarium*) de son œuvre. L'inférence est fausse parce que, *pour ma connaissance*, le contraire de (tout) l'actuel n'est pas nécessairement impossible. Il faut alors admettre la distinction qualitative des sujets (*res/dictum*). Si je les confonds soit le devenir devient impossible (il est impossible par nature à (x) d'être autre qu'il n'est), soit une contradiction (« (x) est autre qu'il n'est », soit : « (x) est (et non peut être) l'opposé de ce qu'il est ») devient possible, un cas où le réel n'est plus intelligible.

Le point sensible de la distinction est que je ne peux pas prouver que ce qu'exige l'idée d'un savoir « divin », à savoir l'intelligibilité (la non-contradiction) *intégrale* du réel, soit bien fondé *in re*. Je peux seulement le croire. Et donc, en l'absence de preuve, je dois distinguer entre l'impossibilité *de sensu* d'un *dictum* contradictoire vrai, et la possibilité toujours ouverte pour toute *res* d'être, dans le temps où elle est, l'opposé de ce qu'elle est, et, d'abord, pour toute *res* (créée) qui est de ne simplement pas être au moment où elle est.

Bien entendu, si nous ne distinguons pas entre modale *de dicto* et modale *de re*, la démonstration d'Abélard ne peut que s'effondrer. Sur le fond, il s'agit de concilier le concept dichotomique de vérité logique (qui interdit que des prédicats opposés puissent être prédiqués ensemble du même sujet) avec la possibilité ontologiquement toujours ouverte de l'être-autre et du mouvement (c'est-à-dire de ce qu'Aristote appelle « sunechês », le continu). La seule solution pour éviter soit de ruiner la possibilité d'une science (en posant la possible vérité de propositions contradictoires) soit de poser que tout ce qui existe existe *necessario* en posant que le contraire de l'existant est impossible est donc de distinguer problématiquement, c'est-à-dire qualitativement, entre ce qui est impossible au sujet du savoir, le *dictum propositionis*, et ce qui est impossible au sujet de l'existant, la *res quae evenit*. C'est la seule solution tout au moins pour Abélard, à charge, bien sûr, à chacun d'en trouver une meilleure. Même si nous postulons l'intelligibilité *théorique* (*in sensu*) de tout le réel, nous ne pouvons pas exclure l'impossibilité *pratique* (*in re*) d'intelliger non-contradictoirement tout le réel. Nous ne devons pas confondre une science en Idée et une science effective. Seul un acte de foi transforme l'impossibilité conceptuelle (*de sensu*) du contradictoire et de l'inintelligible en une impossibilité réelle (*de re*) c'est-à-dire pratique et effective. Mais *existimare* n'est pas *scire*.

L'aporie des futurs contingents et la théorie des topiques

Abélard dans la *Dialectica* et la LI multiplie les arguments pour réfuter l'assertion que de l'impossibilité d'un *dictum* contradictoire résulte l'impossibilité pour une *res* d'être l'opposé de ce qu'elle est. Rien ne peut éclairer mieux l'origine de la théorie des topiques d'Abélard que l'identification par lui des lieux fondant – de manière sophistique, selon lui – dans le *Peri ermeneias* aristotélicien l'inférence de l'impossibilité d'un *dictum contradictoire* à l'impossibilité d'un futur contingent :

> Si de toutes les propositions contradictoires entre elles, il est nécessaire que l'une soit vraie et l'autre fausse [*ab immediatis* : un tiers est exclu], alors pour tout ce qui est dit par l'une d'entre elles, il est nécessaire que cela soit ou il nécessaire que cela ne soit pas [première hypothétique : *a pari in praedicatione*[1]].

---

1. L'antécédent implique le conséquent du fait de la nécessaire égalité de leurs extensions.

> Et si pour tout ce qui est dit par l'une d'entre elles, il est nécessaire que cela soit ou il est nécessaire que cela ne soit pas, alors périssent la contingence, la délibération et l'effort pour agir [deuxième hypothétique : *ab oppositis*] [1].

Le raisonnement total est composé de deux hypothétiques simples, le conséquent de la première constituant l'antécédent de la seconde.

La première hypothétique est une conditionnelle *a pari in praedication*e dont le modèle est « Si (x) est homme, (x) est rieur », une inférence dont Abélard conteste l'absolue nécessité, le conséquent n'étant pas conceptuellement contenu dans l'antécédent. Sur ce modèle, Abélard va contester que la conditionnelle « si "p" est vrai, alors p » soit vraie *sine constantiis* (c'est-à-dire de manière absolue). Dans « "p" est vrai », j'intellige et, donc, je déduis que « quelque chose de vrai est dit par "p" ». Il reste à déterminer quel est ce « quelque chose ». Pour cela, il faut joindre le geste (la déixis) à la parole (à l'intellection). Intelliger ne suffit pas, il faut pointer *hors du langage* ce que j'intellige. Ainsi, même s'il n'existe qu'un seul phénix, la conditionnelle : « si quelque phénix vit, ce phénix vit » est fausse, souligne Abélard [2]. Elle n'est vraie que si je constate que le seul phénix vivant est celui-ci (*cum constantiis*, donc). De « si "p" est vrai... », il suit « ... quelque chose de vrai est dit par "p" », restant à préciser en joignant le geste à la parole : « ... et *ce* vrai est p » [3].

Aucune désignation d'un objet existant *hors de ma pensée* n'est *déductible* de cette seule pensée : la *déixis* oblige à joindre à ma parole un geste désignant un objet réel et non seulement possible. Aussi la première hypothétique du raisonnement d'Aristote n'est pas absolument nécessaire. *Sine constantiis*, elle est fausse. Donc :

> Bien que l'advenue de la chose et la providence de Dieu qui porte sur elle soient égales et concomitantes, elles ne tiennent pas, cependant, une inférence nécessaire, puisque aucune des deux n'est intelligée dans l'énonciation de l'autre [4].

« Si Dieu prévoit que (x) soit damné ("si 'p' est vrai... »), alors *inevitabiliter* (x) est damné ("... alors p") » n'est donc pas une hypothétique absolument nécessaire. Il reste, en effet, à joindre à la parole le geste : « et ce (x) est ... ». Qui peut faire, en toute *certitude*, ce geste [5] ?

La deuxième hypothétique, elle, est *ab oppositis* (« Sed ex necessitate omnia, et ideo non utrumlibet. *Ab oppositis* »), un lieu dont nous avons vu qu'Abélard rejette la nécessité simple.

---

1. L'antécédent implique le conséquent du fait de la nécessaire opposition de leurs extensions. *Glossae super Peri hermeneias, op. cit.*, p. 303, 1372-1375.
2. *Dialectica, op. cit.*, p. 373, 22-27.
3. *Ibid.*, p. 372, 13-19.
4. *Ibid.*, p. 219, 21-24.
5. Si Dieu, *s'il existe*, fait ce geste, il m'est à moi strictement impossible de le faire et, donc, je n'ai d'autre choix que d'œuvrer à mériter mon salut.

Abélard conteste dès la *Dialectica* la vérité de cette seconde hypothétique[1]. Abélard pose que ce que Dieu a créé *ad extra* (hors de lui-même) ne peut pas être nécessairement ce qu'il est, c'est-à-dire être *immutabilis*. Si c'était le cas Dieu n'aurait rien créé (« produit hors de lui-même »). Pour une créature, à la différence de celui qui la crée, ne pas être nécessairement ce qu'elle est est ainsi une *nécessité* de sa nature. Aussi son existence est-elle *nécessairement* contingente[2]. L'opposition entre le nécessaire et le contingent n'est donc pas absolue, puisqu'une entité créée est *nécessairement* contingente.

Mais, plus largement et indépendamment de cette hypothèse créationniste, Abélard soutient qu'on ne peut établir d'opposition exhaustive et absolue, mais seulement relativement à une extension donnée. L'opposition requiert donc la *constantia* (c'est-à-dire qu'existe un sujet des opposés) et n'est donc pas absolue (« en soi »), mais relative à l'existence de ce sujet. Donc, la seconde hypothétique, dans une science effective (humaine), n'est pas plus nécessaire que la première. Conclusion générale :

> Si quelqu'un demande si sont vraies les conséquences par lesquelles on argumente en composant l'hypothétique par moyen-terme, nous nions qu'elles soient vraies[3].

Autrement dit, chaque étape du raisonnement d'Aristote repose sur des lieux dont Abélard conteste qu'ils puissent fonder des conséquences nécessaires. On voit en ce sens quelle est la finalité philosophique du rejet des *loci ab immediatis*, *a pari* et *ab oppositis*, des lieux pourtant admis par Boèce.

Le point central est que, lorsque Guillaume de Champeaux, reprenant Boèce, pose que « omne praesens determinatum [est] », par contraste d'un futur contingent[4], Abélard demande pour qui? Pour Dieu toute proposition, y compris sur le futur, est déterminée (puisqu'il est omniscient) mais, sans même qu'il soit question des propositions portant sur le futur, « si nous avons égard à une science humaine, puisqu'Aristote discute ici d'une opinion humaine, toutes les propositions portant sur le présent [et sur le passé] ne semblent pas définies »[5]. Il y a donc, comme nous l'avons vu, deux sciences : une science divine et une science humaine. Or, si nous croyons que Dieu (avec la science dont il est capable) existe, nous ne pouvons pas, dans une science humaine, le *prouver*. Et cela suffit à sauver la liberté d'arbitre.

La contingence induite par mon libre-arbitre n'implique pas ou la contingence de la science divine (Dieu pouvant prévoir tout aussi bien le contraire de ce qu'il prévoit en acte) ou qu'il puisse se tromper. Il y a un tiers. Le montre l'hypothèse

---

1. *Dialectica, op. cit.*, p. 222, 20-25.
2. *Theologia scholarium*, III, § 109, *op. cit.*, p. 545, 1476-1480.
3. *Glossae super Peri hermeneias, op. cit.*, p. 304, 1392-1394.
4. Guillaume de Champeaux, *Les sentences*, éd. O. Lottin, Gembloux, Duculot, 1959, texte n° 238, 28-36.
5. LI, *Glossae super Peri hermeneias, op. cit.*, p. 251, 210-p. 252, 215 : « omnia determinata dici possunt quantum ad [deum] » et « Si autem ad humanam scientiam respiciamus, cum hic Aristoteles humanam opinionem disputet, non omnes propositiones de praesenti definitae videntur ».

que la chose se soit produite autrement qu'une pierre l'a prévue [1]. De cette hypothèse ne résulte pas que la préscience de la pierre soit ou contingente ou fausse. L'antécédent est vrai (la chose s'est produite autrement qu'une pierre la prévoit), mais le conséquent est faux puisqu'une pierre ne prévoit absolument rien. Si une chose se produit autrement qu'une pierre l'a prévue, il est donc faux qu'il suive que ou la pierre peut prévoir l'opposé de ce qu'elle prévoit ou qu'elle puisse se tromper. Donc la vérité de l'antécédent n'implique pas la vérité du conséquent. Pourquoi en irait-il différemment pour Dieu ?

Ce que veut souligner Abélard est que mon raisonnement n'est valide que si, différemment d'une pierre, Dieu a prévu mon acte, mais l'*existence* d'une telle providence n'est pas nécessairement impliquée par le sens de l'antécédent « une chose advient non conformément au mode selon lequel Dieu l'a prévue ». Il ne découle pas de l'idée d'une telle préscience son existence, puisque nous n'avons pas d'argument nécessaire permettant d'asserter qu'au concept de Dieu, avec l'omniscience qui découle de ce concept, corresponde nécessairement un objet (réel). Or, l'hypothétique susmentionnée (posant que la contingence du réel implique ou la contingence du savoir divin qui la prend pour objet ou la possibilité que ce savoir soit faux) n'est valide que « cum constantiis », c'est-à-dire dans le cas où cette science et l'intelligence qui la produit *existent*. Or, je *crois* (éventuellement) que Dieu a prévu mon salut (ou ma damnation) autrement que ne l'a prévu une ... pierre, mais, jusqu'à preuve du contraire, je ne le *sais* pas. Donc le raisonnement susmentionné qui pose que *si* je peux agir autrement que Dieu ne l'a prévu, *alors* ou la science divine peut être autre qu'elle n'est ou peut être erronée, n'est pas nécessaire (mais seulement « maximalement probable »), et est, donc, *stricto sensu*, faux. Cette conditionnelle serait vraie si je pouvais prouver que la science divine existe, ce qui n'est pas le cas.

Tout l'enseignement d'Abélard est qu'une conditionnelle pour être vraie doit l'être nécessairement, c'est-à-dire *indépendamment de toute assertion d'existence*. La conséquence susmentionnée, en nécessitant l'ajout d'une catégorique assertant (ma croyance en) l'existence d'une préscience divine, est donc fausse, si, toutefois, on prétend qu'elle n'est pas « maximalement probable » mais au contraire nécessaire (c'est-à-dire vraie indépendamment de mes *existimationes*). Tout repose sur le fait que je ne peux pas *prouver* qu'une intelligence providentielle existe. Pour autant qu'une science humaine soit concernée, l'existence d'une telle intelligence providentielle est un objet de foi et non de science, et ce que le logicien sait, le croyant, s'agissant d'Abélard, le *sait* aussi.

---

1. Nous analysons : LI, *Glossae super Peri hermeneias*, p. 267, 587-p. 268, 592.

L'aporie de l'universel fait retour sur l'aporie des futurs contingents

Abélard pose que, si Dieu ne peut pas ne pas damner celui qu'il damne, celui-ci ne l'est pas nécessairement par lui. Ainsi cet homme amputé ou aveugle, une fois amputé ou aveugle ne peut plus voir ou marcher, mais il n'en résulte pas pour autant qu'il était nécessaire qu'il soit amputé ou perde la vue. Comme il le sait assez, en partageant la même nature spécifique que les autres hommes, la cécité ou l'amputation ne sont pas des propriétés substantielles et donc inévitables de sa nature, mais bien des accidents. Donc ce qui est *naturellement* possible à l'homme sauvé (« être sauvé » : voir, marcher) l'est aussi à l'homme damné (amputé ou aveugle) même si ce que dit la proposition « celui qui est damné est sauvé » (« l'aveugle voit », « celui qui est amputé, marche ») est impossible[1]. L'impossible vérité de ce que dit la catégorique simple « celui qui est damné est sauvé », n'implique donc pas la vérité de la catégorique modale « Celui qui est damné ne peut être sauvé », à moins de faire de cette damnation, non un accident, comme la cécité, mais une propriété substantielle de la nature humaine. Le point sensible dans ce raisonnement est que la nature substantielle d'un individu de telle espèce est partagée par *tous* les autres individus de même espèce[2].

Si nous pouvions définir l'individu lui-même en identifiant ce qui le sépare nécessairement des autres individus de même espèce, nous pourrions – peut-être – poser que la damnation de cet homme (ou sa cécité) lui était aussi nécessaire que sa bipédie ou sa mortalité. Mais « scientia infinita esse non potest », soulignent toutes les autorités. Aussi, nous ne sommes pas en droit, dans les limites d'une science humaine, d'exclure que ce qui est possible à cet homme qui est sauvé le soit aussi à *tout* autre homme, y compris, et cela jusqu'à preuve du contraire, au *damnandus*.

On peut dire qu'ici s'unifie la lecture de tout le corpus logique, de l'*Isagoge* à la théorie des inférences topiques, en passant par les *Catégories* et le *Peri ermeneias*. L'inférence de la proposition *de sensu* vraie « Dieu ne peut pas ne pas damner celui qu'il damne »[3] à la proposition *de re* (fausse) « Celui qui est damné par Dieu ne peut pas ne pas l'être » est fausse parce que, dans une science humaine (effective), il est impossible de poser qu'une propriété qui advient à tel individu de telle espèce sans advenir aux autres individus de même espèce (le salut, personnel à chaque être humain), lui advient *nécessairement*. Pour cela, il faudrait que notre accès à la connaissance des substances premières (Socrate ou Platon) ne soit plus relatif à notre connaissance des substances secondes (de ce statut spécifique ou générique en lequel se rencontrent Socrate et Platon), mais soit direct et absolu. Il faudrait, donc, que nous puissions intelliger distinctement – *discrete* – toute l'extension possible (*in se ipsa infinita*) du statut être-homme de manière à discerner en quoi Socrate diffère substantiellement, c'est-à-dire nécessairement, de tous les autres individus humains *concevables*. Nous pourrions alors décider si

---

1. *Glossae super Peri hermeneias*, op. cit., p. 285, 512-p. 286, 519.
2. *Dialectica*, op. cit., p. 194, 1-3.
3. Soit : « ce que dit la proposition "celui qui doit être damné est sauvé" est impossible ».

Socrate est effectivement tel qu'il ne peut pas ne pas être sauvé (ou damné) et donner, dans la proposition « Dieu ne peut pas ne pas sauver (x) qu'il sauve » ou dans la proposition contraire « Dieu ne peut pas ne pas damner (y) qu'il damne », aux variables « x » ou « y », la valeur « Socrate ». Mais si nous pouvons savoir cela[1], alors assurément notre intellection « infinita circumdat ». En réalité, non seulement nous ne pouvons pas faire cela, à moins de confondre notre intelligence et une intelligence divine, mais nous ne pouvons même pas prouver que puisse exister l'intelligence divine qui en est capable. Aussi, même si nous pouvons poser que l'Idée d'une science parfaite exige que toute proposition ait une valeur de vérité determinée – *décidée* –, la réalité de la pratique scientifique *exige*, en revanche, que certaines propositions soient laissées indécidées.

Abélard et le rejet de la double théorie du sujet unique boécienne :
la subjectivité humaine ne peut être effacée

La double théorie du sujet unique (posant que le sujet, universel et nécessaire, du savoir est identiquement le sujet, singulier et contingent, de l'existant) n'est effective que si nous pouvons avoir accès à un point de vue divin sur la réalité. Or, d'une part, l'existence de la science divine et, d'autre part, la possibilité pour un esprit humain d'y accéder relèvent d'un acte subjectif de foi et non du constat d'une science effective. Et la nouveauté du propos d'Abélard est de démontrer que cette distance entre la subjectivité de ma foi et l'objectivité de la science est elle-même une donnée objective : irréductible. Il faut donc, *nolens volens*, maintenir une différence qualitative entre *res* et *status* et entre *res* et *dictum*.

Ainsi, nous ne pouvons inférer en toute nécessité de la vérité d'une modale énonçant l'impossible vérité d'un *dictum* (*de sensu*, donc)[2] la vérité d'une modale énonçant l'impossible existence d'une chose (*de re*, donc)[3] que si nous pouvons poser que le fondement objectif (la *causa impositionis*) des prédicats définitionnels n'est pas un statut spécifique ou générique « qui n'est aucune chose » mais bien telle *chose existante*, soit la chose singulière même nommée par le terme-sujet. L'inférence d'une modale à l'autre est vraie si nous pouvons connaître Socrate, non dans un statut générique ou spécifique qui convient aussi à Platon, mais dans un statut socratique qui ne convient à aucun autre homme *possible*. Bien sûr, libre au croyant de croire, au-delà de l'idée d'une telle science, à sa réalité. Le point décisif, pour le logicien *et* le croyant qu'est Abélard, est de poser qu'il est impossible d'asserter, au-delà de l'idée d'une science infinie (avec le déterminisme qui découle analytiquement d'un tel concept), l'existence d'une telle science dans un argument qui soit plus que « maximalement probable » et proprement nécessaire. Et l'impossibilité d'une telle démonstration est plus riche de sens pour le logicien et probablement aussi pour le croyant qu'est Abélard que

---

1. C'est-à-dire avoir une intuition intellectuelle (définitionnelle et finale) et non empirique (descriptive et provisoire) du singulier.
2. Par exemple : « ce que dit la proposition "celui qui doit être damné est sauvé" est impossible ».
3. Par exemple : « celui qui doit être damné ne peut être sauvé ».

les CQFD de la casuistique habituelle aux Pères de l'Église ou au Boèce du *De consolatione Philosophiae*. C'est en réfléchissant l'irréductibilité entre science humaine et science divine que notre science devient effective – objective et réelle – et non en postulant, de manière entièrement arbitraire, un accès à une science divine purement hypothétique. C'est donc en distinguant entre l'objet de ma foi (d'une foi posant, donc, l'existence d'une science divine) et l'objet de ma science, comme savoir demeurant indépendamment de mes intellections et de mes *existimationes*, qu'une science devient possible pour moi. C'est la distinction et non l'identité entre foi et savoir qui est productrice de connaissance.

C'est donc à une sorte de révolution copernicienne qu'Abélard invite les lecteurs de Boèce et des autorités patristiques. Il s'agit non plus de fonder la science humaine sur l'accès à la science divine, mais sur ce qui distingue, réflexivement, une science humaine d'une science divine. Pour accéder à la science, il faut non pas croire et intelliger ce que je crois mais mesurer la distance entre ce que je crois – par exemple qu'existe un Dieu intelligent créateur de tout ce qui est – et ce que je sais. C'est en thématisant en pleine conscience la subjectivité de la foi que nous accordons à telle de nos intellections que nous pouvons, grâce à ce discernement, accéder à un savoir qui demeure indépendant de nos croyances. C'est la conscience critique de la distance entre *intelligere* (sens) et *scire* (vérité) qui est productrice de science. Or, précisément, parmi ces croyances, il y a l'*existimatio* qu'au-delà du concept d'une intelligence créatrice, correspond à ce concept un objet et Abélard dit en toutes lettres que nous ne pouvons pas – par un argument nécessaire – supprimer le caractère subjectif de cette croyance en démontrant son bien-fondé objectif à qui refuse d'y adhérer. De là, on comprend qu'entre la modale *de sensu* D : « ce que dit "celui qui doit être damné est sauvé" est impossible », c'est-à-dire « Dieu ne peut sauver celui qu'il damne » et la modale *de re* D' : « celui qui doit être damné ne peut être sauvé », l'inférence n'est bonne que si au concept d'un être tel que meilleur ne peut être conçu (et donc tel qu'il ne puisse faire mieux, et donc autre chose, que ce qu'il fait en acte), je peux prouver que correspond un objet réel. L'inférence ne vaut que si je peux établir que la vérité de D est un objet de science et non de foi, c'est-à-dire que ce qui est réel pour ma foi, l'est aussi pour ma science. Tant que cette preuve est inaccessible, il est *faux* que la vérité de D prouve la vérité de D'. Nous ne voyons pas comment réfuter un tel argument (sur lequel est fondée toute la théodicée d'Abélard).

Solution de l'aporie de la bonté

Théodicée et agent moral humain

Sur la solution de cette aporie, il y a peu à dire puisqu'elle repose une troisième fois sur l'irréductibilité d'une modale *de sensu* – D3 : « Il est bon que le mal soit » – à une modale *de re* – H3 : « le mal est *bene* ». La foi en un Dieu bon et créateur exige de poser la destination éthiquement bonne de tout ce à quoi il permet d'être, mais nous ne pouvons pas inférer de la vérité de D3, la vérité de H3 sans ruiner la possibilité de l'éthique, en posant l'indiscernabilité du bien et du mal.

Je crois que l'*eventus rei* – le fait qu'advienne la trahison de Judas – est bon, c'est-à-dire n'est pas sans une *causa* très bonne, puisque cette trahison est l'instrument du dessein salvateur divin, sans être pour cela *logiquement* autorisé à en inférer que la *res quae evenit* soit une action bonne et non mauvaise, et qu'ainsi Judas, en trahissant le Christ, n'ait pas mal agi.

Tout repose, là encore, sur la différence entre notre croyance – notre espérance – en la destination éthique de *tout* l'existant et l'impossibilité tant logique qu'éthique où nous sommes de traduire cette croyance (tout ce qui est, il est bon qu'il soit) en un savoir effectif (*de re*) susceptible de poser sans « scandale » que ce mal est un bien.

De nouveau, modales de sensu *et* de re

L'affirmation de la destination éthique de tout l'existant donne lieu à la proposition *de dicto* : « Que le mal soit est bon ». Or, Abélard pose la règle suivante :

> lorsque [les propositions] sont exposées au sujet du sens d'une proposition, elles ne sont pas proprement modales et ne sont ni universelles, ni particulières, ni indéfinies, ni singulières [...] : alors, en effet, c'est comme si tout le sens de la proposition était sujet, et le mode simplement prédicat [1].

La proposition qui dit qu'il est bon que le mal soit n'est pas une proposition modale posant que le mal existe *bene* (de manière bonne et souhaitable). Ce que dit « il est bon que le mal soit » est qu'il est bon qu'il en aille dans la réalité comme le dit la proposition « le mal existe ». Le sujet est le dit propositionnel – le *dictum* « malum esse » – et il est *impersonnel* (intensionnel et non extensionnel). Donc, dire cela n'implique pas l'énonciation extensionnelle « [hoc, aliquid, omne] malum est bonum ». Le fait que Judas trahisse le Christ – ce scandale-là – il était bon (sous la détermination d'un ordre providentiel) qu'il advienne, mais la trahison du Christ n'est pas elle-même une chose bonne, et Judas n'en est pas moins pour cela damnable (puisque son intention n'était pas bonne, mais mauvaise).

---

1. LI, *Super Peri ermeneias*, § 20, in *Abelardo : Scritti di logica*, éd. M. Dal Pra, Firenze, La nuova Italia, 1969 (2ᵉ éd.), p. 402, 273-278.

Si nous posons qu'il est impossible de discerner entre le *dictum propositionis* et la *res* dont l'énoncé de la proposition engendre l'intellection, l'un n'étant rien d'autre que l'autre, nous sommes en difficulté. Il nous faudra ou poser que, s'il est bon que le mal soit, alors (tout, quelque, ce) mal est un bien, ou qu'il est impossible de donner à tout l'existant bon ou mauvais un sens raisonnable (et, dans le cadre d'une théodicée, légitime). Le sujet *de sensu* – intensionnel et idéel [1] – de l'hypothèse d'une destination éthiquement bonne de tout l'existant ne peut être interprété *de re* – extensionnellement et réellement – sans paraître légitimer, en l'excusant, le mal moral, ce qui ruine définitivement l'éthique. Mais, d'un autre côté, ce *dictum* ne peut être non plus réduit à un pur *flatus vocis* sans réduire l'histoire humaine à un pur chaos dénué de sens, puisqu'on renonce à déceler dans cette histoire, avec le mal qui s'y fait abondamment, une « cause raisonnable » et, dans l'hypothèse d'une théodicée, légitime. Soit nous renonçons à évaluer moralement – tout mal étant un bien – soit nous renonçons à comprendre, en rejetant l'idée que la trahison de Judas s'insère comme un élément signifiant dans l'histoire biblique du salut (et, dans le cadre d'une théodicée, comme une condition nécessaire de l'advenue de ce salut). Dans le cas d'espèce, en confondant *res* et *dictum* ou nous justifions l'injustifiable ou non renonçons à l'expliquer. Il convient donc de distinguer entre le *sens* de la proposition « il est bon que le mal soit » et la chose sur laquelle porte cette proposition et qui, certes, n'est pas et ne peut être un bien.

Erreur et faute

Abélard souligne, dans les *Collationes*, que certaines actions qui sont universellement tenues pour bonnes et dignes d'être accomplies ne doivent pas, pourtant, être faites. Dans ce cas, en disant qu'il est bon que cette chose soit, nous nous trompons et commettons une erreur, mais nous ne sommes pas coupables de cette erreur, parce que nous ne commettons pas cette erreur intentionnellement, en consentant à un mensonge (en ne disant pas ce que nous pensons). Nous ne commettons pas de fautes toutes les fois que nous consentons à ce qui ne doit pas être fait [2].

L'erreur qu'accompagne une ignorance invincible ne peut être imputée à tort à son auteur, souligne Abélard dans le *Scito te ipsum*. Nous comprenons : si nous pouvions interpréter *de re* le sujet d'une théodicée, et déterminer extensionnellement pour chaque chose celle qui doit être et celle qui ne doit pas être, nous serions toujours coupables lorsque nous consentons à faire ce qui ne doit pas être fait. Mais, pour notre connaissance, nous ne sommes pas capables de convertir l'Idée d'une théodicée – d'un ordre raisonnable et éthiquement sensé du monde – en une détermination extensionnelle et infaillible de cela qui doit être et de cela qui ne doit pas être. Il y a pour nous une distance irréductible entre l'Idée d'un

---

1. Abélard réfère l'idée que rien n'existe sans une cause légitime et bonne à Platon (celui du *Timée*). Nous savons que Boèce attribue à Aristote la thèse de l'objectivité de la contingence.
2. Nous résumons : *Collationes*, p. 170.

ordre providentiel et optimal du monde et la détermination concrète et singulière de cet ordre dans notre connaissance. C'est pourquoi il arrive que ce que chacun croit devoir être fait, « pour une raison qui nous est entièrement inconnue » en vérité ne doive pas l'être et échoue dans le malheur[1]. Donc il n'est pas bon que tout ce que tous les hommes croient bon soit. C'est un fait. Mais, il en résulte qu'il n'est pas vrai qu'à chaque fois que nous nous trompons – en faisant ce qui ne doit pas être fait – nous soyons coupables de cette erreur. Toute erreur n'est pas une faute. Nous ne pouvons être fautifs que lorsque nous consentons à faire ce que nous *pouvons* savoir ne pas devoir être fait[2]. Quand il nous est impossible de le déterminer (et il faut que cette ignorance soit invincible), il y a erreur et non faute. Aussi, la détermination morale s'attache plus à notre consentement à telle intention d'agir qu'à l'acte lui-même tel que le ratifie la réalité, dans son succès comme dans son échec. Une action malheureuse dans ses conséquences est une erreur mais pour qu'il y ait faute, il ne suffit donc pas qu'il y ait erreur, il faut en plus que cette erreur ne soit pas inévitable, et qu'ainsi cette erreur ait été commise en connaissance (possible) de cause. Dans ce cas, un consentement à l'intention même de ne pas faire ce qui doit être fait est engagé et l'erreur, en étant consentie, devient une faute. Ainsi les juges du Christ ont agi en fonction de ce qu'ils croyaient devoir être fait – dans l'état du savoir *possible* pour eux – et non, *sciemment*, en prononçant un jugement déicide. Là, comme ailleurs, Abélard est attentif à distinguer l'état humain et historique du savoir (ici de l'agent moral) d'un état final et définitif qu'il faut réserver à Dieu. Son souci de la finitude de la connaissance humaine est ainsi permanent du début à la fin de son œuvre.

Œuvre et intention

Si nous mesurions le bien et le mal aux conséquences heureuses ou malheureuses de nos actes, en réduisant la valeur morale d'un acte à son utilité (à son succès), il y a bien des actions que nous jugeons mauvaises – par exemple, la trahison de Judas – que nous devrions qualifier de bonnes tant leurs conséquences sont heureuses et inversement bien des actions que nous jugeons bonnes que nous devrions, au vu de leur échec, qualifier de mauvaises. Aussi, Abélard distingue les œuvres – heureuses ou malheureuses dans leurs conséquences – et la valeur

---

1. Il y a ainsi, dans cette impuissance humaine à intelliger de manière effective le sujet (extensionnel) d'une théodicée, au-delà de la frivolité de toute casuistique théologique, une dimension proprement tragique (au sens antique de ce terme). Le maître intérieur est bien muet.

2. Abélard s'appuie sur cette idée pour rejeter l'antisémitisme chrétien (l'idée d'une « faute » du peuple « déicide ») : « eos [crucifigentes Christum] *ignorantia excusat a culpa* », *Scito te ipsum*, 42, 2, éd. R. M. Ilgner, Turnhout, Brepols, 2001, p. 236. La révélation n'étant pas parvenu jusqu'à eux, les juges du Christ ne pouvaient pas savoir qui était le Christ. Dans un texte extraordinaire, Abélard va même jusqu'à conclure que « ceux qui persécutèrent le Christ ou les siens, croyant que ceux-ci *devaient* être persécutés, nous disons qu'ils péchèrent par œuvre, alors que, cependant, ils auraient bien plus *gravement* péché par faute, s'ils les avaient épargnés contre leur conscience ». Cette affirmation qui coupe à la racine l'antisémitisme théologique (le déicide est une erreur par ignorance, laquelle n'entraîne aucune faute) a été condamnée au concile de Sens, voir *ibid.*, 45, 4, p. 242.

morale de l'intention qui préside à leur réalisation. Des œuvres en tout point comparables et objectivement aussi utiles l'une que l'autre, par exemple une donation à l'Église des pauvres, peuvent obéir à des intentions moralement entièrement opposées. Pour tous les contemporains d'Abélard, la différence d'intentions dans la réalisation d'une œuvre charitable est patente. L'un donne à l'Église par souci de partager sa richesse avec ceux qui en manquent, l'autre donne à l'Église en échange de l'absolution que le chef de l'Église, l'évêque, donne à tel gain illicite que cette donation « rachète ». Ainsi le duc Guillaume obtient-il, grâce à Lanfranc, le pardon du pape pour son mariage « vicinal » (interdit aux autres), en fondant hôpitaux et abbayes, là où tel autre partagera avec l'Église ses richesses sans souci de « rachat ».

On comprend qu'en séparant, d'un côté, les œuvres et leur utilité objective et, de l'autre, les intentions qui motivent ces œuvres et qui sont seules qualifiables moralement, Abélard théorise la critique fréquente aux XIe et XIIe siècles des pratiques de pénitence tarifée des *potentes*. Ces pratiques permettent à ces derniers d'accroître leurs pouvoirs et leurs richesses en commettant des « péchés » (mariages vicinaux « incestueux » et infractions à la « paix de Dieu » par la guerre privée) que leurs (bonnes) œuvres permettent de « racheter », sans abandonner les gains obtenus. Fonder une abbaye, un hôpital, et l'Europe latine se couvre, après l'An Mil, d'un « blanc manteau d'églises », est une œuvre qui obéit à une intention qui n'est pas nécessairement désintéressée et qui semble fréquemment étroitement liée à la « légalisation », par compensation à l'égard des pauvres, de surplus de richesses et de pouvoirs acquis de manière illicite au regard des normes instituées par l'Église. Or, Abélard demande que la valeur morale d'un acte soit jugée indépendamment de son utilité (sociale) : « Le fait est que Dieu ne prête attention, dans la rémunération du bien et du mal, qu'à l'esprit et non aux effets des œuvres »[1]. On constate tout de suite qu'il est impossible dans une telle éthique qu'aucune œuvre puisse, par elle-même et quelles que soient les conséquences heureuses qui en résultent, avoir la moindre valeur morale puisque celle-ci s'attache uniquement à l'intention à laquelle l'agent moral consent en accomplissant cette œuvre. Aussi est-il hors de question que le calcul intéressé qui motive la fondation des deux abbayes de Caen puisse racheter sur le plan moral (aux yeux de Dieu) le salut que Guillaume a mis en danger en épousant par calcul patrimonial et politique la fille de son voisin (le comte de Flandre).

Aucune donation matérielle ne peut en elle-même avoir la moindre signification morale. Là encore « res non significat ». C'est tout le *réalisme* de la pénitence tarifée qui préside aux échanges économiques entre les *potentes* et l'Église qui s'effondre. Abélard *déréifie* la valeur morale d'une œuvre en posant qu'en tant que *res* cette œuvre n'a pas de valeur morale, pas de signification morale, seul en ayant une le libre consentement de l'agent à l'intention dans laquelle cette œuvre est décidée par lui. Abélard rétablit ainsi une différence qu'obscurcissent

---

1. *Scito te ipsum*, 29, 5, p. 212 : « Solum quippe animum in remuneratione boni et mali, non effecta operum Deus attendit ».

les échanges entre l'Église et les *potentes*, différence entre le matériel (ou le temporel) et le spirituel, c'est-à-dire entre l'action extérieure qui est réalisée et qui est, en elle-même, moralement indifférente, et l'intention à laquelle l'agent consent intérieurement en décidant – librement – de vouloir cette œuvre. La valeur morale d'une intention est ainsi posée comme irréductible à l'œuvre entreprise, si heureuse et utile soit-elle. Maintenant, si nos intentions et l'acte mental par lequel nous décidons de consentir à ces intentions n'avaient aucune forme de réalité, n'étant pas plus réels que des mots, l'éthique n'aurait plus aucun fondement objectif puisqu'on vient de vérifier que l'œuvre extérieure est incapable de fournir ce fondement. Force est donc d'accorder une forme de *réalité* aux actes intérieurs de consentement aux intentions qui, seuls, donnent une signification morale à nos actes, puisque c'est d'eux et d'eux seuls que dépendent, pose Abélard, notre salut (ou notre damnation) proprement moral (et non notre salut temporel ou social).

Conclusion : éthique et finitude, le rejet du pouvoir des clefs

Abélard achève son *Ethique* sur une distinction entre la justice temporelle et institutionnelle qu'exercent les évêques en pardonnant à celui-ci et en condamnant cet autre et la justice divine et morale que Dieu exerce en sauvant celui-ci et en damnant cet autre *éternellement*. La justice temporelle de l'évêque, en prononçant l'excommunication, exclut de l'Église en tant que communauté sociale existante, mais ne peut prétendre exclure, dans l'autre monde, de la communauté même des élus. De même, le pardon que prononce l'évêque, en acceptant à la communion le pécheur, ne peut valoir pardon dans l'autre monde, en « rachetant » de la communauté des réprouvés. La justice épiscopale comme institution politique mondaine et humaine ne peut avoir valeur absolue en prétendant condamner ou pardonner non seulement dans ce monde mais aussi dans l'autre. En effet, elle se base non sur la connaissance intime du consentement que dans le secret de son cœur tel homme à donné à telle intention, consentement que seuls Dieu et l'impétrant peuvent connaître en toute certitude, mais sur l'établissement des faits, le mal qui en a résulté pour les autres, et la connaissance probable de l'intention de leur auteur. Une dernière fois, attribuer à cette justice humaine et relative le pouvoir de condamner ou d'absoudre de manière absolue (en ouvrant ou en fermant les portes du salut) revient à confondre Dieu et homme. Cela revient à confondre une justice relative et provisoire (celle des évêques, dont le premier d'entre eux, le pape, détenteur des clefs de Saint Pierre) et une justice définitive et absolue que, par hypothèse, seul un Dieu omniscient peut rendre. Confondre ces deux justices est un abus de pouvoir revenant à diviniser des hommes.

Il ne s'agit pas de nier la valeur (et la nécessité) d'une justice proprement humaine. Abélard ne conteste en rien – il le souligne – le droit absolu des évêques (et du pape) d'excommunier, par exemple, Guillaume, duc de Normandie, puis de lui pardonner et ceci pour la bonne administration de l'Église des hommes (les quatre hôpitaux et les deux abbayes fondées n'étant pas socialement indifférents), mais à contester que ce soit Dieu lui-même qui, à travers le pape, ait condamné puis pardonné. « Scito te ipsum » dit Abélard : c'est dans ton cœur et non dans la sentence de l'évêque, fût-il celui de Rome et si utile et justifiée politiquement soit cette sentence, que tu peux savoir si tu es condamné ou pardonné. La connaissance de cette sentence n'est possible que, si, au-delà de toute « bonne » conscience, cette conscience est une *connaissance* remontant de l'acte à l'intention et de l'intention au consentement que, au-delà du succès ou de l'échec de mon acte, j'ai, en première personne, donné à cette intention. C'est l'intention *réelle* et non le sentiment que j'en ai qui sauve ou damne :

> L'intention ne doit pas être dite bonne, parce qu'elle semble bonne, mais parce que, de surcroît, elle est telle que nous la croyons être [1].

Une fois encore, *déréifier*, ici, les fondements de l'éthique ou, là, les fondements de la connaissance n'implique pas de les *déréaliser* en les réduisant à des constructions verbales ou à des actes subjectifs d'*existimatio*.

Cette exigence morale d'une *connaissance* de soi (d'une connaissance des consentements secrets à mes intentions) ne peut s'accommoder des compromis que, pour une bonne administration des réalités humaines, pape et évêques sont amenés à forger, en pardonnant tel grand donateur et en maintenant la condamnation de tel autre pécheur, moins riche ou moins puissant.

Mais, quoi qu'il en soit des rigueurs de l'exigence morale d'Abélard, il est clair qu'en refusant de reconnaître aux clercs (pape et évêques) le pouvoir de lier ou délier éternellement dans l'autre monde ce qu'ils lient ou délient temporellement dans ce monde, c'est-à-dire en discernant justice temporelle, institutionnelle et politique, et justice spirituelle, éternelle et morale, il ruine le fondement même de le réforme grégorienne. Cette réforme consistait, en effet, à donner aux clercs et, singulièrement au premier d'entre eux, le pouvoir des clefs sur la base, institutionnelle, du renoncement clérical aux liens charnels et aux intérêts mondains qui les accompagnent, en faisant (fictivement, les clercs restant des hommes) de cette communauté cléricale une communauté angélique. Le caractère « hors du monde » du clergé fonde ainsi la suprématie du pouvoir exercé par lui sur les autres pouvoirs, laïcs, par principe soumis aux liens du sang et aux intérêts mondains qui s'y attachent. Abélard, bien entendu, a été condamné comme hérétique entre autres pour cette thèse. Toute l'autorité de l'Église grégorienne repose sur la prééminence politique – temporelle, donc – du pouvoir religieux sur tous les autres pouvoirs. Poser que ce pouvoir religieux est lui-même un pouvoir mondain, comme le souligne Abélard dans les dernières lignes du

---

1. *Scito te ipsum*, 36, 5, p. 224.

Scito te ipsum, est en contradiction absolue avec la prééminence politique du pouvoir du Pape et des évêques sur ceux de l'empereur ou de toute autre autorité laïque, prééminence inconnue à Byzance et qui constitue l'essence même de la réforme grégorienne. Or, cette prééminence est, de fait, entre 1050 et le grand schisme du XIVe siècle, un des fondements les plus sûrs et, probablement, les plus nécessaires, de l'ordre seigneurial et de la gestion politique de cet ordre social. En critiquant la confusion cléricale entre le spirituel et le temporel, Abélard touche le point le plus sensible de l'ordre politique non seulement voulu mais aussi effectivement mis en place par la réforme grégorienne, dans la seconde moitié du XIe siècle. Il est clair que le spectacle des échanges économiques entre les Églises et les grands laïcs, sur fond de rachats de fautes que l'avidité (politico-économique) de ces derniers les conduit à commettre, motive la demande dont témoigne ici Abélard d'une pratique morale moins « réaliste » ou « tarifée » et plus « spirituelle » ou « intérieure », en distinguant, pour cela, entre le temporel et le spirituel de manière *effective*. Affirmer qu'*aucun* homme ne peut *par fonction* détenir le pouvoir – divin – de lier ou de délier au ciel cela même qui est lié ou délié sur terre, va dans ce sens mais n'est simplement pas compatible avec cette réforme, bien que cela soit pleinement fidèle au souci constant de la lignée angevine (dont est issu Abélard) de ne pas prêter à la parole humaine le pouvoir qu'a le Verbe créateur de faire de sa pensée la réalité même. Aucun homme ne peut par fonction avoir cette toute-puissance et ne peut donc avoir le pouvoir d'ouvrir et de fermer à un autre homme, de manière définitive et absolue, les portes du salut.

Il s'agit bien, pour Abélard, et cela du début à la fin de son œuvre, d'une critique de la pensée « magique », c'est-à-dire de l'idée même de toute puissance de la pensée, caractéristique du rejet du « réalisme » de Guillaume de Champeaux et des dits *reales* jusqu'au rejet, dans les dernières lignes du *Scito te ipsum*, du pouvoir des clefs que revendiquent les évêques en confondant justices humaine (temporelle) et divine (spirituelle). À chaque fois, Abélard témoigne d'un sens profondément *philosophique* et « socratique » de la finitude humaine. Abélard n'est pas un réformateur religieux (il ne conteste pas le pouvoir du pape et des évêques de juger tout chrétien ici-bas, en fermant ou en ouvrant devant lui la porte des églises) mais est un philosophe, comme tel soucieux des limites de ce que peut un homme, fut-il évêque (de Rome). Dieu, seul[1], par hypothèse, peut avoir le pouvoir de décider du salut d'un homme. De même qu'il faut être Dieu pour détenir un savoir suffisant non seulement pour « montrer » la réalité mais aussi la « faire », de même il faut être Dieu pour détenir le pouvoir, non pas seulement d'exclure de la communauté des croyants ou d'y réintégrer tel pécheur, mais aussi d'exclure tel pécheur de la communauté des élus ou de l'y réintégrer. Le raisonnement est le même :

---

1. Ou, peut-être, une personne sainte, personnellement et non par fonction, ajoute Abélard.

1) il faut distinguer entre ce que peut Dieu et ce que peut un homme (« si sublime soit la chaire qu'il occupe » dit Abélard);

2) en l'absence d'une part d'un argument nécessaire prouvant l'existence d'un tel pouvoir absolu, et, d'autre part, de la possibilité *in hac vita* pour un sujet effectif d'y accéder, en abolissant son caractère humain pour se diviniser, il faut admettre que la distinction entre ces deux sujets et leurs pouvoirs est, sauf pour qui est *personnellement* saint[1], objective, c'est-à-dire irréductible.

À l'inverse, pour Grégoire VII, c'est parce que l'autorité que tient le pape ne vient pas du tout des hommes mais seulement de Dieu que celui-ci détient une autorité spirituelle qui, comme telle, doit l'emporter dans ce monde sur celle, toute profane, de l'empereur ou des rois. Seule l'autorité du pape est absolue, celle de l'empereur et des rois n'étant que relative et conditionnelle. À l'opposé, Abélard affirme qu'une autorité spirituelle dont il ne nie pas qu'elle l'emporte en dignité sur toute autorité temporelle ne peut s'attacher qu'à la personne, par exemple d'un évêque, et à sa sainteté effective, *et non à sa fonction* :

> De ces dires de Jérôme, il appert, si je ne me trompe, que ce qui fut dit à Pierre ou semblablement aux autres apôtres sur les liens des pécheurs à nouer ou a dénouer, se doit entendre plutôt des personnes que généralement des évêques[2].

Aucun homme ne peut *par fonction* être saint. L'autorité spirituelle est une autorité purement morale, c'est-à-dire personnelle. Ce que dit, ici, Abélard est bien incompatible avec le fondement même de la réforme grégorienne qui soumet toutes les autorités temporelles à l'autorité de l'Église et de son chef parce que celle-ci est, *par fonction*, héritière de la sainteté de son fondateur, Pierre, à qui fut dit par le Christ : « Ce que tu lieras (ou délieras) sur terre sera lié (ou délié) aux cieux ». On mesure l'actualité au XIIe siècle et l'audace du propos politique d'Abélard. Ce qui doit nous retenir, cependant, est moins l'hérésie d'Abélard (au regard de la conception grégorienne de l'Église) que la conception qu'il se fait du pouvoir politique.

L'idée que le détenteur du pouvoir politique est un personnage sacré par sa fonction même n'est pas une idée nouvelle, mais, au contraire, une idée profondément ancrée dans la conception antique de ce pouvoir, l'empereur étant un personnage sacré bien avant la christianisation de l'Empire. La particularité de la réforme grégorienne est, au fond, de désacraliser toute autorité autre que celle émanant de l'Église et de son chef. Il n'y a rien de tel à Byzance, où le patriarche conforte de son autorité spirituelle la sacralité, d'origine païenne, de l'empereur. L'empereur à Byzance est un personnage sacré, doté d'un pouvoir absolu et entouré d'un rituel complexe d'origine largement païenne que par après l'Église christianise de part en part. Avec Grégoire VII, l'autorité impériale est dévaluée

---

[1]. Et cela seulement « peut-être », Abélard niant, par ailleurs et comme on l'a vu, qu'un homme soit si parfait qu'il ne puisse plus croître en perfection.

[2]. *Scito te ipsum*, 75, 8, p. 308.

du fait même de son origine païenne. Il ne s'agit plus de christianiser un sacré préchrétien, mais de désacraliser toute autorité *coutumière*, proprement *traditionnelle*, en réservant le sacré à la seule autorité chrétienne. Elle seule a valeur absolue. Avec la réforme grégorienne, il n'y a plus de sacré préchrétien. En réalité, Abélard va plus loin encore ici, en posant que l'autorité de l'Église (des évêques et du pape) est elle-même une autorité temporelle, ouvrant ou fermant de plein droit la porte des églises, mais sans pouvoir prétendre étendre ce pouvoir à l'autre monde.

Ainsi toute autorité détenue par un homme – sauf si cet homme est personnellement saint – est une autorité temporelle. Le pouvoir de l'Église et de ses chefs n'est pas moins temporel que celui de l'empereur ou du roi. La seule autorité spirituelle est l'autorité morale qui s'attache à la sainteté *personnelle* de tel individu. La sainteté ne peut être réelle que si elle est personnelle. Donc aucune autorité politique – non personnelle, mais proprement institutionnelle –, ne peut être, *ipso facto*, morale ou spirituelle. Cela revient à dire qu'aucune autorité institutionnelle ne peut détenir un pouvoir divin, absolu – sacré –, puisque la sainteté ne peut s'attacher qu'à la personne et non à la fonction, affirme explicitement Abélard. Cette conception – tout pouvoir détenu par fonction est relatif et temporel (et jamais absolu et divin) –, est une conception de l'autorité politique neuve. Il est clair que, dans les sociétés antiques, chrétiennes ou non, l'autorité politique était profondément ancré dans le sacré. Avec les dernières lignes du *Scito te ipsum*, on voit que seule une autorité morale (personnelle) et non une autorité politique (institutionnelle) peut être sainte, et, partant, sacrée. On n'est ici pas si loin d'un Kant associant au spectacle de la voûte étoilée celui de la loi morale en moi. La théologie d'Abélard est bien une théologie *pratique* et c'est ce que nous espérons avoir éclairé dans ce chapitre.

CONCLUSION

[S]i l'âme, avec ses mouvements propres, ne déploie aucune vigueur, qu'elle se contente de rester passive et de se prêter à l'empreinte des corps, et qu'elle renvoie, tel un miroir, les vaines images des choses, d'où vient aux esprits la vigueur de leur savoir, capable de tout discerner ? Quelle force perçoit les choses séparément ? Laquelle divise ce qui est connu ? Quelle force recompose ce qui a été divisé [1] ?

Ce texte n'est pas d'Abélard mais de Boèce. C'est bien Boèce qui attribue à l'esprit une spontanéité qui lui permet de faire varier le mode de considération de l'objet sans faire varier l'objet lui-même. Ainsi – nous l'avons vérifié – la variété n'est pas à attribuer à l'objet et à ses propriétés, mais bien au sujet qui, selon qu'il perçoit, imagine, raisonne ou « intellige », produit des appréhensions diverses d'un objet identique et invariant dans tous les cas. Les grandes apories de la logique aristotélicienne – celle de la distinction entre substances seconde et première et celle des futurs contingents – s'évanouissent dans une diversité seulement mentale de modes d'appréhension d'un seul et même sujet. Tout se résorbe dans la tautologie « A = A ». Ainsi lorsqu'Irène Rosier-Catach insiste sur le rôle de la spontanéité de l'intellect chez Abélard[2], c'est à Boèce, bien plus encore qu'à Abélard, qu'il convient d'accorder la reconnaissance de ce rôle et cela de manière tout à fait explicite et consciente :

En effet, tout ce qui est connu n'est pas appréhendé selon sa force propre, mais plutôt selon la faculté de ceux qui le connaissent[3].

Si Abélard n'innove nullement en attribuant une spontanéité au sujet de la connaissance, en quoi innove-t-il ?

---

1. Il s'agit d'une traduction inspirée de celle de C. Lazam (Boèce, *La Consolation de la Philosophie*, Paris, Rivages, 1989, p. 205-206) de *De consolatione Philosophiae*, V, *op. cit.*, p. 151, 1-20.
2. I. Rosier-Catach, « Les dicussions sur le signifié des propositions chez Abélard et ses contemporains », *in* A. Maierù et L. Valente (eds), *Medieval Theories on Assertive and Non-Assertive language. Acts of the 14th European Symposium on Medieval Logic and Semantics, Rome, June 11-15, 2002*, Firenze, L. S. Olschki, 2004, p. 1-34, ici p. 15 : « Cette solution [de la question de l'abstraction des universaux chez Abélard] est simple : l'intellection n'est pas un pur reflet des choses, mais un acte de saisie, d'"appréhension", d'*attentio* visant les choses ».
3. Boèce, *De consolatione Philosophiae*, *op. cit.*, p. 149, 72-75 : « Omne enim quod cognoscitur non secundum sui vim, sed secundum cognoscentium potius comprehenditur facultatem ».

Boèce – d'une manière très aristotélicienne – étage les puissances cognitives en fonction de la perfection des espèces « biologiques » susceptibles de les détenir. Cela commence avec les animaux, seulement capables de sensation et d'imagination, passe par la *ratio humana*, pour s'élever enfin jusqu'à l'*intelligentia* qui rend le ou les dieux à même de saisir comme co-présent ce qui se déroule successivement dans le temps de la raison humaine. Cette théorie des modes d'appréhensions d'un même objet en fonction des capacités cognitives d'espèces biologiquement hiérarchisées dans une perfection croissante de leurs capacités cognitives, jusqu'au « genre divin » lui-même donc, reste, en fait, profondément ancrée dans l'univers animiste et finalisé de l'aristotélisme ancien. Même si Boèce attribue au sujet de la connaissance, une spontanéité qui fait de ce sujet toute autre chose qu'un miroir passif d'un univers pré-constitué, la conception qu'il a de cette spontanéité reste profondément antique et ne préfigure pas le rôle constituant attribué au sujet humain de la connaissance dans les philosophies issues du cartésianisme.

Est-ce alors le cas d'Abélard ? Regardons les faits textuels : à l'identité, chez Boèce, de l'objet connu, par de-là une diversité de pure « considération » des puissances cognitives qui l'appréhendent, se substitue, chez Abélard, l'idée d'une différence – qui ne saurait se résoudre ni en une identité numérique ni en une opposition numérique – entre la *res* et son statut définissant (pour l'aporie de l'universel) et entre la *res* et le *dictum* porteur d'une vérité à son endroit (pour l'aporie des futurs contingents). Certes, Abélard n'identifie pas les statuts et les *dicta* aux *essentiae* dont ils fondent une science possible mais il est clair aussi qu'il ne les oppose pas non plus à ces mêmes *essentiae*. Si c'était le cas, ces statuts et ces *dicta* avec la science qu'ils rendent possible ne pourraient qu'être « vani et cassi » (vains et vides). Il est donc tout aussi clair qu'Abélard ne réduit pas les statuts tels que visés par l'*impositor* et, à sa suite, par le locuteur, à l'intellection qu'ils en ont, pas plus qu'il ne réduit les *dicta* en tant que porteurs des modalités aléthiques à l'*existimatio* qu'ils peuvent en avoir. Les distinctions nouvelles, ajoutées par Abélard au texte boécien (*res/status* et *res/dictum*), sans être pleinement objectives, ne sont pas non plus purement subjectives. Comment comprendre ce fait textuel ?

Toute la nouveauté du propos d'Abélard, comme nous n'avons cessé de le constater, tient dans l'opposition entre un point de vue omniscient – d'une résolution arbitrairement infinie – d'une intelligence créatrice et le point de vue partial et partiel – d'une résolution au plus finie – qu'un sujet *effectif* peut détenir sur la réalité. La nouveauté n'est pas d'attribuer au sujet de la connaissance une spontanéité que lui reconnaît déjà et en toute clarté Boèce au VIe siècle, mais de réfléchir la spontanéité d'un sujet épistémique *effectif* dans ce qui la distingue irréductiblement de celle d'un sujet théologique. C'est parce qu'Abélard investit la place privilégiée, accordée par les Pères de l'Église, au locuteur sur l'objet de son discours, d'un sens très vif de la finitude, qu'il pose l'irréductibilité entre *res* et *status* et entre *res* et *dictum*. D'un côté, il n'est plus question, dans une conception magique de la science, de confondre le conceptuel et le réel. Pour nous

« connaître » n'est jamais « faire ». Notre science n'est pas créatrice : spontanée en ce sens-là. Nous *devons* donc distinguer le conceptuel et le réel. Mais de l'autre côté, si « connaître » se réduit à « dire », il faut qu'*intelligere* – faire sens – soit, aussi bien, *scire* – faire science – et cela implique de postuler une identité hautement problématique entre notre langage, si valide et si consistant soit-il, et la science. Cette identité revient à nouveau à confondre verbes humain et divin, la seule alternative à cette confusion étant un scepticisme complet sur la valeur scientifique possible de notre discours. Abélard se tient sur cette crête entre, d'un côté, une pensée « magique » (réifiant les statuts) et un pur nominalisme (soit sceptique, soit postulant un locuteur omniscient détenteur d'une intuition définitionnelle du singulier dans un langage infaillible dans sa référence, c'est-à-dire naturel et non conventionnel).

La clef de compréhension de la distinction entre les objets extensionnels et les intensions dont Abélard est, au sens étymologique, l'inventeur est donc d'habiter la précellence induite par le modèle créationniste du sujet de la connaissance sur son objet d'un sens très vif et très proprement « socratique » de la finitude de ce sujet. Ce faisant, la position d'Abélard n'est réductible ni à la confusion boécienne entre « savoir » et « faire » ni à la confusion ockhamiste entre « savoir » et « dire » (ou « signifier »). Si nous voulons que notre science soit réelle, il faut la distinguer de la toute-puissance d'une intelligence pour laquelle magiquement « dire est faire », la variation des accidents faisant et non seulement montrant l'individualité de l'homme chez Boèce. Mais il faut aussi la discerner de l'omniscience d'une intelligence susceptible de résoudre le réel dans ses composantes les plus ultimes, à travers une intuition intellectuelle et définitive (et non seulement sensible et « actuelle ») du singulier. Ici, Abélard joue – au tout début de la scolastique latine – un rôle particulièrement structurant parce que, loin des idéalisations patristiques et sans anticiper celles du nominalisme réductionniste du XIVe siècle, il oblige à concevoir l'idée même de science conformément au seul critère de l'effectivité. Or, ce critère est clairement décisif sur le plan scientifique au sens où ce qui va venir distinguer une théorie scientifique d'un langage idéologiquement consistant, est précisément l'effectivité de cette théorie, c'est-à-dire la possibilité même de mettre en œuvre ce discours par un acteur effectif (c'est-à-dire humain) en vérifiant son opérabilité. La science, comme ne cesse de le répéter Abélard, ne se conjugue qu'au présent. Il n'y a de science qu'en acte. Ce critère d'effectivité, qui est – nous espérons l'avoir suffisamment démontré – la clé des choix théoriques d'Abélard (en particulier dans sa lecture des CQFD boéciens), est très différent de l'exigence d'économie qui caractérisera, deux siècles plus tard, Ockham et son « rasoir » (qui obéit à d'autres soucis, plus proprement ontologiques). Clairement l'ontologie – avec ces entités intensionnelles qui sans être positivement *nihil* ne sont aucune *essentia* – n'est pas le souci central d'Abélard.

Abélard discerne au-delà des *voces*, des *res* et des *intellectus*, des entités intensionnelles – statuts et *dicta* – non par fidélité à un platonisme augustinien, mais parce qu'il ne voit pas comment en faire l'économie sans ruiner la possibilité effective d'une science. La part de subjectivité que contient toute science humaine ne peut aller jusqu'à réduire les statuts définissants aux représentations que j'en ai à travers la signification des mots que j'utilise pour les désigner ou jusqu'à réduire les *dicta* porteurs d'une vérité sur le monde aux phrases qui les expriment dans telle langue sans ruiner la possibilité d'une science effective. C'est dans l'articulation linguistique des objets du monde aux statuts qui fondent leur intelligence possible qu'il y a une part de convention et de subjectivité. Mais si nous posons que statuts et *dicta* ne sont rien d'autres que les signes et les phrases qui les expriment, alors, à moins de supposer un langage *idéalement* naturel (bien différent des langues effectivement mises en œuvres par chacun, y compris en son for intérieur), la possibilité même d'une science est perdue sans retour.

Le paradoxe qui veut qu'Abélard admette l'objectivité – non linguistique – d'entités intensionnelles lors même qu'il réduit les universaux à des *voces ut voces* (LI) ou à des *sermones* (LNPS) n'est donc qu'apparent. La variable qui s'attache au concept ne se confond pas nécessairement avec le concept lui-même. Dire qu'une variable n'est qu'un expédient linguistique ne revient pas à dire que la fonction ou le concept auxquels elle est attachée sont eux-mêmes des expédients linguistiques. Abélard est parfaitement en droit de dire que les universaux, ces variables, sont des noms et de maintenir l'objectivité des statuts qui fondent leurs impositions. Même dans une logique mathématique moderne, il n'y a aucune contradiction à dire que la variable « x » n'est qu'un mot – un simple expédient linguistique en attente d'une interprétation extensionnelle – et à soutenir que la fonction F( ), ce concept, par contre, ne se réduit pas, elle, à un simple expédient linguistique. Toutes choses historiquement égales par ailleurs, Abélard ne dit rien de fondamentalement très différent.

Si la science doit rester possible pour nous, il faut que le concept qui, seul, permet d'intelliger la réalité ne soit pas entièrement *ad placitum*, « inventé » par le locuteur, mais soit, en l'absence d'une intellection directe et absolue de la réalité dans ses composantes les plus ultimes, objectif (naturel) et seulement *discerné* par le locuteur. Mais il faut aussi que nous puissions errer dans la manière dont, dans un langage toujours conventionnel, nous articulons le réel et le conceptuel en procurant à la variable linguistique s'attachant au concept telle valeur déterminée et concrète. Il faut les deux : à la fois l'objectivité des concepts (puisque « la science ne peut être infinie ») et la possibilité de l'erreur dans la manière dont nous articulons le réel et le conceptuel dans les phrases exprimant les propositions mettant en rapport l'un et l'autre, dans la façon dont nous intelligeons ces phrases et, enfin, dans la manière dont nous « estimons » la valeur de vérité des propositions que ces phrases expriment. Il faut donc à la fois l'objectivité de la distinction objet/concept et la subjectivité relative de notre discernement de la valeur de vérité des propositions reliant objet et concept. L'originalité d'Abélard est ainsi d'articuler à la nécessaire objectivité de la distinction entre les extensions et les intensions la subjectivité, relative mais tout aussi nécessaire, du langage par lequel nous exprimons leur relation, du sens de ce langage et du crédit que nous lui accordons. Comprenons bien : peu importe que les statuts soient ou non des entités *postivement* objectives. Nous n'en savons strictement rien. Mais, en pratique, nous *devons*, sans choix et *par méthode* (par une décision quasi « axiomatique ») postuler leur objectivité si une science doit rester simplement possible pour nous. Nous n'avons, en effet, aucune intuition intellectuelle, c'est-à-dire définissante, de la réalité dans sa singularité *dernière*. De là, nous admettons qu'à la différence des mots qui les désignent en position prédicative, les statuts sont *ex operatione naturae*. D'un autre côté, si nous voulons maintenir la possibilité de l'erreur – ce qui est nécessaire à l'effectivité de notre théorie – nous avons besoin de distinguer les statuts et les *dicta* du discernement que nous avons d'eux à travers le sens des mots et des phrases que nous utilisons pour les exprimer. Donc – sans faire des concepts et des propositions des *essentiae* – nous avons besoin de les distinguer des mots et des phrases qui les expriment et du sens qu'ont dans tel esprit ces mots et ces phrases. Et c'est bien cette double irréductibilité des statuts et des *dicta*, d'un côté, aux *res* et, de l'autre, aux *voces* et aux *intellectus* qu'elles engendrent qu'Abélard a pour originalité absolue de penser pour la première fois.

Abélard se garde donc bien de renouveler la double théorie du sujet unique de Boèce en effaçant les différences entre singularité et universalité et entre contingence et nécessité en simples différences de modalités psychologiques de saisie d'une même réalité. Cette double « solution » suppose que le sujet de la connaissance soit, en réalité et dans les *deux* théories, Dieu, ou moi-même tel que « l'homme mourrant en moi, Dieu soit éveillé », dit Abélard dans le *De intellectibus*. Or, nous l'avons souligné, Abélard appartient, dans sa formation initiale, à un milieu intellectuel angevin (Bérenger à Tours, Gaunilon à Marmoutier, Roscelin à Loches) qui est extraordinairement attentif à ne pas prêter à de simples hommes des pouvoirs proprement divins : celui, par leur verbe, de produire la substance même du réel (pour Bérenger), celui de confondre la visée de mon désir – de mon *intentio* : « île des bienheureux » (ou « château en or ») – avec une réalité indépendante de cette visée, comme si ma volonté était créatrice et toute puissante (pour Gaunilon), celui, enfin, de confondre des différences purement linguistiques – « personne » en latin, « substance » en grec – avec des différences réelles (pour Roscelin). Il s'agit dans tous les cas d'éviter de confondre ma pensée et le verbe conventionnel qui l'exprime avec le Verbe d'une intelligence créatrice et omnisciente. Il est bien clair que si, anticipant Ockham, Abélard au bout de cette lignée était allé jusqu'à postuler la réductibilité de tous les concepts (scientifiques) à des signes linguistiques supposant « naturellement », c'est-à-dire infailliblement, pour l'individuel, dans une intuition intellectuelle (absolue) et non sensible (provisoire) du singulier, il n'aurait guère été fidèle au sens très vif de la finitude humaine de cette tradition angevine.

Abélard renouvelle ainsi à l'orée de la scolastique latine, le geste grec qui consiste à réfléchir la différence entre les dieux et les simples mortels, en ne prêtant pas aux seconds les pouvoirs des premiers. Or, cette *ubris* on pouvait, au XII⁰ siècle, la lire deux fois :

- sur le plan théologique dans les écrits des Pères de l'Église (et singulièrement d'Augustin), avec l'idée, fort exaltée, de la présence au plus profond de moi des traces trinitaires d'un Dieu qui me crée et de la voix même d'un Dieu qui m'enseigne (bien loin des dieux muets de la tragédie antique);
- sur le plan plus proprement philosophique d'une lecture boécienne des grandes apories structurant la logique aristotélicienne, en posant leur « vanité » dans des « solutions » dont Abélard a bien vu le caractère entièrement fictif, à moins d'idéalisations prêtant à une science humaine les pouvoirs d'une science proprement divine et infinie.

On peut dire, en ce sens, qu'Abélard est au cœur du renouveau d'un moment « grec » de la tradition chrétienne latine : de la *renaissance* de l'esprit philosophique grec au XII⁰ siècle. Mais il le fait dans un cadre mental, celui du créationnisme des religions du Livre, qui privilégie, sur un objet dont la matière est désormais elle-même créée, un sujet et son pouvoir de « conception ». Abélard théorise alors la science (aristotélicienne) par contraste de l'idée d'une science toute-puissante, en montrant qu'une science doit sa réalité, en tant que science, à sa distance (et non à sa proximité) avec les pouvoirs proprement magiques d'un verbe créateur de la réalité qu'il énonce. Et cela était au fond nouveau. Dire que la science doit sa réalité à sa renonciation à tout pouvoir magique (où il suffit de « penser » ou de « dire » pour « faire ») n'était pas au cœur des préoccupations des philosophes païens de l'antiquité. Pour eux, il n'a jamais été question d'un dieu « créateur ». On peut même dire que faire de cette idée une idée centrale ne pouvait conduire qu'à séparer d'un domaine proprement religieux (ouvert à l'éventualité du miracle et de l'efficace de certaines paroles ou de certaines pensées hors de leurs sphères propres) le domaine proprement scientifique, distinction connue mais *opposition* inconnue du monde antique.

L'objectivité des causes *finales* chez Aristote est un bon témoin de cette non-opposition entre l'intentionnel et le réel (extra-mental) chez les Anciens. Abélard est bien – au sein du milieu angevin dont il est issu dans sa première formation – le premier théoricien d'une science (qui reste celle d'Aristote) où, sans ruiner cette science, soit thématisé le rejet d'une confusion de l'activité conceptuelle du sujet épistémique avec le réel extra-mental lui-même, c'est-à-dire des statuts avec les choses mêmes qu'ils rendent intelligibles. L'intentionalité – la visée du statut substantiel de l'objet – ne doit pas être « réifiée ». L'être-homme n'est aucune *res*, aucune *essentia* (même si cette *essentia* est seulement intelligible ou seulement seconde). *Res non significat*. L'activité intentionnelle du sujet épistémique n'est pas une propriété de la réalité extra-mentale, ce qui ne signifie pas pour autant qu'elle se réduise à une activité langagière (qu'elle prive d'arbitraire en lui donnant une valeur cognitive). Platon et Aristote placent toujours l'objet avant le sujet qui le connaît, l'un dévaluant le sensible au profit de la réalité intelligible et l'autre « sauvant les phénomènes » en ne concédant pas leur vanité au profit des idéalisations platoniciennes. Différemment, Abélard voit les Pères de l'Église placer *en premier* un sujet créateur de la réalité qu'il énonce : Augustin enseigne que ce Verbe avec les Idées qui lui donne sens fonde *toute* science possible. Contre un tel idéalisme, Abélard, demande qu'on distingue entre foi et savoir. La science, avec les raisons *nécessaires* qu'elle exige, ne peut précisément pas reposer sur un acte d'*existimatio* en la création du réel par une intelligence divine puisque cet acte de foi ne peut être fondé que sur un engagement *libre* et en première personne.

Abélard joue ainsi un rôle particulier dans l'avènement d'une certaine modernité philosophique. On comprend, à le lire, que, pour avoir une conception moderne du sujet de la connaissance, il faut à la fois la précellence théologique du locuteur sur l'objet de son discours (qu'il produit par son langage) et l'idée, angevine, que le sujet de la connaissance doit être conçu par contraste et non par continuité avec un tel Locuteur. Il faut à la fois que l'intentionnel soit référé à un esprit *antérieur* à toute existence matérielle (en étant ainsi, loin de tout animisme, dissociée de l'existence matérielle elle-même) et une distinction *irréductible* entre ce sujet théologique (idéel) et le sujet proprement épistémique. C'est par contraste de l'infaillibilité et de la toute-puissance d'un Verbe créateur que se construit la scientificité possible de mon langage, dans l'effort pour thématiser consciemment la part de convention et d'arbitraire qui l'affecte irréductiblement. Il faut, du côté du sujet épistémique, appliquer au savoir patristique (créationniste) latin – Augustin et Boèce – la critique qu'Aristote appliqua, du côté de l'objet connu, aux idéalisations platoniciennes. Le rôle qu'une certaine sophistique, en son scepticisme, joua dans l'élaboration de la critique aristotélicienne des idéalisations platoniciennes, est assumé, chez Abélard, par le conventionnalisme sceptique du « vocaliste » Roscelin. Abélard, au seuil du XIIe siècle, renouvelle le geste critique d'Aristote, sans s'arrêter au scepticisme stérile auquel le conventionnalisme de Roscelin conduisait mais, au contraire, en instrumentalisant celui-ci pour ramener « sur terre » les idéalisations des Pères de l'Église. Abélard est bien, foncièrement, le « Péripatéticien du Pallet ». Au seuil du XIIe siècle, il rend possible l'intelligence du sujet producteur effectif de la science dans ce qui l'oppose à un Locuteur omniscient et créateur de l'objet même de sa science. Son « nominalisme » est entièrement au service de cette distinction critique et non d'une réduction de la science aux structures formelles d'un langage mental et « naturel ». Et nous savons effectivement que le ou les nominalismes, initiés par les terministes du XIVe siècle, mettent en jeu, dans leur projet réductionniste, des idéalisations (très fortes) qui ne sont en fin de compte que la contrepartie inversée des idéalisations (non moins fortes) d'un platonisme (chrétien ou non). Abélard est foncièrement aristotélicien : seul compte la science présente *ici et maintenant*. La science ne peut jamais exister qu'*en acte*. L'originalité d'Abélard n'est donc pas son réductionnisme, mais son effort pour

« déréifier » l'intentionnalité conceptuelle du sujet de la science, sans jamais, cédant à un scepticisme stérile ou à des idéalisations inversées, la « déréaliser » en la réduisant aux *voces* qui l'expriment ou aux *signa* qui la signifient.

Pour que devienne centrale cette idée de la science, dissociant l'activité conceptuelle du sujet épistémique de l'objet qu'elle vise à rendre intelligible, il faut donc dans un paradoxe seulement apparent un cadre mental concevant l'univers comme résultant d'un Verbe créateur. Même pour les néo-platoniciens commentant le *Timée*, la matière du réel restait première et incréée. Elle constitue ce fond obscur qui résiste à la pénétration de la lumière de l'Un et des Idées. L'idée d'une pensée produisant la réalité *ex nihilo* à partir, non d'une matière première, mais seulement et uniquement des mots exprimant cette pensée était assurément une idée complétement étrangère au monde gréco-latin. Il n'y a rien de « magique » à concevoir, avec Platon, un dieu qui, à partir d'une matière première et toujours déjà-là, façonne les êtres à l'image de ses Idées. Par contre, concevoir un esprit qui produit la matérialité même du réel à partir de la seule puissance de sa pensée et des mots qui l'incarnent est bien l'idée même d'une toute-puissance de la pensée : d'une pensée magique. L'idée de création (*ex nihilo*) est l'idée même de pensée magique. À une telle Intelligence rien ne peut résister. Il n'y a plus aucune limite *objective* à cette intelligence. Dans un tel univers mental, si des limites doivent être rétablies, elles ne peuvent donc être que *subjectives*. Et, chez Abélard, elles viennent, en effet, non de l'objet lui-même mais du caractère conventionnel, fini dans sa précision et toujours abstrait des mots que le sujet effectif – non créateur et humain – de la science utilise pour exprimer son savoir en tentant d'articuler dans ce langage objets et concepts.

Toute la finitude du savoir possible pivote ainsi de l'*objet*, selon qu'il est sub- ou supra-lunaire, au *sujet* producteur de ce savoir, selon qu'il est créé ou créateur. L'univers gréco-latin est un univers foncièrement animiste. Le créationnisme dissocie l'esprit de la matière en postulant la précellence du premier, créateur, sur la seconde, créée. De son côté, et par une sorte d'effet en retour, Abélard investit cet univers mental créationniste et monothéiste du souci proprement grec, et donc païen, de ne pas attribuer à de simples mortels les pouvoirs d'un dieu (créateur), en l'occurrence d'un dieu pour lequel, magiquement, « dire est faire ». Clairement ma science ne dépend pas – avec Abélard – d'un accès « extatique » à une science aussi magiquement puissante mais, tout à l'inverse, de la thématisation en pleine conscience de l'irréductibilité de toute science effective à une science aussi absolue. C'est la perception de la différence entre une science créatrice et purement hypothétique (dont l'existence est seulement et éventuellement un objet de foi ou d'espérance) et toute science effective (humaine) qui est productrice de science, loin d'un postulat augustinien faisant dépendre l'intelligibilité du monde de ma foi en un Dieu créateur et de la grâce « illuminatrice » qui répond à cette foi. Nous sommes convaincus que la limite que trace Abélard – à l'opposé du « credo ut intelligam » augustinien et de son prolongement anselmien – entre le domaine de la foi et le domaine de la science est la pré-condition d'un renouveau durable et profond de la philosophie et de la science à compter du début du

XIIe siècle. Mais cela suppose, d'un autre côté, de ne pas réduire cette science (humaine) à un simple système cohérent d'énoncés conventionnels, comme tendait clairement à le faire le conventionnalisme caractéristique de Roscelin et comme Abélard, en distinguant *status* et *vox*, se refusait, tout aussi clairement, à le faire. Le seul fait de *concevoir* l'Idée d'une science suffisante pour (re-)produire son objet – et non seulement le dire – oriente le mouvement historique de la science comme plus qu'une simple succession de systèmes cohérents d'énoncés conventionnels. La « certitude de l'esprit » que permet, selon Abélard, d'obtenir de manière permanente la science (humaine) est clairement plus que celle que peut donner la consistance idéologique d'un système d'énoncés linguistiques non contradictoires entre eux. Pour Abélard, il est clair que le mouvement de la science est, fondamentalement, cumulatif. Une certitude acquise scientifiquement ne disparaît plus. Si Abélard ne fait donc pas dépendre la science effective d'un *excessus mentis*, la perspective idéale et hypothétique d'une science suffisante pour créer l'objet à partir du savoir que j'en ai n'en est pas moins, à titre idéal, utile à la science. C'est d'une part si je discerne ma science d'une science créatrice et d'autre part si je tente de me rapprocher d'une telle science – capable non seulement de décrire extérieurement (accidentellement) l'objet mais aussi de le « re-produire » en en pénétrant les « causes cachées » – qu'une science se fait effective pour moi : il faut, *d'abord*, ce discernement, puis l'effort, indéfini, pour l'abolir.

Nous espérons avoir éclairé ici le fait que ce souci de mesurer la réalité, c'est-à-dire la véracité possible, de la science à son éloignement et non à sa proximité avec une science divine est l'idée centrale de la philosophie d'Abélard. C'est à mesure que je thématise, en pleine conscience, la distance entre ma science et celle d'un Dieu créateur que ma science se fait réelle et se rapproche un peu plus d'une science « accomplie », au sens aristotélicien de l'existence en acte. C'est en réfléchissant la part de subjectivité et de convention qui affecte mon langage – en le discernant ainsi d'un Verbe pour lequel « faire sens » est immédiatement « faire science » – que ce langage se fait scientifique et se rapproche ainsi de l'état idéal d'une science divine et achevée.

Pour cela, il faut à la fois avoir l'Idée – non grecque – d'une science créatrice (suffisante pour produire le réel) et la thématisation de la distance entre cette Idée et toute science *effective*. Ainsi à l'effacement boécien de la distance entre sciences divine et humaine, où s'évanouit dans l'identité d'un même objet la dualité purement subjective entre le singulier et l'universel ou entre le contingent et le nécessaire, succède chez Abélard une dualité irréductible entre deux sciences. Il y a, d'une part, celle, *idéelle*, de la double théorie du sujet unique. Et il y a, d'autre part, celle, *réelle*, où la distance entre *res* et *status* ou entre *res* et *dicta* ouvre la possibilité d'une *histoire* de la science dans la subjectivité, relative mais non totalement réductible, du langage qui tente de les articuler les uns aux autres. D'un côté, il y a l'incomplétude – l'historicité, donc – de cette science puisque la distance est irréductible en acte et que la théorie du sujet unique est seulement virtuelle et, de l'autre, il y a la réalité de cette science puisque cette distance est seulement qualitative et, sans les identifier, n'oppose jamais à des entités réelles des concepts réduits à des entités linguistiques ou à des représentations subjectives.

Ce qu'Abélard nous permet de comprendre est que pour avoir le statut particulier du sujet de la connaissance dans les philosophies modernes, il ne suffit pas d'avoir l'idée d'une spontanéité – d'un rôle constituant – du sujet de la connaissance, une idée bien présente déjà chez Augustin ou chez Boèce. Il faut en plus investir cette idée d'un sens « socratique » – grec – et *exact* de la finitude, c'est-à-dire de l'effectivité, ce qui ne va pas de soi. L'idée d'une intelligence créatrice du réel même est une idée dépassant – par son *ubris* – toutes les limites de la science antique. Abélard investit cette idée (d'une intelligibilité illimitée de la réalité) d'un sens proprement grec de la finitude, mais tel que les limites de la science ne tiennent plus à un fond obscur (et continu) de la réalité mais bien aux limites subjectives de l'intelligence, non divine, qui la prend pour objet de connaissance. L'obstacle à une intelligence parfaite de la réalité n'est plus objectif mais bien seulement subjectif : il tient à cette distance entre mon langage (toujours conventionnel et doté d'un sens toujours de précision finie) et la science où se logent, en l'absence d'un *excessus mentis*, mes *existimationes*. Mais on comprend bien qu'attribuer, avec Abélard, les limites de la science non à une résistance objective du réel, mais à la finitude du sujet épistémique humain et du savoir dont il est capable par contradistinction d'une science toute-puissante, parce que créatrice, est une idée éventuellement contestable et qui ne va pas non plus de soi. Est-il si sûr qu'il n'y ait pas de limite objective à l'intelligence du réel ? On peut noter en ce sens deux tendances au Moyen-âge, l'une qui maintient une limite *objective* à l'intelligence de l'être, en posant la structure au mieux analogique de l'être et l'autre qui conçoit cette limite comme seulement subjective, par le caractère au plus fini (et, pour partie, conventionnel) de ma science, une seconde tendance dont on voit ici qu'elle est bien attestée, déjà, chez Abélard.

Si Abélard est moderne, ce n'est donc pas par l'étroitesse de son ontologie. Cette ontologie est datée – nullement nouvelle : VIe siècle – et est très insuffisante pour fonder efficacement les données d'une physique qui, de manière essentielle, devient, à partir du XVIIe siècle et est restée depuis lors, une physique *mathématique*. Par contre, en pensant le sujet de la connaissance par contraste du sujet théologique, c'est-à-dire en discernant l'état effectif de la science de son état idéal (et théologique), il est moderne. Pour cerner le sujet effectif de la science il faut le concevoir non en continuité mais en rupture avec le sujet théologique. *Le sujet boécien est effaçable, le sujet abélardien, non.* Et c'est la thématisation même de cette distance itérativement ineffaçable entre penser, dire ou signifier et savoir, qui est la condition *sine qua non* d'un accès réel – et non ou simplement verbal ou simplement idéel – au savoir lui-même, étant entendu qu'il n'y a de science qu'en acte.

Un univers mental se clôt en en ouvrant un autre : dans celui-ci, l'univers religieux et l'univers scientifique cessent d'être de simples modalités d'un seul et même univers. Une limite est tracée entre eux dont l'effacement supposerait la suppression de la subjectivité humaine dans l'abolition d'une distinction entre foi (*existimatio*) et savoir, distinction qu'Abélard est le *premier* à avoir théorisé dans son irréductibilité même. Il est clair qu'un idéalisme platoninicien proprement chrétien – fondant mon savoir sur l'objectivité d'entités proprement intensionnelles à titre d'Idées divines – est, chez Abélard, un objet de foi (ou d'espérance) et non de science. Et on comprend bien que, chez Abélard, le rejet hors de la science d'un tel idéalisme ne pourrait conduire aux idéalisations inversées que propose Ockham, et consistant à faire l'économie de ce platonisme en postulant la réductibilité de tous les concepts à l'état purement formel de signes supposant « naturellement » (infailliblement) pour les données singulières et concrètes de l'expérience, qu'au prix d'un extrême paradoxe. Le but d'Abélard n'est pas d'économiser le platonisme, dans une sorte d'idéalisme inversé, mais de dissocier ce qui est objet d'*existimatio* – domaine limité au probable – et ce qui est objet de science, en étant fondé sur des arguments *effectivement* nécessaires. Abélard est au début de la scolastique latine, là où Ockham, en sommant les lecteurs d'Aristote de choisir entre un Aristote « platonisé » et sa déplatonisation absolue, est l'acteur d'une mise en crise de cette même scolastique.

Pour accéder à la science, il faut donc réfléchir la distance entre *fides* (ou *existimatio*) et *scientia* et cela au sens où l'idée d'une science absolue (créatrice) est elle-même un objet de foi et non de science. Et cela Abélard le dit au XIIe siècle : il conçoit vraiment une coupure entre le domaine religieux de la foi (en une intelligence toute-puissante) et le domaine profane de la science (humaine : effective), en montrant que le second domaine doit son effectivité à son discernement d'avec le premier. L'idée que le langage et son sens puisse être *ipso facto* la science même, dans un verbe, de ce fait, tout-puissant et infaillible – cet idéal médiéval d'un parallélisme entre la logique de la science et la grammaire d'un langage – est, chez Abélard, un obstacle à la science à moins que cette identité idéale ne soit elle-même reconnue comme objet de foi et non de science : la croyance proprement théologique en un langage tout-puissant et, donc, créateur. Itérativement entre « intelliger » – faire sens – et « savoir » – faire science – il y a bien une distance où se logent les actes d'*existimatio* du sujet humain de la connaissance, la thématisation en pleine conscience de leur rôle récurrent étant précisément la condition d'un accès effectif à la science. Abélard est bien, au-delà du privilège médiéval accordé au langage – au Verbe – et à sa grammaire, un *logicus* : une spécialiste de la preuve.

BIBLIOGRAPHIE

SOURCES MÉDIÉVALES ET ANTIQUES

Pierre Abélard

Apologia contra Bernardum, éd. E. M. Buytaert, *Opera theologica*, « Corpus Christianorum continuatio mediaevalis » 11, Turnhout, Brepols, 1969, p. 359-368.
Collationes (ou *Dialogus inter Philosophum, Iudaeum, et Christianum*), éd. R. Thomas, Stuttgart-Bad Canstatt, Frommann, 1970 ; trad. angl. G. Orlandi et J. Marenbon, *Peter Abelard : Collationes*, « Oxford medieval texts », Oxford, Clarendon Press, 2001.
Commentaria in epistolam Pauli ad Romanos, éd. E. M. Buytaert, *Opera theologica*, « Corpus Christianorum continuatio mediaevalis » 11, Turnhout, Brepols, 1969, p. 39-340.
Dialectica, éd. L. M. de Rijk, Assen, Van Gorcum, 1970 (2e éd.).
Historia calamitatum, éd. J. Monfrin, Paris, Vrin, 1979 (4e éd.).
Expositio in Hexameron, éd. M. F. Romig et D. Luscombe, « Corpus christianorum continuatio mediaevalis » 15, Turnhout, Brepols, 2004.
Introductiones parvulorum, éd. M. Dal Pra, *Abelardo : Scritti di logica*, Firenze, La nuova Italia, 1969 (2e éd.).
Logica Ingredientibus, éd. B. Geyer, *Peter Abaelards philosophische Schriften*, « Beiträge zur Geschichte des Philosophie und Theologie des Mittelalters » XX1 1-3, Münster, Aschendorff, 1919, 1927 et 1933.
Glossae super Peri hermeneias, éd. K. Jacobi et C. Strub, « Corpus christianorum continuatio mediaevalis » 206, Turnhout, Brepols, 2010.
Glossae sur De topicis differentiis, éd. M. Dal Pra, *Abelardo : Scritti di logica*, Firenze, La nuova Italia, 1969 (2e éd.), p. 205-330.
Logica Nostrorum Petitioni Sociorum, in B. Geyer (ed.), *Peter Abaelards philosophische Schriften,* « Beiträge zur Geschichte des Philosophie und Theologie des Mittelalters » XX1 1-3, Münster, Aschendorff, 1919, 1927 et 1933.
Scito te ipsum (ou *Ethica*) : *Abelard's Ethics*, éd. D. Luscombe, Oxford, Clarendon Press, 1971.
Secundum magistrum Petrum sententiae, in L. Minio-Paluello, *Twelfth Century Logic : Texts and Studies*. Roma, Edizioni di Storia et Letteratura, 1956.
Sententie Parisienses, dans A. M. Landgraf (éd.), *Écrits théologiques de l'école d'Abélard*, Louvain, Bureaux, 1934.

Sententiae magistri Petri Abelardi, éd. S. Buzzetti, Firenze, La Nuova Italia Editrice, 1983.
Peter Abailard, Sic et Non : A Critical Edition, éd. B. B. Boyer et R. McKeon, Chicago, University of Chicago Press, 1977.
Theologia Summi Boni : Petri Abaelardi Opera Theologica III, éd. E.M. Buytaert et C. J. Mews, « Corpus Christianorum, continuatio medievalis » 13, Turnhout, Brepols, 1987.
Du Bien suprême, trad. fr. J. Jolivet, Montréal-Paris, Bellarmin-Vrin, 1978.
Theologia Christiana : Petri Abaelardi Opera theologica, éd. E. M. Buytaert, « Corpus Christianorum continuatio mediaevalis », Turnhout, Brepols, 1969.
Theologia Scholarium : Petri Abaelardi Opera Theologica III, éd. E.M. Buytaert et C. J. Mews, « Corpus Christianorum, continuatio medievalis » 13, Turnhout, Brepols, 1987.
Tractatus de intellectibus, éd. et trad. fr. P. Morin, Paris, Vrin, 1994.

Autres sources

ANONYME, *Commentaire sur l'Isagoge de Porphyre (P3 ou Pseudo-Rhabanus)*, éd. Y. Iwakuma, « Archives d'histoire doctrinale et littéraire du Moyen Âge » 75, Paris, Vrin, 2008.
– *Anonymi Tractatus De generali et speciali statu rerum universalium* (Gautier de Mortagne ?), *in* J. Dijs (ed.), « Two anonymous 12th-century tracts on universals », *Vivarium* 28, 1990, p. 93-113.
– *Commentaire sur l'Isagoge de Porphyre (P4 a/b)*, *in* Y. Iwakuma, « *Vocales,* or early nominalists », *Traditio* 47, 1992, p. 103-110
– *Commentaire sur l'Isagoge de Porphyre (P7)*, *in* Y. Iwakuma, « *Vocales,* or early nominalists », *Traditio* 47, 1992, p. 74-100.
– *Logica Modernorum : A contribution to the History of Early Terminist Logic*, t. I : *On the Twelfth Century Theories of Fallacy,* éd. L. M. de Rijk, Assen, Van Gorcum, 1962.
– *Logica Modernorum : A contribution to the History of Early Terminist Logic,* t. II. 1 : *The origins and Early Development of the Theory of supposition,* éd. L. M. de Rijk, Assen, Van Gorcum, 1967.
– *Logica Modernorum : A contribution to the History of Early Terminist Logic,* t. II. 2 : *Texts and Indices,* éd. L. M. de Rijk, Assen, Van Gorcum, 1967.
ANSELME DE CANTORBERY, *L'œuvre de S. Anselme de Cantorbéry*, éd. F. Schmitt, trad. fr. M. Corbin et A. Galonnier, Paris, Cerf, 1986-1988.
BERENGER DE TOURS, *Rescriptum contra Lanfrannum*, éd. R. B. C. Huygens, « Corpus christianorum continuatio mediaevalis » 84, Turnhout, Brepols, 1988.
BOÈCE, *Œuvres logiques*, dans *Patrologia Latina*, t. 64, éd. J. P. Migne, Paris, s.é, 1847.
– *Commentaires sur l'Isagoge de Porphyre*, éd. G. Shepps et D. S. Brandt, « Corpus scriptorum ecclesiastocorum latinorum », Wien-Leipzig, F. Tempsky, 1906.
– *A. M. Severino Boezio : « De hypotheticis syllogismis »*, éd. L. Obertello, Brescia, Paideia, 1969.
– *De topicis differentiis*, *in* D. Z. Nikitas, De topicis differentiis *und die byzantinische Rezeption dieses Werkes*, « Corpus Philosophorum Medii Aevi : Philosophi Byzantini » 5, Athènes-Bruxelles, 1990.
– *De divisione liber*, éd. J. Magee, Leiden-Boston, Brill, 1998.

– *De Institutione arithmetica*, éd. et trad. fr. J.-Y. Guillaumin, Paris, Les Belles Lettres, 1995.
– *De consolatione philosophiae. Opera theologica*, Moreschini, Cl. (ed.), Leipzig, Teubner, 2000.
– *Consolation de la Philosophie*, trad. fr. C. Lazam, Paris, Rivages, 1989.
GARLANDUS (DE BESANÇON), *Dialectica*, éd. L. M. de Rijk, Assen, Van Gorcum, 1959.
GILBERT DE POITIERS, *The Commentaries on Boethius by Gilbert de Poitiers*, éd. N. M. Häring, Toronto, Pontifical Institute, 1966.
GUILLAUME DE CHAMPEAUX, *Sententiae*, dans O. Lottin, *Psychologie et Morale au XIIe et XIIIe siècles*, Gembloux, Duculot, 1959, t. V, p. 189-227.
JOHN OF SALISURY, *Metalogicon*, éd. J. Hall, Turnhout, Brepols, 1991.
KING, P., « Pseudo-Joscelin : Treatise in general and Species », *Oxford Studies in Medieval Philosophy* 2, 2014, p. 104-211.
PLATON, *On Plato's « Timaeus »* Calcidius, éd. et trad. angl. J. Magee, Cambridge (Mass.), Harvard UP, 2016.
LANFRANC, *De corpore et sanguini domini*, dans *Patrologia Latina*, t. 150, éd. J. P. Migne, Paris, s.m.é, 1854, col. 407-442.
PORPHYRE, *Isagoge*, texte grec et latin, éd. et trad. fr. A. de Libera et A.-Ph. Segonds, introd. et notes A. de Libera, Paris, Vrin, 1998.
ROSCELIN, *Epistola ad Abaelardum*, in J. Reiners, *Der Nominalismus in der Frühscholastik*, Münster, Aschendorff, 1910, p. 63-80.

SOURCES MODERNES

ALFERI, P., *Guillaume d'Ockham. Le singulier*, Paris, Minuit, 1989.
AMSTRONG, D., *Nominalism and realism : universals and scientific realism I*, Cambridge, CUP, 1978.
ANDERSON, A. R. et BELNAP, N., *Entailment. The Logic of relevance and Necessity*. Princeton, PUP, 1975.
BELNA, J.-P., *La notion de nombre chez Dedekind, Cantor, Frege*, Paris, Vrin, 1996.
BEONO-BROCCHIERI FUMAGALI, M. T., *The Logic of Abelard*, Dordrecht, D. Reidel, 1969.
BERNAYS, P., *Philosophie des mathématiques*, trad. fr. H. Sinaceur, Paris, Vrin, 2003.
BIARD, J., *Logique et théorie du signe au XIVe siècle*, Paris, Vrin, 1989.
– *Guillaume d'Ockham. Logique et philosophie*, Paris, P.U.F., 1997.
– *Guillaume d'Ockham et la théologie*, Paris, Cerf, 1999.
– « Sémantique et ontologie dans l'Ars Meludina », dans J. Jolivet et A. de Libera (éd.), *Gilbert de Poitiers et ses contemporains. Aux origines de la Logica Modernorum*, Napoli, Bibliopolis, 1987, p. 121-144.
– « Le langage et l'incorporel. Quelques réflexions à partir de l'*ars meludina* », dans id. (éd.), *Langages, sciences, philosophie au douzième siècle*, Paris, Vrin, 1999, p. 219-234.
BLACKWELL, D., *Non-ontological Construct. The Effects of Abaelard's Logical and Ethical Theories on his Theology*, Bern, Peter Lang, 1988.
BOLZANO, B., *Paradoxes de l'infini*, trad. fr. H. Sinaceur, Paris, Seuil, 1993.
– *Théorie de la science*, trad. fr. J. English, Paris, Gallimard, 2011.
BOTTIN, F., « Quelques discussions sur la transitivité de la prédication dans l'école d'Albéric du Mont », dans J. Jolivet et A. de Libera (éd.), *Gilbert de Poitiers et ses*

contemporains. Aux origines de la Logica Modernorum, Napoli, Bibliopolis, 1987, p. 57-72.

BRUMBERG-CHAUMONT, J., « Le problème du substrat des accidents constitutifs dans les commentaires de l'Isagoge d'Abélard et du Pseudo-Raban (P3) », dans C. Erismann et A. Schniewind (éd.), *Compléments de substance, études sur les propriétés accidentelles offertes à Alain de Libera*, Paris, Vrin, 2008, p. 67-84.

– « Les universaux dans le commentaire du Pseudo-Raban à l'*Isagogê* (P3) : entre Boèce et la théorie de l'essence matérielle », dans I. Rosier-Catach (éd.), *Arts du langage et théologie aux confins des XIe-XIIe siècles*, Turnhout, Brepols, 2011, p. 417-451.

CAVEING, M., *Zénon et le continu*, Paris, Vrin, 2002.

CHENU, M.-D., *La théologie au douzième siècle*, Paris, Vrin, 1957.

CLANCHY, M.T., *Abelard : A Medieval Life*. Oxford, Blackwell Publishers, 1997.

COURTENAY, W. « Nominales et Nominalism in the Twelfth century », dans J. Jolivet (éd.), *Lectionum varietates. Hommage à Paul Vignaux (1904-1987)*, Paris, Vrin, 1991, p. 11-48.

– « Peter of Capua as a nominalist », *Vivarium* 30/1, 1992, p. 157-172.

COUSIN, V., *Ouvrages inédits d'Abélard*, Paris, Imprimerie royale, 1836.

CRAIG, W. L., *The problem of divine foreknowledge and future contingents from Aristotle to Suarez*, Leiden-New York, Brill, 1988.

DAL PRA, M., *Pietro Abelardo, Scritti filosofici*, Roma-Milano, fratelli Bocca editori, 1954.

– « Sul nominalismo di Abelardo », *Rivista critica di storia della filosofia* 24, 1979, p. 439-451.

DESANTI, J.-T., « Une crise de développement exemplaire : la "découverte" des nombres irrationnels », *dans* J. Piaget (éd.), *Logique et connaissance scientifique*, Paris, Gallimard, 1976, p. 439-464.

DIJS, J., « Two anonymous 12th –century tracts on universals », *Vivarium* 28, 1990, p. 85-117.

DOD, B., « Aristoteles latinus », *in* N. Kretzmann, A. Kenny et J. Pinborg (eds), *The Cambridge History of Later Medieval Philosophy. From the Rediscovery of Aristotle to the Desintegration of Scholasticism*, Cambridge, CUP, 1982, p. 45-79.

EBBESEN, S., *Sprachtheorien in Spätantike und Mittelalter*, Tübingen, Gunter Narr verlag, 1995.

– « Concrete Accidental termes : Late thirteenth-Century debates about problems relating to such Terms as "album" », *in* N. Kretzmann (ed.), *Meaning and Inference in Medieval Philosophy*, Dordrecht, Kluwer, 1988, p. 101-174.

– « Boethius as an Aristotelian commentator », *in* Sorabji, R. (ed.), *Aristotle transformed*, Ithaca (N. Y.), Cornell UP, 1990, p. 373-391.

– « Two Nominalist Texts, Positiones and a Categories commentary », *Cahiers de l'Institut du Moyen Âge grec et latin* 61, 1991, p. 429-440.

– « Boethius on the Metaphysics of Words », dans A. Galonnier (éd.), *Boèce ou la chaîne des savoirs*, Louvain, Éditions de l'Institut supérieur de philosophie-Peeters, 2003, p. 257-275.

ERISMANN, C., *L'Homme commun, la genèse du réalisme ontologique durant le haut Moyen Âge*, Paris, Vrin, 2011.

– « *Generalis essentia*. La théorie érigénienne de l'*ousia* et le problème des universaux », *Archives d'histoire doctrinale et littéraire du Moyen Âge* 69, 2002, p. 7-37.

– « Platonisme », dans C. Gauvard, A. de Libera et M. Zink (éd.), *Dictionnaire du Moyen Âge*, Paris, P.U.F., 2002, p. 1111-1117.
– « Tractatus Glosarum Prisciani in ms. Vat. Lat. 1486 », *Cahiers de l'Institut du Moyen Âge Grec et Latin* 21, 1977, p. 27-44.
– « Abelard on Rhetoric », *in* C. Mews, C. Nederman et R. Thomson (eds), *Rhetoric and renewal in the Latin West 1100-1540. Essays in Honour of John O. Ward*, Turnhout, Brepols, 2003, p. 54-80.
FREDE, M., *Essays on ancient philosophy*, Minneapolis, University of Minnesota Press, 1987.
FREDDOSO, A.J., « Abailard on collective realism », *The Journal of Philosophy* 75, 1978, p. 527-538.
FREGE, G., *Écrits logiques et philosophiques*, trad. fr. Cl. Imbert, Paris, Seuil, 1971.
GALONNIER, A., « De grammatico », trad. fr. dans M. Corbin (éd.), *L'œuvre d'Anselme de Cantorbéry*, Paris, Cerf, 1987, t. II, p. 25-105.
– « Le De grammatico et l'origine de la théorie des propriétés des termes », dans J. Jolivet et A. de Libera (éd.), *Gilbert de Poitiers et ses contemporains. Aux origines de la Logica Modernorum*, Napoli, Bibliopolis, 1987, p. 353-375.
GANDILLAC (DE), M., *Pierre Abélard, Conférences. Connais-toi-même*, trad. fr., introd. et notes, Paris, Cerf, 1993.
GIBSON, M., *Boethius. His Life, Thought and Influence*, Oxford, Blackwell, 1981.
GÖDEL, K., *Unpublished Philosophical Essays*, éd. Fr. A. Rodriguez Consuegra, Basel-Boston-Berlin, Birkhäuser, 1995.
— et NEWMAN, J.R., NAGEL, E., GIRARD, J.-Y., *Le théorème de Gödel*, Paris, Seuil, 1989.
GOODMAN, N., « A World of Individuals », in *Problem and Projects*, Indianapolis, Bobbs-Merill, 1972, p. 155-172.
GRACIA, J. E., *Introduction to the Problem of Individuation in the Early Middle Âge*, München, Philosophia Verlag, 1988.
GREEN-PEDERSEN, N. J., *The Tradition of Topics in the Middle Ages*, München, Philosophia Verlag, 1984.
– « William of Champeaux on Boethius' Topics according to Orleans Bibl. Mun. 266 », *Cahiers de l'Institut du Moyen Âge Grec et Latin* 13, 1974, p. 113-130.
GUILFROY, K., « William of Champeaux », *The Stanford Encyclopedia of Philosophy*, accessible en ligne : https://www.platon.stanford.edu/entries/william-champeaux, consulté le 4 novembre 2023.
– « Peter Abelard's Two Theories of the Proposition », *in* A. Maierù et L. Valente (eds), *Medieval Theories on assertive et Non-Assertive Language*, Firenze, Olschki, 2004, p. 35-57.
HAMESSE, J. et STEEL, C., *L'élaboration du vocabulaire philosophique au Moyen Âge*, Turnhout, Brepols, 2000.
HÄRING, N. M., *The Commentaries on Boethius by Gilbert de Poitiers*, Toronto, Pontifical Institute, 1966.
HENRY, D. P., *The logic of Anselm*, Oxford, Clarendon Presse, 1967.
HOLOPAINEN, T. J., *Dialectic and Theology in the Eleventh Century*, Leiden, Brill, 1996.
IWAKUMA, Y., « Vocales or early nominalists », *Traditio* 47, 1992, p. 37-110.
– « Vocalism, nominalism and the commentaries on the categories from the earlier twelfth century », *Vivarium* 30/1, 1992, p. 51-61.
– « The Introductiones dialecticae secundum Wilgelmum et secundum magistrum G. Paganellum », *Cahiers de l'Institut du Moyen Âge Grec et Latin* 63, 1993, p. 45-114.

– « The realism of Anselm and his Contemporaries », *in* D. Luscombe et G. R. Evans (eds), *Anselm : Aosta, Bec and Canterbury*, Manchester, MUP, 1996, p. 120-135.
– « Enuntiabilia in Twelfth-Century Logic and Theology », *in* C. Marmo (ed.), *Vestigia, imagines, verba. Semiotics and Logic in Medieval Theological Texts (XII th-XIV th Century)*, Bologna, Brepols, 1997, p. 19-35.
– « Pierre Abélard et Guillaume de Champeaux dans les premières années du douzième siècle : une étude préliminaire », dans J. Biard (éd.), *Langage, sciences, philosophie au XIIe siècle*, Paris, Vrin, 1999, p. 92-123.
– « William of Champeaux and the Introductiones », *in* H. A. G. Braakhuis et C. H. Kneepkens (eds), *Aristotle's Peri Hermeneias in the Latin Middle Ages. Essays on the Commentary Tradition*, Groningen-Haren, Ingenium Publishers, 2003, p. 1-30.
– « William of Champeaux on Aristotle's Categories », dans J. Biard et I. Rosier-Catach (éd.), *La tradition médiévale des catégories (XIIe-XVe siècles)*, Louvain-Paris, Peeters, 2003, p. 313-328.
– « Influence », *in* J. E. Brower et K. Guilfroy (eds), *The Cambridge companion to Abelard*, Cambridge, CUP, 2004, p. 305-355.
– « Pseudo-Rabanus Commentary on Prophyry's Isagoge (P3) », *Archives d'histoire doctrinale et littéraire du Moyen-Âge* 75, 2008, p. 43-196.
— et EBBESEN, S., « Logico-Theological Schools from the Second Half of the 12 th Century : A List of Sources », *Vivarium* 30/1, 1992, p. 173-210.
JACOBI, K., « Die Semantik sprachlicher Ausdrücke, Ausdrücksfolgen und Aussagen im Abailards Kommentar sur *Peri hermeneias* », *Medioevo* 7, 1981, p. 41-89.
– « Abelard and Frege. The semantics of words and propositions », *Atti del Convegno Internazionale di storia della Logica*, 1983, p. 31-96.
– « Peter Abelard's Investigations into the Meaning and Functions of the Speech sign "Est" », *in* S. Knuutila et J. Hintikka (eds), *The Logic of Being, Historical Studies*, Dordrecht, Synthese historical library, 1986, p. 145-180.
– « Philosophy of language », *in* J. E. Brower et K. Guilfroy (eds), *The Cambridge companion to Abelard*, Cambridge, CUP, p. 126-157.
— et STRUB, CH., KING, P., « Diskussionen über Prädikationstheorie in den logischen Schriften des Petrus Abailardus. Versuch einer Ubersicht », *in* R. Thomas (Hrsg.), *Petrus Abaelardus (1079-1142), Person, Werk und Wirking*, Trier, Paulinus-Verlag, 1980, p. 165-179.
— et STRUB, CH., KING, P., « From *intellectus verus/falsus* to the *dictum propositionis* : The Semantics of Peter Abelard and his circle », *Vivarium* 34/1, 1996, p. 15-40.
JOLIVET, J., *Arts du langage et théologie chez Abélard*, Paris, Vrin, 1969.
– *Aspects de la pensée médiévale : Abélard. Doctrines du langage*, Paris, Vrin, 1987.
– *Abélard ou la philosophie dans le langage*, Fribourg, Éditions universitaires, 1994.
– *La théologie d'Abélard*, Paris, Cerf, 1997.
– « Données sur Guillaume de Champeaux, dialecticien et théologien », dans J. Longère (éd.), *L'abbaye parisienne de Saint-Victor au Moyen Âge*, Turnhout, Brepols, 1992, p. 235-251.
– « Trois variations médiévales sur l'universel et l'individu : Roscelin, Abélard, Gilbert de la Porrée », *Revue de Métaphysique et de Morale*, 1994/1, p. 11-155.
– « Sur les prédicables et les catégories chez Abélard », dans J. Biard (éd.), *Langage, sciences, philosophie au XIIe siècle*, Paris, Vrin, 1999, p. 165-175.
– « Sens de la proposition et ontologie chez Pierre Abélard et Grégoire de Rimini », *Études de littérature ancienne* 10, 1999, p. 307-321.

– « À propos d'une critique abélardienne du réalisme », dans J. Jolivet et K. Habrias (éd.), *Pierre Abélard à l'aube des Universités. Colloque international de Nantes*, Rennes, PUR, 2001, p. 109-118.
KALUZA, Z., *Les querelles doctrinales à Paris. Nominalistes et réalistes aux confins du quatorzième et quinzième siècles*, Bergamo, P. Lubrina, 1988.
KANT, E., *Œuvres philosophiques*, éd. F. Alquié et *al.*, Gallimard, « Bibliothèque de la Pléiade », Paris, 1980-1986, 3 t.
– *Logique*, trad. fr. L. Guillermit, Paris, Vrin, 1997.
KENNY, A., *The God of the philosophers*, Oxford, Clarendon Press, 1979.
KING, P., *Peter Abailard and the Problem of Universals in the twelfth Century*, Ph. D. Diss, Princeton University, 1982.
– « Abelard's Intentionalist Ethics », *The Modern Schoolman* 72, 1995, p. 213-232.
– « Metaphysics », *in* J. E. Brower et K. Guilfroy (eds), *The Cambridge companion to Abelard*, Cambridge, CUP, p. 65-125.
– Article « Abelard », *Stanford Encyclopedia of Philosophy*, https://plato.stanford.edu/entries/abelard, mis en ligne en 2004, revisé en 2008, consulté le 4 novembre 2023.
– « Abelard on Mental Language », *The American Catholic Philosophical Quarterly* 81, 2007, p. 169-187.
KNEALE, W. et KNEALE, M., *The Development of Logic*, Oxford, OUP, 1984.
KNEEPKENS, C. H., « Mulier quae damnavit salvavit. A note of the Early Development of the Relatio Simplex », *Vivarium* 14, 1976, p. 1-25.
– « "Suppositio" and "supponere" » in 12th century grammar », dans J. Jolivet et A. de Libera (éd.), *Gilbert de Poitiers et ses contemporains. Aux origines de la* logica modernorum, Napoli, Bibliopolis, 1987, p. 324-351.
– « Transitivity, Intransitivity and related Concepts in 12th Century Grammar. An explorative study », *in* G. L. Bursill-Hall, S. Ebbesen, et K. Koerner (eds), De ortu Grammaticae. *Studies in 1250 Medieval Grammar and Linguitic Theory in memeory of Jan Pinborg*, Amsterdam, John Benjamins, 1990, p. 161-189.
– « Nominalism and Grammatical Theory in the Late Eleventh and Early Twelfth Centuries. An explorative Study », *Vivarium* 30/1, 1992, p. 34-50.
– « Orléans 266 and the Sophismata Collections : master Joscelin of Soissons and the infinite words in the early twelfth century », *in* S. Read (ed.), *Sophisms in Medieval Logic and Grammar (Acts of the Ninth European Symposium fir Medieval Logic ans Semantics, St Andrews, June 1990)*, Dordrecht, Kluwer, 1993, p. 64-85.
– « From Eternal to Perpetual Truths : A Note on the Mediaeval History of Aristotle, *De interpretatione*, ch. 1, 16a 18 », *Vivarium* 32/2, 1994, p. 161-185.
KNUUTTILA, S., *Modalities in medieval philosophy*, London, Routledge, 1993.
KRETZMANN, N., « The Culmination of the Old Logic in Peter Abaelard », *in* R. L. Benson et G. Constable (eds), *Renaissance and Renewal in the Twelfth Century*, Oxford, Clarendon Press, 1982, p. 488-511.
– « Boethius and the Truth about Tomorow's Sea Battle », *in* D. Blank et N. Kretzmann (eds), *Ammonius and Boethius, On Aristotle's « On Interpretation »*, London, Duckworth, 1998, p. 24-52.
LARGEAULT, J., *Enquête sur le nominalisme*, Louvain, Nauwelaerts, 1971.
LEWIS, N. T., « Determinate truth in Abelard », *Vivarium* 25, 1987, p. 81-109.
LIBERA, A. (DE), *La Querelle des universaux*, Paris, Seuil, 1996.
– *L'art des généralités. Théories de l'abstraction*, Paris, Aubier, 1999.

- « Abélard et le dictisme », *Cahiers de la revue de théologie et de philosophie* 6, dir. M. de Gandillac, *Abélard. Le « Dialogue ». La philosophie de la logique*, 1981, p. 59-97.
- « Nominaux et réaux. Sophismata et consequentiae dans la logique médiévale », *Rue Descartes*, 1991/1, p. 139-164.
- « Boèce et l'interprétation médiévale des Catégories. De la grammaire à la *denominatio* », dans A. Motte et J. Denooz, J. (éd.), Aristotelica Secunda. *Mélanges offerts à Christian Rutten (Université de Liège, Centre d'Études aristotéliciennes)*, Liège, CIPL-Université de Liège, 1996, p. 255-264.
- et ROSIER, I., « La pensée linguistique médiévale », dans S. Auroux (éd.), *Histoire des Idées Linguistiques*, Liège, Mardaga, 1992, t. II, p. 186-115.

LORENZETTI, E., « Paronym Theory in Abelard : the Boethian Tradition and the Influence of the Glosulae on Priscian's Institutiones grammaticae », dans J. Jolivet et H. Habrias (éd.), *Pierre Abélard à l'aube des Universités. Colloque international de Nantes*, Rennes, PUR, 2001, p. 109-118.

LLOYD, A. C., *The Anatomy of Neoplatonism*, Oxford, OUP, 1990.

LUTHALA, A., *Grammar and Philosophy in Late Antiquity*, Amsterdam, Benjamins, 2005.

LUSCOMBE, D. E., The School of Peter Abelard, Cambridge, CUP, 1969.
- « The School of Abelard Revisited », *Vivarium* 30/1, 1992, p. 127-138.

MAGEE, J., *Boethius on signification and Mind*, London-New York, Brill, 1989.

MALONEY, C., « Abailard's theory of universals », *Notre Dame Journal of Formal Logic* 23, 1982, p. 27-38.

MARENBON, J., *Early Medieval Philosophy (480-1150)*, London-New York, Routledge, 1993.
- *The Philosophy of Peter Abelard*, Cambridge, CUP, 1997.
- *Boethius*, Oxford-New York, OUP, 2003.
- *Le temps, l'éternité et la prescience de Boèce à Thomas d'Aquin*, Paris, Vrin, 2005.
- *Abelard in Four Dimensions : A twelfth-century philosopher in his context and ours*, Notre Dame (Indiana), University of Notre Dame Press, 2013.
- « Abelard's concept of possibility », *in* B. Mojsisch et O. Pluta, *Historiae philosophiae medii aevi*, Amsterdam, Benjamins, 1991, p. 595-609.
- « Vocalism, nominalism and the commentaries on the categories from earlier twelfth century », *Vivarium* 30/1, 1992, p. 51-61.
- « The Platonisms of Peter Abelard », dans G. Benakis (éd.), *Néoplatonisme et philosophie médiévale*, Turnhout, Brepols, 1997, p. 109-129.
- « The twelfth century » *in* J. Marenbon (ed.), *Medieval Philosophy*, London-New York, Routledge History of Philosophy, 1998, p. 150-187.
- « Abélard, la prédication et le verbe "être" », dans J. Biard (éd.), *Langage, sciences, philosophie au XIIe siècle*, Paris, Vrin, 1999, p. 199-215.
- « Dicta, Assertion and Speech Acts : Abelard and some Modern Interpreters », *in* A. Maierù et L. Valente (eds), *Medieval Theories on Assertive et Non-Assertive Language*, Firenze, Olschki, 2004, p. 59-80.
- « Life, Milieu and intellectual contexts », *in* J. E. Brower et K. Guilfroy (eds), *The Cambridge companion to Abelard*, Cambridge, CUP, 2004, p. 13-44.
- « Les catégories au début du moyen âge » *dans* O. Brun et L. Corti (éd.), *Les Catégories et leur histoire*, Paris, Vrin, 2005, p. 223-243.

MARTIN, C., « Embarassing arguments and surprising conclusions in the development of theories of the conditional in the twelfth century », dans J. Jolivet et A. de Libera (éd.), *Gilbert de Poitiers et ses contemporains*, Napoli, Bibliopolis, 1987, p. 377-400.
– « The Logic of the Nominales, or the rise and fall of Impossible Positio », *Vivarium* 30/1, 1992, p. 110-126.
– « The Logic of Negation in Boethius », *Phronesis* 36, 1991, p. 277-304.
– « Logic », *in* J. E. Brower et K. Guilfroy (eds), *The Cambridge companion to Abelard*, Cambridge, CUP, p. 158-199.
MEWS, C., *Peter Abelard*, London, Variorum (Authors of the Middle Ages 5), 1995.
– *Reason and belief in the age of Roscelin and Abelard*, Ashgate, Brookfield (Vt.), 2002.
– « On Dating the Works of Peter Abelard », *Archives d'histoire doctrinale et littéraire du Moyen-Âge* 52, 1985, p. 73-134.
– « Aspects of the Evolution of Peter Abelard's Thought on Signification and Predication », dans J. Jolivet et A. de Libera (éd.), *Gilbert de Poitiers et ses contemporains*, Napoli, Bibliopolis, 1987, p. 15-41.
– « St Anselm et Roscelin : Some new texts and their Implications. The *de incarnatione Verbi* and the *Disputatio inter Chritianum et Gentilem* », *Archives d'histoire doctrinale et littéraire du Moyen-Âge* 58, 1991, p. 55-98.
– « Nominalism and Theology before Abelard : New Light on Roscelin of Compiègne », *Vivarium* 30/1, 1992, p. 4-33.
– « The Trinitarian Doctrine of Roscelin of Compiègne and its Influence : Twelfth-Century Nominalism and Theology Re-considered », *in* A. de Libera, A. Elamrani-Jamal et A. Galonnier (éd.), *Mélanges offerts à Jean Jolivet*, Paris, Vrin, 1997, p. 347-364.
– « St Anselm and Roscelin of Compiègne : Some New texts and their Implications. II. A Vocalist Essay on the Trinity and Intellectual Debate c. 1080-1120 », *Archives d'histoire doctrinale et littéraire du Moyen-Âge* 65, 1998, p. 39-90.
– « Logica in the service of Philosophy : William of Champeaux and his Influence » *in* R. Berndt (Hrsg.), *Schrift, Schreiber, Schenker. Studien zur Abtei Sankt Victor zu Paris und zu den Viktorinern*, Berlin, Akademie Verlag, 2005, p. 61-117.
MICHEL, B., « Abélard face à Boèce. Entre réalisme et nominalisme, une réponse singulière au questionnaire de Porphyre », *Archives d'histoire doctrinale et littéraire du Moyen-Âge* 78, 2011, p. 131-178.
– « La logique d'Abélard conduit-elle à la contradiction ? Les lectures *in re* et *in voce* des inférences et le débat avec les *Montani* », *Archives d'histoire doctrinale et littéraire du Moyen-Âge* 83, 2016, p. 33-63.
– *Abélard, lecteur de Boèce : entre réalisme et nominalisme, la critique du logicisme boécien dans les œuvres logiques de Pierre Abélard*, thèse soutenue en 2009 à l'Université de Tours, sous la direction de J. Biard, accessible sur le site theses.fr.
MONTCLOS, J. (DE), *Lanfranc et Bérenger. La controverse eucharistique du XIIe siècle*, Leuven, Spicilegium sacrum Lovaniense, 1971.
MORRIS, T. (ed.), *The concept of God*, Oxford Readings in Philosophy, Oxford, OUP, 1987.
NORMORE, C., « Abelard and the School of the nominales », *Vivarium* 30/1, 1992, p. 80-96.
– « The Tradition of Mediaeval Nominalism », *in* J. F. Wippel (ed.), *Studies in Medieval Philosophy*, 1987, p. 201-217.
NUCHELMANS, G., *Theories of the proposition, Ancient and Medieval Conceptions of the Bearers of Thruth and Falsity*, Amsterdam, North Holland Publishing Company, 1973.

OBERTELLO, L., *Severino Boezio*, Genoa, Academia Ligure di Scienze e Lettere, 1974.
PANACCIO, C., *Les Mots, les Concepts et les Choses. La sémantique de Guillaume d'Occam et le nominalisme aujourd'hui*, Montréal-Paris, Bellarmin-Vrin, 1991.
PICAVET, F., *Roscelin philosophe et théologien d'après la légende et d'après l'histoire*, Paris, Alcan, 1911.
PINBORG, J., *Logik and Semantik im Mittelalter : ein Überblick*, Stuttgart-Bad Cannstatt, Frommann-Holzboog, 1972.
– *Medieval Semantics. Selected Studies on Medieval Logic and Grammar*, London, Variorum reprints, 1984.
– « Speculative grammar », in N. Kretzmann, A. Kenny, J. Pinborg et E. Stump (eds), *From the Rediscovery of Aristotle to the Desintegration of Scholasticism*, Cambridge, CUP, 1982, p. 254-269.
PINZANI, R., *La grammatica logica di Abelardo*, Parma, ZARA, 1992.
PIRONET, F., *The tradition of Medieval Logic and Speculative Grammar*, Turnhout, Brepols, 1997.
POINCARÉ, H., *La science et l'hypothèse*, préface J. Vuillemin, Paris, Flammarion, 1968.
PRIOR, A. N., *Papers on Time and Tense* [1962], in P. Hasle, P. Ohstrom, T. Braüner et J. Copeland (eds), Oxford, OUP, 2003 (nouv. éd.).
PUTTALAZ, F.-X., « Historiographie du nominalisme médiéval », in S. Th. Bonino (éd.), *Saint Thomas au vingtième siècle*, Paris, Saint Paul, 1994, p. 233-246.
REINERS, J., *Der Nominalismus in der Frühscholastik. Ein beitrag zur Geschichte der Universalienfrage im Mittelalter*, Münster, Aschendorff, 1910.
REMUSAT, C (DE), *Abélard*, Paris, Ladrange, 1845.
RIJK, L. M. (DE), Logica Modernorum : *A contribution to the History of Early Terminist Logic*, t. I : *On the Twelfth Century Theories of Fallacy*, Assen, Van Gorcum, 1962.
– Logica Modernorum : *A contribution to the History of Early Terminist Logic*, t. II. 1 : *The origins and Early Development of the Theory of supposition*, Assen, Van Gorcum, 1967.
– Logica Modernorum : *A contribution to the History of Early Terminist Logic*, t. II. 2 : *Texts and Indices*, Assen, Van Gorcum, 1967.
– « Some new Evidence on twelfth century logic : Alberic and the School of Mont Ste Geneviève (Montani) », *Vivarium* 4, 1966, p. 1-57.
– « Abailard's semantic views in the light of later developments », in L. M. de Rijk, H. A. G. Braakhuis et C. H. Kneepkens (eds), *English Logic and Semantics from the End on the Twelfth Century to the Times of Ockham and Burleigh*, Nijmegen, Ingenium Publishers, 1981, p. 1-58.
– « Boèce logicien et philosophe : ses positions sémantiques et sa métaphysique de l'être », in L. Obertello (ed.), *Congresso Internazionale di Studi Boeziani. Atti*, Roma, Herder, 1981, p. 141-156.
– « Martin M. Tweedale : some criticisms of a fascinating venture », *Vivarium* 24, 1985, p. 81-97.
– « On Boethius's Notion of Being. A Chapter of boethian Semantics », in N. Kretzmann (ed.), *Meaning and Inference in Medieval Philosophy*, Dordrecht-Boston-London, Kluwer, 1988.
ROSIER-CATACH, I., *La parole efficace. Signe, rituel, sacré*, Paris, Seuil, 2004.
– « Abélard et les grammairiens : sur la définition du verbe et la notion d'inhérence », dans P. Lardet (éd.), *La tradition vive, Mélanges d'histoire des textes en l'honneur de Louis Holtz*, Turnhout, Brepols, 2003, p. 143-159.

– « Abélard et les grammairiens : sur le verbe substantif et la prédication », *Vivarium* 41/2, 2003, p. 176-248.

– « Les dicussions sur le signifié des propositions chez Abélard et ses contemporains », in A. Maierù et L. Valente (eds), *Medieval Theories on Assertive and Non-Assertive language, Acts of the 14th European Symposium on Medieval Logic and Semantics, Rome, June 11-15, 2002*, Firenze, L. S. Olschki, 2004, p. 1-34.

– « Priscian on divine ideas and mental conceptions : the discussions in the *Glosulae in Priscianum*, *The Notae Dunelmenses*, William of Champeaux and Abelard », *Vivarium* 55, 2006, p. 219-237.

– « Les Glosulae super Priscianum : sémantique et universaux », in *Documenti et studi per la storia della filosofia medievale : Gli universali (Atti del convegno di Pisa, Iuglo 2006)*, Impruneta, SISMEL edizioni del Galluzzo, 2008, p. 123-177.

RUSSELL, B., *Signification et Vérité*, trad. fr. Ph. Devaux, Paris, Flammarion, 1969.

SHIMIZU, T., « Words and Concepts in Anselm and Abelard », dans J. Biard (éd.), *Langage, sciences, philosophie au XIIe siècle*, Paris, Vrin, 1999, p. 177-197.

SHIEL, J., « Boethius's Commentaries on Aristotle », *in* R. Sorabji, *Aristotle Transformed. The Ancient Commentators and their Influence*, London, Duckworth, 1990, p. 349-372.

SPADE, P. V., *Five Texts on the Medieval Problem of Universals : Porphyry, Boethius, Abelard, Duns Scotus, Ockham*, Indianapolis, Hackett, 1994.

– *Peter Abelard, Ethical Writings : His Ethics or « Know Yourself » and his Dialogue between a Philosopher, a Jew and a Christian*, Indianapolis, Hackett, 1995.

– *Thoughts, Words and Things : An introduction to Late medieval Logic and Semantic Theory*, http://www.pvspade.com/Logic/docs/thoughts1_1.a.pdf, consulté le 4 novembre 2023.

STUMP, E., *Boethius's « De topicis diffrentiis »*, Ithaca-London, Cornell UP, 1978.

– *Boethius's "In Ciceronis Topica"*, Ithaca-London, Cornell UP, 1988.

– *Dialectic and its Place in the Development of Medieval Logic*, Ithaca (NY), Cornell UP, 1989.

– « Boethius's Works on the Topics », *Vivarium* 12, 1974, p. 77-93.

TARLAZZI, C., *Individui universali. Il realismo di Gualtiero di Mortagne nel XII secolo*, Turnhout, Brepols, 2018.

THOM, P., *Medieval Modal Systems*, Aldershot-Burlington, Vermont, Ashgate, 2003.

THOM, R., *Esquisse d'une sémiophysique. Physique aristotélicienne et théorie des catastrophes* [1988], Paris, InterÉditions, 1991 (2e éd.).

– *Apologie du logos*, Paris, Hachette, 1990.

TWEEDALE, M. M., *Abelard on Universals*, Amsterdam, North-Holland Publishing Company, 1976.

– « Abailard and the Culmination of the Old Logic », *in* N. Kretzmann, A. Kenny et J. Pinborg (eds), *The Cambridge History of Later Medieval Philosophy. From the Rediscovery of Aristotle to the Desintegration of Scholasticism, 1100-1600*, Cambridge, CUP, 1988, p. 143-157.

– « Reply to Prof. De Rijk », *Vivarium* 25, 1987, p. 3-22.

– « Logic : From the late eleventh century to the time of Abelard », *in* P. Dronke (ed.), *A History of Twelfth-century Western Philosophy*, Cambridge, CUP, 1988.

– « Abelard, Peter (1079-1142) », *in* E. Craig (ed.), *Routledge Encyclopedia of Philosophy*, London and New York, Routledge, 1998, p. 196-226.

VUILLEMIN, J., *Physique et métaphysique kantienne* [1955], Paris, P.U.F., 1985.
– *Leçons sur la première philosophie de Russell*, Paris, A. Colin, 1968.
– *De la logique à la théologie. Cinq études sur Aristote*. Paris, Flammarion, 1968.
– *La logique et le monde sensible. Etude sur les théories contemporaines de l'abstraction*, Paris, Flammarion, 1971.
– *Le Dieu d'Anselme et les apparences de la raison*, Paris, Aubier-Montaigne, 1971.
WADE, F., « Abelard on individuality », *in* P. Wilpert (ed.), *Miscellanea medievalia 2, Die Metaphysik im Mittelalter*, Berlin, W. de Gruyter, 1963, p. 276-284.
WANG, H., *From Mathematics to Philosophy*, London, Routledge-Kegan Paul, 1974.
– *Beyond analytic philosophy*, Cambridge (Mass.)-London, The MIT Press, 1986.
– *Reflections on Kurt Gödel*, Cambridge (Mass.)-London, The MIT Press, 1987 ; trad. fr. L Ovion et M. Meriaux, *Kurt Gödel*, Paris, A. Colin, 1990.
– « Kurt Gödel et certaines conceptions philosophiques : l'esprit, la matière, la machine et les mathématiques », dans G. Hahn et H. Sinaceur (éd.), *Penser avec Aristote*, Paris, Erès, 1991, p. 441-451.
WENIN, C., « La signification des universaux chez Abélard », *Revue philosophique de Louvain* 80, 1982, p. 414-447.

INDEX NOMINUM

Auteurs anciens et médiévaux

Albéric du Mont (*Montani*), 12, 166, 169, 173, 174, 193, 205-208, 210, 213, 215, 219-221, 223, 237
Albert de Saxe, 166-169, 173, 174
Alexandre d'Aphrodise, 143, 162, 190, 205
Ambroise de Milan, 81
Anselme de Cantorbéry, 9, 38, 39, 47, 48, 56, 73, 98, 103, 110, 122, 123, 154, 155, 245-252, 278
Aristote, *passim*
Augustin d'Hippone, 15, 19-21, 26, 29, 76, 81, 85, 100, 104, 106, 108, 146, 147, 182, 190, 191, 234, 235, 242, 272, 279, ,306-308, 310
Averroès, 9
Avicenne, 9, 69

Bérenger de Tours, 73, 77-79, 81-83, 85-87, 89-91, 93, 98, 99-101, 103, 242, 275, 305
Bernard d'Angers, 75
Bernard de Clairvaux, 154
Biel, G., 244
Boèce, *passim*

Chalcidius, 241

Diogène Laërce, 247
Duns Scot, 166, 243, 244

Fulbert de Chartres, 75

Garland de Besançon, 17, 127, 214
Gaunilon, 99, 100, 153, 242, 251, 275, 305
Gauthier de Mortagne, 38
Gilbert de la Porrée, 9, 15, 43, 69, 166, 167, 169, 173, 174, 239
Godefroy de Saint-Victor, 237
Grégoire VII, 79-81, 297-300
Grégoire de Nysse, 38
Guillaume de Champeaux, 11, 31, 32, 33, 38-46, 50, 54, 59, 60, 69, 70, 74, 87, 88, 101, 115, 125, 126, 139, 140, 143, 155, 156, 178, 199, 211
Guillaume (duc de Normandie), 80, 81, 83, 294, 295
Guillaume d'Ockham, 13, 14, 16, 17, 20, 21, 26, 55, 69, 70, 95, 96, 122-124, 137, 141, 142, 148, 152, 156, 166, 168, 174-178, 181-183, 189, 190, 193, 235, 236, 243, 244, 303, 305, 311
Guillaume de Poitiers, 81
Guillaume de Saint-Thierry, 90, 154

Hugues de Saint Victor, 107

Jean de Salisbury, 32, 55, 57, 123, 137-139

JEAN SCOT ÉRIGÈNE, 9, 38

LANFRANC DE PAVIE, 73, 76, 80, 81, 83-85, 87, 99, 294
LUTHER, M., 243, 244

MILON CRISPIN, 81

PIERRE DAMIEN, 83, 84
PIERRE LOMBARD, 84
PLATON, PLATONISME, 26, 40, 52-54, 118, 119, 133, 146, 147, 159, 185, 186, 205, 216, 241, 244, 307, 308, 311
PORPHYRE, 15, 34, 66, 67, 94, 166, 167, 244

PRISCIEN, 54, 104
PSEUDO-JOSCELIN, 38, 41, 46, 47, 56, 63

RAOUL GLABER, 81
ROSCELIN, 13, 17, 27, 70, 73, 88, 89, 99, 100, 103-127, 142, 155, 156, 178, 214, 242, 243, 275, 305, 307, 309

SEXTUS EMPIRICUS, 221

THOMAS D'AQUIN, 85, 243, 244, 251, 278

ZÉNON D'ÉLÉE, 158, 180, 267, 277

AUTEURS MODERNES

BELNA, J. P., 150
BENVENISTE, E., 235
BIARD, J., 12, 167
BOLZANO, B., 257, 259
BROUWER, L., 48, 124
BRUMBERG-CHAUMONT, J., 31, 41, 45, 46, 51, 52

CANTOR, G., 24, 149-151
COUSIN, V., 10

DEDEKIND, R., 150
DESCARTES, R., 251, 278, 302

EBBESEN, E, 237
ERISMANN, C., 31, 38, 55

FREGE, G., 11, 24, 40, 126, 133-136, 139, 147, 149-152, 187, 207, 208

GALILÉE, G., 14, 244, 271
GÖDEL, K., 14, 24, 146, 147, 149, 150, 197
GOODY, J., 107

GOODMAN, N., 14, 122

HUME, D., 115, 122, 123, 235, 242, 243

IWAKUMA, Y., 31, 35, 41, 50, 115, 237

JOLIVET, J., 10, 11, 110, 123, 127, 155

KANT, E., 134, 145, 148, 149, 177, 178, 181, 188, 190, 240-244, 300
KERRY, B., 139, 140
KING, P., 12, 128, 134, 148, 258, 259
KRIPKE, S., 128, 129, 133, 134, 148, 149

LEIBNIZ, G., 14, 241, 278
LIBERA, A. DE, 11, 13, 24, 33, 50, 166
LOTTIN, O., 39

MARENBON, J., 7, 10, 11, 31, 57, 92, 96, 130, 133, 134, 148
MARTIN, C. J., 12, 92, 132, 134, 207-209, 221
MARX, K., 156
MEWS, C., 7, 31, 98, 110

MILL, J. S., 140
MONTCLOS, J. DE, 76, 84, 85

NEWTON, I., 14, 241

PACAUT, M., 79
PANACCIO, C., 166
PASCAL, B., 252

RAWLS, J., 146
RÉMUSAT CH. DE, 10
RIJK L. M. DE, 115, 140, 141, 166
ROSIER-CATACH, I., 31, 54, 56, 301

RUSSELL, B., 124, 128, 129, 150, 151, 207, 208

TARLAZZI, C., 25
THOM, R., 283
TWEEDALE, M., 11, 148, 207

VUILLEMIN, J., 245

WANG, H., 113, 124, 197
WILLIAMS, D. C., 92
WITTGENSTEIN, L., 124, 125
WOLFF, C., 242

TABLE DES MATIÈRES

ABRÉVIATIONS 7

INTRODUCTION 9
    Une difficulté historiographiquement attestée : le rôle des intensions chez Abélard 11
    Deux hypothèses de lecture 12
    Notre hypothèse de lecture 15
    Sciences divine et humaine : thématiser la non-réductibilité absolue de la subjectivité humaine 18
    Éxigence d'économie et exigence d'effectivité 21
    « Individu » et « ensemble » 21
    Réalisme des universaux et réification des concepts : une distinction historiquement nécessaire 23
    Foi et savoir 26

CHAPITRE PREMIER : ABÉLARD ET GUILLAUME DE CHAMPEAUX : LES DÉBUTS DE LA QUERELLE LATINE DES UNIVERSAUX 31
    La confusion entre les concepts et les choses dans P3 et la ThEM selon la LI 33
    Guillaume de Champeaux et Anselme de Cantorbéry face à Boèce 38
    P3 soutient-il la théorie de l'essence matérielle ? 41
    La réduction de la cause d'imposition des universaux à la *res* (ou à une propriété de cet objet) 54
    Les *reales* prédiquent *rem de re* (Jean de Salisbury) 56
    Guillaume de Champeaux et la théorie de la co-référence 59
    La réfutation de la théorie de l'essence matérielle 63
    Conclusion : une distinction non linguistique entre les intensions et les extensions 67

CHAPITRE II : BÉRENGER DE TOURS ET ABÉLARD : LA MISE EN QUESTION DE
LA PENSÉE MAGIQUE 73
   Distinguer le réalisme des universaux et la réification des concepts 74
   Bernard d'Angers et la statue de sainte Foy 75
   Le sacramentalisme de Bérenger de Tours 77
   Sacrement et pensée magique 79
   L'Église grégorienne comme autorité politique et non seulement
      religieuse 82
   L'immixtion de la dialectique profane dans le domaine du sacré 84
   Le sacramentalisme de Lanfranc 85
   Eucharistie et ontologie aristotélicienne 88
   Abélard et la critique de la pensée « magique » dans le corpus boécien
      et chez Guillaume de Champeaux 90
   Abélard et le pouvoir des clés 92
   La théorie eucharistique attribuée à Abélard par ses adversaires et sa
      confrontation à la théorie abélardienne des accidents 96
   Abélard et la théorie des tropes 98
   La théorie eucharistique attribuée à Abélard (suite et fin) 103
   Conclusion : Abélard et le désenchantement de la parole (humaine) 104

CHAPITRE III : ABÉLARD ET ROSCELIN : LE REJET PAR ABÉLARD DE
L'ONTOLOGIE ET DE LA SÉMANTIQUE DE ROSCELIN 103
   Roscelin et la question de la signification du nom « Dieu » 104
   La croyance en un Dieu trinitaire : un essai d'interprétation
      philosophique 105
   L'ontologie de Roscelin selon ses adversaires : les deux sortes de tout . 110
   Le refus par Abélard du principe ontologique : « N'existe que ce qui
      est séparé » 112
   L'interdépendance des deux décisions ontologiques de Roscelin 120
   Conclusion : trois conceptions de la communauté de l'espèce
      « homme » 125

CHAPITRE IV : LA THÉORIE DE LA SIGNIFICATION D'ABÉLARD 127
   La sémantique d'Abélard et ses interprétations modernes : entre
      Kripke et Frege 127
      La théorie de la « cause d'imposition » d'Abélard et la théorie
         causale des noms propres de Kripke 127
      Le statut substantiel est-il un objet de perception sensible ? 130
      Abélard et Kripke (conclusion) 133
      Le réalisme conceptuel d'Abélard et la distinction frégéenne
         Objet/Concept 133

Cause naturelle d'imposition du nom universel (Abélard) et condition de possibilité de la connaissance de l'objet (Kant)...... 134
Le rejet par Abélard (à partir de la LI) de l'assimilation de la copule prédicative à un signe d'égalité : la nécessaire distinction entre statut (*Begriff*) et intellection (*Sinn/Vorstellung*) 136
Sens de la thèse centrale (selon Jean de Salisbury) des *nominales* ... 137
Abélard et le nominalisme : un essai de clarification 140
Abélard, entre le rejet de la conception abstractionniste de l'universel (Alexandre d'Aphrodise) et l'affirmation de la théorie des Idées comme objet de foi et non de science 143
Le rejet par Abélard du modèle abstractionniste de la connaissance humaine... 143
Foi et savoir, une distinction mise en place et théorisée par Abélard... 145
L'interprétation moderne du « statut » abélardien : entre philosophie critique et philosophie analytique 148
Le réalisme intensionnel d'Abélard et l'inconsistance de la logique frégéenne... 149
Existimatio (ou *fides*) et *scientia* : une distinction introduite par Abélard... 152
Conclusion : la philosophie d'Abélard est un criticisme 155

CHAPITRE V : « PHÉNIX » EST-IL UN UNIVERSEL ? ABÉLARD ET LE REJET DES RÉPONSES BOÉCIENNES AU QUESTIONNAIRE DE PORPHYRE 156
Les deux premiers principes boéciens et le problème de Porphyre 156
La solution boécienne à l'aporie de l'universel : la théorie du sujet unique de la singularité et de l'universalité 162
Le problème de la ressemblance : qualité (singulière) ou relation (commune) ? 163
Boèce : l'universel spécifique n'exige pas la pluralité : « phénix » est un universel... 165
L'universel générique exige la pluralité 168
Le parallélisme logico-grammatical et son rejet par Abélard.................. 169
Extensions actuelle et virtuelle 170
Sciences actuelle et fictive... 171
Logique et grammaire 172
La démonstration par Abélard de la fausseté de PH (Boèce) 175
PH (Boèce) suppose notre omniscience 177
L'aporie de l'universel n'a pas été résolue. Son caractère antinomique 179

Le questionnaire de Porphyre : comparaison entre les réponses de Boèce, d'Ockham et d'Abélard 182
Platon et Aristote ne diffèrent que par les mots et non en réalité 185
Les transferts sémantiques opérés par les Philosophes 187
Abélard et le traitement dialectique de l'aporie de l'universel : comparaison avec Kant 188
Comparaison entre les traitements par Abélard et par Ockham de l'aporie de l'universel 189
Conclusion : nominalisme et inachèvement de la connaissance humaine 190

CHAPITRE VI : LA THÉORIE DES TOPIQUES : UN RÉALISME CONCEPTUEL 193
  I 193
    Le syllogime et la théorie des « lieux » 193
    Prémisses nécessaires et créationnisme 195
    Calcul modal et analycité 196
    Les inconvénients du concept modal de vérité logique : de l'impossible suit *quodlibet* 199
    Inférences « parfaites » et « imparfaites » 200
    La réduction de la topique aux seuls lieux « a specie » et « a definito » 201
    L'interdépendance de la logique et de la physique 203
  II 205
    La réfutation par les Montani de la théorie des inférences d'Abélard 205
    Albéric du Mont est-il à Abélard ce que – toute proportion gardée – Russell est à Frege ? 207
    Impossibilité *in re* et impossibilité *in voce* 208
    Preuves de la réalité chez Abélard d'une distinction entre impossibilités *in voce* et *in re* 211
    Un terme peut perdre son référent, mais jamais la signification qu'il doit à son imposition 212
    La non-convertibilité de la relation entre le défini et la définition 215
    Topique et logique propositionnelle 216
    L'empirisme des *Montani* et leur fidélité à l'abstractionnisme boécien 219
    Abélard et le connexivisme 221
  III 223
    Comprendre pourquoi Abélard rejette la nécessité « simple » d'une partition extensionnelle 223
    Existe-t-il un ensemble universel ? Itération et partition 224
    Est-il possible de fixer de manière absolue identité et opposition extensionnelles ? 226

Hypothétiques nécessaires seulement *cum constantiis* (« avec données constantes »)... 227
Le rôle central du rejet de la nécessité simple du *locus ab immediatis* 228
Concept itératif d'ensemble et concept dichotomique de classe 230
La thèse sur « phoenix » et la théorie des inférences topiques 232
Il n'y a pas de lieu *a specialissima specie* 233
Abélard entre Aristote et Augustin 234
Deux conceptions catégoriales de l'être : ontologie et finitude de la connaissance humaine 235
Conclusion : logique et éthique... 236

CHAPITRE VII : LA THÉODICÉE D'ABÉLARD ET LE *DICTUM PROPOSITIONIS* 239
Théologie et éthique 240
Criticismes kantien et abélardien 240
Abélard et l'argument du *Proslogion* 245
La raison théologique est une raison pratique 250
« Acte » et « puissance » en théologie : le problème de la théodicée 252
Le concept de *dictum propositionis* 254
La solution boécienne au problème de la théodicée : la seconde théorie du sujet unique 254
Le rejet de la solution boécienne et l'introduction du concept de *dictum propositionis* 257
L'interprétation temporelle du principe de contradiction chez Boèce... 261
Hypothétiques temporelles et catégoriques modales « avec détermination »... 262
Le rejet de l'interprétation ontologique du principe de contradiction par Abélard.. 264
Inférer de la vérité de l'affirmation la fausseté de sa négation n'est vraie que *cum constantiis* 266
L'irréductibilité de la totalité du possible à la totalité de l'actuel 269

CHAPITRE VIII : LA THÉODICÉE D'ABÉLARD 273
Les trois apories de la théodicée.. 273
Solution de l'aporie de la Puissance... 274
La distinction entre le créé et l'incréé 274
Modales de *sensu* et de *dicto* 275
L'irréductibilité de la subjectivité humaine 278
Solution de l'aporie de la Sagesse 279
Nécessité d'une distinction entre le savoir et le langage qui exprime ce savoir 279
Les deux sciences, humaine et divine 281
De nouveau, modales *de sensu* et *de re* 283

  L'aporie des futurs contingents et la théorie des topiques 285
  L'aporie de l'universel fait retour sur l'aporie des futurs
    contingents 289
  Abélard et le rejet de la double théorie du sujet unique boécienne :
    la subjectivité humaine ne peut être effacée 290
 Solution de l'aporie de la Bonté 292
  Théodicée et agent moral humain 292
  De nouveau, modales *de sensu* et *de re* 292
  Erreur et faute 293
  Œuvre et intention 294
  Conclusion : éthique et finitude, le rejet du pouvoir des clefs 296

CONCLUSION 301

BIBLIOGRAPHIE 313

INDEX NOMINUM 325

TABLE DES MATIÈRES 329

IMPRIMERIE F. PAILLART, B.P. 30324, 80103 ABBEVILLE – (17527)
DÉPÔT LÉGAL : 1er TRIMESTRE 2024